新中国学案丛书

李振宏 主编

XINZHONGGUOXUEANCONGSHU
WEIWUSHIGUANYULUNLISHIGUANDECHONGTU

王学典　牛方玉　著

唯物史观与伦理史观的冲突
——阶级观点问题研究

河南大学出版社
HENAN UNIVERSITY PRESS

新中国学案丛书编委会

主　编　李振宏

编　委　（以姓氏笔划为序）

　　　　马小泉　王先明　王学典　王彦辉
　　　　刘小敏　李振宏　张云鹏　何晓明
　　　　范毓周　周祥森　郭世佑　蒋大椿
　　　　臧知非

目 录

总　序 ……………………………………… 李振宏（1）

引　论　马克思恩格斯阶级观点概述 ……………………（1）

一、唯物史观：马克思恩格斯阶级观点的逻辑前提 ………（3）

二、唯物史观如何看待阶级统治 ………………………（9）

三、"阶级制度的存在是由分工引起的" ………………（14）

四、马克思恩格斯对"阶级剥削"与"阶级压迫"的看法 …（20）

五、马克思恩格斯关于历史发展动力问题的看法 ………（28）

六、剥削者作为一个阶级也是进步历史的创造者 …………（36）

第一章　中国化阶级观点的形成与发展 ………………（45）

第一节　战时背景与阶级斗争理论的政治实践 ……………（46）

一、阶级斗争本身成为一种精神价值 ………………（46）

二、阶级斗争理论在中国的最初传播者：无政府主义者 …（50）

三、阶级斗争理论在中国的最初传播者：李大钊 ………（59）

四、阶级斗争理论在中国的最初传播者：陈独秀 ………（63）

五、阶级斗争理论在中国的最初传播者：毛泽东 ………（67）

第二节　阶级斗争史观与革命史学的内在结构 ……………（74）

一、从政治主体性的建构到历史主体性的建构：《湖南农民运动考察报告》 ……………………………（75）

二、《中国革命与中国共产党》提供了一种关于中国社会形态的规律性变迁的历史观念 …………………（76）

三、《中国革命与中国共产党》提供了一种"反剥削反压迫"

· 1 ·

的超越性价值理念 …………………………………………（86）
　　四、革命史学的内在结构 …………………………………（97）

第二章　"前十七年"历史主义阶级观点与非历史主义阶级观
　　　　点的初步交锋 ………………………………………（103）

　第一节　两种阶级观点的起源与碰撞 …………………………（103）
　　一、非历史主义阶级观点的起源与革命史学典范的确立
　　　　……………………………………………………………（103）
　　二、毛泽东在民族主体层面的历史主义与阶级主体层面的
　　　　非历史主义的内在冲突 …………………………………（110）
　　三、华岗、沈志远对马克思恩格斯阶级观点的阐发及发生在
　　　　蓝莎、叶逸民与艾思奇之间的争论 ……………………（114）

　第二节　关于如何估计剥削阶级及其代表人物的历史作用的
　　　　　争议 ……………………………………………………（120）
　　一、争议产生的现实背景和线索 …………………………（121）
　　二、阶级性与民族性：到底要把民族英雄和帝王将相放在哪
　　　　个平台上？ ………………………………………………（129）
　　三、"让步政策"与"反攻倒算"：统治阶级是否起过推动历
　　　　史进步的作用？ …………………………………………（148）
　　四、"清官"与"贪官"：统治阶级中究竟有无可取的历史人
　　　　物？ ………………………………………………………（155）

　第三节　关于如何估计农民阶级属性和地位的争议 …………（169）
　　一、争议的缘起与线索 ……………………………………（172）
　　二、关于农民阶级的属性 …………………………………（178）
　　三、"农民政权"的性质 ……………………………………（192）
　　四、与农民阶级有关的若干核心概念和命题的辩论 ………（200）

　第四节　两种阶级观点的集中对立：历史主义与阶级观点之争
　　　　　………………………………………………………（212）
　　一、历史主义与阶级观点之争的缘起 ……………………（213）

二、历史主义与阶级观点的各自内涵及相互关系 ……… (222)
　　三、历史主义思潮的政治命运 ……………………………… (232)

第三章　"文革"后历史主义阶级观点与非历史主义阶级观点的正面冲突 ……………………………………………… (249)

　第一节　历史发展动力问题讨论："反抗动力论"质疑 ……… (250)
　　一、围绕着阶级斗争唯一动力论展开的批评声浪 ………… (252)
　　二、僵守革命记忆的阶级斗争唯一动力论 ………………… (270)
　　三、辩证的动力机制论：社会基本矛盾动力说和合力说 … (280)

　第二节　历史创造者问题的讨论：非历史主义阶级观点最后
　　　　　堡垒的瓦解 ……………………………………………… (292)
　　一、"人民群众是历史的创造者"命题的演变及其论争始末
　　　……………………………………………………………… (292)
　　二、"人民群众是历史的创造者"命题不能成立 …………… (296)
　　三、"人民群众是历史的创造者"命题维护者的辩解 ……… (303)
　　四、"历史创造者"命题的辩证性质及其世界观方法论意义
　　　……………………………………………………………… (309)

　第三节　中国近代史基本线索问题的讨论：民族利益与阶级
　　　　　利益孰轻孰重 …………………………………………… (316)
　　一、"三次革命高潮说"——阶级斗争线索论主流形式的形
　　　成 …………………………………………………………… (318)
　　二、现代化范式与革命史范式的论辩 ……………………… (330)
　　三、作为阶级斗争形式的革命与改良之争 ………………… (351)

结　语　从造反者到中华民族的代表者 ……………………… (359)

后　记 ………………………………………………………………… (369)

总　序

两年前,河南大学出版社约我组织一套"新中国学案"丛书,以反映新中国建立六十年来的学术发展。多少年来,我一直有一个观念,认为这段历史,是最值得研究的一段历史,它最可能为人们提供丰富而深刻的历史启迪;而与之相符的是,新中国的学术史,也是一段最有价值的学术史,它可以为学术的发展提供最深刻的借鉴或教益。于是,我欣然受命。

但是,这毕竟不是一件容易的事情。

学案这种史书体裁,历史上有其成功的范例,但却未必适合于表述当代的中国学术。学案体的开创者黄宗羲,阐述他著述《明儒学案》的用意或宗旨说:

> 大凡学有宗旨,是其人之得力处,亦是学者之入门处。天下之义理无穷,苟非定以一二字,如何约之,使其在我!故讲学而无宗旨,即有嘉言,是无头绪之乱丝也。学者而不能得其人之宗旨,即读其书,亦犹张骞初至大夏,不能得月氏要领也。是编分别宗旨,如灯取影……每见钞先儒语录者,荟撮数条,不知去取之意谓何。其人一生之精神未尝透露,如何见其学术?是编皆从全集纂要钩元,未尝袭前人之旧本也。①

---

① 黄宗羲:《明儒学案·凡例》,文渊阁四库全书本。

黄宗羲创设的学案体,旨意在于梳理学派的学术渊源和论学要旨。他认为,每个学术派别,都有其论学的宗旨;不同的学派就是因其不同的学术宗旨而相区分的。学术史之要领,在于以其不同的论学要旨,将学者分为不同的学术派别而溯其源流,以明天下学术之大势。因此,他的《明儒学案》所列19个学案,于每个学案都首先撰一小序,述论该学派的学术宗旨及学术源流,其次再来分述学派中每个主要学者的人生经历、著作思想及其传授系统。这样,以不同的学案并立于一本书之中,而呈列一时代天下学术之全貌。这的确是一种比较理想的传统学术史著述体裁。

当代中国学术不同于黄宗羲时代学术的一个显著特点,在于学派之难以成立。新中国建立以来,政治与国家意识形态对学术有着强大的统摄作用。马克思主义的独尊地位及其指导作用,使我们的学术思想高度统一,无论哲学、史学乃至一切社会科学,都不可能有所谓独立学派的产生。我们只有一个学派,那就是马克思主义学派。于是,要写新中国的学术史,黄宗羲所创设的学案体是不适用的。我们要做的学案,必须有新的创设。譬如就史学的发展来说,可以考察的学术案例,不能以学派划分,而因问题成立。我们不能按"家"写学术史,但可以按问题写学术史。我们没有史学研究的各家各派,但有不同的学术研究领域纵横交错、异彩纷呈,就学术领域设立学案的方式则是可以成立的。于是,我们写新中国的学术史,就以问题设立学案,一个一个问题去梳理,是谓"新中国学案"之成立。

但是,既然名为"学案",也还是和传统的学案体在基本精神上有相承袭之处的,那就是传统学案体所具有的"辨章学术、考镜源流"的精神,这一点是任何学术史著作所不可或缺的。总的来说,本丛书的基本性质,应该是一种专题学术史,或曰问题学术史。名曰"学案",它和传统学案体著作在体裁和治学旨趣上既有联系,又有区别。传统学案体史书在于研究不同学派的学术源流、内容及对之进行学术评断;本丛书则以问题为中心,做"辨章学术、考镜源流"的学术梳理,并对以往的学术状况给予分析和评论,使读者在一本学案著作中,既能看到某一学术论题的学术是非的来龙去脉、发展线索、内在逻辑,又能看到作者对这些学术争论的现代评论,获得学术思想的启迪。

为了实现以上编纂思想,我们在"编写说明"中对丛书在写作上提出了如下一些基本要求:

> 所有大的研究专题,都有丰富的研究成果,在内容选择上不能面面俱到,要有所选择。内容的选择,要考虑几个方面:该领域研究中的基本问题;讨论中争鸣较多的问题;对今天仍有价值和意义的问题。
>
> 要介绍或评论的内容收集,注意几个原则:最早提出的观点;最具代表性的观点;最有深度的观点。
>
> 对讨论的双方或多方的学术观点,要尽可能完全真实地反映,不以个人的学术立场影响反映的完整性和真实性。
>
> 讨论比较集中的问题,要围绕焦点问题展开,理清发展线索,追溯分歧的根源。
>
> 对问题的追溯和评论,要结合学术争鸣的社会历史背景来展开,把学术史置于广阔的时代背景中进行梳理和评述,挖掘其社会历史根源。
>
> 要重视挖掘该问题讨论的现代学术价值。特别是类似于传统的"五朵金花"……要注意挖掘其现代价值,注意这些问题在90年代以后的意义转向。
>
> 综述与评述兼顾而侧重于评述,要写成以综述为基础的评论性著作。

这些文字,既是我们对丛书作者的基本要求,也反映了我们对学案体学术史的基本理解。新的学案体学术史应该如何写,学术界有过一些零星的看法,但缺乏深入讨论,我们也就以上想法提请学界批评讨论。

尽管我们对丛书的写作提出了一些统一性的要求,但具体到每一本书,则都是作者的个人著作。每个作者在具体写作中,在具体的学术观点上,甚至在对学案体学术史的写法上,都有自己的理解,都享有充分的写作自由,他们都可以根据自己面对的研究对象的特殊性,对自己著作的立意和结构,进行创造性的或者说是完全个性化的构思和安排。因此,读者看到的这些作品,尽管都名之为"学案",但在著述风格上则因人而异,甚至有很大的不同。有的侧重学案反映学术状况的客观性,而有的则完全将研究的对象编织到自己的思想结构中。他们写出的是不同样式的学术史。在这里,读者可以强烈地感受到,学术史的写法,也像人们的思想世界一样色彩纷呈。

还要说明的是,名为"新中国学案",实际上我们出版的只是它的"史学卷",是建国以来史学研究领域里重大问题的学术史。而且,就史学领域来说,我们选取的问题,也可能有着很大的局限性。这一方面与我们对这段学术史的理解有关,另一方面也与我们所能组成的作者队伍有关。由于我们的局限,可能还有一些更需要反映的问题没有纳入进来,这些是可以在今后的研究中,有所补正的。如有可能,这套丛书还可以继续做下去,以使我们的新中国学术得到尽可能全面深入的描述和反映。

今年是新中国建国六十周年,改革开放也刚刚走过而立之年,中国当代学术的发展也走到了一个需要通过反思与总结而开辟新时代的关头,因此,最近几年的学术史研究逐渐升温并渐趋佳境,但愿这套丛书能够成为当下学术史热的一道新的风景。

李振宏

2009 年 8 月 2 日

引　论　马克思恩格斯阶级观点概述

对于一个掀起世界世纪革命、引发世界上两个最大国家——一为面积大国,一为人口大国——一场天翻地覆变化的理论来说,我们的心情和思考是复杂的。马克思主义的阶级斗争学说,一度为两个民族国家带来了巨大的进步,一度似乎又把它们带进死胡同。这是一个什么样的理论,它是一种什么样的动力? 历史只是在某一个时间点上,才向我们显示它的周期性;而不是每一代人、每个人都有幸目睹这种周期性的变化。我们有幸目睹了这个周期性变化,但愿我们的思考能够走出前人的局限。新世纪即将走过10年,我们还是禁不住要回望。新中国走过60年,60年是一个时间轮回,世界的变化与中国的变化叠加在一起,使得这种思考成为我们的一种责任。我们为此而激动而又有一些忐忑不安。我们也不期望通过一次回望就能理清所有过往的崎岖不平、山环水转的复杂来程。这是一项长期的工作和工程。我们需要反复地整理以往前进路程上的各种思考、各种争论,一代人曾经走过的心路历程。我们现在的打算,仅仅是理出一个初步的阶级观点中国化,中国化阶级观点如何影响、决定中国马克思主义史学的线索。我们基本的立足点和参照,是回到唯物史观本身,回到元典。对于马克思的著作,政治学的态度是"接着讲",对于历史学来说,我们的基本态度是

"照着讲"。① 历史学的基本思维是历史思维,对于任何问题的研究,都要回到问题的起点。阶级观点问题也是这样。

众所周知,在阶级观点问题上,马克思亲自做出过澄清:发现人类社会存在阶级和阶级斗争,不是他的功劳。在他之前,法国复辟时期的历史学家已经对历史上特别是大革命时期的阶级斗争做了大量描述,英国的经济学家也从经济上对各个阶级做过分析。尽管如此,如同普列汉诺夫所言,英法学者对阶级现象所作的探究,仅仅是阶级斗争学说的最初阶段。成熟的阶级斗争学说,应当是包括阶级起源、不同阶级赖以存在的历史条件、阶级消亡的一般历史前提等等内容的系统的、完整的理论说明。从这个意义上说,只有马克思恩格斯才是阶级斗争学说的真正创始人。"阶级的存在仅仅同生产发展的一定历史阶段相联系"②,马克思这一伟大观点的提出,堪称人类思想史上的一大辉煌发现,正是这一发现,把阶级斗争学说奠基在牢固的理论基石上,这一理论基石就是唯物史观。以唯物史观为理论背景的阶级斗争学说,至今仍是西方社会发展理论的重要流派——冲突社会学或冲突范式——之一。

从唯物史观的理论逻辑出发,马克思恩格斯对所谓"阶级观点"的各个组成部分都发表过重要看法。譬如:究竟如何看待阶级产生、阶级统治、"阶级压迫"和"阶级剥削",历史的"动力"何在,历史是怎样被创造的,等等。下面,我们分别探讨一下马克思恩格斯完整的阶级斗争学说的基本内容。

必须在此指出的是,我们这里对马克思恩格斯"阶级观点"内容的认定和探讨,是在中国的学术语境中进行的,尤其是在前一个时期宣传

---

① 此处借用冯友兰的说法。冯友兰的说法是,研究哲学史是"照着讲",阐释前人的理论见解;哲学创作是"接着讲",以前人的理论见解为思想资料,别开生面,创立自己的学说。对于马克思恩格斯的阶级斗争学说,政治学的态度是实用的,取其部分而着意发挥,类似于"接着讲";历史学的态度是历史的,着意还原完整的马克思恩格斯阶级斗争学说,类似于"照着讲"。冯友兰的说法参见程帆:《我听冯友兰讲中国哲学》,中国致公出版社,2002年,第15~16页。

② 《马克思恩格斯选集》第4卷,人民出版社,1972年,第332页。

要建立一个无阶级无剥削的未来社会这样一个意识形态语境中进行的;受这种特定语境的制约,本文探讨的论题当然有着特定的视角,但不如此则无法切入本书的主题。

一、唯物史观:马克思恩格斯阶级观点的逻辑前提

所谓马克思恩格斯的阶级观点,主要是指马克思恩格斯对人类历史上的阶级现象的系统认识,而人类历史上的阶级现象是人类历史,特别是人类文明史的重要部分,有时还是人类文明史的本质部分。所以,要想准确把握马克思恩格斯的阶级观点,必须首先把握马克思恩格斯对人类历史,特别是对人类文明史的基本观点,这一基本观点,就是通常所谓的唯物史观。无论从历史上还是从逻辑上看,马克思恩格斯的阶级观点都是他们的历史观即唯物史观的派生物。

马克思恩格斯著作中,不少地方对唯物史观做了概括表述。这些表述详略不一,背景不一,针对性不同,又分别出自两位经典作家,或许他们的表述还有一些个性差异。大体有如下表述:

【表述一】1859年1月在《〈政治经济学批判〉序言》中,马克思写了这样一段被公认为对唯物史观经典表述的话:"人们在自己生活的社会生产中发生一定的、必然的、不以他们的意志为转移的关系,即同他们的物质生产力的一定发展阶段相适合的生产关系。这些生产关系的总和构成社会的经济结构,即有法律的和政治的上层建筑竖立其上并有一定的社会意识形式与之相适应的现实基础。物质生活的生产方式制约着整个社会生活、政治生活和精神生活的过程。不是人们的意识决定人们的存在,相反,是人们的社会存在决定人们的意识。社会的物质生产力发展到一定阶段,便同它们一直在其中活动的现存生产关系或财产关系(这只是生产关系的法律用语)发生矛盾。于是这些关系便由生产力的发展形式变成生产力的桎梏。那时社会革命的时代就到来了。随着经济基础的变更,全部庞大的上层建筑也或慢或快地发生变革。"①

【表述二】1883年6月在《共产党宣言》1883年德文版序言中,恩格斯说:"《宣言》中始终贯彻的基本思想,即:每一历史时代的经济生产以及必然由此产生的社会结构,是该时代政治的和精神的历史的基础;因此(从原始土地公有制解体以来)全部历史都是阶级斗争的历史,即社会发展各个阶段上被剥削阶级和剥削阶级之间、被统治阶级和统治阶级之间斗争的历史;而这个斗争现在已经达到这样一个阶段,即被剥削被压迫的阶级(无产阶级),如果不同时使整个社会永远摆脱剥削、压迫和阶级斗争,就不再能使自己从剥削它压迫它的那个阶级(资产阶级)下解放出来,——这个基本思想完全是属于马克思一个人的。"②在1888年英文版序言中,恩格斯重申了这个原理,并说,"这一思想在我看来应该对历史学做出像达尔文学说对生物学那样的贡献"③。

【表述三】1878年6月在《反杜林论》中恩格斯说:"唯物主义历史观从下述原理出发:生产以及随生产而来的产品交换是一切社会制度的基础;在每个历史地出现的社会中,产品分配以及和它相伴随的社会之划分为阶级或等级,是由生产什么、怎样生产以及怎样交换产品来决定的。所以,一切社会变迁和政治变革的终极原因,不应当在人们的头脑中,在人们对永恒的真理和正义的日益增进的认识中去寻找,而应当在生产方式和交换方式的变更中去寻找;不应当在有关的时代的哲学中去寻找,而应当在有关的时代的经济学中去寻找。"④

【表述四】1883年3月在《在马克思墓前的讲话》中,恩格斯说:"正像达尔文发现有机界的发展规律一样,马克思发现了人类历史的发展规律,即历来为繁茂芜杂的意识形态所掩盖着的一个简单事实:人们首先必须吃、喝、住、穿,然后才能从事政治、科学、艺术、宗教等等;所

---

① 《马克思恩格斯选集》第2卷,人民出版社,1972年,第82~83页。
② 《马克思恩格斯选集》第1卷,人民出版社,1972年,第232页。
③ 《马克思恩格斯选集》第1卷,人民出版社,1972年,第237页。
④ 《马克思恩格斯选集》第3卷,人民出版社,1972年,第307~308页。

以,直接的物质的生活资料的生产,因而一个民族或一个时代的一定的经济发展阶段,便构成为基础,人们的国家制度、法的观点、艺术以至宗教观念,就是从这个基础上发展起来的,因而,也必须由这个基础来解释,而不是像过去那样做得相反。"①

【表述五】1884年5月在《家庭、私有制和国家的起源》第一版序言中,恩格斯说:"根据唯物主义观点,历史中的决定性因素,归根结蒂是直接生活的生产和再生产。"②在给约·布洛赫的信中,恩格斯又肯定了这里的表述,并说:"无论马克思或我都从来没有肯定过比这更多的东西。"③

从上面马克思恩格斯对唯物史观的不同表述中,可以看出,唯物史观可作广义与狭义的两种理解。

狭义唯物史观,有时仅仅指生产力和生产关系的关系,这就是表述五中所说的;有时也包括经济基础与上层建筑的关系。

广义唯物史观,内容较为宽泛。从表述一中看出,除了狭义的内容外,也包括社会发展理论即社会经济形态理论,但后者在表述中明显处于从属地位。从表述二中又可看出,唯物史观还包括阶级观点即阶级斗争理论和无产阶级革命学说。问题不在于表述二中所包含的内容,而是这些内容之间的关系。表述二是一个包含三个分句的长句子,句中有两个分号,表述了三层意思。值得注意的是,这三层意思不是并列的,而是递进的。第一个分号后面有一个连接词"因此",它表明第二层意思的根据是第一层意思,第一层意思是第二层意思的前提。无视第一层意思,或对第一层意思的理解出了问题,便不能理解第二层意思。长期以来,我们的哲学社会科学研究在阶级和阶级斗争观点的理解与运用上的失误,恐怕要在这里找原因。这两层意思的关系在马恩著作中有许多论述。第三个分句中有一个时间副词"现在"。这个"现

---

① 《马克思恩格斯选集》第3卷,人民出版社,1972年,第574页。
② 《马克思恩格斯选集》第4卷,人民出版社,1972年,第2页。
③ 《马克思恩格斯选集》第4卷,人民出版社,1972年,第477页。

在"表明无产阶级革命和共产主义的实现是以人类在阶级对立中发展到一定阶段,造成了阶级消灭的物质条件为前提的。所以第三层意思又以第二层意思为依据。

可见,在表述二中,第一层意思居于基础结构地位,第二层、第三层意思不过是第一层意思的推论和展开;"因此"两字再清楚不过地表达了这种关系。所以我们大致得出这样一个结论,广义唯物史观除居于基础地位的社会结构理论之外,还包括社会发展理论,阶级观点和无产阶级革命学说。就广义唯物史观本身来说,相对于它的基础和核心部分而言,其他部分的内容都处于从属的地位、次要的地位、派生的地位。可见,无论从哪一种意义上的唯物史观来衡量,社会发展理论、阶级观点和无产阶级革命学说都处于推论的地位。对这一点不能发生任何错觉和误解,否则就会造成失误。这一问题在后来的中国马克思主义史学史上留下了许多教训。流行的历史唯物主义同马克思恩格斯的历史唯物主义相去甚远,有必要依据马克思恩格斯的著作重新表述他们的根本思想,恢复这一历史观的原貌。马克思恩格斯的唯物史观的逻辑可以概括如下:

对人类来说首要问题是满足物质生活的需要,物质生产活动是最基本的历史活动——人类的需要不是自然界现成地满足的,是生产出来的——孤立的人类个体不能进行生产,生产要在社会联系、社会关系中进行——这种关系由生产力决定——人类不能自由选择他们面临的生产力——所以人类也就不能自由选择他们的社会关系——这样,人类历史发展规律(历史必然性)思想便奠基了。①

唯物史观观察人类历史的思路聚焦于生产力。生产力是马克思人类历史理论的根本概念。这个决定社会形态社会状况的生产力指什么呢?请看他们的有关论述:

"手推磨产生的是封建主为首的社会,蒸汽磨产生的是工业资本

---

① 参见孙柏录:《唯物史观与毛泽东》,《山东社会科学》,1989年第3期。

家为首的社会。"①

恩格斯说:"正如蒙昧人和野蛮人的工具同他们的生产分不开一样,轮作制、人造肥料、蒸汽机、动力织机同资本主义的生产也是分不开的。正如现代工具制约着资本主义社会一样,蒙昧人的工具也制约着他们的社会。"因此,"一谈到生产资料,就等于说到社会,而且就是说到由这些生产资料所决定的社会。"②

在以上论述中,马克思恩格斯都把生产工具作为一定社会生产力水平的标志和代表,生产工具所代表的一定生产力水平决定了一定社会关系类型。除生产工具之外,人本身作为劳动能力的载体,也是生产力的一个要素。

马克思指出:"人们在生产中不仅仅同自然界发生关系。他们如果不以一定方式结合起来共同活动和互相交换其活动,便不能进行生产。为了进行生产,人们便发生一定的联系和关系;只有在这些社会联系和社会关系的范围内,才会有他们对自然界的关系,才会有生产。"③

在《资本论》第二卷中,马克思又指出:"不论生产的社会形式如何,劳动者和生产资料始终是生产的因素。但是,二者在彼此分离的情况下只在可能性上是生产因素。凡要进行生产,就必须使它们结合起来。"④

可见,生产力要素或因素只有结合在一定生产关系当中才能形成现实的生产力,生产关系是现实生产力的社会形式。生产力与生产关系是什么关系?马克思说:"人们在自己生活的社会生产中发生一定的、必然的、不以他们的意志为转移的关系,即同他们的物质生产力的一定发展阶段相适合的生产关系。"生产力要素功能决定它要在其中成为现实生产力的生产关系,通过体现于生产关系承担者、当事人之间的利益追求和利益关系,成为现实生产力的动力,成为生产活动的动

---

① 《马克思恩格斯选集》第1卷,人民出版社,1972年,第108页。
② 《马克思恩格斯全集》第36卷,人民出版社,1976年,第169~170页。
③ 《马克思恩格斯选集》第1卷,人民出版社,1972年,第362页。
④ 《马克思恩格斯全集》第24卷,人民出版社,1972年,第44页。

力。适应于生产力的生产关系是使人产生积极性、主动性、创造性的力量源泉,是使既定的生产力充分发挥其作用的关系,是充分释放人本身(生产关系主体)的能量因而充分放大生产力能量的关系。生产力要素只有在与之适应的生产关系中,才能充分发挥其潜力。现实生产力的发展当然意味着生产力水平的提高。生产力在它决定的生产关系中成长到一定阶段,当生产关系成为束缚它成长的关系的时候,它便要求更新这一关系了,便寻求建立与之成长要求相适应的新关系了,这样,社会变革的时代就到来了。①

由此可见,唯物史观强调的是生产力、物质利益、经济关系对于社会关系、社会历史的决定性关系。唯物史观同其他任何历史观一样,也是一个基本预设、基本假定。作为一种理论预设和基本假定,它只是一种分析工具、思维工具和观念工具。唯物史观并不具有绝对或终极真理的意义。与其他假定和预设相比,唯物史观只是一种从实际生活经验中总结出来,又可以在实际生活中接受检验的、更具解释力的工具而已。当然这就意味着,唯物史观只是一种学术立场、理论立场和思想立场。这一立场从本质上说,可能具有超阶级、超党派的科学属性,在实际运用中不会导致为任何阶级辩护。"马克思主义"后来为何能重回西方,进入西方学术思想的主流,秘密可能就在这里。

唯物史观只是把经济状况、生产力水平视为历史解释的基本的初始条件和终极的决定性因素,这一历史观的创始人从未否认政治、暴力、思想等等因素也是历史变动的积极因素。其间的辩证关系可能在于:唯物史观只是在归根到底的意义上和宏观的历史层面上才显示出自己的价值。换句话说,唯物史观所看重的经济因素,不提供对事物的直接解释,不构成事变的直接原因;在直接原因的层面上,暴力、征服、战争、政治等行为,往往更具直观的解释力。这也就是说,在终极决定因素与直接相互作用之间有一个广阔地带,这一地带就是政治学、社会学、人类学、心理学等学科领域的解释天下。总之,唯物史观是宏观视

---

① 参见孙柏录:《唯物史观与毛泽东》,《山东社会科学》1989 年第 3 期。

野、长程预设,它在用来解释社会历史时,需要一系列由那些中间地带的学说所提供的所谓"中层理论"来辅助来呈现。马克思对阶级斗争直接动力、伟大动力的充分肯定,就是在这个领域和这个环节,当然,也仅限于这个领域和这个环节。

至此,我们已经接触到了马克思所揭示的社会结构的几个基本层面。其中生产力系统是最基础的层面,其次是生产关系(利益关系)层面,上层建筑是外表层面。阶级职能分工、阶级利益分化、阶级政治斗争不过是几个社会基本结构层面的内在衍化。各个层面相互独立,相互作用,各自都有不同的运动、变化节奏。生产力系统由于其客观性,是一个最为稳定的层面;上层建筑由于其主观性,是一个最为活跃的层面。生产关系层面的稳定性和活跃性受制于上、下两个层面的主观性和客观性。上层建筑层面虽然由于其远离基础结构层面更具独立性(这种独立性并非等同于结构稳定性),然而其作为表层结构的性质和衍化从根本上受制于基层结构和中层结构的性质和衍化。表层结构的衍化和变化只是反映或反应基层结构和中层结构的衍化和变化。以表层结构代替中层结构乃至基层结构,以表层结构的衍化和变化代替中层结构乃至基层结构的衍化和变化,以阶级斗争的表现代替经济必然性的表现,以上层建筑领域的阶级政治斗争理论代替唯物史观的基础结构、核心结构地位理论,以阶级斗争之意志和心理代替经济决定之社会规律,恰恰是把唯物史观变成了唯心史观。而这种唯心史观在中国近现代革命史学中的表现,就是伦理史观。

二、唯物史观如何看待阶级统治

从唯物史观的角度看,所有制、私有制是果而不是因,阶级产生的终极原因是劳动生产率的一定发展和非充分发展,直接原因是社会分工即旧式分工。分工结构决定分配结构。"与这种分工同时出现的还有分配,而且是劳动及其产品的不平等的分配(无论在数量上或质量上);因而也产生了所有制,它的萌芽和原始形态在家庭中已经出现,在那里妻子和孩子是丈夫的奴隶。"①所有剥削方式,如奴隶制、封建制、资本制等等,都可以看成是特定经济发展阶段由分工产生、分工决定的分配结果。因而,所有的剥削形式在历史发展的一定阶段都有其充分的历史正当性和合理性,是既定历史前提下历史进步的必要形式。

由此我们看到,由分工而分配而分享和分担,即一极得到享受,另一极分担痛苦,产生利益对立,阶级分化,进而产生阶级统治,这些都有其客观性。一些人类个体扮演统治阶级成员的角色,另一些扮演被统治阶级成员的角色。要么扮演这种角色,要么扮演那种角色,总要扮演一种角色。扮演两种角色中的一种是无法逃脱的命运。一定的生产力发展阶段要求这样,人类也就服从这种"安排"。例如,"手推磨产生的是封建主为首的社会"。面对手推磨这种生产力的人群,必然生活于封建生产方式下,他们建立的社会一定是封建社会。这就是说,在这时的人类的群体中,必然产生封建主和农民的这种分化,即形成封建生产关系,一个一个的个体,不是成为封建主,就是成为农民。多数个体当农民,少数个体当封建主,是不可避免的命运,是不以任何一个群体或任何个体的意志为转移的。我们不否认个体可以通过努力、勤奋、能力发展以及各种偶然因素来实现两个层次内的流动,但在生产力达到高一级水平之前,群体中的基本关系不会变化,社会的基本面貌不会变化。总之,阶级划分恰如历史之双脚,在既定的条件下,历史的脚步就是靠它迈开的。②

由此看来,那种以善意还是恶意的伦理论对阶级统治作出的解释,是多么的苍白无力。作为受惠于阶级对抗、阶级统治文明成果的后人来说,如何对待历史上的阶级统治可以成为是否领会马克思的唯物史观的试金石。很明白,如果接受了马克思的唯物史观,就不会对人类历史上的阶级统治采取简单否定的态度。如果秉持的是某种"高尚"的伦理史观,就会对人类历史上的阶级统治采取一概否定的态度。从这

---

① 《马克思恩格斯选集》第1卷,人民出版社,1972年,第37页。
② 参见孙柏录:《唯物史观与毛泽东》,《山东社会科学》1989年第3期。

种认识出发,我们可以解决关于观察人类文明史所应持的立场问题。

研究阶级统治时期的人类历史,应该站在什么立场上来进行?一些人认为:"我们研究奴隶社会历史要站在奴隶阶级等劳动人民一面,研究封建社会的历史要站在农奴、农民阶级等劳动人民的一面。"总之,"我们应该站在劳动人民的立场上去看历史"。这是一种什么立场?这是一种伦理立场。

历史研究中的无产阶级立场不是站在历史上劳动人民的一边去评判既往的历史。原因在于,阶级统治是一定时期人类历史进步的必然形式,而这也就意味着,在这一时期,"人类的大多数总是注定要从事艰苦的劳动和过着悲惨的生活"。观察历史为什么不能站在历史上劳动者的立场上?道理就在这里。如果我们研究奴隶社会的历史而站在奴隶的立场上,我们就会否定和咒骂奴隶制,而"在当时的条件下,采用奴隶制是一个巨大的进步"。手推磨产生的只能是封建主为首的社会,而封建主在一定限度的时期,是"人类发展的杠杆",如果我们研究"封建主为首的社会",却站在"农民的一边"去反对它,我们岂不是要抛弃人类在数千年内赖以前进的"杠杆"了吗?整个人类文明史,是以损害劳动者、牺牲劳动者为代价而发展过来的,其中深深浸透着劳动者的血和泪。诚然,"野蛮人和半野蛮人通常……没有任何阶级差别",但"我们决不会想到要重新恢复这种状况"。如果我们不想、不能恢复、回到这种状况,相应的就不能站在历史上劳动者的特定立场上来看这一客观历史过程。站在某一特定的阶级立场,不管是统治阶级立场还是劳动阶级立场,总之不是无产阶级立场。用某一特定阶级的标准来对待历史,只能意味着让人类停留于某一特定阶段,甚至是原始平等的"野蛮半野蛮"阶段,由此导致对于全部人类文明史的否定。

恩格斯说:"一切较高的生产形式,都导致居民的分为不同的阶级,因而导致统治阶级和被压迫阶级之间的对立;因此,只要生产不局限于被压迫者的最必需的生活用品,统治阶级的利益就成为生产的推动因素。"①这就是说,在以往,不是劳动者的利益推动着生产的发展,而是统治者剥削者的利益推动着历史的前进;这也就意味着,在以往,劳动者并不始终代表历史前进的方向和趋势,剥削阶级是特定时期历史前进方向和趋势的体现者;因此我们在观察以往的历史时,就不能始终以劳动人民和下层群众是否被剥削、被压迫来作为判断历史是非的尺度。应该承认,统治者对劳动者的一定限度的剥削是历史前进的必要条件;而在历史前进的过程中,劳动人民所遭受的惨重灾难,是处在"必然王国"中的人类在发展中所不得不付出的代价。这笔代价是"惨重"的,但它所换取的进步也是巨大的。如果认为这笔代价是不必要的,"那就是主张,为了保证个人福利,全人类的发展应该受到阻碍"。这实际上是不理解:"个性的比较高度的发展,只有以牺牲个人的历史过程为代价",只有"靠牺牲多数的个人,甚至靠牺牲整个阶级",才能克服阶级对抗。"牺牲个人的历史过程"之所以能换来"类"的发展,是"因为在人类,也像在动植物界一样,种族的利益总是靠牺牲个体的利益来为自己开辟道路的,其所以会如此,是因为种族的利益同特殊个体的利益相一致,这些特殊个体的力量,他们的优越性,也就在这里"。②在马克思恩格斯看来,少数统治者、剥削者的利益在一定程度上符合人类的整体利益、最高利益,或者说,人类的整体利益、最高利益在那个时候只能由那些少数人的利益来体现、来代表。他们对千百万劳动者的残酷的统治与剥削,在那时,不仅说不上是反动的,恰好是对人类文明史的推动。人类在那个时候的进步就是借助于他们的残暴行为实现的,人类在那时只能这样才能进步。正如恩格斯所说:"历史可以说是所有女神中最残酷的一个,她不仅在战争中,而且在'和平的'经济发展时期中,都是在堆积如山的尸体上驰驱她的凯旋车③。"马克思说,对这种人类进步所能采取的残酷形式觉得悲伤,发一些悲天悯人的感慨,

---

① 《马克思恩格斯选集》第3卷,人民出版社,1972年,第519页。
② 《马克思恩格斯全集》第26卷(第2册),人民出版社,1973年,第124~125页。
③ 《马克思恩格斯全集》第39卷,人民出版社,1974年,第40页。

是不必要的,无论历史进步的"情景对我们个人的感情是怎样难以接受,但是从历史观点来看,我们有权同歌德一起高唱'既然痛苦是快乐的源泉,那又何必因痛苦而伤心?'"所以,站在历史上劳动者的立场上是不能对人类文明史作出科学说明的。

马克思在分析李嘉图的经济理论时指出,发展生产力的要求是李嘉图评价经济现象的基本原则。"对李嘉图来说,生产力的进一步发展究竟是毁灭土地所有权还是毁灭工人,这是无关紧要的。如果这种进步使工业资产阶级的资本贬值,李嘉图也是欢迎的。如果劳动生产力的发展使现有的固定资本贬值一半,那将怎样呢?——李嘉图说,——要知道人类劳动生产率却因此提高了一倍。这就是科学上的诚实。如果说李嘉图的观点整个说来符合工业资产阶级的利益,这只是因为工业资产阶级的利益符合生产的利益,或者说,符合人类劳动生产率发展的利益,并且以此为限。凡是资产阶级同这种发展发生矛盾的场合,李嘉图就毫无顾忌地反对资产阶级,就像他在别的场合反对无产阶级和贵族一样。"①我们引证这一论述表明,马克思恩格斯也是以发展生产力的要求来评判整个人类文明史的。

以为历史研究中的无产阶级立场,是在任何时候都必须始终同情与倾向于对抗阶级的一方,都必须而且应该始终站在其中一方的一边,粗浅地说,好像所谓阶级立场就是为一种阶级说好话,对另一种阶级说坏话,如果是这样,那我们在这里需要认真澄清:这是对无产阶级立场的严重曲解。无产阶级在评判以往的人类社会时,毫无疑问是有自己的立足点亦即立场的,但这一立场只能是历史进步的立场。在既定的历史前提下,谁体现着历史的进步,就肯定和赞美谁,谁阻碍了历史的进步,就谴责和否定谁。

在马克思恩格斯看来,无产阶级之所以需要确立客观的立场,这是因为无产阶级是一个继承人类一切文明成果的阶级,而非单独继承历史上劳动阶级的一切文明成果。无产阶级的事业是人类解放的事业,

---

① 《马克思恩格斯全集》第26卷(第2册),人民出版社,1973年,第125页。

而非一个阶级的解放事业。无产阶级是一个普遍阶级,它没有自己的特殊利益,无产阶级如果不是在解放自己的同时,同时解放全人类,它就永远也不能解放自己。无产阶级的价值立场是开放性与独立性、历史性与现代性、相对性与绝对性的统一,无产阶级价值立场的辩证性使得无产阶级能以最公正的态度评判以往一切阶级,给予以往一切阶级以恰当的历史地位和价值定位。

三、"阶级制度的存在是由分工引起的"

马克思恩格斯的阶级学说是一个完整的理论,而"分工"则是这一理论的逻辑起点。从历史上看,阶级产生于"旧式分工"或"固定分工",而不是产生于私有制。"阶级的存在是由分工引起的","分工的规律就是阶级划分的基础"。这就是说,先有了不同的分工,而后在这些不同的分工的基础上产生了通常所谓的阶级,人类由此从野蛮阶段进入文明时代。

何谓"旧式分工"?"旧式分工",概括而言,就是指固定或终身分工。具体说来,是指分工的旧有性质或分工对劳动主体的局限,是指分工主体的谋生性、固定性和人的发展的片面性,是指社会对劳动主体的强制性,是指劳动主体被永远固定在某种劳动形态上。① 马克思恩格斯说,"分工一出现之后,每个人就有了自己一定的特殊的活动范围,这个范围是强加于他的,他不能超出这个范围"。② 你是一个纺织工人还是一个钢铁工人,你是一个售货员还是一个会计,是一个教师还是一个医生,一旦你从事了某种职业,那么就意味着你被终生固定在某种劳动形态上。而在一定的生产力发展水平和一定的历史发展阶段上,没有职业,就意味着人不能与生产条件相结合,不能从事劳动并取得基本生活资料,谋生的需要迫使人们、强制人们去就业、去接受旧式分工。

---

① 参见林剑:《也论旧式分工与旧式分工的消失——兼与秦店武、郝振省同志商榷》,《哲学研究》1986年第8期。
② 《马克思恩格斯选集》第1卷,人民出版社,1972年,第37页。

一旦接受了这种分工,你就得接受由此带来的一切约束。这种旧式分工是禁锢劳动者的桎梏,是造成一定历史阶段上脑力劳动与体力劳动、管理劳动与服从劳动的对立和差别的直接原因,是人类社会不平等的最深刻根源。①

旧式分工产生于相对低下的生产力水平时期。相对不发展的劳动生产率直接导致了旧式分工,旧式分工则必然产生阶级和阶级剥削。劳动主体的分工,在人类社会的早期就存在。但马克思恩格斯说:"分工只是从物质劳动和精神劳动分离的时候起才开始成为真实的分工。"②体力劳动与精神劳动的分工使物质活动和精神活动、享受和劳动、生产和消费由各种不同的人分担这种情况成为可能,而且成为现实。为什么体力劳动和脑力劳动、享受和劳动、生产和消费会分裂,并且在私有制社会里会分别由不同的人来承担呢?为什么会产生这种对社会成员来说是"终身制"的固定分工呢?为什么体力劳动者一辈子都摆脱不掉体力劳动呢?对此,恩格斯指出:"剥削阶级和被剥削阶级、统治阶级和被压迫阶级之间的到现在为止的一切历史对立,都可以从人的劳动这种相对不发展的生产率中得到说明。当实际劳动的人口要为自己的必要劳动花费很多时间,以致没有多余的时间来从事社会的公共事务,例如劳动管理、国家事务、法律事务、艺术、科学等等的时候,必然有一个脱离实际劳动的特殊阶级来从事这些事务;而且这个阶级为了它自己的利益,永远不会错过机会把愈来愈沉重的劳动负担加到劳动群众的肩上。只有通过大工业所达到的生产力的大大提高,才有可能把劳动无例外地分配于一切社会成员,从而把每个人的劳动时间大大缩短,使一切人都有足够的自由时间来参加社会的理论和实际的公共事务。因此,只是在现在,任何统治阶级和剥削阶级才成为多余的,而且成为社会发展的障碍……"③恩格斯还说:"社会分裂为剥削阶

---

① 《马克思恩格斯全集》第23卷,人民出版社,1972年,第401页。
② 《马克思恩格斯选集》第3卷,人民出版社,1972年,第36页。
③ 《马克思恩格斯选集》第3卷,人民出版社,1972年,第221页。

级和被剥削阶级、统治阶级和被压迫阶级,是以前生产不大发展的必然结果。当社会总劳动所提供的产品除了满足社会全体成员最起码的生活需要以外只有少量剩余,因而劳动还占去社会大多数成员的全部或几乎全部时间的时候,这个社会就必然划分为阶级。在这个完全委身于劳动的大多数人之旁,形成了一个脱离直接生产劳动的阶级,它从事于社会的共同事务:劳动管理、政务、司法、科学、艺术等等。因此,分工的规律就是阶级划分的基础。……这种划分是以生产的不足为基础的,它将被现代生产力的充分发展所消灭。"①

恩格斯的这两段话,包含了这样几点思想。(1)阶级划分的终极根源是生产力相对低下不足。但低下的生产力造成阶级的存在,是以分工为中介的。在低下的生产力基础上,必然会发生固定分工,固定分工是产生阶级、阶级对抗的直接原因。(2)消灭阶级、消灭剥削的前提,是消灭旧式分工。旧式分工不消灭,彻底消灭阶级、消灭剥削是不可能的。恩格斯认为杜林的下述观念是幼稚的:"无需从根本上变革旧的生产方式,首先是无需废除旧的分工,社会就可以占有全部生产资料;……而与此同时整批的人却依旧为生产某一种物品所奴役,整批的'居民'依旧被要求就业于一个生产部门……社会应该成为全部生产资料的主人,从而让每一个人依旧做自己的生产资料的奴隶,而仅仅有选择哪一种生产资料的权利。"②恩格斯认为:"要不是每一个人都得到解放,社会本身也不能得到解放。因此,旧的生产方式必须彻底变革,特别是旧的分工必须消灭。"③(着重号为引者所加)(3)劳动者闲暇时间的多少,是衡量他们人身解放程度的尺度,也是阶级存亡的关键之一。未来社会的每个人都有可能成为管理者,而这需要足够的时间来训练自己、发展自己。如果没有供自己支配的足够的自由时间,就谈不上每个人全面而自由的发展,因而就有可能仍被旧式分工所奴役。

---

① 《马克思恩格斯选集》第3卷,人民出版社,1972年,第321页。
② 《马克思恩格斯选集》第3卷,人民出版社,1972年,第336页。
③ 《马克思恩格斯选集》第3卷,人民出版社,1972年,第332~333页。

恩格斯的话是对唯物史观的卓越发挥和运用,值得反复学习、体会、理解。但是,他的有些论述,还有值得进一步阐发的地方。例如,他说:"当社会总劳动所提供的产品除了满足社会全体成员最起码的生活需要以外只有少量剩余,因而劳动还占去社会大多数成员的全部或几乎全部时间的时候,这个社会就必然划分为阶级。"为什么?这个必然是怎样发生的?我们知道是通过旧式分工发生的,为什么这样就必然发生旧式分工?恩格斯并没有去说明这个问题,因为对他来说这可能是不言而喻的。

这个问题可以分以下几步来理解。第一步,可以这样认为,在原始社会,社会总劳动所提供的产品只能满足社会全体成员最起码的需要,毫无剩余可言。这种状况决定了,全体之社会成员都必须参加直接的生产劳动,否则,就不能维持氏族或部落的生存。这个时候,社会还无力养活脑力劳动者,同时这个社会也并不需要专门的脑力劳动者。第二步,可以这样设想,随着生产力的提高,原始社会末期,从社会总劳动中已经能够提供少量剩余,社会也需要一批人专门从事脑力劳动。为什么需要专门的脑力劳动者呢?这是因为脑力劳动者必须有足够的时间来熟悉他们的业务,需要从事这项工作的人终身坚持不懈,不容断断续续,也不容边从事脑力劳动,边进行体力劳动。这样,当时事实上就存在着三种选择:A.全体社会成员都来从事脑力劳动。这肯定不行,在人还是劳动过程的主体的情况下,这就会造成社会生产的中断。B.仍然采取原始社会的办法,大家都参加物质生产劳动,然后大家利用业余时间从事脑力劳动。结果,这就等于放弃了脑力劳动。C.在全体社会成员中分离出很少一部分人来专门、毕生从事脑力劳动,从事社会的公共事务,其中包括劳动管理、国家事务、法律事务、艺术、科学的创造等等,而把这一小部分人所应承担的物质生产劳动量让其他社会成员承担起来。这就造成了这样一种可能:这一小部分人毕生从事脑力劳动时,绝大多数人则不得不终身固定在物质生产劳动领域。那么,为什么当一小部分人毕生从事脑力劳动时,绝大多数人就必然终身从事体力劳动呢?第三步,我们假设,文明社会刚刚开始起步的时候,社会成员每天只能劳动18个小时(自然界限),而每个社会成员的社会必要劳动时间是17个小时,也就是说,他每天17个小时的劳动产品仅能维持自己的最低生存需要,余下的1个小时为社会劳动。假如这时社会全体成员都劳动,每个社会成员就有可能有1个小时的闲暇时间。但这时,社会必须有一部分人专门从事脑力劳动,而这一部分的社会必要劳动量就推到其他社会成员头上,这样,其他社会成员每天就仍必须劳动18小时,如果那一小部分人终身从事脑力劳动,那么,多数社会成员就须毕生从事体力劳动。

由此我们可以得出这样一个结论:脑力劳动者在全体社会成员中的比例,是随着人的劳动生产率的提高而不断提高的。在人必须用17个小时来为自己劳动的时候,17个人的剩余劳动才能养活1个人,17万人中只能有1万人从直接生产劳动中脱离出来,其中包括没有劳动能力或丧失劳动能力的老人和孩子。当人用12个小时的时间就能满足自己的生存需要时,假如他每天还劳动18个小时,这样只需要2个人就能养活1个人,显然,这时脑力劳动者就显著地增加了。随着生产力的进一步发展,当人每天只需用2个小时的时间的劳动就能满足自己的生存需要时,假如这时每个劳动者不需要干18个小时,只需要10个小时,这时不但养活的脑力劳动者增加了,而且体力劳动者本人闲暇时间也增多了,劳动的性质也发生变化了,这时的体力劳动者本人也逐渐掌握了足够的知识,他已经不是一个纯粹的体力劳动者了。假如生产力提高到这个程度:每个社会成员的社会必要劳动只需极短的时间就能完成,这个时候,固定分工存在的必要性就消失了,因为每个人平均每天只需劳动极短的时间就可以了,而且这个必要劳动几乎不影响他所热爱的正在钻研的创造性的脑力劳动,简直可以说是休息,是调剂,体力劳动从负担变成了快乐。

经过上述步骤之后,我想我们已经能对恩格斯的那些话有比较透彻的理解了。社会为什么会必然产生固定分工、旧式分工,原因就在于低下的生产力水平,低下的生产力水平通过旧式分工这个中介使社会划分为直接生产者和非直接生产者,亦即通常所谓的剥削阶级和被剥削阶级、统治阶级和被统治阶级。

旧式分工的出现是对人类历史的巨大贡献。分工在一定的生产水平上产生之后，少数脑力劳动者这时得以在体力劳动者的供养下，一部分人专门从事劳动管理和国家事务的管理，另一部分人则进入专门的知识领域，从事科学研究和文化事业。生产力因为这种分工大大发展起来，古代的科学、艺术和哲学也产生并发展起来。以后一直到资本主义社会，脑力与体力劳动的分工都曾经推动了生产力的发展。特别是近代的大机器生产，如果没有高度发展的科学技术，简直是不可想象的。应该承认，固定分工的出现是人类历史上的一个伟大的进步，今天我们所拥有的全部物质财富和精神财富，都是这种分工的结果。恩格斯曾以奴隶社会为例，高度估价了分工对历史发展的推动作用。他说："当人的劳动的生产率还非常低，除了必需的生活资料只能提供微少的剩余的时候，生产力的提高、交换的扩大、国家和法律的发展、艺术和科学的创立，都只有通过更大的分工才有可能，这种分工的基础是，从事单纯体力劳动的群众同管理劳动、经营商业和掌管国事以及后来从事艺术和科学的少数特权分子之间的大分工。"① 而"只有奴隶制才使农业和工业之间的更大规模的分工成为可能，从而为古代文化的繁荣，即为希腊文化创造了条件。没有奴隶制，就没有希腊国家，就没有希腊的艺术和科学；没有奴隶制，就没有罗马帝国。没有希腊文化和罗马帝国所奠定的基础，也就没有现代的欧洲。我们永远不应该忘记，我们的全部经济、政治和智慧的发展，是以奴隶制既为人所公认、同样又为人所必需这种状况为前提的。在这个意义上，我们有理由说，没有古代的奴隶制，就没有现代的社会主义。"②

最初的阶级分化纯粹是以脑力劳动和体力劳动的分工为基础发展起来的。在原始社会，人类就有许多共同事务需要处理，有共同的利益需要维护。处理这些公务虽然是在全社会的监督之下，却不能不由个

---

① 《马克思恩格斯选集》第3卷，人民出版社，1972年，第221页。
② 《马克思恩格斯选集》第3卷，人民出版社，1972年，第220页。

别成员来担当:如解决争端、监督用水、执行宗教职能、同外界打交道等等。在当时的生产力条件下,这些处理公务的人们是不能脱离直接生产劳动的,在生活状况和社会地位上与其他氏族成员也是平等的。随着生产力的提高,氏族内关系的复杂化、多样化,各个氏族都建立新的机构来保护共同利益和反对相抵触的利益。这些机构,是整个共同体的整体利益的代表者。在这些机构中,管理人员被赋予全权,逐渐从社会公仆变为社会的主人,他们先是不劳动或少劳动,后来逐渐全部脱离生产劳动,最后成为专职的管理人员,而这些专职的管理人员也慢慢形成了他们的共同利益,这就构成了具有特殊利益的阶级,他们把对社会的领导变成对公众的剥削。人类历史上第一个统治阶级就这样诞生了。这一切均来源于最初的分工,而分工在最初又是不得不进行的。所以人类历史总的说来带有某种宿命的性质。

四、马克思恩格斯对"阶级剥削"与"阶级压迫"的看法

马克思有一段话是大家所熟知的:"没有对抗就没有进步,这是文明直到今天所遵循的规律。到目前为止,生产力就是由于这种阶级对抗的规律而发展起来的。"马克思强调说,否认这一点,"那就是撇开阶级对抗,颠倒整个历史的发展过程。"①

唯物史观创始人对剥削与压迫的看法可能全部浓缩在这段话里。不过,长期以来,这里所表述的思想却完全被误解、曲解了。流行的理解是:使生产力得以发展的"阶级对抗"就是通常所说的"阶级斗争",而"阶级斗争"就是劳动者反抗剥削与压迫的斗争。这其实是相差180度的误解。

实际上,马克思所说的"阶级对抗",指的是"到现在为止,社会一直是在对立的范围内发展的"这种现象本身,亦即:在这种社会里,"一些人靠另一些人来满足自己的需要,因而一些人(少数)得到了发展的垄断权;而另一些人(多数)经常地为满足最迫切的需要而进行斗争,

---

① 马克思:《哲学的贫困》,人民出版社,1961年,第48页。

因而暂时……失去了任何发展的可能性。"①指的是"一个阶级对另一个阶级的剥削",是整个"文明时代的基础","所以它的全部发展都是在经常的矛盾中进行的"这种事实本身。②

很明显,马克思所说的作为历史进步形式的"阶级对抗",主要指的不是被剥削者、被压迫者反剥削反压迫的冲突斗争,主要或在大部分场合是指阶级剥削和阶级压迫本身。而且当马克思恩格斯不是在论述无产阶级解放事业而是在论述既往人类文明史时,他们所谓的"阶级对抗",实际指的也主要是阶级剥削与阶级压迫本身。在他们看来,没有剥削与压迫就没有进步,这是文明的发展直到资本主义社会所遵循的规律;如果认为文明的进步是在剥削与压迫之外实现的,"那就是撇开阶级对抗,颠倒整个历史的发展过程"。

马克思恩格斯始终有一个根深蒂固的观点:剥削与压迫在既定前提下是人类历史进步的必然形式。原因在于:"过去的全部历史都是在阶级对抗和阶级斗争中发展的;统治阶级和被统治阶级,剥削阶级和被剥削阶级是一直存在的;人类的大多数总是注定要从事艰苦的劳动和过着悲惨的生活。"③一部人类文明史就是一幕惊天地泣鬼神的"悲剧","历史可以说是所有女神中最残酷的一个,她不仅在战争中,而且在'和平的'经济发展时期中,都是在堆积如山的尸体上驰驱她的凯旋车"④的。"为什么会这样呢?"马克思恩格斯说:"这只是因为在人类发展的以前一切阶段上,生产还是如此不发达","人的劳动的生产率还非常低,除了必需的生活资料只能提供微少的剩余"⑤,这种特定的生产力状况决定了"历史的发展只能在这种对抗形式中进行"⑥,"人们的发展只能具有这样的形式"⑦,决定了今天的文明所拥有的一切都必

---

① 《马克思恩格斯全集》第3卷,人民出版社,1960年,第507页。
② 《马克思恩格斯选集》第4卷,人民出版社,1972年,第173页。
③ 《马克思恩格斯选集》第3卷,人民出版社,1972年,第41页。
④ 《马克思恩格斯全集》第39卷,人民出版社,1974年,第40页。
⑤ 《马克思恩格斯选集》第3卷,人民出版社,1972年,第221页。
⑥ 《马克思恩格斯选集》第3卷,人民出版社,1972年,第42页。
⑦ 《马克思恩格斯全集》第3卷,人民出版社,1972年,第507页。

须依靠这种形式来完成。

那么,这里存在着这样一个必须回答的问题:为什么生产的不发达就必然导致剥削与压迫,使得人类必须沿着血与火、伴随着自身的巨大牺牲的道路前进呢?对上文进行概括,原因在于:

第一,在人的劳动生产率有了一定的发展但又绝对无法满足全体社会成员充分发展需要的一切阶段上,人类始终面临着这样的选择:要么全体社会成员过着整齐划一绝对平均的生活,要么出现剥削与压迫,贫富悬殊。历史和现实都证明,前一条道路的前途是普遍的不发展,后一条道路使人类走到了今天的历史高峰上。

第二,相对不发展的劳动生产率直接导致了以脑力劳动与体力劳动的分工为主要形式的旧式分工,旧式分工则必然产生阶级和阶级剥削。这就是上引恩格斯的论断所指出的:"剥削阶级和被剥削阶级、统治阶级和被压迫阶级之间的到现在为止的一切历史对立,都可以从人的劳动的这种相对不发展的生产率中得到说明。当实际劳动的人口要为自己的必要劳动花费很多时间,以致没有多余的时间来从事社会的公共事务……的时候"[1],"这个社会就必然划分为阶级"[2],从而使物质活动与精神活动、劳动与享受、生产与消费由各种不同的人来分担这种情况成为基本的社会现象。[3] 一些人(少数)由此获得了发展的垄断权,另一些人(多数)则在一个时期内永远丧失了任何发展的可能。然而脑力劳动与体力劳动的这种对抗,一方面为科学文化本身的发展所绝对必需,另一方面在既定前提下,那个垄断了文化和享受的"少数"的发展就代表着整个人类的发展。

第三,任何社会生产的发展,都必须以一定的积累为前提,扩大了的生产必须以扩大了的积累为前提。所以,一般说来,历史前进的快慢,取决于"社会总劳动所提供的产品除了满足社会全体成员最起码

---

[1] 《马克思恩格斯选集》第3卷,人民出版社,1972年,第221页。
[2] 《马克思恩格斯选集》第3卷,人民出版社,1972年,第321页。
[3] 《马克思恩格斯选集》第1卷,人民出版社,1972年,第36页。

的生活需要以外"的"剩余"的多少及其用向。① 当社会总劳动所提供的产品如此匮乏,以至于都用掉尚不足以温饱的情况下,生产发展所需要的积累必然通过侵吞劳动者的最低生存需要来充当。正是在这种意义上马克思指出:"如果硬说由于所有劳动者的一切需要都已满足,所以人们才能创造更高级的产品和从事更复杂的生产,那就是撇开阶级对抗,颠倒整个历史的发展过程。"②

总之,在马克思、恩格斯看来,在共产主义到来之前,人类的进步就像可怕的异教神像那样,只有用人头做酒杯才能喝下甜美的酒浆。没有建立在阶级对抗——剥削与压迫——上的一切东西,就没有历史的进步。人类只有通过这种对抗——"靠牺牲多数的个人,甚至靠牺牲整个阶级"——"才能""最终克服这种对抗"③。因此,私有制社会的人类历史,一般不是通过"反剥削反压迫"而主要是通过剥削与压迫创造的。如果说在马克思主义的理论中有阶级分析方法这种东西的话,那么,这种方法的主要功用就是:确定在既定前提下,正是什么性质、什么形式的阶级对抗才能推动历史的进步,才是历史发展所能采取的形式。这种对抗——剥削与压迫——在今天看来可能很残酷、很血腥,对劳动者来说灾难与痛苦可能很大,但只要是在走历史必由之路,就不能一般予以否定;否则,那些脱离开既定条件的摆脱剥削、压迫、苦难的空想,尽管再"合理"、再"人道"、再"美好",也不能无条件予以推崇,因为这种空想一旦付诸实施,不但不能使"阶级差别的消除成为真正的进步",反而会"在社会的生产方式中引起停滞或甚至衰落"④。氏族社会末期的原始平等和绝对平均必然为残暴、野蛮的阶级对抗所代替,因为在当时只有后者才能成为生产力进一步发展的形式,为后人所向往和追求的那种"平等"和"平均"在当时恰恰阻碍着历史的进步。"手推

---

① 《马克思恩格斯选集》第3卷,人民出版社,1972年,第321页。
② 《马克思恩格斯全集》第4卷,人民出版社,1958年,第104页。
③ 《马克思恩格斯全集》第26卷(第2册),人民出版社,1973年,第124~125页。
④ 《马克思恩格斯选集》第2卷,人民出版社,1972年,第616页。

磨产生的是封建主为首的社会,蒸汽磨产生的是工业资本家为首的社会。"①这就是说,在以"手推磨"为标志的生产力水平之上,历史的领导权必然为封建主所掌握,这个时候若幻想和建立没有封建主的社会,只能扼杀历史的进步;在资本主义的剥削形式所能容纳的全部生产力充分发挥出来以前,对抗本身依然是进步的源泉。不仅如此,历史上的劳动群众从本能上讲,也会安然承受甚至还会欢迎这些"对抗":"当一种生产方式处在自身发展的上升阶段的时候,甚至在和这种生产方式相适应的分配方式里吃了亏的那些人也会热烈欢迎这种生产方式。大工业兴起时期的英国工人就是如此。不仅如此,当这种生产方式对于社会还是正常的时候,满意于这种分配的情绪,总的来说,也会占支配地位;那时即使发出了抗议,也只是从统治阶级自身中发出来(圣西门、傅立叶、欧文),而在被剥削的群众中恰恰得不到任何响应。"②总之一句话,在生产力发展的一定阶段上,"没有对抗就没有进步"。当然,并非所有的对抗都能产生进步。阻碍生产力发展的对抗与企图努力消灭任何对抗的行为一样,都只能造成历史的停滞与灾难。所以,马克思主义的阶级观点总是毫不含糊地肯定一切在既定历史前提之下推动生产力发展的"对抗"。

在这里,稍微探讨或澄清一下"剥削"的内涵或许是必要的。通常认为,剥削是指对他人劳动成果的无偿占有,或干脆些说,不劳而获就是剥削。对"剥削"概念的这种理解和认识,似乎有欠确切。

人们在把对他人劳动成果的占有看做剥削时,有一个错误的思想预设,这就是认为劳动者的劳动成果,应该不折不扣地归全体劳动者所有,否则的话,劳动者就受到了剥削。应该说,这是小资产阶级社会主义者拉萨尔的观点在作怪,是典型的无政府主义者的思路。

马克思在批判拉萨尔"哥达纲领"关于"劳动所得应当不折不扣和按照平等的权利属于社会一切成员"这一观点时说,在社会主义社会,

---

① 《马克思恩格斯选集》第1卷,人民出版社,1972年,第108页。
② 《马克思恩格斯选集》第3卷,人民出版社,1972年,第188~189页。

集体的劳动所得就是社会总产品,这些产品在分配给社会成员之前,应该首先从中作一系列扣除。主要有:第一,扣除用来补偿消费掉的生产资料的部分、用来扩大生产的追加部分和用来应付不幸事故及自然灾害等的后备基金或保险基金;第二,扣除和生产没有直接关系的一般管理费用;第三,扣除用来满足共同需要的部分,如学校、保健措施等;第四,扣除为丧失劳动能力的人等设立的基金。马克思指出,在作了上述扣除后,才谈得上纲领在拉萨尔的影响下褊狭地专门注意的那种"分配",就是说,才谈得上在集体中的个别生产者之间进行分配的那部分消费资料。"不折不扣"的劳动所得这时已经不知不觉地变成"有折有扣"的了。马克思这里谈的是共产主义初级阶段的分配原则,但他这里的许多思想具有一般意义,能在原则上指导我们如何理解在此之前的剥削现象。

　　上面马克思所谈的第一种扣除,为扩大再生产和维持简单再生产所必需,其理至明,无须多说。问题在于第二种扣除,长期以来,我们往往把这种扣除看作纯粹的剥削。因为这部分费用大都花在管理人员、统治者身上了,花在精神劳动、脑力劳动、少数特权分子身上了。在马克思看来,在社会主义社会,在劳动人民翻身当家做主的社会里,仍然必须从他们自己的劳动产品中作必要的扣除。既然如此,怎么能说这种扣除在私有制社会里,是不必要的呢?所谓和生产没有直接关系的一般管理费用,主要指的是行政开支,也就是管理国家、公共事务的费用。封建社会中的个体农民向朝廷交纳的"皇粮"中包含着这种费用。雇佣工人创造的剩余劳动中也包含着这种费用。这些都可以说是必要的扣除。如果把这部分扣除算作剥削,那就是认为不合理的、不必要的。我们知道,只有无政府主义者才认为一切政府、一切权威机关的存在都是祸害。那么,毫无疑问,这些政府机关的费用也就是一种不合理的、劳动者不应承受的负担。这显然是有害的。国家的存在和统治是以执行某种社会职能作基础的,是必然的合理的;国家事务、公共事务、科学和艺术管理与创造等,也是一种劳动。因此,一定的行政支出是必不可少的,从劳动产品中扣除这部分开支不能认为是剥削。

关于对用来满足共同需要部分的扣除,如办学校、保健设施的费用等,指的是对社会福利事业和教育的投资。以资本主义社会为例,雇佣工人的剩余劳动的一部分可能物化为国立或州立大学、中等专业技术学校和中小学,另一部分可能物化为电影院、图书馆、公园、游艺场、游泳池、室内体育场等等。这些场所是谁都可以享用的,是整个社会的。这就是说,资本家在占有工人的剩余劳动后,国家和地方政府又通过高额累进税的形式把一部分剩余劳动转化为公共事业、公共工程,因此,这种转化为公共事业、公共工程的剩余劳动就不能再算做资本家的不劳而获了。这一部分资本家并没有"获",而是通过他的手流向社会了。对于劳动保险、养老保险、医疗保险等基金的扣除,更是不能算作资本家的不劳而获了。

由上可知,对被剥削者个人占有的部分剩余劳动也不能全视为剥削。不能不分青红皂白,一律把对别人劳动的占有本身看做剥削。一个雇佣工人在资本家的工厂里劳动八小时,如果他的社会必要时间每天是四小时,那么他每天就为资本家提供了四小时的剩余劳动。被资本家占有的这四小时的剩余劳动能不能都算做剥削?这要看资本家把这四小时的劳动价值都用到哪里去。如果他把这四小时都消费、奢侈掉了,那么可以说他对这四小时的占有纯粹是剥削行为。但如果他把其中的三小时用做积累,用作扩大再生产,余下的一小时用作他个人或家族的消费。那么,他那三小时是不是剥削,就需要研究。这就是我们前面所说的第一种扣除。我们来看马克思的论述。

在《资本论》第一卷第七篇中,马克思说,在第二十一章《简单再生产》里,我们把剩余价值或剩余产品只是看做资本家的个人消费基金,在这一章里,我们到现在为止,又把它只是看做积累基金。但是,剩余价值不仅仅是前者,亦不仅仅是后者,而是二者兼而有之。实际上,从历史上看,资本家把剩余价值的相当一部分用来积累,转化为资本,而不是主要用来消费。

正是鉴于资本家把剩余价值的大部分用做追加资本扩大再生产,马克思说,作为人格化的资本,资本家具有历史价值和历史存在权。也只有这样,他本身的暂时必然性才包含在资本主义生产方式的暂时必然性中。但既然这样,他的动机,也就不是使用价值和享受,而是交换价值和交换价值的增殖了。

他狂热地追求价值的增殖,肆无忌惮地迫使人类去为生产而生产,从而去发展社会生产力,去创造生产的物质条件;而只有这样的条件,才能为一个更高级的,以每个人的全面而自由的发展为基本原则的社会形式创造现实基础。

资本家作为资本的人格化,他应该受到尊敬。马克思说,作为这样一种人,他同货币贮藏者亦即守财奴一样,具有绝对的致富欲。但是,在货币贮藏者那里,这表现为个人的狂热,在资本家那里,这却表现为社会机构的作用,而资本家不过是这个社会机构中的一个主动轮罢了。此外,资本主义生产的发展,使投入工业企业的资本有不断增长的必要,而竞争使资本主义生产方式的内在规律作为外在的强制规律支配着每一个资本家。竞争迫使资本家不断扩大自己的资本来维持自己的资本,而他扩大资本只能靠累进的积累。马克思在第二十二章《剩余价值转化为资本》中概括说:"为积累而积累,为生产而生产——古典经济学用这个公式表达了资产阶级时期的历史使命。……在古典经济学看来,无产者不过是生产剩余价值的机器,而资本家也不过是把这剩余价值转化为追加资本的机器。"

资本家把相当一部分剩余价值用来扩大再生产,那么,这部分剩余价值是不是剥削呢?前边说过,这值得研究。第一,社会主义社会同样有公共积累,这个积累也同样是工人、农民的剩余劳动组成。这是我们上边所讲的必要扣除。一个社会只要想发展,就必须有积累,不能花光、用光、吃光。因此,积累具有一般意义。至于这个积累活动是通过集体、国营之手完成,还是通过资本家个人之手完成,其间的不同虽然具有重大意义,但结果却是一致的。所以,剩余价值中用于积累的部分似不应视为剥削。第二,资本家一旦把剩余价值再投资于生产领域,变成厂房、机器、原料、产品、设备等,这种剩余价值就被社会化了。尽管它属于资本家个人的支配,但资本家既不能把它消灭,也不能死后把它带走。它已经变成整个社会的历史的财富了。第三,正如马克思所说的,资本家的积累客观上就是去发展社会生产力,去创造生产进一步发展的物质条件,而只有这样的物质条件,才能为未来的美好社会创造现实基础。如果认为积累部分也是剥削,那么,马克思上面所说的就是恩格斯在《家庭、私有制和国家的起源》中所批驳的:"剥削阶级对被压迫阶级进行剥削,完全是为了被剥削阶级本身的利益。"这根本是不可能的。所以用于积累的那部分剩余价值是不是剥削,值得考虑。

依据上面所说,既然我们不能把所有的不劳而获都视为剥削,不能把对他人劳动的占有本身全看做剥削,那么,究竟如何定义剥削才算恰当呢?在笔者看来,剥削是指对超过自己劳动(体力或脑力)所得的占有的消费。这一概括包含以下两层意思。

1. 凡剥削肯定都是对他人劳动的占有,但对他人劳动的占有本身不一定都是剥削。剥削是指与自己的劳动所得不相称的那部分消费。一切与自己的劳动所得不相称的消费,都是对社会总劳动的侵吞和非法占有,都属于剥削行为。

2. 剥削在形式上可分为赤裸裸的公开的剥削和悄悄进行的隐蔽的剥削。前者以对劳动者的直接奴役为前提,后者则通过迂回曲折的道路,通过一系列中介使原本属于社会的、国家的、共同体的和公众的财富流入自己的腰包。这种剥削形式的特征,是利用在不可避免的社会分工中所占据的优越位置,把执行某种必不可少的社会职能的权力用做对广大社会成员进行掠夺的手段,把对社会的管理变成对群众的剥削。

五、马克思恩格斯关于历史发展动力问题的看法

历史发展的动力问题,是唯物史观所要解决、所要回答的一个主要问题、现实问题,是马克思恩格斯阶级观点的核心部分之一。马克思认为,以往的哲学只是关注如何解释世界,他的哲学则是关注如何改变世界。作为行动哲学的唯物史观,它所关注的当然也是当前的社会、当前的历史如何发展以及发展的动力何在的问题。

在中国史学界,对马克思恩格斯历史发展动力观的认识,"文革"前和"文革"中占统治地位的是阶级斗争动力论,近20年来,影响较大的是生产力动力论。实际上,在马克思恩格斯看来,与生产力水平或性质相适应的生产关系是历史发展、社会前进的动力。马克思恩格斯的这一看法,可以概括为"制度动力论"。

首先,动力问题不是一个客体概念,而是一个主体概念,它实际上是指,在历史发展的某一时期,哪一部分社会成员、哪一个集团、哪一个社会阶层、哪一个阶级是推动历史发展的主动力量。从这个角度看,把劳动人民的反抗斗争看做是推动历史前进的动力,是阶级斗争动力论的本质含义。其次,生产关系在私有制社会表现为阶级关系,阶级关系实际是指劳动者与统治者、剥削者与被剥削者之间的关系。把劳动人民的反抗斗争看做是推动历史前进的根本、直接、真正动力,实际上是把历史上所有的剥削者、统治者看做是历史的反动力量、阻碍力量、惰性力量、消极力量。例如,长期以来的一种说法是,在中国封建社会里,地主阶级残酷的剥削和压迫是中国社会几千年来停滞不前的基本原因;而只有农民的阶级斗争、农民的起义和农民的战争,才是这一历史时期发展的真正动力。这种封建社会"农民起义动力论"到60年代前期被推演为:"迄今为止,人类经历了三种剥削与压迫的形式——奴隶制、封建制和资本主义制。正是奴隶反对奴隶主、农民反对封建地主和工人反对资本家的阶级斗争,推动了历史的进步和发展。"到了1979年的历史动力问题讨论中,这种观点似乎仍占上风:"在剥削阶级占统治地位的社会形态里,历史的发展就是靠被剥削被压迫的阶级向剥削阶级进行斗争实现的。"这一理解非常流行,但这一理解与马克思恩格斯相关论述的原意不符。例如,马克思的"没有对抗就没有进步"的指示常常被当做上述看法的强有力的理论根据,好像所谓的"阶级斗争动力论"就是马克思的"对抗动力论"。我们上面已经指出,这种理解是和马克思的思想水火不相容的。因为马克思的这段话不是在谈论劳动者的反抗时说的,而是在批判普鲁东的"构成价值"论时说的。普鲁东认为,在资本主义社会里,只要大家都不依靠牺牲别人、剥削他人来发财致富,历史的发展就会更快。马克思说,不,恰恰相反,"当文明一开始的时候,生产就开始建立在级别、等级和阶级的对抗上,最后建立在积累的劳动和直接的劳动的对抗上"。马克思接着就说了"没有对抗就没有进步"的那番话。在马克思看来,历史的发展不能靠普鲁东的"平均"、"平等",只能靠"对抗"来推动。联系马克思对普鲁东的这种批判,这里的"对抗"指的只能是剥削与压迫本身,根本不可能是"反剥削反压迫"的斗争,如果硬要这样来理解的话,那只能说马克思在这里无的放矢。

而且用这一观点来解释人类文明史,非常困难。例如:人类历史上的最大一次飞跃、最大一次发展、最大一步前进,是从无阶级社会向文明社会的前进,这一前进是什么力量推动的?是劳动人民的反抗吗?反抗谁?当时有阶级吗?为什么要建立一个阶级社会呢?再如,人类历史上的另一次大飞跃、大转型、大发展,是从农业社会向工业社会、从中世纪向近代的过渡,这一过渡又是如何实现的?不是资产阶级革命吗?动力不是有产阶级吗?上述观点既不能解释社会形态之间的演变,也不能完整解释同一社会形态内部的演变。农民战争是历史前进的真正动力与中国封建社会的长期延续这两个论断之间的不相容,其实就是对这一点的最好说明。

所以,结论只能是:通常所说的阶级斗争只是历史发展的动力的一个组成部分、一个重要部分,但不是全部,这一观点不能涵盖全部历史,也不能涵盖某一特定时期的全部动力。

那么,如何理解马克思关于阶级斗争是历史伟大动力的这样一些论述呢?马克思恩格斯和列宁的确强调指出过,阶级斗争是"历史的直接动力"和"现代社会变革的巨大杠杆",[1]"是历史的唯一的实际动力",[2]并表示绝不和想把这种斗争从运动中一笔勾销的人们一道走。但是,我们必须注意以下两点。1.他们说这些话是在论述无产阶级解

---

[1] 《马克思恩格斯选集》第3卷,人民出版社,1972年,第374页。
[2] 《列宁全集》第11卷,人民出版社,1959年,第57页。

放事业本身历史的动力,尤其是在反对国际共运中改良主义的时候,而不是在论述整个人类文明史的时候,所以这些话不能够移用来论断全部人类文明史,尤其是不能得出历史的进步都是通过劳动者的造反来实现的结论。换句话说,国际共运史的动力与全部人类文明史的动力是两种异质的动力,前者是"反抗动力论",后者是"对抗动力论",不是一个概念。而且,即使是作为动力的阶级斗争,也不仅仅是指劳动阶级对剥削阶级的反抗,更包括不同剥削阶级之间的斗争,并且后面这种斗争,如封建主反对奴隶主、资产者反对封建主的斗争,往往决定历史的方向,具有历史发展的真正动力的性质,而劳动阶级的反抗往往导致历史的同质反复,中国"封建社会"的农民起义就是这样。后者的斗争只是在争取生存权,前者的斗争往往是争取发展权。2.马克思恩格斯包括列宁强调无产阶级反对资产阶级的斗争是历史的"直接动力"、"巨大杠杆"、"唯一动力",是在他们认为历史的领导权业已转移到无产阶级手中之后,也即他们认为资本主义的生产关系已无法容纳更先进的生产力的时候,并不是无产阶级在历史上一出现,它反对资产阶级的斗争就具有这种意义。历史的领导权在某个阶级手中,它所进行的斗争一般说来才具有历史发展的真正动力的性质。

我们说过,以往历史的发展不是"靠被剥削被压迫的阶级向剥削阶级进行斗争实现的",而主要是靠剥削和压迫本身实现的。但是,由于"到目前为止存在过的一切生产方式,都只在于取得劳动的最近的、最直接的有益效果"①。所以"没有对抗就没有进步"即"对抗动力论"这个文明发展的规律实际上是在无数的倾斜、摇摆、曲折中实现的。统治阶级并不总是把剥削与压迫保持在有利于历史前进的必要限度内,贪得无厌的本性常常使得他们为了自身的眼前利益而不错过任何机会把愈来愈沉重的劳动负担强加在劳动者肩上,迫使劳动者去从事那些或者对历史发展并无实际价值(如秦始皇修阿房宫和骊山墓),或者在当时无法承受但从长远看却是必要的(如隋炀帝开挖运河)劳动创造,

---

① 《马克思恩格斯选集》第3卷,人民出版社,1972年,第519页。

结果严重突破劳动者的最低生存线,使得再生产难以为继,在这个时候,劳动者所进行的反抗,才为历史的正常发展所必需,任何鄙薄这种反抗意义的论点都是不能接受的。至于,当旧的对抗形式已经腐朽——它的存在条件大部分已经消失而它的后继者又已经在叩门——的时候,在这个时候,也只有在这个时候,被压迫阶级和被剥削阶级所进行的阶级斗争不但为历史发展所必需,而且当然是历史发展的"根本动力"、"直接动力"和"伟大动力"。马克思恩格斯之所以高度赞美英、法资产阶级革命,就是因为这种革命是这种时候的这种斗争。

但是,我们在充分肯定劳动者的反抗如中国古代的农民战争的历史作用时,当然必须注意:1.应该把对这种农民反抗作用的估计放到整个封建历史的创造中去把握,因为所谓农民战争的历史作用无非是指其在整个封建历史的创造中所占有的地位。这样就不会因为肯定这种作用而抹杀正常的封建剥削与压迫这时仍对生产力的发展起着促进作用。正如马克思所说:在"手推磨"的生产力水平之上耸立的,必然是也只能是封建的反抗形式,必然是也只能是封建主为首的社会。而且,只要这种生产力水平没有根本改变,封建的对抗形式就依然是历史发展的必要形式,就依然能够允许和推动生产力的发展,封建主就依然为这个社会所必需。在这种历史条件下,任何暴力、革命,都不能从根本上改变这种状态,都只能促进封建制度自身的发展。这就是从陈胜吴广起义直到太平天国运动发生时的舞台与背景。承认了这一点,对我们来说也就意味着:在这种既定的历史前提下,没有封建的对抗就依然没有进步,封建制度依然是推动历史进步的制度,封建主义的旗帜依然是代表历史前进方向的旗帜,因而依然有巨大的号召力。因此,肯定农民战争的历史作用,必须在首先肯定封建的剥削与压迫依然具有巨大的历史合理性的前提下进行。也就是说,当我们估价劳动者的反抗作用时,必须分析一下他们矛头所向的对抗形式过时与否。资本主义上升时期的工人罢工和没落时期的工人斗争所具有的意义不可同日而语。2.在充分肯定同一社会形态内劳动者的反抗作用时,当然不能对这种反抗的性质失去应有的判断力。大量事实证明,一种历史运动所起的作用的大小和这种历史运动本身的性质常常是两回事。以往一些人之所以不自觉地把旧式农民战争现代化,从认识根源上看,关键就在于没有把这两者区别开。我们说,在中国封建社会里,旧式农民起义起过伟大作用,但我们却不能因此把这种起义拔到反封建的"革命斗争"的高度。因为在当时,农民所反对的只能是不正常的封建剥削与压迫,争取的只能是正常的封建剥削与压迫;所反对的不是正常的封建制度,而是封建制度的某些不正常之处;所反对的只是封建社会关系的具体承担者,但并不反对地主与皇帝身上所承担的社会关系。农民反对暴政争取仁政,反对坏皇帝争取好皇帝,反对贪官争取清官,反对为富不仁者争取为富且仁者。总之,农民起义和地主阶级的杰出政治家的"变法"、"革新"、"更始"具有同样的性质,起着同样的作用。他们都是封建机器的"修理工",他们只能充当这样的"修理工"。他们的所作所为都是在矫正着"没有对抗就没有进步"这一文明发展的规律在实现的过程中所常常出现的偏差亦即过头现象。他们都是在封建主义的大框架内行事。历史上的农民起义不具有也不能具有所谓"反封建"的性质。

至于生产力动力论,它是在中共十一届三中全会所实现的工作重心转移之后出现的。其缺陷主要表现为:1.它撇开生产赖以进行的生产关系,以为生产力可以在生产关系之外发展,这在理论上是讲不通的。如同前文所言,在生产关系之外没有现实生产力,不可能有现实生产活动,不可能生产出物质财富来。2.生产力动力论无法解释历史的运动,因为它没有回答生产力本身的动力何在的问题。不能认为生产力会自己发展、自动发展,生产力内部动力说不可接受。3.历史的发展与生产力的发展本质上是一致的,因此,说生产力推动历史前进,是同义反复,等于说历史推动历史。

适合于生产力水平的生产关系是历史动力论的观点。第一,所谓生产关系动力论,主要说的是:作为利益关系的生产关系通过体现于生产关系承担者、当事人身上的利益,成为现实生产力的动力,成为历史变迁的动力。适应于生产力的生产关系是使人产生积极性、主动性、创造性的力量源泉,是充分释放人的能量因而充分释放生产力能量的关系。第二,在私有制社会里,生产关系表现为阶级关系,阶级关系表现为特定的剥削与压迫形式,所以,在阶级社会里,由特定的生产力水平决定的社会制度本身是历史得以前进的力量源泉。让我们看看马克思恩格斯是怎样论述这个问题的。奴隶制是人类历史上最先出现的,也是最残暴的对抗形式。但如同前引恩格斯所说:"只有奴隶制才使农业与工业之间的更大规模的分工成为可能,从而为古代文化的繁荣,即为希腊文化创造了条件。没有奴隶制,就没有希腊国家,就没有希腊的艺术和科学;没有奴隶制,就没有罗马帝国。没有希腊文化和罗马帝国所奠定的基础,也就没有现代的欧洲。……没有古代的奴隶制,就没有现代的社会主义。"恩格斯这里说得很清楚:并不是像通常所说的是什么奴隶反抗奴隶主的斗争推动历史前进,而是奴隶制本身推动历史前进。谈到封建社会和封建主时,恩格斯说:马克思承认古代的奴隶主、中世纪的封建主的存在具有历史必然性,因此,"承认他们在一定限度的历史时期是人类发展的杠杆"。杠杆是什么,杠杆就是动力之源,或者说是原动力。这就是说,恩格斯在这里把中世纪的封建主看做是中世纪人类发展的动力即杠杆,而没有把农民和农民起义看做是杠杆。不仅在这里,在其他地方,我们也没有看到他们把中世纪农民的起义看做是封建社会发展的动力的论述。相反,他们不认为近代以来一再发生的农民运动和暴动是"动力",甚至说它们是阻力是反动。《共产党宣言》中指出,农民同其他"中间等级"一样,"同资产阶级作斗争,都是为了维护他们这种中间等级的生存,以免于灭亡。所以,他们不是革命的,而是保守的。不仅如此,他们甚至是反动的,因为他们力图使历史的车轮倒转"。① 他们还说过:"近600年来,城市总是一切进步运动的策源地,农民在独立民主运动……中总是反动的,而且总是被镇压下去。"②"在中世纪,在17世纪和18世纪,农民运动随着市民运动而产

---

① 《马克思恩格斯选集》第1卷,人民出版社,1972年,第261页。
② 《马克思恩格斯全集》第4卷,人民出版社,1958年,第301页。

生,但是它经常提出一些反动的要求"。① 究其原因,根据他们的一贯观点,他们当然把剥削的封建形式本身看做是这一历史的基本动力。"制度动力论"在资本主义社会表现得最为明显、最为雄辩。我们知道,"资产阶级运动得以在其中进行的那些生产关系的性质绝不是一致的单纯的",而是对抗的,"在产生财富的那些关系中也产生贫困",②而只有通过贫困的积累,才能产生财富的积累,"才能产生资产者的财富",这就是表现得十分充分的资本主义生产方式的"对抗性质"。③ 在马克思恩格斯看来,资本主义的社会财富亦即生产力的增长,不仅仅是劳动者反抗资本家即工人罢工的结果,更主要的是通过资本家剥削剩余劳动即"追求利润"来实现的。④ 马克思在《资本论》第1卷第7篇中说:资本家作为价值增殖的狂热追求者,他"肆无忌惮地迫使人类去为生产而生产,从而去发展社会生产力,去创造生产的物质条件;而只有这样的条件,才能为一个更高级的、以每个人的全面而自由的发展为原则的社会形式创造现实基础"。在资本主义的社会机构中,资本家充当了这个社会机构运转的"主动轮"。"主动轮"者,动力之源也。第三,通常所说的阶级斗争对历史的推动也包含在生产关系动力论中,因为生产关系是一种利益关系,统治阶级对历史的推动是通过对私利的追逐实现的。恩格斯说,"自从阶级对立产生以来,正是人的恶劣的情欲——贪欲和权势欲成了历史发展的杠杆"。⑤ 又说:"卑劣的贪欲是文明时代从它存在的第一日起直至今日的动力;财富,财富,第三还是财富,——不是社会的财富,而是这个微不足道的单个的个人的财富,这就是文明时代唯一的、具有决定意义的目的。"⑥社会的进步、科学的发展、艺术的繁荣,不过是剥削者追求财富和享受的副产品而已。剥削者所有的活动都不过是为了一己私利而已,而且是眼前的私利,如果说

---

① 《马克思恩格斯全集》第5卷,人民出版社,1958年,第560页。
②③ 《马克思恩格斯选集》第1卷,人民出版社,1972年,第120页。
④ 《马克思恩格斯选集》第3卷,人民出版社,1972年,第519~520页。
⑤ 《马克思恩格斯选集》第3卷,人民出版社,1972年,第233页。
⑥ 《马克思恩格斯选集》第3卷,人民出版社,1972年,第173页。

他们的活动推动了历史的进步的话,那也是不自觉的,为他们所不曾想到的,与他们的初衷无关的。

六、剥削者作为一个阶级也是进步历史的创造者

长期以来,人们认为下面的看法是马克思主义的基本原理:人民,只有人民,才是创造世界历史的动力;历史是下层人民创造的,应该把剥削阶级颠倒的历史再颠倒过来;"过去的历史是以帝王为主人的历史,我们今天要推翻它。历史是劳动人民的历史,劳动人民是历史的主人"。这些,就是相当长时间以来,在历史创造者研究中被坚持被捍卫的"阶级观点"。现在应该明确指出:把剥削阶级、帝王将相从历史创造者的队伍中排除出去的"阶级观点",不是马克思恩格斯的"阶级观点"。

前些年的理论界曾以"谁是历史的创造者"为题对此一问题展开过讨论。剥削者、压迫者作为一个阶级,是否参与历史的创造及其在这种创造中应占有的地位问题,是那场讨论的焦点之一。

诚然,1949之后我们不断批判并试图克服"英雄史观",但"英雄史观"却变本加厉地在现实生活中泛滥开来。不仅如此,甚至还出现了这样一种现象:当现实生活中的个人迷信、救世主思想登峰造极之时,在历史研究中却几乎没有帝王将相的任何地位。这就说明,使我们在评判历史创造者时发生偏差的根源,不在于识别英雄的真伪,而在于他是哪个阶级的英雄,也就是在于那种流行的"阶级观点"本身。许多人下意识地认为,劳动者中出现的英雄如陈胜、吴广、李自成、洪秀全等创造了历史,至于"无产阶级"的英雄则是历史的超级创造者,而帝王将相除了几个"钦定"的外其余皆不得称为历史的创造者。许多年来,由于许多研究者实行"让步"政策,某些剥削者作为个人已被判为历史的创造者,但他们所代表的阶级却仍被拒之于历史创造者之外。因为他们认为"人民创造历史并不否认个人在历史上的作用",言外之意就是:这些个人所属的阶级却必须排除在历史创造者之外。这一问题如得不到解决,对剥削者个人的肯定说不准随时会被"反攻倒算"掉。所以我们说,理论界的认识突破应是:不能因承认劳动群众创造历史而否认剥削者作为一个阶级也是历史的创造者。

从唯物史观的角度看,妨害人们承认这一点的有三大思想障碍。(1)认为"剥削与压迫"是"阻碍历史前进"的东西,那么剥削者也就成为历史的绊脚石了。(2)认为剥削者的剥削行为、剥削手段是由剥削者的品质决定的。既然如此,怎么能给这些"恶人"戴上历史创造者的桂冠呢?(3)剥削者都是不事生产、不劳而获的寄生虫,是生产发展史中的多余的阶级,"肯定他们不是鼓励懒惰吗?"

关于第一个问题,我们认为,不问剥削与压迫存在的历史前提是什么,笼统地说"剥削有罪",是"阻碍历史前进"的东西,正如不管天涝还是天旱,而一律说下雨是坏事一样荒唐。上面已经指出,在既定的历史前提即既定的生产力水平下,人类历史只有通过剥削和压迫才能发展。而"只有在社会生产力发展到一定阶段,发展到甚至对我们现代条件来说也是很高的阶段,才有可能把生产提高到这样的水平",以致使得阶级差别的消除和剥削的废除"成为真正的进步"。① 而在这之前的一切历史时期,马克思都"承认剥削,即占有他人劳动产品的暂时的历史正当性"②。我们知道,历史不是在劳动者主动地、自觉地为他们子孙后代的幸福准备条件的高尚动机驱使下创造的,而是在被动地承受剥削与压迫——"不得不为自己谋取微薄的生活资料,而且还必须为特权者不断增殖财富"③——的情形下创造的;而历史发展的快慢又取决于劳动产品除必要的消费之外的"余额"的大小;这种"余额"是劳动群众亲手创造的,而剥削与压迫就是社会在这时向劳动者索取这种"余额"所唯一可能的形式。剥削者、压迫者就是以这种必要手段执行人的身份和资格创造着进步的历史,推动着历史的前进。

马克思在《资本论》第 1 卷第 1 版序言中说:"我决不用玫瑰色描

---

① 《马克思恩格斯选集》第 2 卷,人民出版社,1972 年,第 616 页。
② 《马克思恩格斯全集》第 21 卷,人民出版社,1965 年,第 557~558 页。
③ 《马克思恩格斯选集》第 3 卷,人民出版社,1972 年,第 42 页。

绘资本家和地主的面貌。不过这里涉及到的人,只是经济范畴的人格化,是一定的阶级关系和利益的承担者。我的观点是:社会经济形态的发展是一种自然历史过程。不管个人在主观上怎样超脱各种关系,他在社会意义上总是这些关系的产物。同其他任何观点比起来,我的观点是更不能要个人对这些关系负责的。"马克思这里的思想是我们清除上面所说的第二大思想障碍的武器。

在马克思看来,无论是地主还是资本家,他们都是一定的社会关系和阶级利益的承担者,他们本身是他们所承担的关系的产物。也就是说,社会成员的一部分在一段时间内成为封建主,在另一段时间内成为资本家,这并不是他们本人的素质、品质决定的,而是一定的经济关系创造了的。

如同上文所言,人要生存,就必须生产,要生产就必须结成和这种生产的一定阶段相适应的经济关系。只有在这种关系范围内,生产才能进行。正是这种生产得以在其中进行的关系创造了地主和资本家。只要人类需要资本主义的生产关系,就一定会有人来扮演资本家的角色,至于由谁来扮演,这是无关紧要的,是由永远也无法穷尽的偶然因素决定的,重要的是必定会有人来扮演,不是由甲来扮演,就是由乙来扮演。但只要你一旦成为资本家,你本人就是人格化的资本,你的灵魂就是资本的灵魂,你的属性就是资本的属性,你的欲望就是资本的欲望。而资本只有一种生活本能,就是增殖自身,获取剩余价值,用自己的不变部分即生产资料去吮吸尽可能多的剩余劳动。而工人"只要还有一块肉、一根筋,一滴血可供榨取",资本这个吸血鬼就决不罢休。[①]所以马克思说,"资本来到世间,从头到脚,每个毛孔都滴着血和肮脏的东西"[②]。尽管如此,对于资本家,马克思却说,作为资本的人格化,他是值得尊敬的。[③] 资本如此残忍地剥削工人,马克思却说:"总的说

---

① 《马克思恩格斯全集》第23卷,人民出版社,1972年,第334~335页。
② 《马克思恩格斯全集》第23卷,人民出版社,1972年,第829页。
③ 《马克思恩格斯全集》第23卷,人民出版社,1972年,第649页。

来，这也并不取决于个别资本家的善意或恶意。自由竞争使资本主义生产的内在规律作为外在的强制规律对每个资本家起作用。"①所以马克思的历史唯物主义绝不让这些资本家对这些关系负责，绝不"用人的恶意来解释""阶级统治"。②

既然在既定条件下，人只能成为由那种条件所决定的那种关系的承担者，既然面对着一定水平的生产力的人群必然得分化为剥削者和被剥削者这两个基本的部分，而且这两部分都不可或缺，都为生产力的发展所必需，我们有什么理由承认这一部分为历史的创造者而把另一部分排斥在外呢？除非你能证明人类社会可以从原始共产主义直接进入科学共产主义，否则你就不能不承认"古代奴隶主、中世纪封建主等等"的存在具有"历史必然"性，不能不"承认他们在一定限度的历史时期是人类发展的杠杆"。③ 因而，作为阶级他们都是人类文明史的理所当然的创造者。

承认不承认剥削者也曾参加了生产历史的创造，我们认为这对解决历史创造者问题具有非同一般的意义。很久很久以来，人们就有了这样一种观念：剥削阶级都是不劳而获的寄生虫、吸血鬼，在生产发展中是多余的，因而如果没有剥削阶级，历史的发展肯定要快得多。只有劳动人民才是历史的真正创造者的思想就是由此脱胎出来的。把剥削者全部排除在历史创造之外也是以此为思想基础的。毫无疑问，撇开剥削阶级谈论文明时代生产历史的创造，是从根本上背离了唯物史观。

不错，唯物史观之为唯物史观，确实在于它强调了这样一个本来"很明显而以前完全被人忽略的事实，即人们首先必须吃、喝、住、穿，就是说首先必须劳动，然后才能争取统治"④，"所以，直接的物质的生活资料的生产，因而一个民族或一个时代的一定的经济发展阶段，便构

---

① 《马克思恩格斯全集》第23卷，人民出版社，1972年，第300页。
② 《马克思恩格斯选集》第3卷，人民出版社，1972年，第42页。
③ 《马克思恩格斯全集》第21卷，人民出版社，1972年，第557~558页。着重号为引者所加。
④ 《马克思恩格斯选集》第3卷，人民出版社，1972年，第41页。

成为基础"①。但是,唯物史观的创始人对这一历史观的规定,仅仅到此为止。他们从未多走一步,即从来没有说这种"直接的物质的生活资料的生产"是由谁来进行的,他们认为这个问题并不重要,重要的是这一生产是怎样进行的、是在什么样的条件下进行的;唯物史观的创始人十分强调"劳动"的意义,但他们又认为《哥达纲领》中"劳动是一切财富和一切文化的源泉"是"资产阶级的说法"②,因为这种说法撇开阶级对抗,空谈"劳动"的意义,而实际上"劳动本身"只有在劳动条件与劳动者"分裂的条件下才能存在"。由此看来,说物质生活资料生产的历史仅仅是由劳动群众创造的,虽说不上是"颠倒整个历史的发展过程",但显然是"撇开阶级对抗"来谈论私有制社会的物质财富的创造。这不仅不是"唯物史观的重要内容之一",恰恰是背离了唯物史观的基本原理。

物质生活资料生产的历史是在剥削阶级和被剥削阶级结成的对抗关系中创造的,而且也只有在这种对抗关系中才能创造出来,"到目前为止,生产力就是由于这种阶级对抗的规律而发展起来的"。所以,剥削阶级也同样参与了物质生活资料生产历史的创造。这可以从两个方面来说明,首先,在生产力发展的一定水平上,剥削阶级的自身利益是生产发展的主要推动因素。

物质生活资料生产从来就不是单纯的人与自然的关系,从来就是在人与人之间的关系中进行的。"一切生产都是个人在一定社会形式中并借这种社会形式而进行的对自然的占有。"在唯物史观的创始人看来,只要一说到生产,这种生产当然就是指在一定社会形式中进行的生产,在一定社会形式之外,根本不可能有任何生产。而且马克思还认为,这种社会形式对生产来说,不是一种外在条件,而是生产自身中的应有之物,是生产自身中的要素,因此,"说所有制(占有)是生产的一

---

① 《马克思恩格斯选集》第3卷,人民出版社,1972年,第574页。
② 《马克思恩格斯选集》第3卷,人民出版社,1972年,第5页。

个条件,那是同义反复"。① 不言而喻,这种作为生产自身要素的一定社会形式,在私有制社会里,主要指的是阶级对抗,这种阶级对抗,正像我们已经指出的,主要指的又是阶级压迫和阶级剥削。这样,我们完全可以说,在私有制社会里,压迫和剥削正是生产发展的必要的社会形式。正是在这种意义上马克思指出:"如果硬说由于劳动者的一切需要都已满足,所以人们才能创造更高级的产品和从事更复杂的生产,那就是撇开阶级对抗,颠倒整个历史的发展过程。"②在罗马皇帝时代,罗马人民为没有饭吃发愁,而罗马贵族却不愁没有奴隶来喂鳗鱼,马克思认为,生产的发展——更高级产品的创造和更复杂生产的出现——在私有制社会里,却恰以这种所有劳动者的大部分需要都不能满足,甚至以牺牲他们的生命为前提。小资产阶级社会主义者普鲁东不明白这个道理,马克思以英国近代历史为例批评了他。马克思说:"英国社会中一个工作日的生产率在七十年间增加了2700%,即1840年每天所生产的是1770年的二十七倍。根据普鲁东先生的说法,那就应当提出这样的问题:为什么英国工人在1840年时并不比1770年时富裕二十七倍?这样提问题就是说,英国人即使没有生产这种财富的历史条件(如私人资本的积累、现代分工、工厂、无政府状态的竞争、雇佣劳动制度,一句话,没有建立在阶级对抗上的一切东西),也能生产所有这一切财富。然而这些条件恰恰也是发展生产力和增加劳动的剩余的必要条件。因此,要获得这种生产力的发展和这种剩余劳动,就必需有阶级存在,其中一些阶级日益富裕,另一些则死于贫困。"③可见,被一些人当作唯物史观基本内容之一的、物质生活资料的历史仅仅是劳动人民创造的观点,恰恰是被马克思早就否定了的普鲁东的观点。

那么,生产的发展是怎样一步步发展起来的呢?唯物史观认为:"只要生产不局限于被压迫者的最必需的生活用品,统治阶级的利益

---

① 《马克思恩格斯选集》第2卷,人民出版社,1972年,第90页。
② 马克思:《哲学的贫困》,人民出版社,1961年,第48页。
③ 马克思:《哲学的贫困》,人民出版社,1961年,第77页。

就成为生产的推动因素。"①这也就是说,生产的发展是和统治阶级的利益密切相关的,并不是劳动者单独推动的,只有从这里,恩格斯下面的思想才能得到透彻的领悟:"卑劣的贪欲是文明时代从它存在的第一日起直至今日的动力;财富,财富,第三还是财富,——不是社会的财富,而是这个微不足道的单个的个人的财富,这就是文明时代唯一的、具有决定意义的目的。"②整个人类的文明史就是这样在剥削阶级追求"微不足道"的"个人的财富"、各种贪欲和权势欲的过程中不自觉地创造出来的。所以,物质资料的生产——财富的创造——不是在和剥削者无关的情况下进行的,而正是在剥削者的利益推动和调节下一步步地发展起来的。离开了剥削阶级就根本不可能有什么私有制社会里的物质资料生产历史的创造,就像离开了劳动阶级一样,这才是唯物史观的重要内容之一。

其次,剥削阶级对物质资料生产历史的创造不仅仅是在具体生产过程之外实现的,而且,它的一些成员或阶层还以组织者、管理者的身份直接进入了物质资料的具体生产过程。马克思在《资本论》第3卷中专门分析企业主收入时肯定了这一点。

他说:在资本主义社会里,由于"生产过程同资本相分离",造成了资本所有者和产业资本家与劳动的不同关系及其与此相应的利润被分为不同的部分。利息是利润的一个组成部分,它是资本所有者对别人劳动产品的占有手段,而"这个利息形式又使利润的另一部分取得企业主收入,以至监督工资这种质的形式"③。这种形式"由于下面这个事实而得到进一步加强:利润的一部分事实上能够作为工资分离出来,并且确实也作为工资分离出来,或者不如反过来说,在资本主义生产方式的基础上,一部分工资表现为利润的不可缺少的组成部分"④。既然是工资,那就是必要劳动的表现而不是剩余劳动的表现,那就是劳动所

---

① 《马克思恩格斯选集》第3卷,人民出版社,1972年,第519页。
② 《马克思恩格斯选集》第4卷,人民出版社,1972年,第173页。
③ 《马克思恩格斯选集》第25卷(上册),人民出版社,1974年,第430页。
④ 《马克思恩格斯选集》第25卷(上册),人民出版社,1974年,第431页。

得,由企业主所进行的这种劳动就是监督劳动和指挥劳动。"这是一种生产劳动,是每一种结合的生产方式中必须进行的劳动",而且"凡是建立在作为直接生产者的劳动者和生产资料所有者之间的对立上的生产方式中,都必须会产生这种监督劳动。这种对立越严重,这种监督劳动所起的作用也就越大。因此,它在奴隶制度下所起的作用达到了最大限度。但它在资本主义生产方式下也是不可缺少的。因为在这里,生产过程同时就是资本家消费劳动力的过程"。① 我们当然不能由此而把企业主对别人的无酬劳动的剥削即占有,都说成是应得的工资,但我们也不能把产业资本家和其他职能资本家等同为靠剪息票为生的"食利者"。利润的一部分"能够作为工资分离出来,并且确实也作为工资分离出来"这一无可争辩的事实的存在,说明以资本家为代表的剥削阶级并不都是寄生虫、不劳而获者,他们在一定程度上也曾进入了物质资料的生产过程,直接参与了物质资料产品的创造。

不仅如此,马克思恩格斯还一直把资本主义社会生产力的发展即社会物质财富的增长说成是资产阶级的创造。如:"自从蒸汽和新的工具机把旧的工厂手工业变成大工业以后,在资产阶级领导下造成的生产力,就以前所未闻的速度和前所未闻的规模发展起来了。"②《共产党宣言》中的话更为典型:"资产阶级在它的不到一百年的阶级统治中所创造的生产力,比过去一切世代创造的全部生产力还要多,还要大。"③而在《流亡者文献》一文中,恩格斯的话讲得更绝对:"现代社会主义力图实现的变革,简言之就是无产阶级战胜资产阶级,以及通过消灭任何阶级差别来建立新的社会组织。为此不但需要有能实现这个变革的无产阶级,而且还需要有使社会生产力发展到能够彻底消灭阶级差别的资产阶级。……只有在社会生产力发展到一定阶段,发展到甚至对我们现代条件来说也是很高的阶段,才有可能把生产提高到这样

---

① 《马克思恩格斯选集》第 25 卷(上册),人民出版社,1974 年,第 431~432 页。
② 《马克思恩格斯选集》第 3 卷,人民出版社,1972 年,第 308 页。
③ 《马克思恩格斯选集》第 1 卷,人民出版社,1972 年,第 256 页。

的水平……但是生产力只有在资产阶级手中才达到了这样的发展水平。"①

剥削者、压迫者作为一个阶级和劳动阶级一样,是整个人类文明史包括整个物质生活资料生产史的不可或缺的创造者。

---

① 《马克思恩格斯选集》第2卷,人民出版社,1972年,第616页。

第一章　中国化阶级观点的形成与发展

如同前文已经提及的,马克思恩格斯的阶级理论实际上有两个组成部分,我们可以把这两个部分简单概括为"对抗动力论"和"反抗动力论"。所谓"对抗动力论"指的是人类历史尚处在人类的"前史"、历史的领导权仍然掌握在某一特殊阶级手中这样一个漫长的时期;在这个时期,"剥削和压迫"本身——不论其形式如何——是历史前进的基本形式,换句话说,在这一时期,推动历史进步的诸形式主要就是"奴隶制"、"封建制"和"资本制"本身。在这一时期"反抗"也可能推动历史进步,但基本的动力,常态时期的动力,仍是某种结构性的"对抗"和"对立",这种结构性的"对抗"、"对立"就是"阶级划分"本身。根据马克思恩格斯的理论逻辑,当"资本制"的丧钟敲响,当无产阶级成为一个普遍阶级,当历史的领导权转移到无产阶级手中以后,"反抗动力论"即劳动群众特别是无产阶级所进行的阶级斗争,才成为历史前进的"伟大动力",才成为现代社会变革的"巨大杠杆",才成为历史飞跃进步的"火车头"。这后一个时期即是"国际共产主义运动"的出现和发展。所以,"国际共运史"的动力和"人类文明史"的动力,绝对是两种性质不相容的动力。

但是,自20世纪初期以来,被中国人所接受的是"反抗动力论"。因为,自20世纪初期以来,特别是"十月革命"之后,中国已逐步被纳入到世界性的"国际共产主义运动"中去。所以"反抗动力论"成为先进的中国人所最容易接受的部分。再加上,"反帝反殖反侵略"是近代以来中国人的主要任务,所以,马克思恩格斯的"反抗动力论"遂成为他们的"阶级理论"、"阶级观点"的主要内容甚至本质内容,以至于使许多人不知道这一"理论"和"观点"中还有其他内容、其他成分的存在。

另外,中国人接受马克思恩格斯阶级理论中的"反抗动力论",拒绝"对抗动力论",还有一个更深层次的原因,就是中国革命"实质上是农民革命"。中国的反帝战争是以农民为主体的民族战争,中国反封建的革命主要是农民夺取土地的民主革命。毛泽东说:"战争和土改是在新民主主义的历史时期内考验全中国一切人们、一切党派的两个'关'。"①由此我们就不难理解,农民阶级价值会成为当时社会的核心价值。中国革命虽然在理论形式上,经由"旧民主主义革命"、"新民主主义革命"和"社会主义革命"诸阶段,然而贯穿其中的内在逻辑,则是不断的共产主义革命。当历史是在一个农民占主体的国家实现这一目标时,又不能不使这一目标的实现带上了传统农民革命的色彩。中国近代、现代的农民革命与古代的农民革命的确具有某种连续性。农民小生产者、小农生产方式、小农生活方式、小农意识的汪洋大海是一代革命家,哪怕是无产阶级革命家都难以逾越的局限,这包括理解马克思恩格斯阶级理论所固有的"对抗动力论"。本章所谓"中国化阶级观点的形成和发展"的过程,实际上就是"反抗动力论"在中国的展开、丰富和补充的过程,也主要就是以"造反有理"为核心的阶级观点的提出、完善和贯彻的过程。

第一节　战时背景与阶级斗争理论的政治实践

一、阶级斗争本身成为一种精神价值

世界上没有任何一个民族像中国这个民族一样,执著于价值追求,

---

① 毛泽东在全国政协一届二次会议上的闭幕词,1950年6月23日。见《毛泽东文集》第6卷,人民出版社,1999年,第80页。

深陷历史与价值矛盾、冲突、整合的痛苦当中。这可从中西文化的源头的不同上得到解释。同样是对政治价值的追求,西方——古典时期希腊哲人追求的是伦理价值,中国——古典时期鲁国哲人追求的是道德价值。伦理价值是某种社会层面的价值,道德价值是个人层面的价值。道德价值处于价值高位,趋于理想层面,伦理价值处于价值低位,趋于现实层面。① 因此,同样面对历史与价值的整合问题,西方社会某一共同体内部由于是低层面整合,其内部整合的难度大大降低,其整合难题、更多的冲突、纷争发生在共同体之间(十字军东征、全球殖民、两次世界大战);中国社会面对的是高层面整合,其内部整合的难度大大提高,其整合难题、更多的冲突、纷争发生在共同体内部(周期性治乱),而其外部冲突、整合的阻力大大降低。中国历史上农民起义次数之多、规模之大,论者都以为世界历史所仅见,是为例证。西方从注重伦理价值走向法治或理治,中国从注重道德价值走向德治或人治。阶级、阶级斗争理论虽然是来自于西方文化,但是受中国文化传统的影响或改造,阶级理论或阶级斗争的实践,染上了中国传统政治文化的极浓烈色彩。

当然,西方文化乃至马克思主义、苏俄革命所提供的社会整合方

---

① 道德与伦理是两个不同的概念,国内学者长期混同使用,实在是一大误会。两个概念在中西文化中虽然有不同的含义和演进,但有些意思是共同的。例如道德倾向于指个体内心的体认,具有主观性和情性;伦理倾向于表达群体关系的规则,具有客观性和理性;等等。在中国文化中,对"道"的体认谓之"德","德"又谓"道德","道"可分称"天道"、"地道"、"人道","人道"大概属于"人伦"、"伦理",因此,"道德"概念统摄了"伦理"。儒家历来的治世理念是以个体为逻辑起点的"修、齐、治、平"。在西方文化中,"伦理"与人类自觉建构的规范、规则相联系,更富于理论色彩,"道德"与个人的"德性"、"情性"品质相联系,因此,似乎"伦理"概念统摄了"道德"。黑格尔明确了"道德"和"伦理"是两种不同的价值,认为伦理价值是对道德价值的超越。他特别强调了道德价值的局限:由于良心的纯内在性,"它就有可能或者把自在自为的普遍物作为它的原则,或者把任性即自己的特殊性提升到普遍物之上,而把这个作为它的原则,并通过行为来实现它,即有可能为非作歹。""良心如果仅仅是形式的主观性,那简直就是处于转向作恶的待发点上的东西。"在黑格尔看来,伦理的规定才是个人的实体性或普遍本质。参见黑格尔:《法哲学原理》,商务印书馆,1961年,第142~143页。

式,对中国近代社会变革产生了极为深远的影响。以1840年鸦片战争为标志,中国被强行纳入到世界资本主义和现代化进程当中,中国开始了向西方学习的历程。在中学、西学的争论中,中体西用论的提出和确立是一个具有标志性的结论。新文化运动试图颠覆中体西用论的保守观点,但全盘西化的理想很快被第一次世界大战中国被列强分割、权利转让的惨剧击破了。紧接着,"十月革命一声炮响,给我们送来了马克思列宁主义。"马克思主义和俄国社会主义,提供了一个社会整合的理想模式。中国仁人志士对这一理想模式的自觉选择,再一次显示了中国民族文化传统中的价值优先性。

1840年鸦片战争以来,外族列强一次次发动对中国的侵略战争,中华民族被迫一次次做出整合内部力量的尝试,一次次掀起反抗"帝国主义及其走狗"的战争①。马克思主义的阶级观点提供了一种社会整合的方式和社会发展方式。因此,在中国,阶级观点是直接服务于并适应救亡图存的政治斗争、革命战争需要的首要理论和观点。与此同时,阶级观点在中国革命的运用,也直接型塑了中国社会的阶级分层和

---

① "反对英国鸦片侵略的战争,反对英法联军侵略的战争,反对帝国主义走狗清朝的太平天国战争,反对法国侵略的战争,反对日本侵略的战争,反对八国联军侵略的战争,都失败了,于是再有反对帝国主义走狗清朝的辛亥革命,这就是到辛亥为止的近代中国史。"(《毛泽东选集》第4卷,1991年,第1513页)"在这个反抗运动中,在一个很长的时期内,即从一八四〇年的鸦片战争到一九一九年的五四运动的前夜,共计七十多年中,中国人没有什么思想武器可以抗御帝国主义。旧的顽固的封建主义的思想武器打了败仗了,抵不住,宣告破产了。不得已,中国人被迫从帝国主义的老家即西方资产革命时代的武器库中学来了进化论、天赋人权论和资产阶级共和国等项思想武器和政治方案,组织过政党,举行过革命,以为可以外御列强,内建民国。但是这些东西也和封建主义的思想武器一样,软弱得很,又是抵不住,败下阵来,宣告破产了。"(同上,第1513~1514页)"一九一七年的俄国革命唤醒了中国人,中国人学得了一样新的东西,这就是马克思列宁主义。中国产生了共产党,这是开天辟地的大事变。"(同上,第1514页)"被中国人民学会了的科学的革命的新文化,第一仗打败了帝国主义的走狗北洋军阀,第二仗打败了帝国主义的又一名走狗蒋介石在二万五千里长征路上对于中国红军的拦阻,第三仗打败了日本帝国主义及其走狗汪精卫,第四仗最后地结束了美国和一切帝国主义在中国的统治及其走狗蒋介石等一切反动派的统治。"(同上,第1515页)

政治斗争实践。一个明显的特点是,与经典马克思主义注重阶级划分的分工基础不同,毛泽东本人思想更注意从革命态度、政治立场角度划分阶级。从这个角度说,中国近现代阶级斗争实践带有鲜明的民族战争色彩。阶级斗争和民族战争常常互为手段和目的,互融互通,甚至还可以说合二为一,民族革命即社会革命。因此,在近现代中国,阶级斗争或以阶级斗争为表现形式的民族战争,就不仅是一种手段,更是一种精神价值。

阶级斗争作为解决社会问题的一种方式,被看做是终结人类苦难历史的最后一次斗争,被看成社会问题的根本解决。因此,阶级斗争不仅具有现实的、争取民族独立的工具性意义,而且其本身被赋予理想色彩。阶级斗争不仅具有工具性价值,由于它与目的性价值的联系,这种工具性价值又转化为目的性价值。基于工具性价值与目的性价值的联系和转化过程,一方面,工具性价值获得了一种独立性,斗争本身成为一种精神价值;另一方面,作为"最后的斗争",作为无产阶级斗争具有终结历史,然后步入共产主义"天堂"的意义,因此,这最后的斗争本身就具有目的性。阶级斗争本身最后成为一种理想主义的社会政治追求。

中国政治家和历史学者在理解和运用马克思主义阶级理论时,也存在着不可避免的历史局限。中国古代长期滞留在自然经济或农业文明形态,占统治地位的是个体生产方式,这时影响财富生产、分配的因素是两大因素,一是自然,一是政治。这两大因素是迫使农民离开土地,进而改变生产资料占有状况的两大破坏性因素。因而改变生存状况、改变财富分配状况的方法,自然地还是回到土地生产资料的重新分配上。因而我们可以理解李自成领导的农民起义提出的口号:"均田免粮"。也就是说,个体能力、管理能力不是影响财富生产、形成财富占有差别的主要因素。如果没有自然力、政治力等偶然性强力的干扰,工具性价值与目的性价值的整合是极其简单、自然的事情。所以孟子早就提出,解决传统社会问题的基本方案无外乎"反其本","制民产":"五亩之宅,树之以桑,五十者可以衣帛矣。鸡豚狗彘之畜,无失其时,七十者可以食肉矣。国亩之田,勿夺其时,数口之家可以无饥矣。"(《孟子·梁惠王上》)近代西方资本主义的入侵既打破了中国原有的价值整合模式,引起了中国社会急剧的阶级分化,又迫使阶级化了的中国社会重新整合以应对这种外来的挑战。然而,中国近代遭遇了资本主义强权的殖民恶果,却未曾充分领略资本主义市场的文明成果,以至于在重新探寻新的整合模式的过程中,面对前所未有的难题,既要实现现代化,又要克服资本主义的一切弊端。先进的中国人自以为从苏俄模式中找到了价值整合的成功范例,然而后来的事实证明实际是采取了盲目轻信的态度。无视生产关系与分配关系的整合难度,因而迷信"破",无视"立"的首要性,这种价值观——用毛泽东的话表达就是"破字当头,立也在其中"。"立"的基础性、首要性被取消了。当革命的激情逐渐消退,人们不得不回到年复一年、日复一日的世俗生活中来的时候,人们发现,人们当年为之激动,为之抛头颅、洒热血,为之祭起的理想主义大旗,不过是对几千年来"均平"口号的又一次重复而已。而改革开放的过程在某种意义、某种程度上,不过是把当年诅咒、埋藏的"魔鬼"重新呼唤出来。当阶级话语消失,阶级斗争如昨日过眼云烟,当人们似乎还沉浸在现代化的凯歌猛进之中的时候,蓦然回首,这个社会却又一次急剧地经历了一场重新阶级化的过程,于是,人们又惊呼:公正何在?毫无疑问,重新阶级化之后,我们绝不可能重复当年阶级斗争的场景,绝不可能采用阶级斗争的方式处理和面对阶级问题。但同样毫无疑问的是,如何对待当年那份阶级观点和阶级斗争遗产,那份价值追求,仍是我们要慎重考虑的问题。站在这样一个新的历史起点,重新缕述以往阶级以及阶级斗争的观点,我们会不会具有不一样的视角,不一样的情怀,不一样的发现?

二、阶级斗争理论在中国的最初传播者:无政府主义者

从清末开始,包括阶级斗争理论在内的马克思主义在中国的传播,经历了一个比较长的过程。在中文出版物中,马克思的名字首次出现

在1898年出版的《泰西民法志》(译著)书中①,1899年广学会主办的《万国公报》在对"大同学"的介绍中,再次提到了马克思的名字和学说,据说,"这是在中文报刊上最早出现马克思和恩格斯的名字"②。1902年,梁启超在《进化论者颉德之学说》一文中③,对马克思及其学说作了介绍与评价;1904年,梁又发表《中国之社会主义》一文,认为"土地归公,资本归公,专以劳力为百物之源泉"等主张,是"社会主义"学说的"最要之义"。④ 论者认为,中国人在自己的著述中最初提到马克思及其学说,始于梁启超,而"中国人最早介绍马克思、恩格斯生平并摘译马克思、恩格斯著作"的是朱执信,⑤朱在1905年11月发表了《德意志社会革命家小传》一文,其中有对马克思恩格斯生平活动的详细介绍。马克思恩格斯的名字及其学说就这样逐渐为中国人所熟悉。

马克思恩格斯是欧洲人,但中国人最初认识并接受他们的学说,却主要是通过日本人,研究表明:"在十月革命以前,日本是社会主义思潮和马克思主义学说被介绍到中国来的一条主要渠道。"⑥而"留日学生"和留日的革命志士则充当了这一引进的桥梁。据说,"从1902年至1904年,中国翻译日文书籍321种,其中至少有8种是译自日文的评价社会

---

① 参见周子东、傅绍昌等编著:《马克思主义在上海的传播(1898—1949)》,上海社会科学院出版社,1994年,第4页;《社会主义思想在中国的传播》编写组:《社会主义思想在中国的传播(资料选辑)》第1辑,中共中央党校科研办公室,1985年,第126页。

② 胡永钦等:《马克思恩格斯著作在中国传播的历史概述》,见中共中央马克思恩格斯列宁斯大林著作编译局马恩室编:《马克思恩格斯著作在中国的传播》,人民出版社,1983年,第240页。

③ 见《梁启超全集》第二册,北京出版社,1999年,第1026~1029页。

④ 林代昭、潘国华:《马克思主义在中国:从影响到传入到传播》(上),"中国近代思想和文化史料集刊",清华大学出版社,1983年,第115页。

⑤ 胡永钦等:《马克思恩格斯著作在中国传播的历史概述》,第240、241~242页。

⑥ 钟家栋、王世根主编:《20世纪:马克思主义在中国》,上海人民出版社,1998年,第19~20页。

主义的专著"①。马克思的学说就这样在中国流行开来,直到五四运动的爆发,马克思主义迎来了在中国的传播高潮。在这个传播过程中,"无政府主义者"起了非常大的作用②。而且,值得我们特别注意的是,无政府主义者在这个过程中"十分注目于马克思主义的阶级斗争学说"③。

众所周知,马克思恩格斯最强调阶级斗争的文献是《共产党宣言》,而早期无政府主义的著名刊物《天义报》,就对《宣言》再三称赞。在为恩格斯《〈共产党宣言〉1888 年英文版序言》所写的"跋"中,该刊强调:"《共产党宣言》发明阶级斗争说,最有裨于历史,此序文所言,亦可考究当时思想之变迁,欲研究社会主义发达之历史者,均当从此入门。"在发表《宣言》的部分译文时,刘师培专门作"序",其中指出:"观此宣言所叙述,于欧洲社会变迁纤悉靡遗,而其要归,则在万国劳民团结,以行阶级斗争,固不易之说也。"因此,"欲明欧洲资本制之发达,不可不研究斯编;复以古今社会变更均由阶级之相竞,则对于史学发明之功甚巨,讨论史编,亦不得不奉为圭臬"。在《社会主义经济论》首章《译者识语》中,译者指出:"近世言社会主义者,必推阐历史事实,研究经济界之变迁,以证资本主义制度所从生。自马尔克斯以为古今各社会均援产业制度而迁,凡一切历史之事实,均因经营组织而殊,惟阶级斗争,则古今一轨。自此谊发明,然后言社会主义者始得所根据,因格尔斯以马氏发见此等历史,与达尔文发见生物学,其功不殊,诚不诬也。……今中国言史者鲜注意经济变迁,不知经济变迁实一切历史之枢纽。"在关于《共产党宣言》"论妇女问题"案语中,《天义报》还说:"马

---

① 钟家栋、王世根主编:《20 世纪:马克思主义在中国》,上海人民出版社,1998 年,第 20~21 页。
② 蒋俊、李兴芝先生指出:在"五四"前和"五四"期间,无政府主义"一方面用个人主义反对封建主义,另一方面又用社会主义揭露资本主义",客观上"部分承担了反封建的资产阶级启蒙和社会主义启蒙的双重任务"。见《中国近代的无政府主义思潮》,山东人民出版社,1991 年,第 196 页。
③ 钟家栋、王世根主编:《20 世纪:马克思主义在中国》,上海人民出版社,1998 年,第 28 页。

第一章　中国化阶级观点的形成与发展

氏等所主共产说,虽与无政府共产主义不同,而此所言则甚当。彼等之意以为资本私有制度消灭,则一切私娼之制自不复存,而此制之废,必俟经济革命以后,可谓探源之论矣。"①

无政府主义者为何特别瞩目于马克思恩格斯的阶级斗争学说? 这可能首先和他们对未来社会的理想、憧憬和设计有关。无政府主义在中国的传播和发展经历了多个阶段,各个阶段上的无政府主义者都提出了自己的未来社会构想。处在无政府主义最初阶段上的刘师培的设想是:人类平等;废除国家和政府,国家和政府的存在是"万恶之源";②实行生产公有制度,"以田地为公共之物,以资本为社会之公产,人人作工,人人劳动","人人为工,人人为农,人人为士",从而"以一人而兼众艺","人人不倚他人"而生存,③他们之所以强调公产共有,就是认为国家和政府是建立在私有财产制度之上的。

民初的"师复主义"被认为是"无政府主义"的典型形态,"师复主义"的核心是"无政府共产主义",其基本追求是以下两点:第一,政治上废除政府,个人完全自由,即"达于吾人所理想之无地主、无资本家、无首领、无官吏、无代表、无家长、无军队、无监狱、无警察、无裁判所、无法律、无宗教、无婚姻制度之社会"。第二,经济上废除"资本制度",实行共产主义,创建"各尽所能、各取所需"的社会。师复说:"资本制度,平民第一之仇敌,而社会罪恶之源泉也。""吾人之反对资本制度,乃主张废除资本之私有,非但反对大资本家而止。"废除"资本制度"在师复

---

① 此段所引资料均来源于林代昭、潘国华编:《马克思主义在中国:从影响的传入到传播》(上),清华大学出版社,1983年,第262~266页。
② 申叔(刘师培):《无政府主义之平等观》,《天义报》第四、五、七卷(1907年7月25日、8月10日、9月15日),此处引文见葛懋春、蒋俊、李兴芝编《无政府主义思想资料选》(上),北京大学出版社,1984年,第81页。下文凡引此书,均简称为《资料选》。
③ 申叔:《人类均力说》,《天义报》第3卷(1907年7月10日),此处引文见《资料选》,第66、67、68页。

这里"包括废除生活资料在内的一切财产的私有"①,"废除财产私有权,凡一切生产机关,今日操之少数人之手者(土地工厂及一切制造生产之器械等等),悉数取回,归之社会公有,本各尽所能各取所需之义,组织自由共产之社会,无男无女,人人各视其力之所能,从事于劳动,劳动所得之结果(衣食房屋及一切生产),劳动者自由取用之,无所限制"②。总结以上两点,无政府主义者的总要求是"经济上及政治上之绝对自由也"③。

"五四"时期的无政府主义继承和发展了"师复主义",在对理想社会的设计上,更加突出了"各尽所能各取所需"的意义。他们说:"无政府共产党想将国家的组织改变,由平民自己建立各种团体会社……以办理社会应需的事,去除一切强权,而以个人能享平等幸福为主。他们所主张的劳动原则,就是'各尽所能'四个大字……他们所主张的分配原则,就是'各取所需'四个大字……"④"将来社会进化,达至如何地步虽不可得知,工与学合为一途,工人而学者,学者亦工人,造成'各尽所能、各取所需'之正当社会,有可预料"⑤。"五四"时期的一大批青年为这八个大字所吸引,有的认为,改造社会并非什么大不了的事,"只要能破除私产制度,各尽所能,各取所需,自由工作,废除金钱,便一齐解决了"⑥;李维汉回忆当时的情况说:"我们读了那些无政府主义和空想社会主义的书刊,对于书中描绘的社会主义和共产主义的美妙

---

① 蒋俊、李兴芝:《中国近代的无政府主义思潮》,山东人民出版社,1991年,第179页。
② 师复:《无政府共产主义同志社宣言书》,《民声》十七号(1914年7月4日),此处引文见《无政府主义思想资料选》(上),第305页。
③ 《无政府主义思想资料选》(上),第304页。
④ 凌霜:《马克思学说的批评》,《新青年》六卷五号(1919年5月),此处引文见《资料选》,第559页。
⑤ 凌霜:《工读主义进行之希望》,《劳动》一卷4号(1918年6月20日),此处引文见《五四时期期刊介绍》第二集上册,生活·读书·新知三联书店,1959年,第177~178页。
⑥ 李良明、钟德涛主编:《恽代英年谱》,华中师范大学出版社,2006年,第152页。

远景,对于那种没有人剥削人、人压迫人、人人劳动、人人读书、平等自由的境界,觉得非常新鲜、美好,觉得这就应该是我们奋斗的目标。有了这个目标,大家就高兴地以为找到了真理。"①总之,"人人作工,人人读书,各尽所能,各取所需"②,是"五四"时期一代人的理想,但这一理想,最初由无政府主义者提出和传播。

废除国家、废除政府、消灭私有制的"无政府"理想目标本身,严格地讲,已带有推翻阶级制度的性质,所以,无政府主义者格外关注马克思恩格斯的阶级斗争学说不是偶然的,他们的阶级意识也因此相当自觉而明确。典型的无政府主义者师复就曾明确指出:"共产主义、无政府主义,质言之,实即劳动阶级与富贵阶级战斗之主义。"那么,何谓"劳动阶级"、何谓"富贵阶级"呢?师复认为,就看他(她)们是否"劳动","即凡不劳动而亦能生活者,谓之富贵阶级,申言之则地主,商业家,工厂主,官吏,议员,政客以及其他等等是也。凡必赖劳动而后能生活者,谓之劳动者,谓之劳动阶级,申言之则农人,手工家,工厂工人,苦力,雇役以及其他等等是也。凡家无恒产之教师,医生,工程师等亦属此类"。③ 以至于还有无政府主义者写出了"劳动歌"的传单,其中写道:"劳动停,无进化,劳工神圣言非夸。劳工才是造物的万能主宰,人类的养生爹妈。可恨那般不肖的官僚,军阀地主资本家,他们衣的、食的、住的,都没给一点代价,只逼着养生爹妈做奴隶牛马,出泪、出血、出汗供给他,他还作威作福施高压,强迫爹妈守奴法! 这种忤逆东西,养他来做啥!"④

中国的无政府主义者关注阶级斗争学说,可能也和他(她)们所能选择的实现"无政府"目标的途径有关:用暴力消灭暴力,包括迷信和

---

① 李维汉:《回忆新民学会》,《历史研究》,1979 年第 3 期。
② 《工读互助团》,载《少年中国》1 卷 7 期,转引自《中国近代的无政府主义思潮》,第 214 页。
③ 师复:《答悟尘》,原载《民声》二十号(1914 年 7 月 25 日),此处引文见《资料选》,第 326 页。
④ 蒋俊:《卢剑波先生早年的无政府主义宣传活动纪实》,此处引文见上书,第 1012 页。

使用暗杀手段。师复说:"吾人为欲实现无政府共产之社会,所用之唯一手段则曰'革命'。(革命者,非但起革命军之谓也,凡持革命之精神,仗吾平民自己之实力,以与强权战斗之一切行动,皆曰革命。)对于真理之障碍物,以'直接行动'划除之,无所容其犹豫。"在他看来,"'无政府'以反对强权为要义,故现社会凡含有强权性质之恶制度,吾党一切排斥之,扫除之","资本制度者,平民第一之仇敌,而社会罪恶之源泉也。土地、资本,器械均操之不劳动之地主资本家之手,吾平民为服奴隶之工役,所生产之大利,悉入少数不劳动者之囊橐,而劳动以致此生产者反疾苦穷愁,不聊此生,社会一切罪恶匪不由是而起。故吾党誓歼此巨憝,废除财产私有权"。① 无政府主义者因此号召来一场"平民大革命","众人起事,推翻政府及资本家,而改造正当之社会也"。② 无政府主义者还提出了"农民革命"的问题,认为"中国农民果革命,则无政府之革命成矣。故欲行无政府革命,必自农民革命始",而"所谓农民革命者,即以抗税诸法反对政府及田主是也"。而"农民革命"的目标是"实行土地共有"。他们还认为,"中国人民仍以农民占多数,农民革命者即全国大多数人民之革命也"。他们甚至早已看到并高度评价了中国历史上的农民起义,认为从秦末的陈涉、西汉末的刘秀、隋末唐初的刘黑闼,一直到明代的邓茂七、明末的流民起义,再到近世的捻军起义,都是"农民者有抵抗能力者"之证明也,"岂非农民抵抗之力远出市民之上哉"③! 之所以能得出上述结论,关键在于无政府主义者确立了这样一种历史预设:"以道德为有害人生,……以叛乱为正当,以变乱为文明要素……以暴力为进步之大法。"④

---

① 师复:《无政府共产主义同志社宣言书》,《民声》十七号(1914 年 7 月 4 日),此处引文见《资料选》,第 305 页。

② 上海无政府共产主义同志社公布:《无政府共产党之目的与手段》,《民声》十九号(1914 年 7 月 18 日),此处引文见《资料选》,第 316 页。

③ 《无政府革命与农民革命》,《衡报》第七号(1908 年 6 月 28 日),此处引文见《资料选》,第 158~160 页。

④ 自然生纂:《无政府及无政府党之精神》,1903 年印本,此处引文见《资料选》,第 34 页。

第一章　中国化阶级观点的形成与发展

　　无政府主义者还有一个十分突出的特点,那就是力主"破坏主义",而且前后几批无政府主义者在这一点上基本一致。他们说,"破坏与建设不能并行,既欲行大破坏,当专以破坏为脑"①。"夫欲建设,必先大破坏"。"无政府党有预定建设之事业乎?"没有!"无政府党,则以推翻强权为职志,除传播主义实行革命之外,皆非无政府党所有事,又何贵有所谓建设者云云耶?"②他们认为,无政府主义的实质就是破坏主义,它要"举一切文物制度而非弃之,破坏之"③,"除破坏殄灭之外,无所信仰"④。"轰轰烈烈哉,破坏之前途也;葱葱茏茏哉,破坏之结果也;熊熊灼灼哉,破坏之光明也;纷纷郁郁哉,破坏之景象也"⑤。而且,在他们看来,革命就是实行"破坏主义","革命!革命!革命为图存之良药!革命为进化之利器!吾初也惊之……继也吾敬之,敬其果有欲行破坏主义,而破坏其四千年来之若学若政若一切野蛮设置者矣"⑥。无政府主义为何要实行"破坏主义"?这也和他们的基本历史观念有关:"一切政府,皆有害物也,人类之罪恶,皆由此生,故当破坏之。"⑦这就是他们的思想逻辑。

　　有研究者指出:马克思主义与无政府主义是建立在两种不同历史观基础上的对立的思想体系,但是,在中国,由于特殊的历史条件和环境,"不少第一代的马克思主义者在其成为马克思主义者之前,都程度不同地受过无政府主义思想影响,有的甚至是从无政府主义那里接受了社会主义的思想启蒙",而且,这种现象绝非个别:"没有经过无政府

---

① 燕客:《无政府主义》序,1903年印本,此处引文见《资料选》,第23页。
② 师复:《论社会党》,《民声》九号,1914年5月9日,此处引文见《资料选》,第298页。
③ 《俄罗斯虚无党三杰传》,《大陆》七号,转引自蒋俊、李兴芝:《中国近代的无政府主义思潮》,第25页。
④⑦ 自然生纂:《无政府主义及无政府党之精神》,1903年印本,此处引文见《资料选》,第38页。
⑤ 杨笃生:《湖南之湖南人》,1903年印本,此处引文见《资料选》,第18页。
⑥ 自然生纂:《无政府主义》燕客"序",1903年印本,此处引文见《资料选》,第23页。

主义和空想主义这个环节,直接成为马克思主义者的反而是少数人","以接受无政府主义和各种空想社会主义的影响为起点,最后走向马克思主义",则"是'五四'时期一个比较普遍的现象",①包括毛泽东、周恩来等无不如此。毛回忆他1918年去北京时的情形说,当时"我读了一些关于无政府主义的小册子,很受影响。……在那个时候,我赞同许多无政府主义的很多主张"②。李达回忆建党初期的情形也是这样:"当时上海的几个发起人中,就有好几个是安那其,施存统、李汉俊、沈定一(即沈玄庐)都是。"他还说,"无政府主义在中国的影响很大,我记得当时很多人都是安那其……当时对无政府主义的认识很模糊,左点右点谁也分不清,况且无政府主义在中国传播又早,宣传的主张又好听,'各取所需'这个口号很迷惑人,所以一般青年人相信这个的就多。"③还有人回忆说:"'五四'后(一九一九年下半年),我看了几本无政府主义的小册子,主张毁工厂,杀厂长,觉得很痛快。我恨透了剥削者、压迫者,凡是反抗他们的事,我都想干。但我不知道怎样去反抗,现在看了无政府主义的主张,所以很快就接受了。"④也有人说:看了无政府主义的书,"只觉得社会太不合理、太黑暗,非彻底革命不可"⑤。

毫无疑问,无政府主义者在把他们的"革命精神"和理想目标传承给一些马克思主义者的同时,也把他们的有重大缺陷的许多历史观念一并遗留给他们了。这些历史观念大体包括以下诸点:一是认为"国家"和"政府""起于强权",是人类的罪恶,毫无存在的必要:"野蛮之世,一二枭悍者自据部落,称为己有,奴役其他征服之人,复驱其人与他

---

① 蒋俊、李兴芝:《中国近代的无政府主义思潮》,第238—239页。
② 埃德加·斯诺:《西行漫记》,生活·读书·新知三联书店,1979年,第128页。
③ 中国社会科学院现代史研究室、中国革命博物馆党史研究室选编:《"一大"前后》,"中国现代革命史资料丛刊"(二),人民出版社,1980年,第51—52页。
④ 《"一大"前后》,"中国现代革命史资料丛刊"(二),第38页。
⑤ 萧三等:《青年运动回忆录——五四运动专集》(二),中国青年出版社,1979年,第221页。

部落战,互为敌国,此国家之由来,政府之从出,自今思之,无价值已甚。"①二是认为阶级和不平等起源于人性及其差异:"洪荒以降,因民有智愚强弱之分,遂生种种之差别。"最后形成阶级和私有财产制度,于是"有主治被治之分,有君子小人之别"②。把"绝对平等"看作最高和终极价值,是无政府主义者这一认识的依据。三是认为任何剥削都是掠夺,劳动成果应无条件归直接劳动者所有:"耕田者饥,织布者寒,造屋者无片瓦,厨夫制精美之馔,而自食乃馂余。凡劳力所得之结果,皆为富者所掠夺。"③"劳动为文明之渊源,社会所赖以生存者","'劳动'实为生产之根源","无劳力则生产无由进步","准此原理,故劳动者当直接享有生产物……不劳动而享有者,是谓劫夺,所当排除,于以成其为社会革命"。④ 由上所述,人们只能得出一种结论:国家、政府、统治者、管理者、剥削者,统统都是多余的,没有任何存在的必要性;私有财产制度的存在是万恶之源,也只有负面的意义,无丝毫的正面价值。光辉灿烂的人类文明史,就这样变成了一部黑暗、灾难的历史。这是那种基于"永恒正义"、情感义愤和绝对平等的伦理史观,所无法避免的历史叙事后果。

三、阶级斗争理论在中国的最初传播者:李大钊

李大钊和陈独秀是两个最早传播马克思主义及阶级斗争学说,并在中国身体力行,对中国革命产生重要影响的人物。李大钊分别于1917年7月、11月、12月在《新青年》杂志发表《法俄革命之比较观》、

---

① 师复:《无政府浅说》,《晦鸣录》一号(1913年8月20日),此处引文据《资料选》,第270~271页。
② 申叔:《人类均力说》,《天义报》第三卷(1907年7月10日),此处引文据《资料选》,第65页。
③ 师复:《无政府浅说》,《晦鸣录》(1913年8月20日),此处引文据《资料选》,第274页。
④ 劳人:《尊劳》,《劳动》第1号(1918年3月20日),此处引文据《五四时期期刊介绍》(第二集上册),生活·读书·新知三联书店,1959年,第168~169页。

《庶民的胜利》、《Bolshevism 的胜利》三篇文章,指出俄国十月革命是"立于社会主义上之革命",是"世界劳工阶级的胜利",是"马克思的功业"。"俄罗斯之革命,非独俄罗斯人心变动之表征,实二十世纪全世界人类普遍心理变动之显兆","须知今后的世界,变成劳工的世界","试看将来的环球,必是赤旗的世界"。这些观点表明,李大钊初步接受了马克思主义对于世界资本主义两大阶级结构——资本家阶级和劳工阶级——的揭示,确立了无产阶级的价值立场。1919 年 7 月 6 日,李大钊在《每周评论》杂志发表《阶级竞争与互助》,分别介绍了克鲁泡特金的"互助论"和马克思的"阶级竞争说",并试图把"互助论"和"阶级竞争说"统一起来。李大钊坚持把伦理作为社会改造的价值标准。他说:"一切形式的社会主义的根萌,都纯粹是伦理的。协合与友谊,就是人类社会生活的普遍法则。"①李大钊阐释马克思的阶级定义:"所谓阶级,就是指经济上利害相反的阶级。具体讲出来,地主、资本家是有生产手段的阶级,工人、农夫是没有生产手段的阶级。"②阶级产生于原始社会后期,随着生产力的发展,产生了"剩余劳工",于是"持有生产手段的起来乘机夺取,遂造成阶级对立的社会"③。在李大钊的解释中,阶级之成立除了经济的原因之外,似乎还有道德的原因。因此,他在统一"互助论"与"阶级竞争说"时总是强调马克思"并不是承认人类的全历史,通过去、未来都是阶级竞争的历史。他的阶级竞争说,不过是把他的经济史观应用于人类历史的前史一段,不是通用于人类历史的全体。他是确信人类真历史的第一页当与互助的经济组织同时肇启。"因此,李大钊一方面坚持说,"这最后的阶级竞争,是阶级社会自灭的途辙,必须经过的,必不能避免的";"这最后的阶级竞争,是改造社会组织的手段。"另一方面又指出,"在那人类历史的前史时代,互助的精神并未灭绝";而"人类的真历史开始以后,那自私自利的恶萌,也不敢说就全然灭尽",需要借助"互助精神的火光""烧他","使他不能

---

① 《李大钊文集》(下),人民出版社,1984 年,第 16 页。
②③ 《李大钊文集》(下),人民出版社,1984 年,第 17 页。

发生"。于是他坚信:"这互助的原则,是改造人类精神的信条。"①显然,李大钊在这里既没有把阶级的产生完全归之于经济必然性,也没有像建国后我国政治领域和学术领域发生的把阶级斗争的作用绝对化。因此,李大钊特别强调:"我们主张物心两面的改造,灵肉一致的改造。"②

1919年9月,《新青年》杂志刊发的《我的马克思主义观》一文,是李大钊对马克思主义及阶级斗争学说的一次全面介绍。如果说前文主要表达了阶级斗争说与互助论即阶级斗争手段论与社会伦理价值的统一,此文则重点介绍了马克思唯物史观乃至整个马克思主义理论与阶级斗争学说的统一。李大钊认为,"马氏社会主义的理论,可大别为三部:一为关于过去的理论,就是他的历史论,也称社会组织进化论;二为关于现在的理论,就是他的经济论,也称资本主义的经济论;三为关于将来的理论,就是他的政策论,也称社会主义运动论,就是社会民主主义。离了他的特有的史观,去考他的社会主义,简直的是不可能。因为他根据他的史观,确定社会组织是由如何的根本原因变化而来的;然后根据这个确定的原理,以观察现在的经济状态,就把资本主义的经济组织,为分析的、解剖的研究,预言现在资本主义的经济组织不久必移入社会主义的组织,是必然的运命;然后更根据这个预见,断定实现社会主义的手段、方法仍在最后的阶级竞争。他这三部理论,都有不可分的关系,而阶级竞争说恰如一条金线,把这三大原理从根本上联络起来。所以他的唯物史观说:'既往的历史都是阶级竞争的历史'。他的《资本论》也是首尾一贯的根据那'在今日社会组织下的资本阶级与工人阶级,就放在不得不仇视、不得不冲突的关系上'的思想立论。关于实际运动的手段,他也是主张除了诉于最后的阶级竞争,没有第二个再好的方法。"以上可以说是李大钊立于经济必然性的逻辑,对阶级斗争学说的定位。从"阶级竞争"的历史性出发,李大钊认为,"与其说他的阶

---

① 《李大钊文集》(下),人民出版社,1984年,第18页。
② 《李大钊文集》(下),人民出版社,1984年,第18~19页。

级竞争说是他的唯物史观的要素,不如说是对于过去历史的一个应用"①。在此意义上,李大钊强调了阶级竞争说与唯物史观的统一,特别强调了包括阶级产生、阶级对立、阶级消灭以及阶级意识、阶级斗争等所有阶级现象对于经济必然性的从属性的统一。李大钊正确地揭示了"唯物史观与阶级竞争说的矛盾冲突",认为"盖马氏一方既确认历史——马氏主张无变化即无历史——的原动为生产力;一方又说从来的历史都是阶级竞争的历史,就是说阶级竞争是历史的终极法则,造成历史的就是阶级竞争。一方否认阶级的活动,无论是直接在经济现象本身上的活动,是间接由财产或一般法制上的限制,常可以有些决定经济行程的效力;一方又说阶级竞争的活动,可以产出历史上根本的事实,决定社会进化全体的方向"②。对此,李大钊指出,"马氏实把阶级的活动归在经济行程自然的变化以内"。同时李大钊指出,"虽是如此说法,终觉有些牵强矛盾的地方"。"历史的唯物论者以经济行程的进路为必然的、不能免的,给他加上了一种定命的采色",这可以说是"马氏唯物史观的流弊"。对于这个"流弊",恩格斯晚年曾经做出检讨,提出是要马克思和他本人负责任的。然而,李大钊能够通过马克思主义理论的宣传作用本身和马克思恩格斯本人的革命活动示范,全面理解马克思主义。李大钊说:"自马氏与昂格思合布《共产党宣言》,大声疾呼,檄告举世的劳工阶级,促他们联合起来,推倒资本主义,大家才知道社会主义的实现,离开人民本身,是万万作不到的,这是马克思主义一个绝大的功绩。"③对于那种把经济必然性绝对化的做法,李大钊解释,"这全因为一个学说最初成立的时候,每每陷于夸张过大的原故"④。李大钊肯定了现代劳工阶级自觉的联合斗争的作用,并提出"拿团体行动、法律、财产法三个联续的法则,补足阶级竞争的法则",以增益、巩固阶级斗争效力。然而,所有这些努力,都应当是"随着经济全进路

---

① 《李大钊文集》(下),人民出版社,1984年,第62~63页。
② 《李大钊文集》(下),人民出版社,1984年,第63页。
③④ 《李大钊文集》(下),人民出版社,1984年,第64页。

的大势走的,都是辅助着经济内部变化的"①。在这里,李大钊坚持了经济必然性与阶级能动性的统一。同时揭示了一种新的革命宗教形式的起源——"社会主义有必然性的说,坚人对于社会主义的信仰,信他必然发生,于宣传社会主义上,的确有如耶教福音经典的效力。"②

中国后来的革命意识形态的发展表明,这种宗教把一种主观意志打上了唯物决定论的科学化色彩,同所有宗教一样取得了一种迷惑形式。宗教意识形态的作用从来是两面的,它一方面在社会动员方面发挥了巨大作用,另一方面也使人们忽略了理性的自省,这是慰藉也是麻痹。我们把这种宗教姑且称之为一种新"拜物教"——"革命拜物教"。中国现代政治文化乃至史学理论,之所以长期不能摆脱绝对化的阶级和阶级斗争价值崇拜,就是因为阶级和阶级斗争理论藏身于唯物史观所提供的必然性的客观形式之中。

四、阶级斗争理论在中国的最初传播者:陈独秀

陈独秀向马克思主义的转变直接受到李大钊的影响。③ 1919年12月1日发表于《晨报》的《告北京劳动界》一文是他开始转向马克思主义的重要标志。文中指出,18世纪的"德谟克拉西"是新兴财产工商阶级的,而20世纪的"德谟克拉西"是新兴无产劳动阶级的,号召劳动者联合起来,组织起来。1920年5月1日,陈独秀发表演讲"劳动者的觉悟",第一步要求待遇改良,第二步要求管理权。1920年9月1日,陈独秀在《新青年》杂志发表《谈政治》一文,简要论述了马克思主义关于阶级斗争和无产阶级专政学说,宣称"用革命的手段建设劳动阶级(即生产阶级)的国家,创造那禁止对内外掠夺的政治、法律,为现代社会第一需要"。④ 同样针对有人将阶级斗争学说与唯物史观对立起来

---

① 《李大钊文集》(下),人民出版社,1984年,第67页。
② 《李大钊文集》(下),人民出版社,1984年,第65页。
③ 参见许全兴、陈战难、宋一秀:《中国现代哲学史》,北京大学出版社,1992年,第124页。
④ 《陈独秀文章选编》(中),三联书店,1984年,第10页。

的做法,陈独秀指出,"马格思的阶级争斗说乃指人类历史进化之自然现象,并非一种超自然的玄想。所以唯物史观和阶级争斗说不但不矛盾,并且可以互相证明"①。他认为《共产党宣言》的要义有二:一是"一切过去社会的历史都是阶级争斗底历史";二是"阶级之成立和争斗崩坏都是经济发展之必然结果"。恩格斯关于《宣言》基本思想的著名论述"可以说是把唯物史观和阶级争斗打成一片了"。② 陈独秀不愧为中国共产党的第一位领导人,其思想中具有强烈的注重实际运动的倾向。1922年5月5日,他在中国社会主义青年团成立大会上讲话,把马克思的学说和行为的精神归结为两条:第一是"实际研究的精神";第二是"实际活动的精神"。他提示青年们要"把马克思学说当做社会革命的原动力,不要把马克思学说当做老先生、大少爷、太太、小姐的消遣品"③。他激烈地反对第二国际修正主义秉持的阶级调和论,指出"马格斯底《共产党宣言》自第一页到末页都解释阶级战争底历史及必要的讲义,可惜自称为马格斯派的德国社会民主党竟然忘记了!"④陈独秀认为,社会"在每个进化阶段新旧顿变时,都免不了革命战争"⑤。"除阶级战争外都是枝枝节节的问题","枝枝节节的要求,决不是免除劳动困苦之根本方法"。⑥ 显然,陈独秀把改革社会制度的手段绝对化了。然而他又近乎告诫似的指出:"马克思的社会主义是注重客观的事实,不是主观的理想的;他不独要有改造的必要,还要有改造的可能。马克思的根本原则,就在这一点。我们一定要懂这点,然后才能明白他的主义,配谈他的主义。"⑦在陈独秀看来,存在改造的必要与可能问题,而改造的革命方法毋庸置疑。

看得出来,陈独秀个性中具有鲜明的激进色彩,论者说其"哲学思

---

① 《陈独秀文章选编》(中),三联书店,1984年,第194页。
② 《陈独秀文章选编》(中),三联书店,1984年,第195页。
③ 《陈独秀文章选编》(中),三联书店,1984年,第178页。
④ 《陈独秀文章选编》(中),三联书店,1984年,第96页。
⑤ 《陈独秀文章选编》(中),三联书店,1984年,第222页。
⑥ 《陈独秀文章选编》(中),三联书店,1984年,第130页。
⑦ 《陈独秀文章选编》(中),三联书店,1984年,第296页。

想的一个显著特点是具有强烈的战斗性"①,然而却犯下"右倾机会主义"的政治错误。这些看似矛盾的现象如何解释？我们认为陈独秀之失在于过分强调客观的决然性(对于对象只是强调从客观方面去理解)和主观(包括认识和行动方法)的从属性。在历史观上,他强调"人类社会组织之历史的进化,观过去现在以察将来,其最大的变更,是由游牧酋长时代而封建时代,而资产阶级时代,而无产阶级时代,这些时代之必然的推进,即所谓时代潮流,他若到来,是不可以人力抵抗的"。"在时间上,进化的历程恒次第不爽"。② 在这种观念主导之下,他认为"半殖民地的中国社会状况既然需要一个资产阶级的民主革命,在这革命运动中,革命党便须取得资产阶级的充分援助;资产阶级的民主革命若失了资产阶级的援助,在革命事业中便没有阶级的意义和社会基础"③。对社会各阶级力量的分析,陈独秀更多着眼于"产业"这样一个客观角度。他认为:"中国产业之发达还没有到使阶级壮大而显然分裂的程度,所以无产阶级革命的时期尚未成熟";"殖民地半殖民地产业还未发展,连资产阶级都很幼稚,工人阶级在客观上更是幼稚了";"产业幼稚的中国,工人阶级不但在数量上幼稚,而且在质量上也很幼稚";"农民居住散漫,势力不易集中,文化低下,生活欲望简单,易于趋向保守,中国土地广大易于迁徙被难苟安"。在对各个阶级的革命性作出了系列分析之后,陈独秀说:"殖民地半殖民地的社会阶级固然一体幼稚,然而资产阶级的力量究竟比农民集中,比工人雄厚,因此,国民运动轻视了资产阶级是一个很大的错误观念"。因而,"国民革命成功之后,在普通形势之下,自然是资产阶级握得政权"。工人阶级在多大程度上能够获得政权,陈独秀仅仅作了有条件的设定。"工人阶级在彼时能获得若干政权,乃视工人阶级在革命中的努力至何程度及世界

---

① 许全兴、陈战难、宋一秀:《中国现代哲学史》,北京大学出版社,1992 年,第 133 页。
② 《陈独秀文章选编》(中),三联书店,1984 年,第 254 页。
③ 《陈独秀文章选编》(中),三联书店,1984 年,第 371 页。

的形势而定"。① 然而,陈独秀不仅是对工人、农民阶级的主观能力估计不足,而且他本人自外于工人阶级,身为工人阶级的革命领袖,却放弃了对工人阶级领导权的积极争取,这不能不说是造成大革命失败的一个重要原因。应该说,在大革命失败后,陈独秀对半殖民半封建社会民族民主革命或阶级斗争的特殊性一度有所认识,②例如他已经不是过分强调客观能力,而是比较看重主观能力、更多地看重"最受压迫的""工农劳苦人民与全世界反帝国主义反军阀官僚的无产阶级势力联合一气"了。③ 陈独秀虽然把大革命失败的责任完全归之于共产国际,实际上他本人已经展开了反思,当然这包括他提出的"重新再行研究马克思列宁主义"。这个困惑就是他所信奉的唯物史观与现实阶级斗争的统一问题。然而他所声称的马克思列宁主义的共产党,是科学的社会主义者,"不是乌托邦的社会主义者,他们最懂得历史各时代之革命的理论与策略",④只不过表明他所持守的客观界限仅仅是一个抽象的(或机械的)公式。直到 40 年代,陈独秀被开除出党之后,他仍然

---

① 陈独秀:《中国国民革命与社会各阶级》,《前锋》第二期(1923 年 12 月)。
② "在殖民地半殖民地,决不会有欧洲式的资产阶级革命实现出来(这是辛亥革命未能完成之大原因)。因此,殖民半殖民地的国民革命之成功,当以工农群众的力量之发展与集中为正比例;而工农群众的力量,又只有由其切身利害而从事阶级的组织与争斗,才能够发展与集中。因此,在殖民地半殖民地主张停止阶级争斗,便是破坏民族争斗之主要力量"。(《我们现在为什么争斗?》,1926 年 9 月 5 日,《陈独秀文章选编(下册)》,第 264 页)
③ 陈独秀在 1932 年被捕后写的《辩诉状》中说道:"欲求民族解放、民主政治之成功,决非懦弱的妥协的上层剥削阶级全躯保妻子之徒,能实行以血购自由的大业,并且彼等畏憎其素所践踏的下层民众之奋起,甚于畏憎帝国主义与军阀官僚。因此,彼等亦不欲成此大业。惟有最受压迫最革命的工农劳苦人民与全世界反帝国主义反军阀官僚的无产阶级势力联合一气,以革命怒潮,对外排除帝国主义之宰制,对内扫荡军阀官僚之压迫;然后中国的民族解放,国家独立与统一,发展经济,提高一般人民的生活,始可得而弃。工农劳苦人民解放斗争,与中国民族解放斗争,势以合流并进,而不可分离。此即予于'五四'运动以后开始组织中国共产党之原因也。"(《陈独秀自撰辩诉状》,亚东图书馆,1943 年)
④ 陈独秀还有如下明确的表达:"我们不是乌托邦的社会主义者,决不幻想不经过资本主义,而可以由半封建的社会一跳便到社会主义的社会"。见《陈独秀文章选编》(下),第 264 页。

没有停止对于历史发展道路的思索,他仍然坚持资本主义是必经的历史发展阶段。阶级斗争作为一个主观的、能动的政治领域,他却尽力把它限定在一个所谓的纯客观的、僵化的框框当中,完全没有领略马克思主义革命辩证法的深刻内涵,这就是陈独秀的悲剧所在。而具体说来,就是陈独秀没有把握中国半殖民地半封建社会的民族民主革命是一个战时背景,他完全没有把握战时状态或战争的特殊规律。① 有人说陈独秀从来不是一个马克思主义者,而是一个激进的民主主义者。② 如果从陈独秀在大革命时期所秉持的资产阶级的价值立场来看,的确如此。但又应当看到,他的确又是以工农劳苦人民的解放作为最终奋斗目标的。

五、阶级斗争理论在中国的最初传播者:毛泽东

1915年5月7日,袁世凯政府接受了日本帝国主义灭亡中国的"二十一条"。还在湖南第一师范读书的毛泽东这时写下了"五月七日,民国奇耻,何以报仇,在我学子!"愤世嫉俗,追求理想,鲜明的"唯我"主体性人格可以说构成了青年毛泽东接受唯物史观和阶级斗争理论前的思想前史。青年毛泽东深受其师杨昌济和德国学者泡尔生著《伦理学原理》的影响。在青年毛泽东看来,宇宙构成之原理或宇宙之大本大源并不是外于"人人之心"的存在,而就在"人人之心中"。因此,"盖我即宇宙也。各除去我,即无宇宙。各我集合,即成宇宙,而各我又以我而存,苟无我,何有各我哉"③。他认为圣人得到了大本大源,所以"能通达天地,明贯现在过去未来,洞悉三界现象"④。由宇宙论而价值论,毛泽东写道:"个人有无上之价值,百般之价值依个人而存,使

---

① 如果把陈独秀和毛泽东作一个比较,可以说陈独秀的前半生失之于过分强调客观,毛泽东的后半生失之于过分强调主观。
② 沙健孙:《五四后期的陈独秀是不是马克思主义者?》,《北京大学学报》1979年第3期。
③ 《〈伦理学原理〉批注》。
④ 毛泽东:《致黎锦熙信》1917年8月23日,《毛泽东早期文稿》,湖南出版社,1990年,第85页。

无个人(或个体)则无宇宙,故个人之价值大于宇宙之价值可也。故凡有压抑个人、违背个性者罪莫大焉。故吾国之三纲在所必去,而教会、资本家、君主、国家四者,同为天下之恶魔也。"①他崇尚运动、变化,赞赏抵抗、斗争,一方面肯定其社会价值,另一方面更肯定其个性价值。在《讲堂录》记有"天下事物,万变不穷"的警言。在《体育之研究》一文中写道:"天地盖惟有动而已"。在《伦理学原理》批注中写道:"国家有变化,乃国家日新之机,社会进化所必要也。""各世纪中,各民族起各种之大革命,时时涤旧,染而新之,皆生死成毁之大变化也。""毁旧宇宙而得新宇宙。""伊古以来,一治即有一乱,吾人恒厌乱而望治,殊不知乱亦历史生活之一过程,自亦有实际生活之价值。吾人览史时,恒赞叹战国之时,刘项相争之时,汉武与匈奴竞争之时,三国竞争之时,事态百变,人才辈出,令人喜读。至若承平之代,则殊厌弃之。非好乱也,安逸宁静之境,不能长处,非人生之所堪,而变化倏忽,乃人性之所喜也。"《伦理学原理》一书说:"世界一切之事业及文明,固无不起抵抗决胜也。"毛泽东在旁批写:"河出潼关,因有太华抵抗,而水力益增其奔猛。风回三峡,因有巫山为隔,而风力益增其怒号。"他在日记中写道:"与天奋斗,其乐无穷!与地奋斗,其乐无穷!与人奋斗,其乐无穷!"其个性极度汪洋恣肆,尽情挥洒处,冲破一切网罗,消除一切界限,转化一切对立的方面。他说:"观念即实在,实在即观念,有限即无限,时间感官者即超时间感官者,想象即思维,形式即实质,我即宇宙,生即死,死即生,现在即过去及未来,过去及未来即现在,小即大,阳即阴,上即下,秽即清,男即女,厚即薄,质而言之,万即一,变即常。"②

毛泽东曾回忆说:"记得我在1920年,第一次看到考茨基著的《阶级斗争》、陈望道翻译的《共产党宣言》和一个英国人作的《社会主义史》,我才知道人类自有史以来,就是阶级斗争的历史,阶级斗争是社会发展的原动力,初步得到认识问题的方法论。可是这些书上,并没有中国的湖南、湖北,也没有中国的蒋介石和陈独秀,但我只取了它四个

---

①② 《〈伦理学原理〉批注》。

字:'阶级斗争',老老实实地来开始研究实际的阶级斗争。"①

与陈独秀相比,毛泽东对中国社会各阶级的分析,更注重阶级斗争的实践经验,更注意各阶级的主观能力。他在注意分析各个阶级在生产分工中的地位的同时,更加注重对于各阶级在利益分配结构中的地位。虽然毛泽东在分析时总名之曰"经济地位",但对于后一经济地位的详尽分析,是毛泽东《中国社会各阶级的分析》(1925年)一文的最大特色,同时也体现毛泽东的价值取向和政治立场。

毛泽东基于对社会各阶级在生产分工中的地位分析,把握各阶级的政治态度和政治立场。(1)地主阶级和买办阶级。"在经济落后的半殖民地的中国,地主阶级和买办阶级完全是国际资产阶级的附庸,其生存和发展,是附属于帝国主义的。这些阶级代表中国最落后的和最反动的生产关系,阻碍中国生产力的发展。他们和中国革命的目的完全不相容。特别是大地主阶级和大买办阶级,他们始终站在帝国主义一边,是极端的反革命派。"(2)中产阶级。"这个阶级代表中国城乡资本主义的生产关系",其政治主张是"实现民族资产阶级一阶级统治的国家","对于中国革命具有矛盾的态度"。(3)小资产阶级。"自耕农和手工业主所经营的,都是小生产的经济。"小资产阶级三个不同层次在革命不同时期对革命分别抱有怀疑、中立、附和、参加等不同态度。(4)半无产阶级。"半自耕农、贫农和小手工业者所经营的,都是更细小的小生产的经济。"三个不同"细别"分别具有不同的"革命性"。(5)无产阶级。"工业无产阶级人数虽不多,却是中国新的生产力的代表者,是近代中国最进步的阶级,做了革命运动的领导力量。"②以上都说明,毛泽东的阶级分析系立足于唯物史观,把握民族、民主革命的相互关系及性质,把握阶级斗争的政治方向。

值得注意的是,毛泽东无论是对社会各阶级的分析还是阶层的分析,总是立足于其所处的利益关系和经济状况判定其革命性或不同革

---

① 《关于农村调查》,《人民日报》,1978年12月13日。
② 《毛泽东选集》第1卷,人民出版社,1991年,第4~8页。

命、斗争形势下的态度分化或转变。① 在毛泽东看来,革命性、战斗力,恰恰与经济状况呈一种反比关系。中产阶级之所以对中国革命具有矛盾的态度,是由于他们"在受外资打击、军阀压迫感觉痛苦时,需要革命,赞成反帝国主义反军阀的革命运动;但是当着革命在国内有本国无产阶级的勇猛参加,在国外有国际无产阶级的积极援助,对于其欲达到大资产阶级地位的阶级的发展感觉到威胁时,他们又怀疑革命"。半无产阶级的各个层次当中,"半自耕农的革命性优于自耕农而不及贫农";"一部分贫农有比较充足的农具和相当数量的资金","其革命性,则优于半自耕农而不及另一部分贫农";另一部分贫农,"他们是农民中极艰苦者,极易接受革命的宣传"。工业无产阶级经济地位低下,"他们失了生产手段,剩下两手,绝了发财的望,又受帝国主义、军阀、

---

① 据复旦大学教授姜义华先生介绍,他所编辑的《毛泽东著作集》中收有《中国社会各阶级的分析》一文,与收入《毛泽东选集》的同题文不同,此文是未经修改的原稿。两相对照,未经修改的原稿更能反映老人家的思想。如在原稿中提到:无论哪一个国内,天造地设,都有三等人:上等、中等、下等。细分则为五等:大资产阶级,中产阶级,小资产阶级,半无产阶级,无产阶级。老人家的阶级分析与马克思的阶级分析有相当大的差别。马克思在作阶级分析时,总是将阶级与一定生产方式联系在一起,把代表社会化大生产的资产阶级与代表旧式小生产的地主阶级严格区分开来,在比较资产阶级与旧式农民时,强调资产阶级是代表先进生产方式的,是起过革命作用的,而旧式农民则是落后的、保守的。如《共产党宣言》指出:"资产阶级除非使生产工具,从而使生产关系,从而使全部社会关系不断地革命化,否则就不能生存下去。反之,原封不动地保持旧的生产方式,却是过去的一切工业阶级生存的首要条件。""资产阶级在历史上曾经起过非常革命的作用。"而中间等级(其中也包括农民),"他们同资产阶级作斗争,都是为了维护他们这种中间等级的生存,以免于灭亡。所以他们不是革命的,而是保守的。不仅如此,他们甚至是反动的,因为他们力图使历史的车轮倒转。如果说他们是革命的,那是鉴于他们行将转入无产阶级的队伍"。类似的论述,在《哥达纲领批判》中也有。而毛泽东在文章中把农民划入小资产阶级、半无产阶级、无产阶级,实际上是按照占有社会财富的多少即贫富的程度来划分阶级,而不是按照生产方式来划分的。老人家在阶级关系上一再强调穷则思变,越穷越革命。《湖南农民运动考察报告》强调"没有贫农,便没有革命。若否认他们,便是否认革命。若打击他们,便是打击革命",就是因为他们最穷,"上无片瓦,下无插针之地"。智识学术网:www.zisi.net/htm/xzwj/jyhwj/2005 - 09 - 21 - 34299.htm.

资产阶级的极残酷的待遇,所以他们特别能战斗"。显然,处理如此复杂的阶级关系和利益纠葛,需要高超的政治策略和斗争艺术。

解决革命的主体或动力问题,是《总理遗嘱》所总结出的"唤起民众"。农工政策是中国民主革命阶段的基本政策。而其中农民问题,是"中国革命的基本问题",中国革命"基本上"是"农民革命"。① 农民问题主要是土地分配问题或基于土地收入的分配问题。在从事和领导中国革命的过程中,不同的历史时期毛泽东曾经制订过不同的土地政策。第一次国内革命战争时期不涉及土地所有权,主要是减租减息;②第二次国内革命战争时期是没收地主土地,分配给农民;抗日战争时期回到减租减息;第三次国内革命战争时期重新没收地主土地。而在毛泽东领导民主革命的整个历史时期,又注意纠正各种"过左"的做法,强调尽量不触动富农利益或保护富农,并特别指出给予地主"和农民同样的土地财产"。"消灭封建地主之为阶级,而不是消灭地主个人。"③毛泽东灵活的阶级斗争策略在抗日战争时期发挥到极致。他对于阶级斗争与民族斗争关系的阐述可以说是对马克思主义阶级斗争理论的生动应用。毛泽东指出:"在抗日战争中,一切必须服从抗日的利益,这是确定的原则。因此,阶级斗争的利益必须服从于抗日战争的利益,而不能违反抗日战争的利益。"与此同时,"阶级和阶级斗争的存在是一个事实"。"我们不是否认它,而是调节它。我们提倡的互助互让政策,不但适用于党派关系,也适用于阶级关系。"④毛泽东认为,"在民族斗争中,阶级斗争是以民族斗争的形式出现的,这种形式,表现了两者的一致性。一方面,阶级的政治经济要求在一定的历史时期内以不破裂合作为条件;又一方面,一切阶级斗争的要求都应以民族斗争的需

---

① 《毛泽东选集》第 2 卷,人民出版社,1991 年,第 692 页。
② 反映在《湖南农民运动考察报告》中的"农民运动",政治、经济方面主要是"打击地主",但没有明确涉及地主土地所有权。
③ 《毛泽东选集》第 4 卷,人民出版社,1991 年,第 1314 页。
④ 《毛泽东选集》第 2 卷,人民出版社,1991 年,第 525 页。

要(为着抗日)为出发点。"①毛泽东所从事的整个民主革命时期的阶级斗争实践,可以说既把握阶级斗争的能动性,又现实地考虑各种阶级力量对比,灵活地规划和把握了无产阶级革命的阶段性;所有这些丰富生动深刻的内容,集中地体现于他所提出的无产阶级领导的资产阶级民主革命即新民主主义革命理论当中。然而所有这一切奋斗,他也同李大钊、陈独秀一样,统统都纳入到一个总的信念当中。这里应该特别指出,当毛泽东、共产党领导的革命力量在抗战一年之后迅速地站稳脚跟,总结出一套系统的战略战术,对中国革命的胜利确立了充分的信心之后,他对中国古代历史、中国近代历史、中国民主革命历史、中国共产党领导的革命战争史、中国共产党领导的民主革命历史的回顾和总结就越来越频繁了。1939年为纪念五四运动二十周年所写的纪念文章,在回顾了中国资产阶级民主革命所经历的过程之后,对共产党领导的资产阶级性质的民主革命进行了历史定位:"这种民主革命是为了建立一个在中国历史上所没有过的社会制度,即民主主义的社会制度,这个社会的前身是封建主义的社会(近百年来成为半殖民地半封建的社会),它的后身是社会主义的社会。若问一个共产主义者为什么要首先为实现资产阶级民主主义的社会制度而斗争,然后再去实现社会主义的社会制度,那答复是:走历史必由之路。"②而通达这一必由之路的方式已经由1949年中国革命的胜利证明了。毛泽东总结说,从1840年起,一次次帝国主义发动的侵略战争,"迫使中国人的革命精神发扬起来,从斗争中团结起来。斗争,失败,再斗争,再失败,再斗争,积一百零九年的经验,积几百次大小斗争的经验,军事的和政治的、经济的和文化的、流血的和不流血的经验,方才获得今天这样的基本上的成功。这就是精神条件,没有这个精神条件,革命是不能胜利的。"③因此,毛泽东能够满怀豪情地表达这样一种历史观:"阶级斗争,一些阶级胜利

---

① 《毛泽东选集》第2卷,人民出版社,1991年,第539页。
② 《毛泽东选集》第2卷,人民出版社,1991年,第559页。
③ 《毛泽东选集》第4卷,人民出版社,1991年,第1484页。

了,一些阶级消灭了。这就是历史,这就是几千年的文明史。拿这个观点解释历史的就叫做历史的唯物主义,站在这个观点的反面的是历史的唯心主义。"①历史唯物主义就是这样与阶级斗争理论完整地统一起来了。

尽管李大钊对阶级斗争的伦理取向存有些许疑问,尽管陈独秀对阶级斗争进化的次第恪守不爽,尽管毛泽东侧重于把握阶级斗争的能动价值,但他们都坚信阶级斗争的最后结局,无产阶级的阶级斗争是最后的斗争,无产阶级的阶级斗争是社会问题的根本解决,无产阶级革命将一劳永逸地消灭剥削制度,建立共产主义人间天堂。对于唯物史观的公式化的表达或理解,虽然在马克思主义者中间有个别阶段上的解释和运用的差异,但公式最后的一阶是大家一致认定的。在经验层面,苏联社会主义提供了一个成功的范例。因此,他们丝毫不会怀疑,无产阶级在政治上完成阶级性建构之后,在经济上实现阶级性建构的可能。李大钊说:"我要说一句武断的预言:中国实业之振兴,必在社会主义之实行。"②陈独秀说:"使中国人都得着人的生活,非废除资本主义生产制采用社会主义生产制不可。"③毛泽东说:"现在的世界,是处在革命和战争的新时代,是资本主义决然死灭和社会主义决然兴盛的时代。"④1949年,面对即将败亡的国民党政权,时任美国国务卿艾奇逊试图为他们的政策失败作出一番辩解。艾奇逊提出一个观点:"中国人口在十八、十九两个世纪里增加了一倍,因此使土地受到不堪负担的压力。人民的吃饭问题是每个中国政府必然碰到的第一个问题。一直到现在没有一个政府使这个问题得到了解决。"⑤毛泽东对这一观点作出了回击。他说:"西北、华北、东北、华东各个解决了土地问题的老解放区,难道还有如同艾奇逊所说的那种'吃饭问题'存在吗?"毛泽东认

---

① 《毛泽东选集》第4卷,人民出版社,1991年,第1487页。
② 《李大钊文集》(下),人民出版社,1984年,第446页。
③ 《关于社会主义的讨论·独秀复东荪先生底信》,载《新青年》8卷4号。
④ 《毛泽东选集》第2卷,人民出版社,1991年,第680页。
⑤ 《毛泽东选集》第4卷,人民出版社,1991年,第1510页。

为,革命加生产即能解决吃饭问题,激情洋溢处,毛泽东豪迈地宣称,"在共产党领导下,只要有了人,什么人间奇迹也可以造出来。我们是艾奇逊反革命理论的驳斥者,我们相信革命能改变一切,一个人口众多、物产丰盛、生活优裕、文化昌盛的新中国,不要很久就可以到来"①。总之,无论是唯物史观的公式化理论还是革命战争年代的现实经验,还有对于苏联成就的粗疏观察,都使马克思主义者相信:通过最后的阶级斗争,彻底的社会革命,绝对的人类价值必将实现。于是,历史被斩断了,从前的历史都是非人的历史,真正的人的历史开始了。而阶级斗争是人类获得绝对价值的必然方式、途径和手段,阶级斗争本身自然也获得了绝对价值的意义。这就是中国近现代革命的意识形态。

这不能不使毛泽东藐视现实中乃至历史上的一切剥削阶级和一切统治阶级。

第二节 阶级斗争史观与革命史学的内在结构

既然在社会现实中,历史的连续性被否定了,这也就决定了历史书写方式的改变。一代人有怎样的历史,决定了他们怎样书写历史。这

---

① 《毛泽东选集》第4卷,人民出版社,1991年,第1512页。

便是战时史学的诞生。①

一、从政治主体性的建构到历史主体性的建构:《湖南农民运动考察报告》

1927年,毛泽东对湖南农民运动作了为期32天的考察。当时在共产党的领导下,湖南农民组织起来,成立农民协会——毛泽东称之为"农民政权的乡村自治机关"。刚刚获得某种政治主体性的农民就获得了毛泽东从历史角度给予的一种独特性评价,而且是从"几千年未曾成就过的奇勋"历史角度给予的高度评价。"农民的主要攻击目标是土豪劣绅,不法地主,旁及各种宗法的思想和制度,城里的贪官污吏,乡村的恶劣习惯。这个攻击的形势,简直是急风暴雨,顺之者存,违之者灭。其结果,把几千年封建地主的特权,打得个落花流水。""宗法封建性的土豪劣绅,不法地主阶级,是几千年专制政治的基础,帝国主义、军阀、贪官污吏的墙脚。打翻这个封建势力,乃是国民革命的真正目标。孙中山先生致力国民革命凡四十年,所要做而没有做到的事,农民在几个月内做到了。这是四十年乃至几千年未曾成就过的奇勋。""农

---

① "战时"作为一个中国现代政治语境下的词汇,早在国共合作的大革命时期就已出现。1926年北伐战争前夕,国民党中央军事委员会总政治部主任邓演达召集战时政治工作会议,订有《战时政治工作人员惩戒条例》,并开办战时政治工作训练班。1927年邓演达还与毛泽东共同出席了国民党中央农民部召开的欢送战时农民运动委员会工作人员出发前方工作会。而毛泽东的《湖南农民运动考察报告》作为回击党内外对农民运动各种非议的一篇檄文,可以看成是"战时"工作的一部分。抗日战争爆发后,围绕相关战时问题,毛泽东也曾经提出和讨论"战时的财政经济政策"、"战时的政治制度"等等。《中国革命和中国共产党》是作为抗战时期的干部教育课本而写作的,正是该文在战时背景下提出的系列观点长期支配了建国之后的史学思想。毛泽东后来的战时概念可以说涵盖了从1840年"反对英国鸦片侵略的战争"到1949年"最后地结束了美国和一切帝国主义在中国的统治及其走狗蒋介石等一切反动派的统治"共计109年的时间。建国之后,"战时"内涵实际上仍然在持续延伸,直到1978年中共十一届三中全会宣布转移工作重点,结束"以阶级斗争为纲"的提法。总括以上看法,我们认为"战时"不是仅仅表达"一种特殊战争状态"而已,而是意指一种具有普遍性的政治过程和政治现象。

村革命是农民阶级推翻封建地主阶级的权力的革命。农民若不用极大的力量,决不能推翻几千年根深蒂固的地主权力。""从禹汤文武起吧,一直到清朝皇帝,民国总统,我想没有哪一个朝代的统治者有现在农民协会这样肃清盗匪的威力。"①在从伦理层面彻底否定几千年封建地主阶级统治的同时,毛泽东强调了农民的劳动价值。"中国历来只是地主有文化,农民没有文化。可是地主的文化是由农民造成的,因为造成地主文化的东西,不是别的,正是从农民身上掠取的血汗。"②这里一方面为几千年农民所得到的待遇鸣不平,同时也从客观层面肯定了农民的历史主体性。

如果说《湖南农民运动考察报告》仅仅是透露了革命史学的些许讯息的话,《中国革命和中国共产党》则是对革命史学的自觉建构了。1938年,苏联出版了《苏联共产党(布)历史简要读本》,毛泽东对于本书的出版给予了高度重视。他指出:"《苏联共产党(布)历史简要读本》是一百年来全世界共产主义运动的最高的综合和总结,是理论和实际结合的典型,在全世界还只有这一个完全的典型。我们看列宁、斯大林他们是如何把马克思主义的普遍真理和苏联革命的具体实践互相结合又从而发展马克思主义的,就可以知道我们在中国是应该如何地工作了。"③《中国革命和中国共产党》也是作为干部教育的课本而写作的。它涵盖的历史已经包括了中国的过去、现在和未来。

二、《中国革命与中国共产党》提供了一种关于中国社会形态的规律性变迁的历史观念

"中华民族的发展(这里说的主要地是汉族的发展),和世界上别的许多民族同样,曾经经过了若干万年的无阶级的原始公社的生活。而从原始公社崩溃,社会生活转入阶级生活那个时代开始,经过奴隶社

---

① 《毛泽东选集》第1卷,人民出版社,1991年,第14~38页。
② 《毛泽东选集》第1卷,人民出版社,1991年,第39页。
③ 《毛泽东选集》第3卷,人民出版社,1991年,第802~803页。

会、封建社会,直到现在,已有了大约四千年之久。"①"中国封建社会内的商品经济的发展,已经孕育着资本主义的萌芽,如果没有外国资本主义的影响,中国也将缓慢地发展到资本主义社会。外国资本主义的侵入,促进了这种发展。"②"自从一八四〇年的鸦片战争以后,中国一步一步地变成了一个半殖民地半封建社会。"③现阶段"民主主义革命是社会主义革命的必要准备,社会主义革命是民主主义革命的必然趋势。"④这是一个从无阶级社会到阶级社会,然后经过阶级社会的结构性变迁最后回到无阶级社会的转换模式。

这是大革命失败以后,马克思主义学者经过中国社会性质论战和社会史论战后得出的一个结论。大革命失败、国共两党的分裂以及共产党内部的分裂,导致了对于中国革命不同取向和中国社会不同发展前途的争论,进而引起了系统地回答近代中国社会性质以及整个中国社会历史发展道路的需要。在这场争论中,各方运用的理论都是唯物史观提供的历史决定论思想,但是得出的结论却迥然歧异,之所以如此,是因为他们论证的价值取向及选择证据的角度大异其趣。

1928年1月,国民党学者方面由周佛海、戴季陶、陈布雷等人负责,在上海创办《新生命》月刊。该刊标榜以"阐明三民主义的理论,发扬三民主义的精神"为宗旨,以"研究建设计划,介绍和批判各国的学派制度"为内容。在创刊号里,该刊总负责人周佛海写了题为《今后的中国革命》一文,公开提出要把马克思主义理论和中国共产党的理论宣传全部取消。陶希圣等人在《新生命》月刊上发表文章,并以"新生命书局"名义出版著作,展开对中国社会性质问题的讨论,被称为"新生命派"。1928年10月,他在《中国社会到底是什么社会》一文中又提出:"世界上从来没有纯粹的属于某种社会型的社会,而(丝)毫没有驳杂的成分存在于其中。"他认为当时的中国社会是"封建制度已不存

---

① 《毛泽东选集》第2卷,人民出版社,1991年,第622页。
②③ 《毛泽东选集》第2卷,人民出版社,1991年,第626页。
④ 《毛泽东选集》第2卷,人民出版社,1991年,第651页。

在,封建势力还存在着"。陶希圣的观点以善变著称,但他基本的观点是:中国是一个由"超阶级的、超出生产组织各阶级以外,自有特殊利益"的"士大夫阶级"所支配的既非封建社会又非资本主义社会的一种特殊社会。他后来在回忆中表达了他对中国社会性质这一概括的政治意图。他说:"当时中共干部派主张中国社会是半封建资本主义社会,为其在长江流域制造农民暴动,实行土地革命之理论根据……希圣则指出中国封建制度已衰,封建势力犹存,而归本于三民主义国民革命。"①

在中共内部,1929年7月,中共在莫斯科召开"六大"会议。"六大"决议认为,"中国现在的地位是半殖民地","现在的中国经济制度,的确应当视为半封建制度",因而中国革命的性质,仍然"是资产阶级民主革命,反帝反封建是现时革命的根本任务"。"六大"以后,陈独秀三次致信中共中央,就中国社会性质、阶级关系及中国革命的性质与任务等一系列根本问题,发表了与"六大"路线对立的意见。陈独秀认为,"中国的1925—1927年之革命,无论如何失败,无论如何未曾完成其任务,终不失其历史的意义,因为它确已开始了中国历史上一大转变时期;这一转变时期的特征,便是社会阶级关系之转变,主要是资产阶级取得了胜利,对各阶级取得了优越地位,取得了帝国主义的让步与帮助,增加了它的阶级力量与比重。"陈独秀继而提出,国民党政权的成立,形成了国内的"统一"与稳定,开始了"经济复兴",若再加上得到列强支持,中国必能和平发展资本主义,和平发展第三次革命。陈独秀认为,中国拟经过三次革命:第一次为反对封建的辛亥革命,第二次为反北洋军阀的资产阶级民主革命,第三次是无产阶级领导的社会主义革命。而当时整个中国和世界,"都无革命形势可言",所以"革命是被搁置不确定的将来"。现在只能"退却"、"防御"、"休息"、"反省",只能为"召集国民会议奋斗",静候下次无产阶级革命的到来。陈独秀对中国社会性质的分析是:"中国的封建残余,经过了商业资本长期的侵

---

① 陶希圣:《八十自述》,台湾食货月刊社,1979年。

蚀,自国际资本主义侵入中国以后,资本主义的矛盾形态伸入了农村,整个的农民社会之经济构造,都为商品经济所支配,已显然不能够以农村经济支配城市,封建阶级和资产阶级经济利益之根本矛盾,如领主农奴制,实质上已久不存在。"所以在中国农村中,封建剥削已不是主要形式,大革命后,更是深受"最后打击","变成残余势力之残"。以上中共内部的分歧某种程度上又是苏共内部斗争的反映。特别是陈独秀的观点,他实际接受的是苏共内部的反对派托洛茨基的观点。1930年,托派的一个小组织"无产者社"办了一个刊物叫《动力》杂志,前后出版了两期,严灵峰等在这份杂志上发表关于中国社会性质问题的文章,被称为"动力派",较集中地代表了托派的观点。

集中代表中共观点,同托派、《新生命》派论战的是《新思潮》杂志发表的一系列文章,有《新思潮》派之说。1931年至1933年《读书杂志》辟出"中国社会史论战专号",集中了各派人士参与论战。

论战主题集中在封建社会和资本主义社会两种社会成分、比例上,而各位论者所论封建社会、资本主义社会的含义又有不同。《新生命》派、《动力》派大多强调了中国社会的资本主义因素,《新思潮》派则强调了中国社会的封建主义因素。强调资本主义因素者,大多着眼于商品经济的发展,甚至认为即使在中国农村,"在土地占有的关系上很普遍地是以货币购买土地的新式地主占绝对优越的地位"①,"农民向这种地主出卖和租佃土地多半带有'自愿'的性质",如果是这样,中国革命的任务就不必反对封建主义了。强调中国社会封建主义因素者,大多着眼于地主对佃农的带有超经济强制性质的地租剥削,认为"资本主义经济,资本家的生产方式,除去沿海大都市或少数地方外,我们在广大的中国土地中,很难看见"②,《新思潮》派由此得出结论:"土地革命是数万农民群众的切身的急迫的要求,是中国革命目前阶段上的中

---

① 《中国社会性质问题论战》(资料选辑),人民出版社,1984年,第455页。
② 《中国社会性质问题论战》(资料选辑),人民出版社,1984年,第191页。

心问题,是中国资产阶级民主革命的关键"①。

由此可见,中国近代的土地占有本是一件事实,然而经由人们的认知解析却呈现为一种二重性的存在。从其形成原因来看,它具有某些资本主义的性质。而从其剥削形式来看,又具有封建性。即一方面,土地作为一种生产资料,在社会范围内,已经纳入资本化过程;而另一方面,土地的直接利用方式,还是封建的生产方式。显然,这里的土地所有制性质是一种过渡形态。然而,肯定这种占有状况,即强调其形成的客观基础,具有现实合理性;否定这种占有状况,即强调这种占有已经不能满足人们的价值诉求,特别是农民的价值诉求。因此,价值立场、认识角度,影响、决定了对土地占有属性的判断,进而影响、决定了对中国社会性质的判断。马克思主义史学显然侧重于站在农民的价值立场,从主观方面判断土地所有制及中国近代社会的性质。对于中国近代社会性质的认识是这样,溯及中国古代社会形态的发展历程,同样不能摆脱价值取向与认识角度的影响。

在讨论不同社会形态更替的生产力标志时,寻求"铁"的证据,曾经是马克思主义史学的一项重大课题。列宁说:"只有把社会关系归结于生产关系,把生产关系归结于生产力的高度,才能有可靠的根据把社会形态的发展看做自然历史过程。不言而喻,没有这种观点,也就不会有社会科学。"②马克思的社会形态理论作为唯物史观的具体展开,作为一种历史过程理论,毫无疑问,它选择的是一种客观视角。由此,在认识中国古代社会性质的时候,严格掌握生产力的客观标准,就显得尤为重要。生产力是一个系统概念,在观念中把握生产力水平,只能通过具有某种标志意义的要素。马克思说:"动物遗骸的结构对于认识已经绝迹的动物的机体有重要的意义,劳动资料的遗骸对于判断已经消亡的社会经济形态也有同样重要的意义。各种经济时代的区别,不在于生产什么,而在于怎样生产,用什么劳动资料生产。劳动资料不仅

---

① 《中国社会性质问题论战》(资料选辑),人民出版社,1984年,第121页。
② 《列宁选集》第1卷,人民出版社,1960年,第8页。

是人类劳动力发展的测量器,而且是劳动借以进行的社会关系的指示器。"①在中国古代史分期讨论中,郭沫若最早关注了寻找具有标志社会变革意义的生产工具。

郭沫若在《中国古代社会研究》一书中,把铁器的出现作为中国原始公社制与奴隶制分期的标准,他把这一分界定在殷周之际,后来郭沫若发现中国历史上开始使用铁器的时间是在春秋时期而不是周初,又把奴隶制的出现标志定为青铜,把殷周定为青铜时代,把铁器作为春秋时期奴隶制向封建制转变的标志。然而,虽然郭沫若在客观化的方向上进行了求证,但他并未能把某种金属工具与特定生产方式包括技术生产方式和社会生产方式的联系解释清楚,某种金属生产工具仅仅变成了某种社会关系出现的抽象标志或标签。②

范文澜在《中国通史简编》当中以古埃及古代历史比附、推论殷代历史:"依据考古所得的结论,殷代不但非石器时代,而且还是青铜器末期,按照世界古国埃及,旧王朝时代(约当公元前四千年前后)才开始进入青铜器时期,经过中王朝一直到新王朝的第十八王朝(公元前一千五百年前后),使用青铜器凡二千数百年,在此时期,谁也不能否认埃及已经建立了强盛的王国。殷代既进到青铜器末期,当然可以建

---

① 《马克思恩格斯全集》第23卷,人民出版社,1972年,第204页。
② 在《奴隶制时代》一文中,郭沫若一方面说西周的农业奴隶颇与古代斯巴达的"黑劳士"相类,周人向他们"征求地租,征取力役","很有点类似农奴";另一方面又说"井田耕作时规模是很宏大的,动辄就是两千人(千耦其耘)或两万人(十千维耦)同时耕作"。"征取地租"显示的是个体耕作方式,与大规模的集体耕作方式显然是矛盾的。郭沫若认为井田制的崩溃即西周土地国有制的崩溃是奴隶制走向崩溃的关键,井田制的崩溃过程就是土地私有制和地主阶级的形成过程。他把公元前594年鲁国"初税亩"作为鲁国正式废除井田制的标志,以为公田、私田一律取税,从法律上确立了地主土地私有权。然而,"初税亩"之后32年,季孙、叔孙、孟孙氏三家"三分公室",叔孙氏仍然采取了旧的奴隶制。同时我们认为,"初税亩"固然可以说确认了某种程度的土地私有权,另一方面也意味着国家权力对于土地所有权的分割。相关内容参见林甘泉、黄烈:《郭沫若与中国史学》,中国社会科学出版社,1992年,第312—321页。

立奴隶占有制度的国家。"①但是,范文澜是西周封建论者,在殷周之际,他却找不出代表生产力水平的标志。于是他提出,因为材料缺乏,铁制农具是一个无法讨论的问题,因此,他倾向于"在生产关系方面找出实际的证明"②。然而,范文澜对生产关系或所有制的把握却表现出了一种主观倾向。例如他证明殷代已经确立奴隶主私人所有制:

> 《尚书·梓材篇》:"皇天既付中国民,越厥疆土。"《召诰篇》:"皇天上帝,改厥元子,兹大国殷之命,惟王受命。"这就是说殷王是皇天的大儿子,他代天有土地和人民。现在周王做了大儿子,所以土地人民都归周王所有。这是周初人说的话,足见生产资料和生产工作者,在殷代是属于王的。

上述内容,他简明地概括为:"土地归最大奴隶主——王——私人所有。"③我们难以想象,土地归一人所有的这种所有制,竟然是一种私有制。这种所有制只有作为一种共同体的象征,或作为一种消费理念——以天下之产业以奉一己之私——成为一种想象的存在。对于封建制度,范文澜以及西周封建论的最初提出者吕振羽,都有主观取向的说明。他们都把西周封建制度的建立与宗法制度联系起来,然而宗法制度不过是一种基于血缘观念的组织方式。他们都把秦代封建制度与中央集权的专制主义联系起来,然而专制主义并不能理解为基于纯粹私有制基础之上的上层建筑。不能想象,两千年以前的地主阶级就已经确立了自己的明晰的私有产权制度,就已经在建立自己的政权的时候,把政治权力与经济权力进行了清晰的分割。我们知道,做到这一步,是西方近代资产阶级经过反复斗争甚至流血牺牲才争取、巩固了的。然而按照吕振羽的说法:

> 战国时代,中国封建社会内部,显现着一种较强烈的部分的质变运动。一方面,新兴地主的经济渐次确立和商业资本的抬头,一

---

① 范文澜:《中国通史简编》,上海新知书店,1947年,第22页。
② 《范文澜历史论文选集》,中国社会科学出版社,1979年,第81页。
③ 《范文澜历史论文选集》,中国社会科学出版社,1979年,第86页。

方面,原来的封建领主相继没落。因而直到周、秦之际,这种内部的部分的质变的结果,是旧封建领主所支配的农奴经济,让渡给新兴封建地主的经济;建筑于其上层的封建领主的政权,当然也不能完全符合新兴地主的要求。点面交错的地主的土地占有,代替了封建领主的圈地,便不能不要求一种联合的管理机关——郡县制,去代替原来的领邑组织。从而出现了由地主分化出来的地税,作为联合管理机关的经费。秦始皇中央集权的专制主义的封建制的政权,便在地主阶级的阶级支配的基础上建立起来了。

从近代的财产所有制、社会分层和国家职能观念理解古代财产所有制、社会分层和国家职能,把古代社会结构现代化,几乎是整整一代史学家没有走出的误区。

尽管马克思主义史学在"主观"方面做了种种的努力,中国社会形态的演进与西方社会形态的演进相比,仍然存在许多难以弥合的缺失。对于奴隶制阶段,吕振羽最早提供了一种奴隶制不发展或不发达论。

"殷代的奴隶制度,或并不曾发展到像古代希腊、罗马的奴隶制度那样高度就向封建制度转化了。这是各受其地理环境及其条件的影响和限制的。古代希腊、罗马占取地中海那样交通等自然条件良好的区域,和古代中国的黄河比较,是不能同日而语的;她又得以吸收古代埃及和西南亚细亚的文化成果,也是中国的殷代所没有的条件。"[①]

侯外庐则提出亚细亚古代与古典古代不同路径说。他认为古代文明的路径有好多种,所谓古典的只代表通例形态的希腊罗马,古代却除了"古典的"之外,还有非古典的形态,所以说有"古典的古代"、"亚细亚的古代"。"土地氏族国有的生产资料和家族奴隶的劳动力二者的结合关系,这个关系支配着东方古代的社会构成"[②]。亚细亚的或东方的这种家族奴隶制与古典的劳动奴隶制都是完全的奴隶制。他认为,灌溉、热带等自然环境是亚细亚古代"早熟"的自然条件,"东方形态和

---

① 吕振羽:《史前期中国社会研究》,三联书店,1961年,第27页。
② 侯外庐:《中国古代社会史论》,人民出版社,1955年,第24~29页。

路径"是"温室的生长路径"。古典的古代则是"由自然路径成熟"。

对于封建制阶段,吕振羽认为中国封建生产方式经历了一个从领主制到地主制的转变。他认为,以地主而表现领主职分这一形式的封建社会,为要把它区别于原来的封建社会,可以称之为专制主义的封建制或后期封建制,或借波特卡洛夫的话来说,便可以叫做"变种的封建社会"。①

对于独立的真正缺失的资本主义阶段,马克思主义史学家提出了资本主义萌芽论。这种观点可以称之为从逻辑推论得出的抽象存在论。代表性的表达方式是:"中国封建社会内的商品经济的发展,已经孕育着资本主义的萌芽,如果没有外国资本主义的影响,中国也将缓慢地发展到资本主义社会。"②

我们看,关于中国社会历史分期,从大的分期分歧来说,可以说有西周封建论和东周封建论,具体到各种发展阶段的分歧,有不发展论、早熟论、变种论、萌芽论等,即存在各种不同的主观求证取向,但它们都在特殊性的概念之下,纳入到普遍性的马克思社会形态理论的框架当中,都要揭示出各个阶段的社会分层、阶级对立和阶级斗争,都要把这种表现阶级斗争的历史变迁纳入到历史决定论的观念支配之下。

艾思奇说:"近代中国的一切反动思想,都有着一个特殊的传统",这就是"强调中国的'国情',强调中国的'特殊性',抹煞人类历史的一般的规律,认为中国的社会发展只能循着中国自己特殊的规律,中国只能走自己的道路。中国自己的道路是完全外在于一般人类历史发展规律之外的。"③因此,为了回击各种反动思想,作为马克思主义革命家兼史学家的郭沫若就自觉肩负起了这样一个使命:"把中国实际的社会清算出来,把中国的文化,中国的思想,加以严密的批判,让你们(反动派)看看中国的国情,中国的传统,究竟是否两样"。经过郭沫若的论

---

① 吕振羽:《史前期中国社会研究》,三联书店,1961年,第28~29页。
② 《毛泽东选集》第2卷,人民出版社,1991年,第626页。
③ 《艾思奇文集》第1卷,人民出版社,1981年,第471页。

证,人类"社会发展阶段之一般"即原始社会、奴隶制社会、封建制社会、资本主义社会相继发展的序列同样存在于中国社会历史。

之所以要作出这样一个论证,郭沫若说:"对于未来社会的待望逼迫着我们不能不生出清算过往社会的要求","认清楚过往的来程也正好决定我们未来的去向"。① 在郭沫若的观念中,未来的去向就隐含在过去的历史之中,或者说,未来是由过去决定的。论证了过去,即意味着默默地论证了未来,从而获得了关于未来价值取向的正当性及坚定信念。在这种观念中,每个国家、每个民族注定要经历这样一个发展过程,失却一环,未来社会的大厦就会坍塌;与此相对应,把守中国社会史进化的每一个环节,就成为马克思主义史学家自觉坚持的一份责任。因此,我们看到,在马克思主义史学家当中,如吕振羽、翦伯赞、范文澜、侯外庐等,他们对中国社会形态的具体分期虽没有取得一致意见,然而,就中国社会发展顺序经过了"五种社会形态"这一点来说,他们则是高度一致的。其所存在的认识误区以及其中隐含的历史观念对中国革命和建设产生的影响,是一个需要至今仍应当深刻反思的重大课题。

《中国革命和中国共产党》对于中国社会历史进程的说明,就是上述马克思主义史学研究成果的反映和体现,不过它进一步回避和忽略了某些论证细节的纠缠,它只是粗疏地为我们传达和灌输了一种关于中国社会发展进程的类似客观性的线索。值得注意的是,接下来,毛泽东对于中国革命前途、无产阶级斗争方向的论证,除在抽象逻辑层面强调社会主义和共产主义的必然性之外,在具体历史层面,仍然侧重于从主观方面来作出分析。对于国际环境的分析,他指出 20 世纪 30 年代和 40 年代是"处在社会主义向上高涨、资本主义向下低落的国际环境中,处在第二次世界大战和革命的时代",实际上强调的是一种价值比较优势或可能的政治优势。对于国内因素的分析,他指出社会主义的因素"就是无产阶级和共产党在全国政治势力中的比重的增长,就是农民、知识分子和城市小资产阶级或者已经或者可能承认无产阶级和

---

① 《郭沫若全集》(历史编)第 1 卷,人民出版社,1982 年,第 6~10 页。

共产党的领导权,就是民主共和国的国营经济和劳动人民的合作经济",①这里前两个因素是政治因素,后一个因素实际是待证的一种结果。而政治因素或价值取向能不能转换成为经济因素,或政治价值能不能获得经济基础的支撑,这是一个只有在实践中才能回答的问题,任何实证的或思辨的求解努力都无济于事。我们发现,如果说在现实目标层面,毛泽东完全具有反思的能力,那么一旦触及终极价值层面,对于毛泽东来说,就完全是一个信仰的领域。在这里,主观和客观、政治和经济、物质和精神的界限撤除了,社会主义和共产主义既是共产党人肩负的斗争使命,又是人类全部历史的定命。"民主主义革命是社会主义革命的必要准备,社会主义革命是民主主义革命的必然趋势。而一切共产主义者的最后目的,则是在于力争社会主义社会和共产主义社会的最后的完成。"②

由此可见,按照马克思社会形态理论所型塑的中国社会历史发展进程模式,是由唯物史观所表达的一个科学观念,也是由马克思主义者所表达的一个无产阶级的价值信念。理想、信念,从来是一种有效的服务于现实目标的群众动员方式。这是战时史学或革命史学的功能之一。

但是,当无产阶级的阶级斗争作为一种强烈的主观价值诉求纳入到一个客观的科学表达形式中的时候,无产阶级的阶级斗争的主观诉求是否具有客观性就变得难以令人置信了,而传统马克思主义者往往就此丧失了自我反省的能力和意识,犯下将阶级斗争片面化、绝对化的错误。这就是传统马克思主义的阶级斗争理论作为革命意识形态一部分所存在的缺陷或局限。同时这也是马克思主义史学长期难以走出把阶级斗争片面化、绝对化误区的认识论根源。

三、《中国革命与中国共产党》提供了一种"反剥削反压迫"的超越性价值理念

就像在现实斗争中民族利益高于阶级利益一样,在民族历史层面,

---

① 《毛泽东选集》第2卷,人民出版社,1991年,第650页。
② 《毛泽东选集》第2卷,人民出版社,1991年,第651~652页。

民族价值得到了毛泽东的充分肯定。1938年毛泽东在一次政治报告中就指出:"我们这个民族有数千年的历史,有它的特点,有它的许多珍贵品。对于这些,我们还是小学生。今天的中国是历史的中国的一个发展;我们是马克思主义的历史主义者,我们不应当割断历史。从孔夫子到孙中山,我们应当给以总结,承继这一份珍贵的遗产。"①在《中国革命和中国共产党》一文中,毛泽东又一一例举:在中华民族的开化史上,有素称发达的农业和手工业,有许多伟大的思想家、科学家、发明家、政治家、军事家、文学家和艺术家,有丰富的文化典籍,有先于欧洲人的四大发明等。"所以,中国是世界文明发达最早的国家之一,中国已有了将近四千年的有文字可考的历史。"②但是,一旦深入到阶级价值层面,特别是统治阶级、剥削阶级价值层面,则对中国历史给予了更多否定性的评价。

"中国虽然是一个伟大的民族国家,虽然是一个地广人众、历史悠久而又富于革命传统和优秀遗产的国家;可是,中国自从脱离奴隶制度进到封建制度以后,其经济、政治、文化的发展,就长期地陷在发展迟缓的状态中。"③

于是,接下来的历史叙述实际上都是从价值层面对统治阶级、剥削阶级进行控诉。

"地主阶级这样残酷的剥削和压迫所造成的农民的极端的穷苦和落后,就是中国社会几千年在经济上和社会生活上停滞不前的基本原因。"④

并且,地主阶级完全是不劳而获的。"在这样的社会中,只有农民和手工业工人是创造财富和创造文化的基本的阶级。"⑤

在《湖南农民运动考察报告》中,农民与文化还是一种"间接"的关

---

① 《毛泽东选集》第2卷,人民出版社,1991年,第533~534页。
② 《毛泽东选集》第2卷,人民出版社,1991年,第622~623页。
③ 《毛泽东选集》第2卷,人民出版社,1991年,第623页。
④ 《毛泽东选集》第2卷,人民出版社,1991年,第624页。
⑤ 《毛泽东选集》第2卷,人民出版社,1991年,第625页。

系——"地主的文化是由农民造成的",这里,则省去学理上的论证繁琐,直接宣示"农民创造文化"了。

一方面,历史的真相是农民阶级创造财富和创造文化,另一方面是地主阶级残酷的剥削和压迫,这是何等强烈的正负价值反差。于是,历史只能是这样:

"地主阶级对于农民的残酷的经济剥削和政治压迫,迫使农民多次地举行起义,以反抗地主阶级的统治。"①

"在中国封建社会里,只有这种农民的阶级斗争、农民的起义和农民的战争,才是历史发展的真正动力。因为每一次较大的农民起义和农民战争的结果,都打击了当时的封建统治,因而也就多少推动了社会生产力的发展。"②

历史的这种反差价值结构既是荒谬的、悲剧性的,又是无奈的。

"只是由于当时还没有新的生产力和新的生产关系,没有新的阶级力量,没有先进的政党,因而这种农民起义和农民战争得不到如同现在所有的无产阶级和共产党的正确领导,这样,就使当时的农民革命总是陷于失败,总是在革命中和革命后被地主和贵族利用了去,当作他们改朝换代的工具。这样,就在每一次大规模的农民革命斗争停息以后,虽然社会多少有些进步,但是封建的经济关系和封建的政治制度,基本上依然继续下来。"③

历史在一种荒谬结构中展开,一方是不劳而获的剥削阶级,却居于统治地位;一方是劳动群众和财富的生产者,却居于被剥削和被压迫的地位。农民的反抗斗争只是被当作改朝换代的工具,"新的生产力和新的生产关系"始终是未来的一个潜在的决定性因素。在这里,"新的生产力和新的生产关系"是抽象的,冥冥之中的决定性因素。因为农民本身就是创造财富和创造文化的主体,却不能主宰自己的命运,只能寄希望于来世。

全部历史荒谬性的解除,只有等待无产阶级的出现,只有无产阶

---

①②③ 《毛泽东选集》第2卷,人民出版社,1991年,第625页。

级及其政党领导农民阶级,农民阶级才能得到解放。如此,既激发了劳动群众的阶级义愤,又鼓舞了他们参与无产阶级解放斗争的热情。类似论述方式及其效果,可以参考解放战争时期人民解放军开展的用"诉苦"和"三查"方法进行的新式整军运动,毛泽东专门对此做了总结。

"由于诉苦(诉旧社会和反动派所给予劳动人民之苦)和三查(查阶级、查工作、查斗志)运动的正确进行,大大提高了全军指战员为解放被剥削的劳动大众,为全国的土地改革,为消灭人民公敌蒋介石匪帮而战的觉悟性;同时就大大加强了全体指战员在共产党领导之下的坚强的团结。"①

然而,这种直接诉诸情感的历史表达方式并不是一种理性的表达方式。按照唯物史观,农民阶级如果已经是生产力主体,为什么没有成为生产关系主体,进而成为上层建筑的主体?按照历史论述者的论述,不能不逻辑地发问:历史理性何在?

把阶级结构关系作出上述解释的认识论根源是把客观的阶级结构性关系主观化。第一是把剥削阶级的阶级性还原为某种"原罪"人性。应该说,对于现实存在的人来说,首先,自然人性构成生产的前提和观念上的内在动机与动力。"他自己的实现表现为内在的必然性、表现为需要"②,"他们的需要即他们的本性"③。其次,人类求得满足的方式是生产方式。"为了进行生产,人们便发生一定的联系和关系;只有在这些社会联系和社会关系的范围内,才会有他们对自然的关系,才会有生产。"④恩格斯说:"分工的规律就是阶级划分的基础。"⑤"分工发展的各个不同阶段,同时也就是所有制的各种不同形式。"⑥由此可见,

---

① 《毛泽东选集》第4卷,人民出版社,1991年,第1294页。
② 《马克思恩格斯全集》第3卷,人民出版社,2002年,第308页。
③ 《马克思恩格斯全集》第3卷,人民出版社,1960年,第514页。
④ 《马克思恩格斯全集》第6卷,人民出版社,1965年,第486页。
⑤ 《马克思恩格斯选集》第3卷,人民出版社,1972年,第439页。
⑥ 《马克思恩格斯全集》第3卷,人民出版社,1960年,第24页。

阶级结构根源于生产力主体结构,人性因素只是阶级结构形成的前提性条件。无视生产力主体的基础性结构对于形成财产结构的决定性影响,势必夸大人性因素的作用,把现实的物质生产关系所决定的阶级属性人性化。或者说,遮蔽人性视野,夸大阶级性视域,势必导致对于与阶级性相区别的、具有相对独立性的人性的否定,导致以阶级性代替人性,把阶级性绝对化。毛泽东《在延安文艺座谈会上的讲话》表达的就是这样的观点:

"有没有人性这种东西?当然有的。但是只有具体的人性,没有抽象的人性。在阶级社会里就是只有带着阶级性的人性,而没有什么超阶级的人性。"①

然而,遮蔽人性视野,就能够必然得出客观性的结论么?不是的。遮蔽人性视野,只是掩盖了人类认识的主观视域性特征。显然,毛泽东在这里揭示封建地主阶级剥削、压迫的残酷性,只是揭示了封建地主阶级的一个方面的特征,而没有揭示封建地主阶级在历史上的进步作用。马克思在《资本论》初版序中说"我决不用玫瑰色描绘资本家和地主的面貌",反而充分肯定了剥削阶级的历史作用。马克思为什么能够做到这一点?马克思说:"这里涉及到的人,只是经济范畴的人格化,是一定的阶级关系和利益的承担者。我的观点是:社会经济形态的发展是一种自然历史过程。不管个人在主观上怎样超脱各种关系,他在社会意义上总是这些关系的产物。同其他任何观点比起来,我的观点是更不能要个人对这些负责的。"在《资本论》中,马克思还写道:"作为资本家,他只是人格化的资本。"②这说明,马克思对个人隶属于一定阶级的现象、个性(人性)与阶级性的关系有一种全视角的审视,在这种审视中,他采取了客观化的立场。

而一旦把剥削阶级的某种属性如贪婪性、残酷性等绝对化为剥削阶级的固有本性,好像剥削阶级从来就是缺乏理性的,实际上也就是把

---

① 《毛泽东选集》第3卷,人民出版社,1991年,第870页。
② 《马克思恩格斯全集》第23卷,人民出版社,1972年,第260页。

剥削阶级归结为人类某种特有的非理性人格类型,一种类似"原罪"的人格、人性。把阶级关系的一方视为这样一种人格类型,势必夸大阶级对立、对抗的绝对性,导致阶级斗争唯一动力论。

第二是把社会价值还原为唯一的劳动价值,实际是把直接劳动价值视为唯一的社会价值。"中国历来只是地主有文化,农民没有文化。可是地主的文化是由农民造成的,因为造成地主文化的东西,不是别的,正是从农民身上掠取的血汗。"①这里体现了把文化创造还原为劳动价值的思路。"只有农民和手工业工人是创造财富和创造文化的基本阶级"②。在这里,农民手工业工人创造物质财富是无需论证的一个直观结论;既然地主的文化是由农民造成的,理所当然地农民也是创造文化的阶级。

宣示劳动者创造财富却不能享有劳动成果,历来具有抨击社会不公的效果。"世界是什么人创造的?是工人农民创造的。饭哪里来的?房子哪里来的?一切都是工人农民创造的。但是未创造世界的,却占有着世界。……世界没有地主资本家可以成为世界,没有劳动者就不行。"③应该说个体生产方式是产生这种直接劳动者创造财富并享有财富的观念基础。"坎坎伐檀兮,置之河之干兮。河水清且涟漪。不稼不穑,胡取禾三百廛兮?不狩不猎,胡瞻尔庭有县貆兮?彼君子兮,不素餐兮!"④《诗经·伐檀》就已经传达了对于不劳而获行为的谴责。然而,这种谴责往往忽视了社会分工的必要性。无视社会分工,认为直接劳动阶级可以独立完成社会价值的创造,或把直接劳动阶级视为社会唯一价值源泉,是源于个体生产方式、自然经济形态的一种直观性结论,是个体生产方式和自然经济形态所造成的狭隘眼界的必然结果。小农生产方式对于自然(土地、气候等)、经验(经验往往需要亲身经验)的依赖,生产过程和生产结果的简单、直观,是产生平均主义意

---

① 《毛泽东选集》第1卷,人民出版社,1991年,第39页。
② 《毛泽东选集》第2卷,人民出版社,1991年,第625页。
③ 《刘少奇选集》上卷,人民出版社,1981年,第236页。
④ 《诗经·伐檀》。

识形态的深层根源。战国时期孟子已经讨论了这个问题。针对许行所谓"贤者与民并耕而食,饔飧而治"的观点,孟子提出:"或劳心,或劳力;劳心者治人,劳力者治于人;治于人者食人,治人者食于人,天下之通义也。"①许行学说可以说是中国的民粹主义,中国社会长期处于小农经济支配形态,许行学说在各种社会变故时期极易得到响应。东晋时期陶渊明在《桃花源记》中,提供了一种"不知有汉,无论魏晋"、没有剥削、没有压迫的理想田园生活方式。五四时期,托尔斯泰"泛劳动主义"、工读主义、新村主义思潮轰动一时,许多学者和青年学生付诸实践。青年毛泽东也于1919年春在《湖南教育》刊物上发起"在岳麓山建设新村的计议"。俄国十月革命对中国社会思潮的变化产生了极其重要的影响,但有论者指出:"俄国的十月革命从理论上来说,是属于'无产阶级'范畴的革命,但是中国很多的知识分子并非从严格的无产阶级的意义上理解它,更多的人是在'民众'、'平民'、'庶民'、'劳农'的意义上来理解十月革命。"②当时人们对这些名词的解释,有陈独秀列举的"绝对没有财产全靠劳力吃饭的","木匠、泥水匠、漆匠、铁工、水夫、成衣、理发匠、邮差、印刷排制工、佣工、听差、店铺的伙计、铁路上的茶房、小工、搬运夫"等;有毛泽东所说的"农夫、工人、学生、女子、小学教师、警察、车夫"等;还有人说"官吏大商,以及智识阶层中人……皆不在内。"③李大钊对于十月革命的评价,也认为它是开辟了"世界的平民时代"④。他并且提出中国社会的改革,需要依靠民众的势力,需要组织"平民的劳动家的政党"⑤。毛泽东则提出,补救或改造国家和社会的根本办法是"民众的大联合"⑥。所有这些观点、行动,都体现了

---

① 《孟子·滕文公上》。
② 陈哲夫、江荣海、吴丕:《二十世纪中国思想史》,山东人民出版社,2002年,第220~221页。
③ 陈哲夫、江荣海、吴丕:《二十世纪中国思想史》,山东人民出版社,2002年,第218~219页。
④ 《李大钊文集》(下),人民出版社,1984年,第365页。
⑤ 《李大钊文集》(下),人民出版社,1984年,第442~444页。
⑥ 《毛泽东早期文稿》,湖南人民出版社,1990年,第338页。

一种平民价值观。

　　1958年,毛泽东在推进人民公社的运动当中,把东汉时期割据一方、带有原始社会主义性质的张鲁政权与人民公社联系起来,把《三国志》中的《张鲁传》加上亲自撰写的批注印发中共八届六中全会,供与会人员学习研究。毛泽东写道:"大约有一千六百年的时间了,贫农、下中农的生产、消费和人们的心情还是大体相同的,都是一穷二白","极端贫苦农民广大阶层梦想平等、自由,摆脱贫困,丰衣足食"。"张鲁祖孙三世行五斗三世,行五斗米道。行五斗米道,'民夷便乐',可见大受群众欢迎。其法,信教者出五斗米,以神道治病;置义舍(大路上的公共宿舍),吃饭不要钱(目的似乎是招来关中区域的流民);修治道路(以犯轻微错误的人修路);'犯法者三原而后行刑'(以说服为主要方法);'不置长吏,皆以祭酒为治',祭酒'各领部众,多者为治头大祭酒'(近乎政社合一,劳武结合,但以小农经济为基础),这几条,就是五斗米道的经济、政治纲领。中国从秦末陈涉大泽乡(徐州附近)群众暴动起,到清末义和拳运动止,二千年中,大规模的农民革命运动,几乎没有停止过。同全世界一样,中国的历史,就是一部阶级斗争史。"① 依照毛泽东的逻辑,二千年以前的农民阶级,在小农经济的基础上,就已经显示了自主地建立某种平等社会的可能性,那么,在共产党领导之下的农民阶级是不是更有理由建成社会主义?在毛泽东领导民主革命的整个历史时期,毛泽东对民粹主义时刻保持着一份清醒、批判的态度,并且不断阻止、纠正民粹主义对于整个阶级斗争形势和斗争策略的损害,但就毛泽东整个一生来说,我们不能不承认,民粹主义的思想倾向是作为一种"潜流"存在于毛泽东个人思想之中的。因此,当民主革命胜利、战争严酷环境结束之后,毛泽东这种思想倾向便明显地表露出来("过去枪炮激烈,不决定资本主义绝种")。原来他设想建国之后,还要经历一个较长的资本主义发展时期,然而仅仅经历三年,在国民经济恢复、"三反""五反"行将结束、全国范围的土地改革基本完成的时候

---

① 《建国以来毛泽东文稿》第7册,人民出版社,第627~630页。

就提出了向社会主义过渡的问题。① 依然是着眼于阶级斗争形势和力量对比,他指出:"在打倒地主阶级和官僚资产阶级以后,中国内部的主要矛盾即是工人阶级与民族资产阶级的矛盾,故不应再将民族资产阶级称为中间阶级。"②对于"人民公社"这种组织形式的出现,毛泽东带着一种喜悦的心情强调:"人民公社这个事情是人民群众自发搞起来的,不是我们提出来的"③,"人民公社的出现是没有料到的"④。与此同时,毛泽东还发现:"现在的人民公社运动,是有我国的历史来源的。"⑤在这里,唯一能把古代农民与现代农民联系起来的,就是一种农民价值观,就是认为农民阶级具有独立的、自足的社会价值,农民阶级能够单独地完成社会建构。因此,毛泽东能够把农民阶级的存在和数量看成是一种优势和历史的幸事。

> 我国的民族资产阶级没有来得及将农民中的上层和中层造成资本主义化,但是帝国主义与封建主义的反动联盟,却在几十年中将大多数农民造成了一支半无产阶级的革命军,就是说,替无产阶级造成了一支最伟大最可靠最坚决的同盟军。⑥

> 前人的乌托邦想法,将被实现,并将被超过。⑦

因此,可以说毛泽东民粹主义思想倾向,萌芽于五四时期,明确表达于《湖南农民运动考察报告》,人民公社化运动是其最后归宿。毛泽东一生最终未能走出民粹主义的价值归宿,这是他的伟大又是他的悲

---

① 1950年在中共七届三中全会上,毛泽东说:"有些人认为可以提早消灭资本主义实行社会主义,这种思想是错误的,是不适合我们国家的情况的。"同年毛泽东在全国政协一届二次会议上的闭幕词中指出,中国实行私营工业和农业社会化,"还在很远的将来"。分载《毛泽东选集》第5卷,人民出版社,1977年,第19页;《毛泽东文集》第6卷,人民出版社,1999年,第80页。

② 《毛泽东文集》第6卷,人民出版社,1999年,第231页。

③ 参见逄先知、金冲及:《毛泽东传》,中央文献出版社,2004年,第836页。

④ 参见逄先知、金冲及:《毛泽东传》,中央文献出版社,2004年,第908页。

⑤⑥ 《建国以来毛泽东文稿》第7册,人民出版社,第628页。

⑦ 参见逄先知、金冲及:《毛泽东传》,中央文献出版社,2004年,第826页。

剧性所在。① 而在大部分历史时期,毛泽东在策略层面,或热情称扬劳动群众的主体性价值,以鼓舞他们参与民族斗争和阶级斗争,或严格抑制劳动群众的主观性要求,以协调各种利益矛盾,服务于现实阶段性目标。在这方面,他获得了巨大的成功。

这里应当指出的是,民粹主义、民粹派以及对其所进行的批判虽然经由《联共(布)党史简要读本》在中国得到广泛的传播,但是,《联共(布)党史简要读本》本身传达的一种民粹主义却是被人们所忽视了的。这种民粹主义是以一种学理化的抽象论证形式表达出来的,因此,它与那种提出利用村社形式、超越资本主义的具体观点比较起来,更具有隐蔽性或根本性。这种论证形式是:

> 社会底生产方式怎样,社会本身在基本上也就会怎样,社会底观念和理论,政治观念和政治制度也就会怎样。
>
> 或者粗浅一点说:人们底生活样式怎样,人们底思想样式也就会怎样。
>
> 这就是说,社会发展史首先便是生产发展史,数千百年来新陈代谢的生产方式发展史,生产力和人们生产关系发展史。
>
> 由此可见,社会发展史同样也就是物质资料生产者本身底历史,即身为生产过程中基本力量并实现着社会生存所必需物质资料生产的那些劳动群众底历史。
>
> 由此可见,历史科学要想成为真正的科学,便不能再把社会发展史归结为帝王将相底行动,归结为国家"侵略者"和"征服者"底行动,而是首先应当研究物质资料生产者底历史,劳动群众底历史,各国人民底历史。②

---

① 国内学者近年来对建国之后毛泽东的民粹主义思想多有论及。例如胡绳也曾经指出:"当农业生产力没有任何显著提高,国家的工业化正在发端的时候,认为从人民公社就能够进入共产主义,这是什么思想?只能说这种思想在实质上属于民粹主义的范畴,和马克思主义距离很远。"参见胡绳:《毛泽东的新民主主义论再评价》,《胡绳全书》第7卷,人民出版社,2003年,第114页。

② 《苏联共产党(布)历史简要读本》,解放社,1949年,第191～120页。

我们看,一句"社会发展史同样也就是物质资料生产者本身底历史,即身为生产过程中基本力量并实现着社会生存所必需物质资料生产的那些劳动群众底历史",管理者阶级就轻而易举地从"社会发展史",从"物质资料生产者底历史"中隐去了,而代之以"劳动群众底历史"。由此,劳动群众就成为独一无二的历史力量了(从一般到个别,运用演绎推理,得出个别结论,然后混淆个别与一般的差异,得出个别即一般的结论)。由此,我们就不难理解,尽管由《联共(布)党史简要读本》所表述的联共(布)党史充满了与民粹派、民粹主义的激烈斗争的内容,但是它在许多方面恰恰又吸收了民粹派和民粹主义的精髓。

"当民粹派认为大众是群氓,认为只有英雄才能创造历史并把群氓变为人民的时候,马克思主义者便回答他们说:并不是英雄创造历史,而是历史创造英雄,也就是说,不是英雄创造人民,而是人民创造英雄并推进历史。"①

起初的民粹派,企图单纯依靠农民"骚动"推翻沙皇和地主政权,为此,革命的知识青年穿起农民的衣服,跑到农村中去做发动工作,即所谓"到民间去",由此有"民粹派"之名称。待他们的运动失败之后,他们便不再相信农民,而视农民为消极的"群氓",消极的群氓应当等待积极的"英雄"建立丰功伟绩,创造历史。由此而制造了所谓"英雄"与"群氓"决然对立的虚假、荒谬性史观。我们看,《联共(布)党史简要读本》把民粹派提供的对立模式简单地颠倒了一下,把个人主体换成了人民主体,即使这里的人民主体包含了无产阶级主体的内涵,但是当只是强调无产阶级与农民联盟(无论是在工具性价值或战时策略层面还是在目的性价值层面),而不是无产阶级与资产阶级联盟、放弃自由资产阶级的工具性价值的时候,就可以说这样一个人民主体史观在很大程度上,仍然没有逃脱民粹派思想的窠臼。

学者秦晖在一次讲演中介绍:"1929年苏联在全盘集体化的讨论中,当时斯大林曾有一个讲话,他针对恩格斯《法德农民问题》中的一

---

① 《苏联共产党(布)历史简要读本》,解放社,1949年,第32页。

个断言:《法德农民问题》讲农民既是劳动者也是私有者,因此农民问题很难解决,他是劳动者,你不能剥夺他;但他是私有者,又不愿意接受社会主义。怎么办?那只能耐心等待。恩格斯的说法,可能要等几代人,要不断耐心说服。斯大林就说,我们用不着这样。为什么?他说恩格斯太保守,因为他看到的是西欧的农民,西欧的农民的确是小私有者,但是我们俄国的农民是有集体主义传统的。的确,俄国历史上就有村社传统。俄国历史上土地就是公有的,一直实行村社制。不但有村社制,还有所谓的劳动组合传统,比如说修水利、修仓库,都是集体。劳动组合的俄语是 Artely,这是个古俄语单词,后来苏联搞集体农庄时制定了一个章程,就叫做《劳动组合标准章程》。可见俄国农民是有集体主义传统的,因此斯大林说俄国农民和西欧农民不一样,西欧农民是私有者,俄国农民自古以来就有集体主义传统,所以我们不需要像恩格斯讲的那样谨慎,我们可以搞得快一点。"①斯大林所创造的社会主义模式可以说是民粹主义的集中体现。②

四、革命史学的内在结构

通过分别把剥削阶级和劳动群众在价值层面进行双重还原,剥削阶级与劳动群众就获得了一种抽象的、绝对的、具有客观形式的截然对立性、悖谬性关系。这种截然对立性、悖谬性,只能通过对立一方的,而且是斗争的片面方式才能解决,因而也是绝对的、客观的。"在中国封建社会里,只有这种农民的阶级斗争、农民的起义和农民的战争,才是历史发展的真正动力。"③"阶级斗争,一些阶级胜利了,一些阶级消灭

---

① 秦晖:《十字路口的中国土地制度改革》(上篇),《南方都市报》,2008年10月7日。

② 近年来,关于民粹主义与俄国革命以及民粹主义与苏联解体关系的研究,已多有学者涉足。在此仅举:金雁,《回望1917——俄国十月革命90年》,《南方都市报》2008年1月2日;马龙闪,《一种经典的民粹主义》,《北京日报》2009年1月12日;奚广庆,《苏联解体与俄国民粹主义思潮》,《上海交通大学学报》,2000年第2期。

③ 《毛泽东选集》第2卷,人民出版社,1991年,第625页。

了。这就是历史,这就是几千年的文明史。拿这个观点解释历史的就叫做历史的唯物主义,站在这个观点的反面的是历史的唯心主义。"① 这种看似具有客观形式的毛泽东的阶级斗争史观不同于马克思主义阶级斗争史观。毛泽东的阶级斗争史观强调的是被剥削、被压迫阶级对剥削阶级和统治阶级的斗争史观。因此,这一阶级斗争史观实际是一种伦理史观。这种伦理史观主要是一种农民史观。因为中国的农民阶级在近代历史上缺乏被否定的环节,因而在观念中便很难产生辩证的否定观了。阶级关系转换方面的辩证逻辑难以产生,而一种阶级关系转换方面的生成逻辑却被突出来。

> 中国民族资本主义发生和发展的过程,就是中国资产阶级和无产阶级发生和发展的过程。如果一部分的商人、地主和官僚是中国资产阶级的前身,那末,一部分的农民和手工业者就是中国无产阶级的前身了。中国的资产阶级和无产阶级,作为两个特殊的社会阶级来看,它们是新生的,它们是中国历史上没有过的阶级。它们从封建社会脱胎而来,构成了新的社会阶级。它们是两个互相关联又互相对立的阶级,它们是中国旧社会(封建社会)产生的双生子。②

毛泽东把中国无产阶级与农民阶级的这种联系看成是一种优势。

> 由于从破产农民出身的成分占多数,中国无产阶级和广大的农民有一种天然的联系,便利于他们和农民结成亲密的联盟。③

鉴于中国无产阶级与农民阶级在中国革命中的地位,鉴于中国无产阶级与农民阶级在现实和历史中的联系,把农民阶级与无产阶级看成是一脉相承的革命力量、进步价值的担当者,就是理所当然的了。当然我们在这里指出,毛泽东并不是没有看到农民作为小生产者,作为产生平均主义和极左思潮的思想土壤对中国革命的阻碍,他的大半生革

---

① 《毛泽东选集》第 4 卷,人民出版社,1991 年,第 1487 页。
② 《毛泽东选集》第 2 卷,人民出版社,1991 年,第 627 页。
③ 《毛泽东选集》第 2 卷,人民出版社,1991 年,第 644 页。

命生涯都是在与各种"左"的思想和做法作斗争;但还要指出,毛泽东本人最终也没有摆脱农民价值观和平均主义的羁勒。这里只是强调,无产阶级与农民阶级的生成联系可能在伦理方面和情感方面产生的效果。

因此,同样表达阶级斗争史,经典作家强调了阶级斗争内容和形式的辩证的关系及注意阶段性特征的重要性,毛泽东的阶级斗争史观则突出了伦理的性质。恩格斯说:

> 人类的全部历史(从土地公有的原始氏族社会解体以来)都是阶级斗争的历史,即剥削阶级和被剥削阶级之间、统治阶级和被压迫阶级之间斗争的历史;这个阶级斗争的历史包括有一系列发展阶段,现在已经达到这样一个阶段,即被剥削被压迫的阶级(无产阶级),如果不同时使整个社会一劳永逸地摆脱任何剥削、压迫以及阶级划分和阶级斗争,就不能使自己从进行剥削和统治的那个阶级(资产阶级)的控制下解放出来。①

因此,恩格斯描述的阶级斗争史明显地分为两个阶段:前一个阶段的阶级斗争的实质是阶级统治,后一个阶段的阶级斗争则是消灭一切阶级统治。"过去的全部历史是阶级斗争的历史,在全部纷繁复杂的政治斗争中,问题的中心始终是社会阶级的社会和政治的统治,即旧的阶级要保持统治,新兴的阶级要争得统治"②,"任何阶级斗争都是政治斗争"③。由于"文明时代的基础是一个阶级对另一个阶级的剥削",因而这个统治不管怎么变换,都是剥削阶级对被剥削阶级的统治,"人类的大多数总是注定要从事艰苦的劳动和过着悲惨的生活"。然而,"历史的发展只能在这种对抗形式中进行",马克思的历史观对以往的这

---

① 《〈共产党宣言〉1888年英文版序言》,《马克思恩格斯全集》,第21卷,人民出版社,1972年,第408页。

② 恩格斯:《卡尔·马克思》,《马克思恩格斯全集》第19卷,人民出版社,1972年,第121~122页。

③ 恩格斯:《路德维希·费尔巴哈和德国古典哲学的终结》,《马克思恩格斯全集》第21卷,人民出版社,1972年,第345页。

种阶级统治作了"自然而合理的解释"。① 经典作家关注阶级斗争,关注被剥削、被压迫阶级对于剥削、压迫阶级的阶级斗争是在后一个阶段。

"将近四十年来,我们都非常重视阶级斗争,认为它是历史的直接动力,特别是重视资产阶级和无产阶级之间的阶级斗争,认为它是现代社会变革的巨大杠杆。"②

由此看来,经典作家强调的阶级斗争是作为历史规律展现的,是历史规律发挥作用的一个机制。"当文明一开始的时候,生产就开始建立在级别、等级和阶级的对抗上,最后建立在积累的劳动和直接的劳动的对抗上。没有对抗就没有进步。这是文明直到今天所遵循的规律。"③而毛泽东表达的阶级斗争史观,则具有"非历史"的性质,它在很大程度上表达的是一种价值信念。这种价值信念在毛泽东的哲学表达方式中,又以本体化的抽象形式获得了一种客观性的外观。毛泽东的这一本体论表达形式实际来自于列宁。在《矛盾论》中,毛泽东引述了列宁《谈谈辩证法问题》一段话阐述矛盾的根本属性:"对立的统一(一致、同一、合一),是有条件的、一时的、暂存的、相对的。互相排斥的对立的斗争则是绝对的,正如发展、运动是绝对的一样。"④据此,毛泽东理解"辩证法的本质是矛盾斗争的问题"。⑤在读西洛可夫、爱森堡等著《辩证法唯物论教程》一书所作的批注中,在《矛盾论》中,毛泽东对此作了社会学的说明。

"和解、妥协、调和是可以有的,在过程发展的一定状态是必要的。停战、媾和、终止罢工、临时的统一战线、某些合作,是阶级斗争中有过的,会有的,但不是总战术。不能和解与妥协,最后还须用革命解决矛

---

① 恩格斯:《卡尔·马克思》,《马克思恩格斯全集》,第19卷,人民出版社,1972年,第123页。
② 《马克思恩格斯全集》第19卷,人民出版社,1972年,第189页。
③ 《马克思恩格斯全集》第4卷,人民出版社,1972年,第104页。
④ 《毛泽东选集》第1卷,人民出版社,1991年,第332页。
⑤ 《毛泽东哲学批注集》,中央文献出版社,1988年,第97页。

盾,则是总战术。"①

"在阶级社会中,革命和革命战争是不可避免的,舍此不能完成社会发展的飞跃,不能推翻反动的统治阶级,而使人民获得政权。共产党人必须揭露反动派所谓社会革命是不必要的和不可能的等等欺骗的宣传,坚持马克思列宁主义的社会革命论,使人民懂得,这不但是完全必要的,而且是完全可能的,整个人类的历史和苏联的胜利,都证明了这个科学的真理。"②

我们认为,斗争、统一作为矛盾的两个基本方面、两种属性,二者是互为条件,互相联结,地位平等的。斗争总是统一前提下的斗争,统一总是包含斗争的统一。统一体的破裂以斗争为结果,斗争结果以先前统一体的力量积累为原因。发展是从旧的对立统一体的破裂、消灭到新的对立统一体的更新、重建。二者始终处在对等的联结关系中。不能说统一是有条件的、相对的,斗争则是无条件的、绝对的。近年来,围绕"和谐社会"建设,有学者对于"斗争哲学"开始进行深刻的反思,对哲学教科书中表达的这一原理提出了讨论。

以上的揭示表明,无论在现实中还是在历史中,毛泽东的阶级斗争论鲜明地体现为一种价值决定论,其阶级史观体现为一种伦理史观。事实上,阶级斗争作为政治斗争,本来就是一个能动的政治领域,体现鲜明的主观性。然而,经典作家本人以及在马克思主义传播过程中,都侧重于说明阶级斗争的客观性,揭示阶级斗争背后隐藏的内在规律性,这是当年反驳他们的论敌所需要的。然而,强调一个方面往往忽略了另一方面,某种程度上,过于强调历史决定论的倾向往往遮蔽了价值决定论的视野,反而造成了人们更容易忽视对主观价值决定性的省思。这是从历史决定论滑向价值决定论,从经济基础决定论滑向阶级斗争决定论,从唯物史观滑向伦理史观的根本性误区所在。

---

① 《毛泽东哲学批注集》,中央文献出版社,1988年,第95页。引文直接采用了编辑所做的技术性修改。
② 《毛泽东选集》第1卷,人民出版社,1991年,第334页。

总之，一方面是把唯物决定论史观所提供的关于社会演进形态的历史概述抽象化、公式化，最后主观化为一种信念表达形式，另一方面是把阶级斗争论史观所提供的关于社会价值整合模式的动力机制片面化、绝对化，最后客观化为一种观念表达形式，即客观主观化，主观客观化，通过历史决定论与阶级斗争论的双重交叉错位，达到了一种把人置身其中的历史、现实定命化、悖谬化的情感冲突效果，以至现实中的人们只有动员起来，作最后的斗争，才能期望有一天一劳永逸地升入共产主义天堂，走进千年天国。这就是革命史学的全部内在结构。

第二章 "前十七年"历史主义阶级观点与非历史主义阶级观点的初步交锋

第一节 两种阶级观点的起源与碰撞

在马克思主义史学史上,范文澜著《中国通史简编》的出版,可以说标志"革命史学"典范的确立。与《中国革命和中国共产党》相比较,它集中而具体地体现了战时背景下非历史主义的伦理价值观和阶级斗争史观。论者或以为,毛泽东在多篇论著中,对历史主义有着反复的阐述和表达,其实,毛泽东对历史主义的阐发,大多是在民族主体层面而非阶级主体层面。或者说,毛泽东这时对统治阶级的若干肯定仅仅具有"辩证的形式",或者仅仅肯定剥削、统治阶级在特定历史时期的工具性价值,而在"实质的内容"或价值层面,毛泽东更认同被统治阶级所代表的伦理价值或目的性价值。还在中华人民共和国成立前夕,就有学者发现了历史叙述中的两种价值观的对立,初步阐发了马克思恩格斯的历史主义阶级观点。

一、非历史主义阶级观点的起源与革命史学典范的确立

1940年,范文澜一到延安,就接受了撰写中国通史的任务。其时,毛泽东的《中国革命与中国共产党》已经发表,范文澜在极短的时间内完成了从旧史学到新史学的转型,撰成一部体现毛泽东史学思想的通史性巨著——《中国通史简编》。该书"全用语体,揭露统治阶级的罪

恶,显示社会发展法则",具有鲜明的特色。鉴于该书是马克思主义史学的第一部通史性著作,鉴于该书资料翔实、感性流畅的写作风格所产生的吸引力,鉴于它在革命圣地延安出版以及以后不断在各根据地再版所产生的广泛而深远的影响,该书都可以称之为体现毛泽东阶级观点的"革命史学"的典范性著作。

1. 所有制和阶级的非经济起源与悖谬化的阶级对立。《中国通史简编》进一步具体地揭示了中国封建社会悖谬化的阶级对立、对抗关系,提出了"研究三千年历史的钥匙",并且把这种对抗关系的揭示深入到了所有制起源的层面。范文澜讲,三千年历史,一治一乱,治少乱多,但历史本质只有一个,"即是农民和地主争夺土地所有权问题"。

> 地主阶级最早提出自己的主张,是在西周时代。《尚书·梓材篇》说:"皇天既付中国民越厥疆土。"《小雅·北山篇》说:"普天之下,莫非王土,率土之滨,莫非王臣。"按照这种说法,领主对土地及农奴的所有权,最初是从天上掉下来付给天子的。谁也知道,天上决不会掉下所有权来,那末,究竟从那里来的呢?这就是领主(王、侯、卿、大夫)用武力占有土地和农奴,要农奴替他们开垦和耕种。①

> 春秋末期以至战国时代,土地已得自由买卖,地主不限于领主,依靠财力的人也可以占有土地成为地主。地主逐渐增多。及秦朝统一,地主政权代替了领主政权。领主和地主占有土地都是依靠武力和财力,都不是用自己的劳力耕自己的田地,更不是上天付给他一个所有权。②

这就是说,所有制、阶级起源于暴力和分配。范文澜进一步揭示了由此而形成的阶级关系的悖谬性。

> 与私有财产制度同时并生的,不可分离的是富人的荒淫享乐,穷人劳苦受灾,强有力者互相争夺残杀。总而言之,私有制度给人

---

① 中国历史研究会:《中国通史简编》,新华书店出版,1948年,第9~10页。
② 中国历史研究会:《中国通史简编》,新华书店出版,1948年,第11页。

类带来了灾难。①

农民应该享有土地,但是失去了土地;地主不应享有土地,但是占有了土地;这是极大不公平的事。历史上的混乱现象,根本原因就在于此。更明确的说,凡历史上的治都是农民起义造成的,所有的乱都是地主造成的。②

2.农民阶级与地主阶级之间的关系直接体现为生产力与生产关系之间的关系,农民阶级被视为生产力的体现者,地主阶级被视为生产关系的体现者,生产力与生产关系即社会实体中的两重性关系——物质关系和价值关系,被简单分解为由不同主体承担的外部性关系。于是,封建社会的历史发展就表现为农民阶级推动的结果。

中国封建社会按三个时期四个大段向前发展,它的推动力是什么呢?基本上就是生产力的体现者——农民阶级(包括一切被剥削者)反对生产关系的体现者——地主阶级(包括一切剥削者)的阶级斗争。商朝奴隶阶级对奴隶主的斗争和周国封建制度反奴隶制度的斗争配合起来,破坏了商朝奴隶制度社会,出现了西周初期封建社会。秦末农民战争的结果,结束了西周以来的领主统治,建立起盛大的西汉朝。隋末农民战争的结果,结束了奴隶制度的残余,建立起更盛大的唐朝。元末农民战争的结果,结束了元朝贵族的野蛮统治,建立起盛大的明朝。③

从上文描述的社会关系转换模式来看,封建社会形态以及封建社会形态经历的各个发展阶段,似乎都是奴隶阶级或农民阶级推动的结果。奴隶阶级和农民阶级不但代表了新的生产力,而且推动了新的生产关系的产生。在封建社会同一结构性关系当中,农民阶级与地主阶级关系却是分别代表了新旧两种生产力以及相应的生产关系。

在封建社会里,处于统治地位的地主阶级和大工商业,它们代

---

① 中国历史研究会:《中国通史简编》,上海新知识书店出版,1947年,第17页。
② 中国历史研究会:《中国通史简编》,新华书店出版,1948年,第12页。
③ 《范文澜历史论文选集》,中国社会科学出版社,1979年,第40页。

表落后的惰性的力量;处于被统治地位的农民阶级和小手工业,它们代表发展生产力的力量。这两大阶级是构成封建社会的两部分,它们残酷地相互斗争着,同时相互之间又有千丝万缕的经济的思想的联系,它们谁也不可能和对方作彻底的分裂。因之相反而又相合的两个力量,一个要推动社会前进但受另一个的限制,一个要推动社会倒退但也受另一个的限制。倒退力量阻碍着前进的力量,前进力量却终究在前进,这就必然不能走笔直路线而必须走螺旋式的路线。①

然而,农民阶级又始终没有成为生产关系的主体。农民阶级既然可以充当生产力主体,为什么没能充当生产关系的主体呢?这是范文澜无从解释的。在唯物史观概念形式下运作伦理史观撰写成的著作的内容,有着不可克服的内在矛盾。

3. 以农民阶级为价值主体的阶级斗争史观。伦理价值是悖谬的,社会历史是颠倒的,劳动人民的历史主体性、价值主体性是被湮灭的。因此,范文澜认为他所肩负的使命,应当是撰述"真实的中国人民的历史"。在建国后为修订本《中国通史简编》所写的《绪言》中,范文澜进一步把这个观点发展为:"肯定历史的主人是劳动人民,把旧类型历史以帝王将相作为主人的观点否定了。""注意写阶级斗争,着重叙述腐化残暴的封建统治阶级如何压迫农民和农民如何被迫起义。"因此,这样的历史就呈现为单一的体现农民主体性价值的历史,农民起义、农民战争史,这个历史不但贯穿于古代、封建社会历史,甚至贯穿于近现代、资产阶级和无产阶级革命的历史。

按照旧历史家的说法,所谓著名治世,有西汉文景之治,有唐太宗贞观之治,有满清康熙之治。所谓乱世那就多的很,每一朝代都有乱世。陈胜、吴广以后,每一次农民起义,都被称为"乱"。事实恰恰相反,文景之治,正因为秦末农民起义,夺回了不少的土地。贞观之治,正因为隋末农民起义,恢复了均田制度。康熙之治,正

---

① 《范文澜历史论文选集》,中国社会科学出版社,1979年,第42页。

因为明朝贵族官僚霸占全国极大部分上等田地,李自成提出均田口号,推倒明朝,满清政府代表汉奸地主向农民让步,实行更名田制度。历史上所谓三个著名治世,事实证明不是"圣君贤相"施行仁政的结果,而是农民起义的产物。反过来看,历史上一切所谓乱,没有例外都是地主过度集中土地所激成的。①

自从陈胜吴广领导第一次农民大起义以后,农民开始向领主地主争夺土地所有权。这一争夺过程,在历史上形成下列三个阶段。

第一阶段——秦汉起,下迄太平天国起义,是农民自发地争取土地时期。

第二阶段——太平天国起,下迄五四运动,是资产阶级号召农民争取土地时期。

第三阶段——五四运动以来,是无产阶级——中国共产党领导农民收回土地时期。②

与农民阶级的主体价值地位和作用相比较,封建统治者的作用是被动的,或者说封建统治阶级的让步或改良,只是农民阶级推动社会发展的某种形式。

农民战争打击了封建统治,迫使封建统治者不得不在政治上经济上作出些让步和改良。这样,生产力和生产关系得到某些部分的适合,社会生产力因而多少有些发展。过了一些时候以后,统治者又恢复残酷的剥削和压迫,因而又爆发了农民战争。每一次农民战争,其他被压迫者(奴隶、小手工业者、小商贾)往往参加进来,合力打击压迫者。奴隶残余的逐步缩小,手工业的逐步发展,都是农民战争的副产品。而手工业的发展,又正是为产生新的进步阶级准备着条件,农民战争终究会得到新阶级的领导来改变社

---

① 中国历史研究会:《中国通史简编》,新华书店出版,1948 年,第 12~13 页。

② 中国历史研究会:《中国通史简编》,新华书店出版,1948 年,第 11~12 页。

会制度。历史上大小数百次的农民起义,就是这样反复着,社会也就是这样缓慢地前进着。①

最后,是对社会发展客观尺度的消解。马克思的生产力概念,应当说既包含主体性要素或精神要素,也包括客体性要素,如生产对象、生产工具以及两者的集中体现——科学技术。其中,客体性要素是标志生产力水平的客观标志。观察社会历史发展进程以及在实践中把握生产的社会形式,离不开对生产力客观标准的掌握。然而,伦理史观要获得唯物史观的客观、科学表达形式,只能采取消解生产力客观性的策略。

> 封建制度的发生自有原因,主要是由于阶级斗争的推动,生产力得以前进,铜器和铁器,固然不必过于拘泥,甚至使用残存的石器,也不妨碍封建制的发生。推究封建制的发生,首先应从剥削形式的变更上也就是从阶级斗争的效果上着眼。又可见铁的作用,既不决定原始公社制与奴隶制的交替问题(决定于金属工具),也不决定奴隶制与封建制的交替问题,而封建社会经济的发展,则必须依靠制铁技术的进步。②

> 奴隶社会一定要变成封建社会,但新的生产力表现在自由农民和隶农的生产力,并不在于最初的铁。③

以农民阶级为价值主体的阶级斗争史观体现在历史撰述的形式上,就是要求撰写人民的历史。范文澜在 40 年代就已经提出这项要求。在《中国通史简编》1948 年再版说明中,范文澜对《中国通史简编》的具体撰述形式解释道:"人民的历史,不是皇族的家谱;历代纪元年号,显然以天下为帝王私产,且时代距离,不易省察;故本书对历代帝王直称姓名,年次全用公历。"④1954 年在为修订本《中国通史简编》所作的说明中,范文澜再次就历史撰述应当贯彻的价值观作出阐发。其

---

① 《范文澜历史论文选集》,中国社会科学出版社,1979 年,第 40~41 页。
② 《范文澜历史论文选集》,中国社会科学出版社,1979 年,第 55 页。
③ 《范文澜历史论文选集》,中国社会科学出版社,1979 年,第 56 页。
④ 中国历史研究会:《中国通史简编》,新华书店出版,1949 年,第 3 页。

中突出两个观点：一、劳动人民是历史的主人；二、阶级斗争论是研究历史的基本线索。其中"劳动人民是历史的主人"一语，是作者首次把《联共（布）党史简明教程》西化语言转换为地道的中国表达方式。

《辩证唯物主义和历史唯物主义》指出，"历史科学要想成为真正的科学，便不能再把社会发展史归结为帝王和将相底行动，归结为国家'侵略者'和'征服者'的行动，而首先应当研究物质资料生产者底历史，劳动群众底历史，各国人民底历史。"……本书肯定历史的主人是劳动人民，把旧型类历史以帝王将相作为主人的观点否定了。

把阶级斗争论作为研究历史的基本线索，有着确定的经典依据。作者引述道：

《共产党宣言》告诉我们说，"迄今存在过的一切社会底历史（恩格斯附注，'即有文字可考的全部历史'）都是阶级斗争底历史"。列宁在《卡尔·马克思》里指出："马克思主义给我们指出一条基本线索，使我们能在这种仿佛迷离混沌的状态中找出一种规律性。这条线索就是阶级斗争的理论。"

对于如何理解和把握阶级斗争论线索，范文澜提出的一些要求值得重视。例如，他要求把握阶级斗争或阶级关系的复杂性。"阶级斗争的情景既是那样复杂，要了解它，不仅要分析各个阶级相互间的关系，同时还得分析各个阶级内部各种集团或阶层所处的地位，然后综观它们在每一斗争中所起的作用和变化。如果只是记住了阶级斗争而没有具有分析，那就会把最生动的事实变成死板的公式。"对于阶级斗争论线索在"本书"中的应用，范文澜写道：

它注意写阶级斗争，着重叙述腐化残暴的封建统治阶级如何压迫农民和农民如何被迫起义。这与旧型类历史站在地主阶级的立场上骂农民起义是"流寇"、"土匪"，描写成为野蛮人，把所谓"官军"的真正野蛮行为，大都挂到起义军账上的写法比起来，总算是纠正了谬见，肯定了被压迫者起义的作用。

显然，在"历史的主人"、"阶级斗争论线索"两个观点中，范文澜都贯彻了伦理视角或伦理价值标准。在修订说明中,范文澜检讨了旧本《中国通史简编》历史叙述中的"非历史主义"的缺点,主要是就对统治阶级的历史人物,包括帝王将相采取一律否定的态度来讲的,总体的历史观仍然是伦理史观。历史研究中的伦理史观反映到历史撰述形式上,或者这样一种伦理史观贯彻的必然结果,必然是"打破王朝体系"。

二、毛泽东在民族主体层面的历史主义与阶级主体层面的非历史主义的内在冲突

抗日战争是对中华民族主体性的一次前所未有的重新型塑。如同在现实斗争中,毛泽东正确地处理了阶级利益与民族利益、阶级斗争与民族斗争的关系一样,毛泽东在历史领域,也试图在伸张农民阶级主体性的同时,重塑中华民族的历史主体性。抗战爆发一周年透露出来的各种迹象表明,中华民族具有持久的生命力和不可战胜的活力,反过来又进一步提振了中华民族的自信心。在那样残酷、胶着、艰难的战争环境中,毛泽东对抗日战争意义的评价是惊人的。"长期而广大的抗日战争,是军事、政治、经济、文化各方面犬牙交错的战争,这是战争史上的奇观,中华民族的壮举,惊天动地的伟业。这个战争,不但将影响到中日两国,大大推动两国的进步,而且将影响到世界,推动各国首先是印度等被压迫民族的进步。全中国人都应自觉地投入到这个犬牙交错的战争中去,这就是中华民族自求解放的战争形态,是半殖民地大国在二十世纪三十和四十年代举行的解放战争的特殊的形态。"极度的战争残酷状态与人类即将迎来的美好前景是如此辩证地联系着,"没有任何一个时期像今天一样,战争是接近于永久和平的"①。创造这一段历史的人们,没有理由不把这一段写进中华民族历史的篇章。

空前的战争危机考验着一个民族的智慧。从民族的历史记忆中挖掘历史的智慧,对于一个拥有五千年文明、历经磨难的民族来说,这是一个便利的选择。毛泽东强调:"指导一个伟大的革命运动的政党,如

---

① 《毛泽东选集》第2卷,人民出版社,1991年,第474页。

果没有革命的理论,没有历史知识,没有对于实际运动的深刻的了解,要取得胜利是不可能的。"因此,毛泽东向全党发出了学习历史遗产的号召。他说:"我们这个民族有数千年的历史,有它的特点,有它的许多珍贵品。对于这些,我们还是小学生。今天的中国是历史的中国的一个发展;我们是马克思主义的历史主义者,我们不应当割断历史。从孔夫子到孙中山,我们应当给以总结,承继这一份珍贵的遗产。"①

是现实历史激发过往历史的活力,还是过往历史续写未来历史的辉煌,历史的三种形态:过去、现实、未来,从未如此贴近,以至于难于把它们分清。总之,毛泽东在从事现实斗争的同时,其信念洞穿未来目标,其意识充满巨大的历史感。"历史"两个字,是如此频繁地进入毛泽东的视野。

1939年1月17日,他在致何干之的信中说:"我们同志中有研究中国史的兴趣及决心的还不多,延安有陈伯达同志在作这方面的研究,你又在想作民族史,这是很好的,盼望你切实地做去。我则有志未遂,我想搜集中国战争史的材料,亦至今没有着手。我的工具不够,今年还只能作工具的研究,即研究哲学,经济学,列宁主义,而以哲学为主,将来拟研究近代史,盼你多多指教。你的研究民族史的三个态度,我以为是对的,尤其第二个态度。如能在你的书中证明民族抵抗与民族投降两条路线的谁对谁错,而把南北朝,南宋,明末,清末一班民族投降主义者痛斥一番,把那些民族抵抗主义者赞扬一番,对于当前抗日战争是有帮助的。"②1939年2月1日在致陈伯达及2月20日、2月22日致张闻天的信中,毛泽东对陈的《墨子哲学思想》和《孔子的哲学思想》等文章作了十分具体的评点,为陈"在中国找出赫拉克利特来了"而高兴,说这是陈的"一大功劳"。③ 1940年9月5日,他在致范文澜的信中说:"提纲(指关于中国经学简史的讲演提纲——引者注)读了,十分高兴,

---

① 《毛泽东选集》第2卷,人民出版社,1991年,第533~534页。
② 《毛泽东书信选集》,人民出版社,1983年,第136~137页。
③ 《毛泽东书信选集》,人民出版社,1983年,第140页。

倘能写出来,必有大益,因为用马克思主义清算经学这是头一次,因为目前大地主大资产阶级的复古反动十分猖獗,目前思想斗争的第一任务就是反对这种反动。你的历史学工作继续下去,对这一斗争必有大的影响。"①1940年春,毛泽东还直接向刚刚主持中央研究院历史研究室工作不久的范文澜交待一件任务,要求在短期内编出一部篇幅为十来万字的中国通史,以做干部教材之用。这就是1941年出版的远远超出其字数要求的,洋洋洒洒六十万字的《中国通史简编》。1943年,吕振羽辗转到延安,毛泽东称赞他在30年代用马克思主义观点写成的《中国政治思想史》,还鼓励他续写中国近代史。② 1944年11月21日,在致郭沫若的信里,毛泽东写道:"你的史论、史剧有大益于中国人民,只嫌其少,不嫌其多,精神决不会白费的,希望继续努力。"③1948年11月24日,在致吴晗的信中,毛泽东说:"大著(指《朱元璋传》修改稿——引者注)阅毕,兹奉还。此书用力甚勤,掘发甚广,给我启发不少,深为感谢。有些不成熟的意见,仅供参考,业已面告。此外尚有一点,即在方法问题上,先生似尚未完全接受历史唯物主义作为观察历史的方法论。倘若先生于这方面加力用一番功夫,将来成就不可限量。"④而毛泽东亲自组织写作的具有史论性质的著作就是1939年冬季完成的《中国革命和中国共产党》,该书(文)主导性的历史意识还是民族历史意识,该书(文)第一章即为"中国社会",第一节为"中华民族",此节对中华民族的历史发展、中华民族的历史贡献、中华民族的历史传统、中华民族的历史人物和中华民族的历史遗产作出了充分肯定。以上事实都说明了毛泽东对于民族历史格外珍视、格外珍重的历史主义态度。毛泽东在《新民主主义论》中,在《改造我们的学习》一文中,一再地全面地表达了历史主义的态度。

---

① 《毛泽东书信选集》,人民出版社,1983年,第163~164页。
② 温济泽等:《延安中央研究院回忆录》,中国社会科学出版社,1984年,第181页。
③ 刘茂林:《毛泽东与中国历史学》,《历史研究》1983年第6期。
④ 《毛泽东书信选集》,人民出版社,1983年,第310~311页。

第二章 "前十七年"历史主义阶级观点与非历史主义阶级观点的初步交锋

中国现时的新政治新经济是从古代的旧政治旧经济发展而来的,中国现时的新文化也是从古代的旧文化发展而来,因此,我们必须尊重自己的历史,决不能割断历史。但是这种尊重,是给历史以一定的科学地位,是尊重历史的辩证法的发展,而不是颂古非今,不是赞扬任何封建的毒素。①

在这种态度下,就是不要割断历史。不单是懂得希腊就行了,还要懂得中国;不但要懂得外国革命史,还要懂得中国革命史;不但要懂得中国的今天,还要懂得中国的昨天和前天。②

以上引述都充分说明了毛泽东对于民族历史所抱持的客观态度。同时我们也发现,毛泽东赋予了民族历史以鲜明的实用价值特色。这种实用价值主要体现为一种伦理价值。而实用价值视角的切入,势必大大收窄民族历史的视域。于是,我们看到,虽然毛泽东也接受了阶级社会历史必然性的观念,但他更强调这种历史必然性贯穿现实、未来的结果和前景。虽然他也肯定剥削、统治阶级在特定历史时期的工具性价值,但他更强调一种以"人民"名义表达的普遍、永恒的伦理价值。

1938年1月至3月毛泽东批读了李达著《社会学大纲》,并且在决定论的意义上接受了李达提出的"历史主义"这一概念:用历史主义看唯物辩证法的发生发展过程。③ 1938年12月博古译《辩证唯物论与历史唯物论》一书出版。毛泽东在批读本书时,在下列表达历史决定论的内容下作了标记:

假如在世界上没有孤立的现象,假如一切现象都互相联结着,互相依存着;那么,很明显的,对于历史上每个社会制度和每个社会运动就不应该从"永恒的正义",或者任何其他预定观念的观点上去判断他(如不少历史家之所为),而应该从产生这个社会制度与社会运动及与他们相联结的各种条件上去判断他。

---

① 《毛泽东选集》第2卷,人民出版社,1991年,第708页。
② 《毛泽东选集》第3卷,人民出版社,1991年,第801页。
③ 《毛泽东哲学批注集》,中央文献出版社,1988年,第210页。

旁批写道:"原始生产制度瓦解的条件,只能出现奴隶制度。"①遵循历史决定论的形式化逻辑,毛泽东对现实中国的历史进程作出了判断。"在中国,资产阶级还有一段前途,但基本的应该依据无产阶级。"②

在这种历史形式下,毛泽东着意表现的历史内容或价值,可以毛泽东在《新民主主义论》中对民族文化的阐述为例——古代封建文化包含两种对立的文化或价值。

> 中国的长期封建社会,创造了灿烂的古代文化。清理古代文化的发展过程,剔除其封建性的糟粕,吸收其民主性的精华,是发展民族新文化提高民族自信心的必要条件;但是决不能无批判地兼收并蓄。必须将古代封建统治阶级的一切腐朽的东西和古代优秀的人民文化即多少带有民主性和革命性的东西区别开来。③

在这种两极对立的文化或价值模式中,历史主体与价值主体是分裂的,或者说统治阶级作为历史主体是外在的,形式的,人民作为价值主体才是本质的,真实的。即在文化或价值传承中,只有人民才是文化或价值承载的主体,封建统治阶级所代表的封建性则是需要剔除的。因此,我们认为,毛泽东所表达的历史主义与其说是历史决定论,毋宁说是价值超越论来得更为恰当。这就难怪,毛泽东的历史主义,为什么没有真正成为导向历史主义阶级观的思想资源。也可以解释,史学家们竞相援引毛泽东的历史主义,而得出的结论则截然相反。

三、华岗、沈志远对马克思恩格斯阶级观点的阐发及发生在蓝莎、叶逸民与艾思奇之间的争论

与毛泽东同时或继他之后,一批马克思主义学者也对马克思恩格斯的历史主义阶级观点进行过比较全面的阐发和介绍。1948年10

---

① 《毛泽东哲学批注集》,中央文献出版社,1988年,第291~292页。
② 《毛泽东哲学批注集》,中央文献出版社,1988年,第293~294页。
③ 《毛泽东选集》第2卷,人民出版社,1991年,第707~708页。

月,华岗发表了《谈谈历史方法》一文,文章对历史方法或历史主义的阐释超出了史学方法论范畴。

> 无论研究什么问题都离不开历史方法。因为任何事物,都有它底历史背景,都有它底过去,现在和将来,都有它底来龙去脉;如果我们不用历史方法去研究,而把它孤立和割断开来考察,就不能了解它底真相和未来。①

可见,在华岗看来,历史方法需要把握历史发展的两个特性:条件性和过程性。把这一方法运用于论断与评价历史事变和历史人物时,就是"以该历史事变与人物在当时所处的条件为标准,而不能以今天的条件为标准"。与毛泽东强调的"批判"相反,华岗强调的是对过去的理解。他举例说,奴隶制度就今天的条件来说,是很荒谬的现象,违反自然的蠢事情;但在原始公社制瓦解后的历史条件下,却是完全可以了解,并且合乎规律的现象,因为它和原始公社制度比较起来,是一个进步。他接下来引用恩格斯的关于奴隶制存在的历史地位和进步意义的论述来支持他的看法。"没有奴隶制,就没有现代的社会主义。"华岗认为,恩格斯这里"不仅指出了奴隶制为什么存在,并且很正确的说明了它在人类历史发展上所起的作用。而恩格斯这段话的本身,正可以作为正确运用历史方法的最好示范"。

华岗认为,历史方法也可以说就是科学方法。所谓科学方法,就是对于自然界和一切研究对象,都还它一个本来面目,而不需要任何外来的附加。这就是说,科学要求我们实事求是,按照事物的本来面目去把握和认识事物,而不要有任何主观的附会、曲解。历史既是科学,我们就必须以科学的历史方法去处理,不能自以为是,不能从"想当然"出发。然而,我们认为,华岗这一说法,也有幻想的成分,任何历史认识,都不能不受到价值取向的影响,都不能不受到价值标准的规范。所谓

---

① 华岗:《谈谈历史方法》,香港《文汇报·史地周刊》1948年10月29日。此副刊为翦伯赞主编,在副刊第一期上,翦说本刊欢迎关于历史哲学的稿件,如讨论历史观点,或研究方法的文章。

的历史标准,只是现代标准的阶段性形态。历史标准只有在现代标准的观照之下才能成其为标准。

沈志远在《学习》杂志 1949 年创刊号撰文指出,社会发展规律性的观点是跟历史主义的观点(简称历史观点)有密切联系的。既然社会是依照严格的客观规律而不断向前发展的,那么历史上的一切制度和社会现象便都不是偶然事件的堆积或荒谬怪诞的事物。它们各有其历史条件所规定的"存在的理由"。他在引用了斯大林论奴隶制发生的必然性和"一切都依条件、地点和时间为转移"的话后说,这就是科学的历史主义的观点。沈志远认为,在马列主义的全部思想体系中,都贯穿着这种历史主义的观点。这种观点的要素在他看来有三:第一,历史上的一切制度和现象,均为当时当地的历史条件所规定,它们的存在是合乎规律的。第二,一切社会的制度和现象都只是历史发展的一定阶段上和一定历史条件下的产物,因而它们都不是永恒的,而是历史的过渡性的,它们必然会被新起的东西所代替。因此,第三,我们不能依据现在的历史条件,用现代的评价标准,去评断另一时代或另一条件下的制度现象之是或非;同时,我们也不能无视现实的历史条件而企图实现一种超越历史的理想,哪怕你的动机是非常善良的。沈志远说,依据这样的历史观点,那末很明显的,资产阶级的旧民主主义在我们现在看来是腐朽的、不中用的,甚至是倒退的东西,但是它在十七八世纪之欧洲的兴起和发展,却是完全合乎规律的,而且比之封建专制主义是一大进步的。因此我们不能无原则地、非历史地去骂倒任何时代的旧民主主义。对于沈志远来说,除了经典作家的论点支撑之外,现实政策也是对历史主义最好不过的诠释。他说,依据历史主义观点,今天人民政府保护正当的民族资本家,在一定程度内容许资本主义的剥削,以及"公私兼顾、劳资两利"的政策,是完全合理的、必要的,是为历史条件所规定的。①

发生在蓝莎、叶逸民与艾思奇之间的争论,是历史主义阶级观点与

---

① 沈志远:《谈学习社会发展史的基本观点》,《学习》1949 年创刊号(9 月)。

第二章 "前十七年"历史主义阶级观点与非历史主义阶级观点的初步交锋

非历史主义阶级观点的第一次冲突。

1949年7月13日,《北平解放报》"学习专栏"登载了蓝莎《劳动创造了人》的文章,作为对此前有关讨论的总结。艾思奇认为蓝文犯了非历史主义的错误,所以在1949年7月27日的《人民日报》上发表《评关于社会发展问题的若干非历史观点》,给予批评。不久,《北平解放报》转给艾思奇一篇叶逸民写的据说"替蓝莎打抱不平的、完全拥护非历史观点的文章"。艾思奇认为,"这篇文章的出现,证明在目前学习社会发展史的过程中",犯蓝莎那样的非历史主义错误,"的确不是一个个别问题,而我们对这种思想加以批判,是切合实际需要的"。于是他又写了《再评关于社会发展问题的若干非历史观点》一文予以更加激烈的批评。

讨论是围绕着蓝莎提出的两个问题进行的。蓝莎提出的一个问题是:上帝创造了人的说法,"只是剥削阶级故意捏造出来的谎言。这些谎言的目的是在愚弄劳动人民,使劳动人民相信,剥削者生来就应当剥削人的"。艾思奇认为,这违反了马列主义的历史观点和唯物观点。因为宗教神话的最早起源是在原始共产社会里,而那时的人类社会尚无阶级出现,所以不能说宗教神话仅仅是剥削阶级捏造出来的欺骗被剥削阶级的东西。艾思奇认为,宗教神话在阶级社会里常常被剥削阶级大规模地、有系统地利用作压迫劳动人民的精神武器,这是事实。但这事实只能证明宗教是在一定的历史条件之下与剥削阶级的利益相结合,而不能证明宗教本身就是剥削阶级故意捏造出来的东西。

蓝莎提出的另一个问题是:"劳心者治人,劳力者治于人"这样的说法是"反动的邪说",是"有毒的思想"。艾思奇认为,这种说法是没有认识到在人类社会发展的一定阶段上,劳心和劳力的分裂和对立也是必然的现象。蓝莎说:"我们学了劳动创造人,这些有毒的思想,就是被扫清了。也就是再不相信,劳动只是属于劳动人民的责任,而会了解,人类在最初的时候,每一个人都是劳动的,只有在阶级社会发生以后,才出现了不劳动而享乐的剥削者,因此,劳动人民应该起来用革命的办法去消灭阶级,消灭人剥削人制度。"艾思奇认为,按照蓝莎这种认识,似乎人类社会之所以发生阶级剥削,只是人类思想上犯了错误,"相信"了一种荒谬的邪说。所以,只要一天早上,学了劳动创造人,打破这种荒谬的邪说,懂得剥削者也"应该"分有劳动的责任,就可以动员劳动人民起来消灭阶级、消灭人剥削人制度。艾思奇说,我们必须知道,一定剥削制度的出现,劳心和劳力的分裂和对立,在社会物质生活发展的一定条件之下,在生产发展的一定阶段,乃是必然的、合规律的,并且是具有进步意义的。他引用斯大林关于奴隶制度的论述:"奴隶制度,就现在条件看来,是很荒谬的现象,反乎自然的蠢事情。而奴隶制度在瓦解着的原始公社制度条件下,却是完全可以了解并且合乎规律的现象,因为它和原始公社比较起来,是一个进步。"艾思奇说,这样的看法,斯大林称之为"历史观点",并且指出:"如果没有这些观察社会现象的历史观点,那么,历史科学也就没有可能存在和发展,因为只有这样的观点,才能使科学不致变成一笔偶然现象的糊涂账,不致变成一堆荒谬绝伦的错误。"艾思奇由此认为,阶级剥削的产生和它的消灭,都依赖着一定的社会物质生活条件。对于剥削制度的抽象笼统的说法,而没有历史的分析,无疑是很错误的。每一个具体的剥削制度在任何时候都"应该"被消灭,但是,当一种剥削制度在社会生产发展中还起着一定进步作用的时候,它就不是"应该"被消灭而恰恰是"应该"存在和发展的。

坚持这样一种含义的历史观点意味着什么或者说具有什么意义呢?艾思奇认为,我们学习劳动创造人,学习社会发展史,其目的并不是为了要笼统地"骂倒"一切剥削制度,"骂倒"一切旧思想,一概称之为不合理的、骗人的。我们的目的是要正确地认识社会发展的规律,要了解劳动者是在什么样的社会物质生活发展条件之下由原始公社不受剥削的生产者变为被剥削者,了解劳动群众在各种历史过程中所创造发展起来的生产条件如何使一种剥削制度必然为另一种剥削制度所代替,而最后终于创造和发展了消灭一切阶级和剥削的高度的物质生活条件。而在社会现行阶段,自由资本主义的剥削制度在今天中国的生产发展过程中还具有一定的作用,所以我们在新民主主义革命运动中就没有提出立刻消灭一切资本主义剥削制度的任务。

今天看来,艾思奇仅仅是提出了一种概念化地理解历史、服务政治现实(意识形态)的要求,竟被叶逸民认为是不注意客观条件和读者对象,脱离实际的要求。叶逸民认为艾思奇是在"奢谈学术"。从叶逸民对艾思奇的反驳来看,叶逸民实际提出了另一种含义的有代表性的"历史观点"。下面我们看看这一观点是如何在一种"历史观点"的名义之下实际贯彻非历史观点的。

> 问题焦点就在此,我们今天教导启发读者应把重点放在指出"劳心者治人,劳力者治于人"在今天是反动的有毒的思想呢?还是帮助我们现有水平的读者去认识"劳心劳力的分裂对立,在社会物质生活发展的一定条件之下,在生产发展的一定阶段,乃是必然的,合规律的并且是具有进步意义的"?我个人的意见认为,如果是把重点放在后者来强调,在今天这样人民革命的历史时代,才会犯"非历史观点"的错误。
>
> 在今天,面对我们的时代要求,面对我们的读者群众,我们只有无情地揭破扫除"劳心者治人,劳力者治于人"的反动有毒的思想才是正确的,绝不能纯学术地离开了今天的历史现实,考古式的客观说明"劳心者治人,劳力者治于人"在社会物质生活发展的一定条件下的必然性,合规律性,进步性。
>
> 剥削制度该不该"骂倒"?该"骂倒"。(这里的"骂倒",是借用艾思奇的话,实际意思是:应该指出剥削制度不合理,将来必然要被消灭)剥削制度有什么不可骂倒的呢?难道由于今天历史的发展条件,因为有了民族资产阶级的存在和发展,连剥削制度的不合理、将来必然消灭都不能指出,而只许剥削制度的进步性么?①

由此看来,叶逸民提供的历史观实际是一种伦理价值观,并且是一种绝对的伦理价值观;如果说也可以称之为一种历史观,那就是一种终

---

① 叶逸民:《关于蓝莎艾思奇对社会发展问题讨论的几点意见》,《人民日报》1949 年 10 月 17 日。

极历史观。从绝对价值观或终极历史观出发,使得叶逸民能够轻蔑地对待历史、对待剥削阶级和剥削制度。由此看来,这场跨越新中国成立门槛的争论,已经预伏了后来整个历史主义阶级观点与非历史主义阶级观点的交叉变奏过程。

第二节 关于如何估价剥削阶级及其代表人物的历史作用的争议

已过去的抗日战争和解放战争,极大地提升了民族主体性和农民主体性,但是,要想通过历史叙述,特别是中国古代历史的叙述来强化或阐发这种主体性,却遇到两种主体性之间一种内在的不可克服的矛盾。一说到民族主体性,总是认为历史上某些统治阶级的代表人物充当或体现了这种主体性,这与否定统治阶级主体性的传统观念大相抵触,并且往往统治阶级的某些人物还镇压过农民起义,那直接就是对农民主体性的政治否定;一说到农民主体性,历史上总是充斥了农民被迫揭竿而起,走上反抗的道路,然而又不幸遭到残酷镇压的失败经历,幸或起义胜利,然而新建立起来的政权往往仅是一个新王朝的开端,如此,农民的主体性如何体现或体现在哪里?然而,农民主体性和民族主体性的统一在现实中却得到了某种表达,这不仅是指战时、革命战争年代,即使是在平时、和平建设时期,也通过农业合作社、人民公社一步一步的社会运动得到了表达——以毛泽东为代表的一代伟人真诚地以为农民可以经由合作社、人民公社直接走向现代文明社会,即既实现了物质现代化,又能超越人与人之间的不平等关系。农民主体性为民族主体性甚至人类主体性的某种代表性的确立,提供了某种动力,这大大地激发了人们对于任何意义上的统治阶级主体性的否定。与此同时,与之形成鲜明对立的另一种观点,即肯定统治阶级及其代表人物的主体性,或者说肯定剥削的正当性以及统治的必要性,于马克思恩格斯的理论有据,于现实也可以得到某种程度的证明——直到1956年"三大改造"完成之前,富农、资本家的剥削还是作为政策被肯定的。而在1958

年"大跃进"、"人民公社化"运动遭受挫折之后,作为阶级产生之动力基础的私人利益机制再次提出并被运用。当然,众所周知,由此引发了中国在宣布生产资料私有制已经改变为社会主义公有制、社会主义和资本主义谁战胜谁的问题已经解决之后的思想、政治大分裂。"无产阶级文化大革命"再次以政治斗争的现实形式裹挟了历史,在对"走资本主义道路的当权派"进行政治清算的同时,在历史领域,对历史上剥削阶级、统治阶级及其代表人物在历史叙述中的地位连同历史叙述、撰述者本人,一概进行了清算。纵观中国现代革命史和马克思主义史学史,可以说现实政治争论中的"左"、"右"符号标识直接左右了剥削、统治阶级及其代表人物在历史中的地位和作用评价。

一、争议产生的现实背景和线索

对当代历史观念的变迁来说,1958年是个分水岭,在此之前,历史主义阶级观点基本上处于主流地位;在此之后,非历史主义阶级观点则长期起支配作用。而这一切都是现实社会现实政策在人们历史观念上的投影。1958年"大跃进"、"人民公社化"运动,是试图在中国实现单一的公有制乃至全民所有制,彻底消灭阶级剥削乃至一切阶级差别的一次努力,它体现了毛泽东根本的阶级观点和价值归宿。"大跃进"、"人民公社化运动"在经济上遭受的挫败,某种程度上动摇了毛泽东在人们心中一贯正确的个人政治威信。因此,1958年后至1978年20年,可以说迎来了一个围绕毛泽东权威而展开的党内斗争、国内斗争乃至国际斗争时代(我们所说的权威包含价值正当性和权力强制性两重含义)。由于由阶级斗争形式体现的价值正当性争议掺杂了权力斗争因素,我们既不能以纯学术的视角看待现实的阶级政治,就更不可能以纯学术的视角看待封建剥削阶级、统治阶级历史作用的争议。当然,我们也发现,现实政治中的绝对化的阶级价值观或阶级斗争观,的确与历史学领域的绝对化阶级价值观和阶级斗争观,存在某种对应关系。因此,以"左"、"右"为标签的政治斗争或派别符号变迁可以粗略地给我们提供一个理解封建剥削、统治阶级及其代表人物评价的线索。"文革"前十七年,以1958年为界,封建剥削、统治阶级及其代表人物,经历了截然相反的两种评价氛围或环境。

按照毛泽东在《新民主主义论》中的规划,中国革命分两步走:第一步是建立新民主主义社会,第二步是建立社会主义社会。新中国成立后,经过三年经济恢复时期,毛泽东即提出了向社会主义过渡的问题。1953年,正式确定了"过渡时期总路线":"从中华人民共和国成立,到社会主义改造基本完成,这是一个过渡时期。党在这个过渡时期的总路线和总任务,是要在一个相当长的时期内,逐步实现国家的社会主义工业化,并逐步实现国家对农业、对手工业和对资本主义工商业的社会主义改造。这条总路线是照耀我们各项工作的灯塔,各项工作离开它,就要犯右倾或'左'倾的错误。"①在经过毛泽东审阅的中共中央宣传部学习、宣传提纲中,对过渡时期总路线的实质作了这样的概括:"就是使生产资料的社会主义所有制成为我国国家和社会的惟一的经济基础。"毛泽东在阐述过渡时期总路线时指出,要使"资本主义绝种,小生产也绝种"②。周恩来也说:"将来是'阶级消灭,个人愉快'。"③在推进农业合作化问题上,毛泽东是以一次谈话,以一种抽象的理论比附说服、消解了党内的意见分歧。他认为"既然西方资本主义在其发展过程中有一个工场手工业阶段,即尚未采用蒸汽动力机械,而依靠工场分工以形成新生产力的阶段,则中国的合作社,依靠统一经营形成的新生产力,去动摇私有基础,也是可行的"。据薄一波介绍,"他讲的道理把我们说服了"④。看得出来,毛泽东在这里阐述和强调了一种主体生产力或主体能力的作用。不过,我们在这里要特别注意:被毛泽东无视或忽视的一个西方资本主义工场手工业与中国合作社的本质差异,在

---

① 《建国以来重要文献选编》第4册,中央文献出版社,1993年,第700~701页。
② 《建国以来重要文献选编》第7册,中央文献出版社,1993年,第310页。
③ 《周恩来选集》下卷,人民出版社,1984年,第106页。
④ 薄一波:《若干重大历史决策与事件的回顾》(修订本)上卷,人民出版社,1997年,第197~198页。

西方是一个私人利益机制,而在中国,却要消灭或动摇这种私人利益机制。不过这里也再次体现了毛泽东的意志人格特征。如马克思所说:"政治的原则就是意志。政治理智越是片面,因而越是完备,它就越相信意志的万能,就越分不清意志的自然界限和精神界限,因而也就越不能发现社会疾苦的根源。"①总之,推进社会主义改造的过程是一个凯歌行进的浪漫过程,中间只有针对邓子恢等人在推进农业合作化步骤上的保守主张展开的批评,这些主张被定性为"资本主义思想"、"右倾机会主义"而遭到否定。1956年社会主义改造基本完成,但是社会主义的高潮并没有迎来经济发展成就的高潮,相反,出现了各种社会矛盾激化的事件和趋势。对这些问题,毛泽东用矛盾学说和新的阶级斗争理论加以阐释。毛泽东认为:"世界充满着矛盾。民主革命解决了同帝国主义、封建主义、官僚资本主义这一套矛盾。现在,在所有制方面同民族资本主义和小生产的矛盾也基本上解决了,别的方面的矛盾又突出出来了,新的矛盾又发生了。"他把许多社会问题的根源归结为官僚主义。他说:"县委以上的干部有几十万,国家的命运就掌握在他们手里。如果搞不好,脱离群众,不是艰苦奋斗,那末,工人、农民、学生就有理由不赞成他们。我们一定要警惕,不要滋长官僚主义作风,不要形成一个脱离人民的贵族阶层。"②在《关于正确处理人民内部矛盾的问题》讲演中,他说我们处在这么一个时代,就是大规模的阶级斗争基本上结束。只说基本结束,不说全部结束,就是说还有阶级斗争,特别是表现在意识形态方面。意识形态这一方面的阶级斗争,就是无产阶级思想跟资产阶级思想的斗争。意识形态方面的斗争谁胜谁负,还需要相当长的时间才能解决。③毛泽东在南京的讲话中讲到,从鸦片战争反帝国主义算起,有一百多年,我们仅仅做了一件事,就是搞阶级斗争。

---

① 《马克思恩格斯全集》第1卷,人民出版社,1972年,第481页。
② 毛泽东在中共八届二中全会上的讲话记录,1956年11月15日,转引自逄先知、金冲及主编《毛泽东传》(上卷),中央文献出版社,2003年,第612页。
③ 毛泽东在济南党员干部会议上的讲话记录,1957年3月18日,转引自逄先知、金冲及主编《毛泽东传》(上卷),中央文献出版社,2003年,第645~646页。

阶级斗争改变上层建筑和社会经济制度,这仅仅是为建设、为发展生产、为由农业国到工业国开辟道路,为人民生活的提高开辟道路。所以,现在是处在这么一个变革的时期:由阶级斗争到向自然界作斗争,由革命到建设,由过去反帝反封建的革命和后头的社会主义革命到技术革命,到文化革命。毛泽东规划,20世纪,上半个世纪搞革命,下半个世纪搞建设;现在正是由革命到建设的转变时期,今后的中心任务是搞建设;从现在到21世纪中叶,用一百年的时间把中国建设好。① 一切都似乎按部就班,在毛泽东的掌控之中。1957年的反右斗争,是由发动党外人士提出意见、帮助共产党整风演变成为反击党外人士"右倾"言论的斗争,这场斗争提醒了毛泽东对于社会主义历史条件下阶级斗争形势的高度重视,但基本上没有妨碍毛泽东对于既定方针的贯彻。1958年毛泽东发动"大跃进",中共八大二次会议通过了15年赶上和超过英国的目标,计划部门在工农业主要产品产量方面制订了全面而具体的"跃进"指标,掀起了一场严重脱离实际的经济建设运动。然而"大跃进"决不限于经济方面的跃进,更是生产组织、社会形态的一次"跃进",这就是各地大办作为共产主义雏形的人民公社运动。从新民主主义时期对资本主义工商业的保护政策到过渡时期总路线的五种经济成分并存,再到人民公社化运动,阶级斗争从理性手段的运用逐步落实到终极化的价值归宿。

后来批判彭德怀时,毛泽东所使用的"阶级观点",尤其体现了这种价值归宿。他说:彭德怀这些人是经验主义的世界观、人生观同方法论,这个问题,几十年都没有解决,自己也不愿意解决。这些人"是以资产阶级民主主义者的资格参加共产党的",他们是"马克思主义者在资产阶级革命阶段的同盟者"。"犯错误的同志,或者是主要的领袖,比如彭德怀同志,他这三十几年,资产阶级立场没有变动过。"在资产阶级民主革命阶段,他们是参加的,是积极的,但在方法上他们也常常

---

① 毛泽东在江苏、安徽两省及南京军区党员干部会议上的讲话,转引自逄先知、金冲及主编《毛泽东传》(上卷),中央文献出版社,2003年,第647~648页。

搞错。到无产阶级革命阶段,就发生变化,他们对于无产阶级革命是没有精神准备的,无产阶级社会主义革命,对他们来说是突如其来的。①因此,他认为"庐山出现的这一场斗争,是一场阶级斗争,是过去十年社会主义革命过程中资产阶级与无产阶级两大对抗阶级的生死斗争的继续。在中国,在我党,这一类斗争,看来还得斗下去,至少还要斗二十年,可能要斗半个世纪,总之要到阶级完全灭亡,斗争才会止息"。对于此时的毛泽东来说,阶级斗争已不是仅仅作为手段来运用,或者说阶级斗争已不是仅仅服务于某一现实目的,打倒了帝国主义,打倒了封建主义,在所有制层面消灭了资产阶级,现在要在意识形态层面彻底铲除产生资本主义的土壤。这是最后的斗争,这种阶级斗争具有终极的价值,这种斗争意味着斗争手段与价值归宿的直接同一。毛泽东直截了当地说:"资产阶级的政治家说,共产党的哲学就是斗争哲学。一点也不错。不过,斗争形式,依时代不同而有所不同罢了。"对毛泽东来说,既然阶级斗争具有思想斗争的形式,或阶级斗争进入到了思想斗争阶段,作出党内斗争具有阶级斗争性质的判断,就是理所当然的了。"党内斗争,反映了社会上的阶级斗争。这是毫不足怪的。没有这种斗争,才是不可思议。"②庐山会议之后,面对1959年、1960年、1961年连续三年的严峻经济形势和人民公社运动的现实实践,毛泽东对人民公社的组织形式还是适度作出了调整,从强调"一大二公"倒退到"三级所有,队为基础";生产队作为集体经济的基本单位,是毛泽东坚守的体现社会主义的价值底线,他坚决拒斥"分田单干",把这种做法和思路视为资本主义道路。深层原因是他担心重新出现两极分化、阶级分化。也同样是出于这样的担心,在中共八届十中全会上,毛泽东力排众议,重新强调和概括了一整套关于社会主义社会阶级和阶级斗争的理论。

---

① 毛泽东在中共八届八中全会上的讲话记录,1959年8月11日,转引自逄先知、金冲及主编《毛泽东传》(下卷),中央文献出版社,2003年,第1000页。

② 毛泽东:《机关枪和迫击炮的来历及其他》,手稿,1959年8月16日,转引自逄先知、金冲及主编《毛泽东传》(下卷),中央文献出版社,2003年,第1002~1003页。

八届十中全会指出,在无产阶级革命和无产阶级专政的整个历史时期,在由资本主义过渡到共产主义的整个历史时期(这个时期需要几十年,甚至更多的时间)存在着无产阶级和资产阶级之间的阶级斗争,存在着社会主义和资本主义这两条道路的斗争。被推翻的反动统治阶级不甘心于灭亡,他们总是企图复辟。同时,社会上还存在着资产阶级的影响和旧社会的习惯势力,存在着一部分小生产者的自发的资本主义倾向,因此,在人民中,还有一些没有受到社会主义改造的人,他们人数不多,只占人口的百分之几,但一有机会,就企图离开社会主义道路,走资本主义道路。在这些情况下,阶级斗争是不可避免的。这是马克思列宁主义早就阐明了的一条历史规律,我们千万不要忘记。这种阶级斗争是错综复杂的、曲折的、时起时伏的,有时甚至是很激烈的。这种阶级斗争,不可避免地要反映到党内来。国外帝国主义的压力和国内资产阶级影响的存在,是党内产生修正主义思想的社会根源。在对国内外阶级敌人进行斗争的同时,我们必须及时警惕和坚决反对党内各种机会主义的思想倾向。

此后的社会主义教育运动、"文化大革命"都是对这一理论的贯彻。从1964年开始,城乡社会主义教育运动扩大到意识形态领域,同时围绕社会主义教育运动、"四清"做法发生在毛泽东与刘少奇之间的争执最终演变成为一场复合党内权力之争与"阶级路线"之争的双重意义的政治斗争——"文化大革命"。在哲学界,中央党校教授杨献珍在讲课时,提出了"合二而一"的概念。认为"事物既是一分为二的,也是合二而一的","对立统一规律也可用合二而一来表述"。对这一观点,毛泽东在1964年一次政治局常委扩大会议上直接表态:"一分为二是辩证法,合二而一恐怕是修正主义、阶级调和吧!"① 由此可以看出,

---

① 毛泽东在中共中央政治局常委扩大会议上的讲话记录,1964年6月8日,转引自逄先知、金冲及主编《毛泽东传》(下卷),中央文献出版社,2003年,第1385页。

第二章 "前十七年"历史主义阶级观点与非历史主义阶级观点的初步交锋

毛泽东从政治角度审视学术讨论的敏感程度和实用态度。从某种意义上说,文化大革命是毛泽东为守护终极的价值理念作出的一种过度反应和反击。1965年11月10日,上海《文汇报》刊出姚文元的文章《评新编历史剧〈海瑞罢官〉》,这篇经过毛泽东同意发表的文章一般被认为是"文化大革命"的导火索。文章指名批判《海瑞罢官》的作者、明史专家、北京市副市长吴晗。文章把剧中的"退田"、"平冤狱"同1962年的所谓"单干风"、"翻案风"联系起来,说这反映了作者是"要拆掉人民公社的台,恢复地主富农的罪恶统治";要代表国内外敌人的利益,"同无产阶级专政对抗,为他们抱不平,为他们翻案,使他们再上台执政"。1965年12月戚本禹在《红旗》杂志第13期上发表文章《为革命而研究历史》,批判翦伯赞提出的历史主义。毛泽东对两篇文章极为称许:"一些知识分子,什么吴晗啦,翦伯赞啦,越来越不行了。""戚本禹的文章很好,我看了三遍,缺点是没有点名。姚文元的文章也很好,点了名,对戏剧界、史学界、哲学界震动很大,但是没有击中要害。要害是'罢官'。嘉靖皇帝罢了海瑞的官,五九年我们罢了彭德怀的官,彭德怀也是'海瑞'。"① 吴晗、翦伯赞等历史学家与毛泽东在阶级观点方面的冲突,由毛泽东作了最为明白无误的揭示:

> 我的意见,还要打倒什么翦伯赞呀,侯外庐呀等等一批才好,不是打倒多了。这些人都是资产阶级,帝王将相派。

1965年9月22日,《史学》专刊第315期发表陕西师范大学历史系青年助教孙达人的文章:《应该怎样估价"让步政策"》。文中强调:"伟大的农民战争冲破了封建罗网,根本改变了地主和农民的关系,才使农民获得了自由。相反,在农民战争失败之后,新建政权的'让步政策'实质上恰恰就是剥夺农民夺得的这种自由,重新束缚农民。"同时认为,农民战争的历史作用表现在推翻和改造了封建王朝,削弱了封建

---

① 毛泽东同陈伯达、胡绳、田家英、艾思奇、关锋谈话记录,1965年12月21日,转引自逄先知、金冲及主编《毛泽东传》(下卷),中央文献出版社,2003年,第1401页。

的生产关系,没有什么根据说农民战争的历史作用非要透过"让步政策"不可。毛泽东看了,十分赞赏。这年12月21日,在杭州同哲学工作者谈话时,说到他对这篇文章的看法:现在出了个小将孙达人,写文章反对翦伯赞所谓封建地主阶级对农民实行"让步政策"。在农民战争之后,地主阶级只有反攻倒算,那有什么让步政策!孙达人的文章,只讲古代,不讲近代;看了近代史,这个问题就更明白了。地主阶级对太平天国就没有什么让步。义和团先是"反清灭洋",后来变为"扶清灭洋",这时得到慈禧的支持。清朝被帝国主义打败,慈禧和皇帝逃跑了。以后慈禧就搞"扶洋灭团"。① 孙达人的观点加上毛泽东的激赏,共同构成了对史学"左"倾化影响极为深远的"反攻倒算论"。

将绝对的阶级价值观和阶级斗争史观付诸于现实,对毛泽东来说是一种宿命,也是毛泽东一生未竟的事业。从1964年到1974年经历了十几年的思想政治斗争,经历种种与论敌、政敌间的分分合合,毛泽东依然斗志未泯。1974年12月26日,毛泽东生日晚上,约周恩来一夜单独长谈,直到次日凌晨,念念不忘的仍然是阶级和阶级斗争。

我国现在实行的是商品制度,工资制度也不平等,有八级工资制,等等。这只能在无产阶级专政条件下加以限制。

所以,林彪一类如上台,搞资本主义制度很容易。因此,要多看点马列主义的书。

列宁说,"小生产是经常地、每日每时地、自发地和大批地产生着资本主义和资产阶级的"。工人阶级一部分,党员一部分,也有这种情况。

无产阶级中,机关工作人员中,都有发生资产阶级生活作风的。②

就像人的自然生命只有一次一样,作为某种阶级价值符号的毛泽

---

① 穆欣:《毛泽东与〈光明日报〉》,《缅怀毛泽东》(下卷),中央文献出版社,1993年。

② 《建国以来毛泽东文稿》第13册,中央文献出版社,1998年,第413页。

东也只有一个——不可能有第二个毛泽东。一代历史人物在特定历史环境产生,历史塑造一种特定的人格特征,具有特定人格、意志品质的人肩负起改造世界的历史使命,一代历史人物塑造了历史却无法重新接受历史的塑造,最为困难的超越是实现自我设定的超越,尤其当这种超越具有终极性质的时候。当现实生活中的毛泽东被绝对主义阶级价值观和阶级斗争政治观裹挟其自然生命终止一生的时候,历史领域的价值观被政治领域的价值观裹挟、历史上封建剥削阶级、统治阶级被现实中的"无产阶级"裹挟,也就同样具有某种宿命的性质。

总之,几乎是 1949 年以后的每一个重大政治关节都同时构成了学术史的重大关节。因为,社会存在怎样,人们的社会历史意识就会怎样;一代人自身有怎样的历史,决定了他们如何思考和观察历史。

二、阶级性与民族性:到底要把民族英雄和帝王将相放在哪个平台上?

1949 年前后,史学界,包括中国社会的历史意识、历史观念,有一个大的变化、大的调整,而且,这个变化和调整方向不同,甚至互相冲突。

一方面,是郭沫若、范文澜、翦伯赞等马克思主义史学的开拓者和上层人物,他们正由"人民本位"向"民族本位"的方向调整,①最为典型的事件是范文澜就《中国通史简编》初版本在 1951 年所作的检讨,检讨的重点是"片面反封建"的错误。所谓"片面反封建",就是对"封建制度"和"封建统治阶级"的代表人物——帝王将相"无分析的一律抹杀"。毫无疑问,这种"片面反封建"是坚持"人民本位"所不能不有的结果。现在,范文澜已认识到这是"非历史主义"的了,他的立场也发生位移了:必须承认在中国历史上占很长时期的封建时代"对于中

---

① 关于"人民本位"论,据现在所看到的材料,为郭沫若首先提出,见《历史人物·序》(1947 年 7 月 2 日作),新文艺出版社,1957 年。

国民族生活的发展有其积极作用"①,这说明他立足的重心正在从"人民"走向"民族",从"阶级"和"集团"走向"大一统"和"共同体"。明确提出"人民本位"的郭沫若这时的变化更大:"为曹操翻案"、为秦始皇翻案、为殷纣王翻案、为武则天翻案,可谓惊世骇俗! 为这些人翻案的主要根据,就是这些人对"大一统"或"民族统一"的贡献:"中国的统一是殷纣王开其端,而秦始皇收其果"②,曹操三打乌桓是反侵略,所以要为他们正名为他们恢复名誉。总之,他们剥削者压迫者的一面这时变得无足轻重了,甚至连曹操镇压黄巾"农民起义"也值得原谅了,在这里,"阶级本位"已完全让渡给"民族本位"了,尽管他们在自觉的层面上未必完全是这样。史学界上层人物这时的"集体转向",说明了毛泽东从"中华民族"层面对历史及历史人物的评价意见正在成为主流意见。

然而这仅是当时学界的一个方面。当时学界的另一方面是,为范文澜所检讨的"片面反封建"倾向愈演愈烈。这一倾向由于得到了来自强大现实的支持反而势头更劲。"搞土改分田地","农民翻身得解放",是当时正在轰轰烈烈展开的新一页历史,"耕者有其田","不劳动者不得食",是"土改"赖以进行的观念基础和"合法性"来源。它所导致的一个观念后果就是"见封建就反见地主就骂"以及任何"封建压迫与剥削"都是非法的这一思潮的流行。史学领域"阶级"尺度在这时的强化就是这一思潮的直接反映。在这种背景下,与上述史学界的上层人物"集体转向"相反,在广大的普通史学工作者中间,"阶级本位"已经登峰造极:连得到公认的"民族英雄"都已遭到质疑和审查,就别说秦皇汉武曹操武则天了。与上层人物一样,普通史学工作者"阶级立场"的强化,也以毛泽东从阶级主体出发所作的大量论述为根据。

在评价历史人物时,在涉及阶级性与民族性的关系上,强调封建阶级代表人物的阶级性,强调其代表的阶级实质,是非历史主义阶级观点

---

① 范文澜:《关于"中国通史简编"》,《新建设》1951年第2期。
② 郭沫若:《关于目前历史研究中的几个问题》,见《文史论集》,人民出版社,1961年,第10页。

论者贬抑封建统治阶级代表人物普遍采用的论述思路。适用这样一种论述思路,在建国初期的历史人物评价讨论中,一批历史上公认的民族英雄首先遭到了不同程度的否定。针对岳飞评价,有人揭露说:岳飞所爱的,只是封建阶级的国家,赵家皇帝的国家,因此,他就不能称为伟大的爱国者。"不仅如此,岳飞,他是对人民有罪的。"①又有人说:岳飞虽然曾经抵抗金人的侵略,但他后来服从宋高宗赵构的命令,从前线撤退,体现了岳飞的"封建奴才思想"。从这个角度说,岳飞只是一个"封建时代的平庸脚色",算不上什么"民族英雄"。② 对于史可法,有人说他曾镇压过农民革命,他虽然"宁死不降,也只是为了殉阶级,并不是为了殉民族",文章作者发问道:"史可法真是民族英雄吗?我要求人民的历史家回答这个问题。"③论及李纲,有人说,李纲当年主战,"在表面上好像他能反对投降是好的,可是他所以主战,正是为了保全大宋皇上至高的统治权",因此不值得表扬,以免使人"被李纲的'忠心'所迷惑"④。

在揭露几个"民族英雄"阶级性的同时,个别学者似乎也注意到了历史人物的历史性,主张运用历史观点对历史人物作出评价。例如,1951年秦文兮发表在《历史教学》上的关于岳飞评价的文章,虽然也对岳飞作出了否定性的评价,但他强调,对岳飞作出全面性的评价,离不开历史观点。他说:

> 中国在长期封建社会中,每一个新生的朝代也都有一定程度的进步性,而它新生之前的斗争也就是革命斗争,这是因为每一个新生的社会或朝代都适当地减轻了对人民的剥削,提高了生产,繁荣了社会;每一个没落的王朝,却只是一味加重剥削,腐化无能,无法顾及人民的生活,所以它是反动的。岳飞所处的南宋正是这样一个反动的王朝。

---

① 石英:《岳飞,他是对人民有罪的》,《新闻日报》1951年1月10日。
② 秦文兮:《岳飞到底算不算民族英雄》,《历史教学》1951年第5期。
③ 丁正华:《史可法是民族英雄吗?》,《历史教学》1952年第5期。
④ 人桀:《对〈皇帝与妓女〉的意见》,《大公报》(上海)1951年6月30日。

岳飞处在这样一个朝代,仅仅"为了服从命令,放弃保家卫国抗击侵略的任务,使已经得到胜利的战争倒退到失败上去,我们能尊他是个'民族英雄'吗?'将在外,君命有所不受',古有明训,并不要岳飞自己去创造。甚至,要真是为了救民族国家的危亡,在必要时何妨取宋室而代之"。①

秦文兮的观点,从语言到思路可以说完全袭用了毛泽东对电影《武训传》的评论(毛泽东对电影《武训传》评论的影响,将在下文详述)。我们认为,秦文兮强调的历史观点,并不是基于历史人物置身的原始历史环境的历史观点,很大程度上还是今人或他自己的历史观点,体现的是当今时代的历史视野。实际上岳飞在他生活的时代还是难以判定他所服务的王朝是一个"新生的"、"先进的"王朝还是一个"没落的"、"反动的"王朝的,提出一个"取宋室而代之"的可能性标准要求古人,从对历史人物的主观评价来说,显然是苛求于人。因此,这样的"历史观点",只能是一种形式的、抽象的历史观点。当然,为历史人物确立现代的苛刻标准,其效果还是在于凸显历史人物的阶级性和阶级局限性。

把阶级性或阶级标准推向极致的结果,是否定历史人物的民族性和他们对于民族的贡献,最终导致对于文明史或阶级史的否定。1953年一位学者提到:近来有一种论调,认为中国"三千年来的封建统治阶级中,没有一个好家伙,一句话:朝朝代代都是坏蛋坐江山"。这种非历史主义的观点并不是一种个别现象,而是在当时的历史教学和历史研究工作中,具有相当的普遍性。② 而在1958年以"厚今薄古"为内涵的"史学革命"中,从"厚今薄古"发展为"厚劳动人民薄帝王将相",则展现了另外一种价值逻辑。

这时,"厚今薄古"主要被理解为要厚劳动人民的历史薄剥削阶级

---

① 秦文兮:《岳飞到底算不算民族英雄》,《历史教学》1951年第5期。
② 漆侠:《正确认识历史上的封建统治阶级和封建王朝》,《新建设》,1953年第7期。

的历史,最后发展为"打破王朝体系","写没有帝王将相的中国通史"。中山大学一份题为《应该拔掉这面白旗——和陈先生商榷关于教学和科学研究问题》的大字报写道:在我们今天的社会里,作为教历史这一门科学的人,他们必须以这些作为教学目的:用马克思列宁主义立场、观点、方法,阐明历史的发展规律,系统地阐明你要讲的那一段历史的社会经济、政治形态、劳动人民是历史的主人。华东师范大学的大字报批评本校的历史教学,在整个历史教材中,还是以帝王为中心,看不见人民大众在历史上所起的主导作用。似乎帝王将相是历史发展的决定者和推动者,似乎历史成为王室的世系家谱。其具体表现是:帝王将相统治集团的活动,占了绝大部分的篇幅。大字报说,中国史的教材中,以帝王将相为中心更加明显,对统治集团内部的斗争津津乐道,从两汉的外戚和王室权贵的斗争,讲到东汉党锢之争,西晋的八王之乱,李唐的玄武门之变,安史之乱,明朝的靖难之役,土木之变,夺门之变,明内阁纷争,三大案到党争等等,都作了详细的介绍,占有很大的篇幅。然而对农民起义、农民战争,却是冷冷清清,只占很少的篇幅。《批判在历史教学中厚帝王将相薄劳动人民的唯心观点》是天津师范大学历史系一位学生公开发表的一篇大字报式的文章,文章说,他们系许多教师有意无意地把历史讲成为帝王将相的家谱,表现了贬低劳动人民的唯心观点。他把这种表现概括为以下三点:首先,在教材上,大量堆积关于封建统治阶级的史料,津津乐道地讲述帝王将相的荒淫生活,统治集团内部的斗争,如玄武门之变等等。而农民的革命斗争却占教材很小的分量,在隋唐宋元史的讲义中占10%,在明清史的讲义中占18%,讲解中还常常大量删节。第二,在整个历史教材中,以帝王将相为中心,帝王将相是历史事变过程的决定者和推动者。每一个朝代,几乎都是在初期实行了"让步的"、"明智的"政策推动了社会发展,带来了经济的繁荣,并引用大量的封建文人的诗文过分赞美封建社会的繁荣时代,如文景之治、贞观之治等等,并且把社会繁荣说成是统治阶级的贤明所缔造。这正好是把历史的创造者颠倒过来,劳动人民的生产斗争和阶级斗争成了帝王将相的附属品。相反,对许多规模巨大的农民起义却轻描淡写,像赤眉、黄巾、黄巢、李自成等大起义的历史意义很少加以研究和阐述,而且讲述时冷冰冰,毫无劳动人民的感情。这不是很明显地说明教师思想感情是爱什么?恶什么?第三,美化帝王将相,丑化农民革命。文章说,以隋唐五代宋这一段为例,讲义对许多帝王将相大加赞赏,如说隋文帝"尚俭节,戒浮华",政治清明,使经济繁荣;隋炀帝修了运河,打击了豪强;唐太宗纳谏,整顿吏治,从人民利益出发;武则天提高了妇女的地位;唐玄宗对发展生产有贡献;赵匡胤完成了国家的统一;宋真宗推广良种,在宫中种起实验田;宋神宗年轻有为,发愤改革;宋徽宗有着"画、字、诗词都很好的放浪文人的风格";宋高宗奖励垦殖,等等,无一不成了"好皇帝",表现了对这些人物的无限爱戴与敬仰,这难道能够培养劳动人民的感情吗?这些教师在历史教学中对历史上的帝王将相总是找到他们某一点专长,加以宣传和夸大,表现了他们对封建王朝统治者的美化的思想情感。对于帝王将相是这样那样地来颂扬美化,但对农民革命斗争却任意丑化,夸大农民的落后性,如说赤眉军在长安宫殿上不守规矩是失败的原因之一;西晋时的流民起义一碗饭就可以解除农民武装;唐太宗统一是正义的符合历史发展的,而被"平定"的隋末农民起义余支则是非正义的反动的。还把唐末庞勋起义失败的原因归结为他们的"骄横",归结为对居民的"掠夺"等。显而易见,讲课的老师是如何地贬低农民革命运动了。文章最后说,厚什么,薄什么,以谁为主,以谁为次,歌颂谁,贬低谁,这不就是历史教学中两条道路的斗争吗?我们必须在历史教学领域中展开两条道路的斗争,拔掉白旗,插上红旗。①

北京师范大学历史系的三位教师,针对当时的史著和教材,率先喊出了"打破王朝体系"的口号。他们在文章中介绍该校历史系中国古代及中世纪史教研组的教学改革,把打破旧大纲的王朝体系,列为一个主要的努力目标。他们认为,不打破王朝体系就不能很好地体现历史

---

① 杨承训:《批判在历史教学中厚帝王将相薄劳动人民的唯心观点》,《历史教学》1958年第8期。

发展的规律,不能体现劳动人民是历史的主人,不能体现中国史是以汉族为主的各族人民共同的历史;从而我们也就无法在自己的教学工作中贯彻"兴无灭资"、"厚今薄古"的方针,不能使历史科学为社会主义事业服务。他们认定本系的中国古代及中世纪史教学大纲是王朝体系,所提出的根据有三条:一是旧大纲以王朝的兴亡始末作线索,客观上把自己的教学内容讲成王朝兴亡史。比如,旧大纲不少地方直接以王朝的名称作章节的标题,像"三国鼎立"、"西晋"、"隋"等。并且细目的编排,某些王朝也是有头有尾,自成起讫。像"汉始建国"、"汉帝国的再建"、"汉帝国的瓦解"之类,联系起来,就使人感到是那么念念不忘两汉的兴亡。二是过多讲述帝王将相及其他统治阶级人物的活动。他们说,人民群众是历史的主人,只有历史唯物主义才能给人民群众在历史上的创造者作用以科学的论证。但是,我们的旧大纲在王朝体系的笼罩下,势必使统治阶级人物占据了不适当的地位和不必要的篇幅,妨碍了上述论证的发挥。文章说,在我们的旧大纲中,秦始皇、汉武帝、唐太宗都独立成节,其下是"帝国规模的创建"、"帝国的扩张"、"经济情况",乃至农民起义等子目。这样,不光为一些不必要的帝王即位时间、年龄、什么人拥立等浪费了笔墨,而且以帝王个人来总括一个历史时期,就导致把这一时期历史都写成似乎是帝王们的事迹。这显然是英雄创造历史的资产阶级观点。与帝王的成败相联系,什么专政啦,擅权啦,朋党之争,分权集权之争等等也讲得过多。作者说,在这种情况下,关于人民群众的历史,首先是阶级斗争讲得不够。农民起义占的分量少,对特点、作用的分析不突出。正如同学们所说,在我们讲义中,"这是次要的,是演配角的,讲人民起义是为了说明王朝兴亡的原因,当它完成了这个任务以后就赶出舞台了"。这是王朝体系的根本缺点。三是旧大纲没有反映出中国各民族大融合为主流的历史关系,战争关系讲得多,文化、经济交流讲得少,这不符合历史事实,不符合党的民族团结友好互助政策,因此,王朝史体系阻碍我们恢复祖国历史的固有面貌。①

从1958年下半年开始到1959年,全国几乎各高校都掀起了新编教材和讲义的高潮。为了保证新编大纲、教材、讲义的政治方向,当时人们采取了"党委、学生、教师"三结合的编写方式。②据说,不少学校还由学生担任三结合编写组的组长。中学历史教材也加入了重新编写的行列。为了突出劳动群众的作用,腾出更多的篇幅给劳动群众,人们在新编的教材中"把帝王将相的活动,统治阶级内部狗咬狗的斗争,以及传统视为十分重要的政治制度和政治沿革都予以删减,王朝的名称只是作为纪年的符号,其始末概不加以叙述"③。这叫做"写没有帝王将相的中国通史"。

1958年史学革命在某种意义上是革帝王将相的命,"要把一切帝王将相赶下历史舞台"④。对于持守历史主义阶级观点的学者来说,只有毛泽东在不同场合肯定过的几个历史人物,才是他们可以大胆肯定的底线和最后的防线。于是,"一部中国通史提到的帝王只有秦皇汉武唐宗宋祖四个人,后来又加了一个曹操,一个武则天"⑤。至此,可以说非历史主义的阶级观点达到了登峰造极的地步。

对片面的阶级价值史观和绝对的阶级斗争史观展开反思,始自范文澜,这也是范文澜从自身展开的一项反思。因为把农民阶级价值史观和农民阶级斗争史观推向极端,必然导致对民族历史的全盘否定,这就引出了一个问题:如何处理阶级性与民族性的关系?1951年,范文澜在修订《中国通史简编》时,注意到了毛泽东的相关论述。

> 我们不应当割断历史。从孔夫子到孙中山,我们应当给以总

---

①② 陈继珉、玉质瑛、伍步良:《王朝体系必须打破——修订中国古代及中世纪史教学大纲的一些体会》,《历史教学》1958年第8期。

③ 北京五十六中历史教研组:《打破王朝体系讲述劳动人民的历史——改编高中中国历史课本的几点体会》,《历史教学》1958年第12期。

④ 据说此言出自陈伯达。转引自孙祚民《山东师院学报》1979年第5期发表的一篇文章。

⑤ 翦伯赞:《目前史学研究中存在的几个问题》,《江海学刊》1962年第5期。

结,承继这一份珍贵的遗产。

> 剔除其封建性的糟粕,吸收其民主性的精华,是发展民族新文化提高民族自信心的必要条件。

范文澜认为,这正是无产阶级对待历史遗产的正确态度。由此他提出:

> 对于整个封建时代的历史应该采取这种马克思主义的历史分析的态度,对于个别的历史人物、个别的历史事件也同样应该采取这种历史的分析态度。无分析的一律抹杀或一律颂扬,都是主观主义的、非历史主义的观点的表现。

范文澜把非历史主义观点的主要表现概括为"片面的反封建"和"借古说今"。应该说,在绝对化的一概否定统治阶级及其代表人物的背景下,范文澜的反思迈出了难能可贵的一步。同时我们也要看到,其反思仍然存在"片面的"一面。他对统治阶级个别人物的肯定仅仅是从整体上否定统治阶级的前提下的肯定,即范文澜的论述策略是作出一种"整体—个别"的类型划分。他说:"属于封建统治阶级的帝王将相,就他们整个阶级的地位来说,没有问题是压迫人民、剥削人民的。但是他们中间的某一些人,在一定的历史条件下,确实也起了推动历史进步的作用,如果一律否认或缩小他们对历史的贡献,那是不对的。"他进而列举了实际上被毛泽东点评过的"秦皇、汉武、唐宗、宋祖"几个事功突出的帝王。①

在对统治阶级的历史作用进行全面的反思方面,史学界代表性的力作是1953年漆侠发表在《新建设》上的《正确认识历史上的封建统治阶级和封建王朝》一文。文章分三部分,作者在"不能一笔抹煞三千

---

① 毛泽东的点评见毛泽东的词作《沁园春·雪》,其中有如此概括:"江山如此多娇,引无数英雄竞折腰。惜秦皇汉武,略输文采;唐宗宋祖,稍逊风骚。一代天骄,成吉思汗,只识弯弓射大雕。俱往矣,数风流人物,还看今朝。"显然,毛泽东把几个帝王列入了中国历史的"英雄""风流"行列。毛泽东的词作写于1936年,发表于1945年国共重庆谈判期间,一时轰动山城重庆及解放区,引出和词不下50首,由此可见影响之不一般。

年来的封建统治阶级"的题目下,强调了封建社会作为人类社会发展的一个阶段所应有的历史价值。他说:

> 封建制度在今天说来,是我们要彻底消灭的东西;但在古代的历史上,它代替了奴隶制度,却是历史发展中的一个重大进步。

> 如果没有三千年的封建社会,也许就没有今天的新民主主义社会。

具体到阶级价值,我们认为漆侠的论述策略是从"全程—时段"关系上对封建统治阶级与劳动群众作出了区分。漆侠指出:"在社会发展的全过程中,推动历史前进的真正动力,乃是千百万的劳动群众,但是,各个阶段的统治阶级(指资本主义社会及其以前的阶级社会)也曾起过一定的推动作用。"

在"正确认识封建统治阶级及其杰出的代表人物在历史上的作用"题目下,作者实际上批评了从德性、伦理的角度看待阶级剥削、阶级统治现象。他引述了普列汉诺夫《论一元论历史观之发展》的观点:"大家知道:在长时期中俄国农民自己曾能够有亦常常有过农奴。农奴的状况对于农民是不会高兴的。可是,在俄国当时的生产力底状况下,没有一个农民能够在这个状态中看到不正常之处。积蓄了一些钱的'田夫'自然而然地想到购买农奴,正如罗马的自由民企图获得奴隶一样。在斯巴达克领导之下起义的奴隶曾与自己的主人进行了战争,可是没有和奴隶制进行战争,假若他们能够得到胜利,他们在顺利的条件下,他们自己会泰然自若地做成奴隶占有者。"① 看得出来,漆侠的引述旨在说明,统治阶级与被统治阶级的分别并不是产生于什么德性差异,或者说他们根本就没有什么德性差异。阶级、剥削、封建制度这些现象都是经济必然性的产物。作者进一步说,由此可见,在封建社会中,由于农民不是新的生产力的代表者,所以很多次的农民战争,只是打击了封建地主,却没有变更封建剥削制度;农民战争即便是取得胜

---

① 《普列汉诺夫哲学著作选集》,三联书店,1959年,第685页。

利,推倒了某一个封建王朝,但是继之而起的,却是另外一个封建王朝。作者说,如果我们能认识封建社会中这一必然趋势,那么,我们对于那些从农民战争中的胜利中建立新帝国的创业者,像刘邦、朱元璋等,就不必以"阴险的篡夺者"之类的庸俗观点,来否定他们的作用,同时,更不必因此而否认这些封建帝国的历史地位了。看得出来,作者在这里采取了消解主观伦理价值,凸显客观历史价值的论述策略。文章第三部分,作者论述了"正确认识封建社会里主要王朝的历史地位问题"。作者实际上强调了一种"名—实"关系。他认为,"周秦等几个朝代,不仅仅是那几个封建国家的标志,尤其重要的,它是我国封建社会向前进展的标志"①。从以上可以看出,漆侠的《正确认识历史上的封建统治阶级和封建王朝》一文是对"片面反封建"、统治阶级罪恶观、剥削阶级负价观,总之非历史主义剥削阶级观的一次比较全面的清理。与此同时,它也是对那种纯粹的农民阶级价值观、僵化的阶级对立观、颠倒的农民主体历史观,总之非历史主义的农民阶级观的一次比较全面的清理。此文的发表标明,由范文澜的自我检讨开其端,有漆侠的系统论证继其绪的马克思主义史学,正在努力走出战时史学、伦理史观自我遮蔽的迷雾和盲区,还原马克思主义史学本来的面貌。

封建统治阶级或地主阶级,作为一个阶级应该予以否定,但不否认统治阶级或地主阶级的个别人物,曾经在历史上作出一定贡献,这似乎是一个当年大多数学者坚持的一个"辩证"观点。翦伯赞分别从历史本体和历史主体层面揭示了这一"辩证关系"。1959 年,翦伯赞在《目前历史教学中的几个问题》一文中批评历史教学中"避免提到个别历史人物"的叙事方式,实际是以历史必然性、社会发展规律性代替统治阶级及其代表人物历史作用的叙事方式:有些教师把商鞅变法改为秦国变法。凡是讲到汉高祖的地方,都用"汉初"二字代替他的名字。把亚历山大东征改为马其顿东征,把革拉哥兄弟的改革,改为农民为保持

---

① 漆侠:《正确认识历史上的封建统治阶级和封建王朝》,《新建设》,1953年第 7 期。

土地而斗争。理由都一样,即认为上述历史事件和学术思想,都是历史的必然性或社会经济发展的规律性所引出的结果,和个别历史人物没有任何关系。翦伯赞认为,着重说明历史发展的必然性是对的,因为历史教学的任务,就是要从社会经济发展的深刻过程揭示它的规律性,或整个历史发展的必然性。但是历史发展的必然性,是通过无数偶然事件实现出来的,如马克思所说:"如果偶然性不起任何作用的话,那么世界历史就会带有非常神秘的性质。"历史"发展的加速和延缓在很大程度上取决于这些'偶然'情况,其中也包括有像起初领导运动的人们的性格那样的'偶然'情况"。列宁也说过:"历史必然性的思想也丝毫不损害个人在历史上的作用,因为全部历史正是由那些无疑是活动家的个人的行动构成的。"在翦伯赞的叙述中,与这种必然性和偶然性本体关系相对应或可以转换的主体关系就是人民群众与个人的关系。翦伯赞说:

> 全面地讲述历史,应该是在肯定历史必然性和人民群众是历史的主人的原则下,承认个人在历史上所起的作用。因此在讲述历史时,就不必避免历史上的杰出人物,包括帝王将相在内。

按照上述逻辑,似乎帝王将相也可以纳入人民群众的行列了。然而,翦伯赞并没有明确地表达这一逻辑。在翦伯赞的叙述中,统治阶级与人民群众还是一对对立的范畴,统治阶级似乎并不是构成人民群众的一个阶级。总之,翦伯赞在这样一种"辩证"形式下,再次剔除人们的阶级偏见,重新肯定了部分的帝王将相。他说:

> 避免讲汉高祖,不过因为他是一个帝王;拿破仑也是一个帝王,恩格斯却认为他是被战争弄得废竭的法兰西共和国所需要的军事独裁者。不讲商鞅,不过因为他是一个将相;俾斯麦也是将相,而恩格斯却恰如其分地肯定了这位有丰富的、实行的阅历而又非常狡猾的人物,实行了和普鲁士希望一致的民族统一。①

在"偶然性"的"合法"名目之下,翦伯赞揭示了统治阶级代表人物

---

① 翦伯赞:《目前历史教学中的几个问题》,《红旗》1959 年第 10 期。

与劳动人民的互动关系。"秦始皇没有挑土,汉武帝没有筑长城,隋炀帝没有挖河,但是他们却是这些巨大工程的发动者、组织者,不承认他们动员和组织工作的作用是不对的。""不仅公共工程如此,在以往的阶级社会中,劳动人民从事任何劳动生产,都必须以各种被奴役被剥削的身份参加到一定的生产关系中去,在他们的对面是各种各样的剥削阶级。"①在这里,实际的互动关系与必然性、偶然性的角色担当,应当说具有强烈的"反讽"意味。然而,"人民群众"体现价值主体性、担当历史必然性的观点是一代史学家不能突破的信念。即使是自觉地坚持历史主义阶级观点的史学家,实际上他们坚持的历史主义,仍然带有很大程度的抽象性。他们根本没有把阶级现象还原到生产力、社会分工的根本性层面来进行认识和评价。在这一方面,嵇文甫所提出的看法和见解看来最为系统最为典型。

1956年、1957年嵇文甫出版《关于历史评价问题》和《关于历史评价及其他》两书。该书从方法论层面对历史人物评价作了一些探讨,其中提出防止两种偏向。两种偏向,其一是"左"倾偏向,对过去的阶级社会、剥削阶级及其代表人物统统否定,"只讲农民革命就够了","除了这个,我们中国这五千年算是白过"。其二是右倾偏向,一切存在都是合理的,把过去的人都宽容了原谅了。着眼于解决上述问题,嵇文甫就如何处理历史评价中的多重价值冲突提出了看法。例如:

1. 起革命与当皇帝。嵇文甫说,这是一个关于农民战争的问题。农民革命是反对封建压迫的,但每一次农民战争的胜利,最后总还是成立一个新的封建王朝,原来的农民领袖便当了皇帝。这是个矛盾。这个矛盾问题在历史上广泛地存在着。像刘邦、朱元璋这些人,都是在农民战争中起来,而最后当了皇帝。我们当然说他们是背叛了革命。但是这也成了规律了:农民战争领袖成功以后总是当皇帝。他说,你是不是讲到这里总要把他们骂一顿完事呢?我想我们不应该这样。他强调,对这个问题我们一定要掌握住历史唯物主义。他认为,历史上农民

---

① 翦伯赞:《目前历史教学中的几个问题》,《红旗》1959年第10期。

战争总不外以下三种结果:第一种,农民有自己的政治理想和奋斗目标,如果农民不愿走封建王朝的老路,也有他本身的一套政治理想的话,那就是平均主义,或者说是农民社会主义。在我们历史上的黄巾、方腊,就有这样一套平均主义的思想。最明显的就是太平天国,他们竟然有一套系统的空想社会主义,但是这种空想的平均主义的社会主义,当然是永远不能实现的,所以这些农民革命总是不得不归于失败。第二种,根本没有奋斗目标、政治思想,只是为饥寒所迫,铤而走险,起来就是起来了,至于起来干什么,连他们自己也不明确,因而就不能有一套政治机构、政治设施,结果就成了"流寇主义",不知道恢复生产秩序和巩固政权。当然,推翻了旧王朝,打击了封建统治,这是有进步意义的,但是到处流窜,有什么意义,有什么出路呢?嵇文甫说,广大人民不要这个,时候长了,他们自己也就散了。农民还要回家种地,留下来的只是一些流氓无产者。第三种,能够恢复生产秩序,有些政治措施,但是最后结果不过是建立一个新王朝,实行一些轻徭薄赋、休养生息的政策,而在性质上则仍然为封建政权,农民身上的枷锁仍然不能去掉。嵇文甫说,三条路都走不通,而且也不能再生第四条路。所以,历史上的农民战争都不得不演成历史悲剧。只有在无产阶级领导下,农民才能够找到自己解放的道路,农民战争才会真正获得胜利,可是这里头产生了这样一个问题:历史上不会有无产阶级领导,但历史总是要向前发展的吧?农民战争没有出路,三条路都走不通,但是,无论如何,历史总得往前走,总不能就断到那里呀!从秦汉以来一直到中华人民共和国建立,尽管经过了怎样迂回曲折的道路,但几千年的历史总是在那里不断发展、不断进着吧?它从哪里进步和发展下来的呢?嵇文甫说,毛主席认为农民战争的结果,多少推动了社会生产力的发展。那么,所谓推动生产力,具体表现在什么地方呢?嵇文甫认为,就表现在新王朝的政治和经济的设施上(在农民战争期间当然很少有可能发展生产力),就表现在新王朝所实行的一些轻徭薄赋、休养生息的政策。他说,历史上的每一次农民战争就这样促使封建社会在生产上有所发展,在阶级关系上有所缓和。嵇文甫揭示出来的这一由农民阶级、农民战争自身生发出来的历史逻辑和矛盾,可以说是对那种纯粹的农民价值观、片面的统治者罪恶观、僵化的阶级对立观的彻底反讽,同时他也是在实际上深刻揭示了所谓农民革命所面对的从旧制度的破坏性解构到新制度的建设性缔构之间难以逾越的巨大鸿沟。

2. 伟大工程与暴虐百姓。嵇文甫说,中国历史上有许多伟大工程,直到现在我们还引为光荣。但就当时说,这往往与暴虐百姓相连。好呢?坏呢?这里面是有矛盾的。长城与古代中国的战争有相当关系,运河对中国的交通水利有很大用处,它们不仅是伟大的工程,而且对中国历史发展确实起了好作用。但是我们讲历史讲到这里的时候,也要说他们暴虐百姓。秦始皇、隋炀帝之所以为暴君,在修长城、挖运河的时候也具体表现出来了。祖国历史上的伟大工程,谁晓得它里面包含着几许辛酸,几许血泪!如果用形而上学的思想方法,我们就没法子理解这个问题。嵇文甫说,一件件伟大的工程,即以现在的技术水准,以现在人民自己当家做主的政治条件来说,组织几十万几百万的劳动力也还是一件复杂而艰巨的工作。何况在古代?姑不论秦始皇、隋炀帝那样的暴君,即是"好君",也在所难免。嵇文甫说,伟大工程与暴虐百姓,功罪不相掩,光明面与黑暗面互相矛盾地存在着。我们必须正视这个矛盾,而不能把矛盾取消。看得出来,在这里,嵇文甫不想以简单的功罪相折去评定一个历史人物,他要求人们正视历史发展过程中的这种矛盾着的冷酷的现实存在,其深层次的意蕴就在于:历史的进步与代价是一对矛盾,他们是不可避免地紧密联系在一起的。

3. 抵抗异族与镇压农民。嵇文甫说,这也是常常发生的矛盾问题。像岳飞、史可法,前些时就为这一点,曾引起大家不断的争论。有些认为,岳飞、史可法抵抗了异族侵略,是民族英雄;但又由于他们镇压过农民革命,所以有些人又说,不应该算作民族英雄。嵇文甫指出,关于这个问题,我们也应该照顾全面,不能片面看问题,不能强调一面,抹煞一面,但两边都提,黑暗面也有,光明面也有,半斤八两,平头并列,行不行呢?他认为,这也不对。他说,从根本上讲,从历史主义来看,在那个时代是封建时代,岳飞、史可法是封建统治阶级的人物。对于统治阶级的估价,本来就是有限度的,对他们的要求,也是有限度的。对农民来说,他们要求的不过是好皇帝,与这个要求有连带关系的,就是好的官吏,要求有个包公出来为大家申冤。他说,岳飞、史可法以自己的生命来抵抗异族侵略,固然不是单纯从人民利益出发,但是如果他们的行为不符合广大人民的利益,我们也就不会说他是民族英雄了。他说,早在我们纠缠不清以前,当时的人民就有了自己的态度,自己的评价了。人民比我们更清楚他们自己的切身利益。人民拥护岳飞,怀念史可法。嵇文甫说,史可法等人都是所谓"易地则皆然"的人物。在和平时期都是所谓"正人君子",和宦官恶势力对抗;到了异族侵来了,就抵抗异族;到国内农民战争起来了,他们就会当皇室的忠实走狗,镇压革命。我们不能因此就否认他们的民族英雄的地位。嵇文甫这里揭示了阶级性与民族性的矛盾性存在。在阶级社会中,阶级相对民族来说,是一种更为具体的实体存在,民族性总是通过阶级性来体现的,并且往往是通过统治阶级来体现民族性的,统治阶级之所以是统治阶级本身就意味着民族的存在是一种实体性的存在,那种撇开阶级性、要求民族性的幻想,实际上只能导致民族性的取消。

4.统一与自卫。嵇文甫说,这个问题也是常常碰到的,诸如秦与六国、晋与三国的关系就是这样。他指出,大家都说秦始皇的统一有进步意义,这自然是肯定了的。但是如果就此推论起来:凡是反统一的就是反动分子,凡秦兵所到之处都应该望风投降,可以吗?那末像廉颇、蔺相如等等岂不是都应该痛骂一顿了吗?那末,三国时期,对于诸葛亮岂不是应该大加否定,而对于谯周岂不是应该大加表扬了吗?因为谯周主张投降呀!按照形而上学的思想方法来推理,如果统一有利,自卫就有害,谁自卫谁就大逆不道。他认为,这样一来,恐怕历史就没法讲了。他说,统一是有利的,它推动了我国封建社会的大踏步发展。但是如果我们因此就养成了一种传统精神——望风而降,我们的民族还能不能发展。他说,廉颇、蔺相如这一类的人物,在六国很多,他们表现了我们民族酷爱自由、反对压迫的精神,这种精神是值得表扬的。他说,当然,你要问:保卫住赵国,把六国多保几天,能对历史起多大作用呢?有什么好处呢？他回答说：我们原来就没有表扬他们别的什么好处，所表扬的只是那一种酷爱自由反抗压迫的精神而已。嵇文甫这里实际触及了人的存在的两重性，即现实性存在和精神性存在，他由此而揭示了历史评价中的两种思维，即历史理性和价值理性。看得出来，嵇文甫在阶级层面，坚持了冷酷的历史理性，在民族层面，他仍然崇尚、褒扬了价值理性。而这又是由个人、阶级隶属于特定的民族国家的现实决定的。

5. 民族战争与民族融合。嵇文甫说，历史上民族融合的过程，绝大多数不是经过和平相处的。他认为，凡是侵略，责任都应该由统治阶级来负，可话又说回来，同是侵略战争，所起的作用不一样。有的民族战争具有侵略性质，但在客观上对中国历史发展也起了进步作用。在这里，嵇文甫再次深刻地提示：以往人类历史发展借以展开的价值关系、价值形式内蕴的深刻矛盾——正价与负价，是如此相互缠绕、纽结在一起。

6. 就当时看和就现在看。嵇文甫说，一件事情，往往就当时看是进步的，而就现在看是落后的甚至反动的，我们不要把时代混淆。我们现在会说奴隶制多落后，多残酷，但是在当时倒很有它的进步性。思想史上的孔子、好皇帝、包拯那样的"清官"、诸葛亮那样的"军师"，都是值得肯定的，同时肯定他们，并不等于说要在今天来提倡，必须划清时代界限。在这里，嵇文甫实际揭示了历史发展过程之否定之否定的辩证本性，相应的，历史评价的标准即应当体现历史性，这种历史性说到底就是坚持过去标准与现代标准的辩证统一，既把握两者的联系，又把握两者的区别。

嵇文甫揭示的六对矛盾包含了主观与客观、阶级性与民族性（或公共性）、历史与现代的多种或多重矛盾和价值的对立关系，通过六对矛盾对立统一性的揭示，其中一个核心，是肯定了统治阶级及其代表人物的历史作用。他要求正视这些矛盾的客观存在，要求消除形而上学的对立。正视统治阶级的作用，因为它是农民阶级不可替代的，甚至它就是农民阶级所要求的；对于举办伟大工程的统治者来说，甚至其对于人民群众的暴虐行为都是不可以苛责的，因为有些客观原因，很难避免；统治阶级所代表的民族性，导向统一结果的相互征战，通过民族战争实现的民族融合,都向我们展示历史的严酷的现实性。他最终要求我们确立的,不仅是历史主义的阶级观点,还有历史主义的民族观点。当然,我们认为,二者也是紧密联系的。如果不能确立历史主义的阶级观点,就不能真正确立历史主义的民族观点。正是在这一点上,我们认为,嵇文甫在评价封建统治阶级及其代表人物方面,在多种、多重价值取向和视角的把握上,达到了一个全面性的高度。

消除封建统治阶级与农民阶级在经济利益关系上的绝对对立性,承认或肯定在对立的双方关系中存在某种"合意性"尺度,甚至以被统治、被剥削一方的认可作为评价统治、剥削一方行为的"合法性"标准,从而确认存在一种"合法剥削",这是嵇文甫论点对传统的伦理史观的最大冲击之所在。消解统治阶级与被统治阶级的绝对对立,是确立统治阶级及其代表人物民族主体性的前提。甚至对于曾经直接镇压过农民起义的统治阶级代表人物来说,确立"镇压"的"合法性",也是一个必要前提。郭沫若为曹操所做的"翻案"文章中一个"敏感"问题,就是如何处理曹操攻打黄巾起义军的问题。

1956 年郭沫若在出版《历史人物》(上海新文艺出版社)一书时,在《论曹植》(1943 年发表)一文中,加写了如下文字:

> 假使曹家的天下更长久得一些,我看魏武帝和魏文帝会被歌颂为中古的圣王,决不会被斥为"篡贼",为"奸臣"。曹操在舞台上会表现为红脸,而不是粉脸。这场历史公案,今天应该彻底翻它一下子了。①

1959 年 1 月 25 日《光明日报》刊载了郭沫若的《谈蔡文姬的〈胡笳十八拍〉》一文。文章高度赞扬了曹操赎回蔡文姬的功绩,认为"从蔡文姬的一生可以看出曹操的伟大","曹操对于民族的贡献是应该做高度评价的,他应该被称为一位民族英雄","把曹操当成坏人,当成一个粉脸的奸臣,实在是历史上的一大歪曲"。对于郭老这些惊世骇俗的

---

① 参见林甘泉、黄烈:《郭沫若与中国史学》,中国社会科学出版社,1992 年,第 366 页。

第二章 "前十七年"历史主义阶级观点与非历史主义阶级观点的初步交锋

论点,翦伯赞迅速著文响应。他在《应该替曹操恢复名誉》的文章中认为,曹操不仅是三国豪族中第一流的政治家、军事家和诗人,并且是中国封建统治阶级中有数的杰出人物。① 随即郭沫若又发表《替曹操翻案》一文重申前论。② 对于他们的见解,赞成者有之,反对者也不少,在全国史学界、文学界、戏剧界形成了一场关于曹操评价的大讨论。据统计,仅1959年1至7月,见于各种报刊上有关曹操评价的文章,就有140多篇,形成了20世纪50年代文化学术界一次"百家争鸣"的高潮。

肯定曹操需要给出合理解释的一个敏感问题是曹操与黄巾的关系问题,这个问题由郭沫若自己提出并作出了明确回答:"曹操虽然打了黄巾,但没有违背黄巾起义的目的。"

> 曹操虽然是攻打黄巾起家的,但我们可以说是承继了黄巾运动,把这一运动组织化了。由黄巾农民组成的青州军,是他的武力基础。他的屯田政策也是有了这个基础才能树立的。他锄豪强,抑兼并,济贫弱,兴屯田,费了三十多年的苦心经营,把汉末崩溃了的整个社会基本上重新秩序化了,使北部中国的农民千百年来要求土地的渴望基本上得到了一些调剂。③

> 研究历史或者评判历史人物,总得根据历史唯物主义,实事求是地来进行。我们不能把今天的标准来衡量曹操,也不能把今天的标准来衡量黄巾农民义军。④

毛泽东在不同场合肯定过的历史人物,是历史主义阶级观点的最后防线。在"文革"前十七年的历史中,"一部中国通史提到的帝王只有秦皇汉武唐宗宋祖四个人,后来又加了一个曹操,一个武则天"⑤。硕果仅存,还要归功于历史主义学派充分利用了毛泽东提供的政治资源。

---

① 翦伯赞:《应该替曹操恢复名誉》,《光明日报》1959年2月19日。
② 郭沫若:《替曹操翻案》,《人民日报》1959年3月23日。
③ 郭沫若:《谈蔡文姬的〈胡笳十八拍〉》,《光明日报》1959年1月25日。
④ 郭沫若:《中国农民起义的历史发展过程——序〈蔡文姬〉》,《人民日报》1959年5月16日。
⑤ 翦伯赞:《目前史学研究中存在的几个问题》,《江海学刊》1962年第5期。

三、"让步政策"与"反攻倒算":统治阶级是否起过推动历史进步的作用?

在如何评估统治阶级,特别是如何评估其代表人物帝王将相的历史作用方面,学术界曾先后提出了"让步政策论"和"反攻倒算论"。前者是说,历史当然是由起义农民的反抗推动前进的,如果说剥削阶级也起了些许作用的话,那也是在农民革命的暴力威胁下实现的;另有的学者则提出,即使是在暴力威胁与打击之下,统治阶级也不会"让步",只会"进攻",只会"反攻倒算",所以,统治阶级没起过任何对历史的推动作用,必须坚决否定。

在对民族英雄或统治阶级代表人物的矛盾属性作出揭示的同时,历史主义阶级观点学派同时在阶级层面上,对统治阶级与农民阶级的矛盾关系,对统治阶级的属性或历史作用作出了说明。这就是统治阶级迫于农民阶级斗争、起义和战争的暴力和压力作出的回应——"让步政策"。

"让步"作为矛盾双方甚至敌对双方的一种关系互动,应该是一种普遍现象。经典作家以及被当作经典文献的《联共(布)历史简要读本》,都使用过"让步"这一语汇。① 但"让步政策"发展成为一桩学术

---

① 马克思在 1853 年所写的《中国革命和欧洲革命》评论中就说道:"中国在 1840 年战争失败后被迫付给英国的赔款,大量的非生产性的鸦片消费,鸦片贸易所引起的金银外流,外国竞争对本国生产的破坏,国家行政机关的腐化,这一切就造成了两个后果:旧税捐更重更难负担,此外又加上了新税捐。例如,1853 年 1 月 5 日皇帝在北京颁发的一道上谕中,就责成武昌、汉阳南方各省的总督和巡抚减轻税捐,允许缓交,首先是绝对不要额外再征;否则,这道上谕中说,'小民其何以堪?'又说:'……庶几吾民于颠沛困苦之时,不致再受追呼迫切之累'。记得在 1848 年,在奥地利这个日耳曼式的中国,我们也听到过同样的话,看到过同样的让步。"《马克思恩格斯选集》,第 2 卷第 3 页。《联共(布)历史简要读本》多处使用"让步",这里仅举一例:"十九世纪末欧洲爆发了工业危机。这次危机很快就蔓延到了俄国。在危机年代(1900 年至 1903 年间)倒闭的大小企业计有三千多家。被开除工作的有十万多工人。在业工人底工资大为减低。工人先前用顽强的经济罢工从资本家那里争得的一点让步,又被资本家夺回去了。"(《联共(布)历史简要读本》,解放社,1949 年,第 51 页)

第二章 "前十七年"历史主义阶级观点与非历史主义阶级观点的初步交锋

事件,始于 1951 年翦伯赞对毛泽东农民战争动力论的阐释。

毛泽东作出农民战争动力论的理由是:每一次较大的农民起义和农民战争的结果,都打击了当时的封建统治,因而也就多少推动了社会生产力的发展。这里,一句"打击了当时的封建统治",还是让人感觉过于概括。于是,翦伯赞作了进一步的解释:

> 因为每一次大暴动之后,新的封建统治者,为了恢复封建秩序,必须对农民作某种程度的让步,这就是说必须或多或少减轻对农民的剥削和压迫,这样就减轻了封建生产关系对生产力的拘束,使得封建社会的生产力又有继续发展的可能,这样就推动了中国历史的前进,因而中国史上的每一个农民暴动或农民战争,可以说,都是中国封建社会向前发展的里程碑。①

接着,翦伯赞列举了从秦到清历朝历代农民暴动或农民起义之后,统治阶级所采取的"让步"行为,进而造成的经济发展,"让步"成为与农民战争相联系的一种有规律的历史现象。在这里,翦伯赞一方面强调了统治阶级的"让步"是"不得不"、"不能不"的被迫让步,旨在说明农民战争的作用,即农民阶级才是历史发展动力的主体。另一方面,由于强调了统治阶级让步与经济发展的关联,也就在实际上预留了强调统治阶级让步重要性的空间。

孙祚民是一位农民战争史研究专家,他在阐述农民战争作用时也在着意表达一种农民战争与封建政治之间的相互作用的动力机制。孙祚民观点的深刻之处,是他在揭示这种相互关系时,透过揭示农民战争的作用,透视了一种不平衡的结构性关系,即封建统治阶级毕竟是决定性的一方面。

> 唯有透过统治者受到农民起义的深刻教训、不得不向农民让步、施行一些轻徭薄赋的政策来看每一个封建王朝初期的生产发展与经济繁荣,才能明了这不是一种偶然的、随便发生的现象;才能够彻底理解"在中国封建社会里,只有这种农民的阶级斗争、农

---

① 《论中国古代的农民战争》,《学习》第三卷第十期(1951 年 2 月)。

民的起义和农民的战争,才是历史发展的真正动力"。①

于是,我们看到,尽管孙祚民自认为他是多么真诚地解释经典,但反对者还是从他的"唯有"表述中发现了"破绽",抓住了他的"把柄"。这是后话。

漆侠通过对秦汉三次农民战争的考察,甚至总结出一条"规律":"革命斗争——被迫让步,再斗争——再让步。"他指出:"从这个规律性的发展过程中,可以看出:封建统治集团的让步,是农民革命斗争的一个直接结果。"

> 新的封建统治集团在革命的压力下,不得不对农民实施让步政策,从而对当时人民最所痛恨的剥削压迫制度的某些环节加以改变或调整,和缓和减轻了剥削压迫的程度。②

至此,一种既能解释农民暴动或农民战争动力论,又能适当说明统治阶级历史作用的"让步政策论"正式形成了。这样一种解释模式的魅力,甚至吸引了某些"左派"史学家。关锋、林聿时甚至也可以说曾经对这种解释模式的完善有所"贡献"。

> 农民战争推翻了旧的王朝,新建的封建王朝鉴于前朝灭亡的教训,慑于农民群众的力量,不得不向农民有所让步,略微减轻剥削,实行所谓"与民休息"的政策。小规模的群众抗租运动有时也逼得当地的地主不得不多少向农民让步。总之,王朝官府和地主,有时向农民让步,使农民具有一定生产条件。③

在这里,他们指出了不但王朝官府向农民让步,地主也向农民让步。

打破历史主义阶级观与非历史主义阶级观的"梦幻组合"、重新高调奏响非历史主义阶级观这根弦的是孙达人。1965年9月22日,孙达人在《光明日报》发表《应该怎样估价让步政策》,把历史主义阶级观

---

① 孙祚民:《中国农民战争问题探索》,上海人民出版社,1957年,第16页。
② 漆侠:《秦汉农民战争史》,三联书店,1962年,第207页。
③ 关锋、林聿时:《就中国农民战争问题和蔡美彪同志再商榷》,《哲学研究》,1964年第5期。

第二章 "前十七年"历史主义阶级观点与非历史主义阶级观点的初步交锋

陷于现实的政治敌对立场、重新把毛泽东的那种农民战争动力论拉回到绝对的农民阶级价值观或农民战争动力观上。

孙达人首先指出:"让步政策"在中国古代史的研究和教学中,是一种特别流行的理论。翻读一下通史、断代史和有关论著,就会发现:只要接触到中国农民战争的历史作用,只要谈到杰出的封建帝王,只要论述到古代史上强盛的时代,不少同志照例总是抬出"让步政策"来。"让步政策"似乎成为解释中国古代史上许多重大问题、特别是农民战争的历史作用问题的一张"万灵膏"。他问道:难道中国古代史上果真有如此奇效的"让步政策"么?为什么在近代、现代的革命斗争失败之后,统治者加给人民的是白色恐怖,倒算革命斗争的胜利果实;而古代农民革命失败之后,农民却如此"幸运",博得了统治阶级的"让步政策","减轻了"封建剥削和压迫?难道古代封建地主阶级对待农民特别"仁慈"一些么!我们更要问的是:究竟中国封建社会发展的历史动力是农民战争呢,还是封建地主阶级的"让步政策"?或者是农民战争和"让步政策"两者一起推动了历史的发展?因此,我们认为,中国古代史研究和教学中的"让步政策"理论究竟是不是一种马克思主义的理论,是值得商榷的一个问题。他说,他的文章拟以漆侠和孙祚民等同志的论点为对象来论述这个问题。因为他们所阐述的"让步政策"的理论最完整、最典型。孙达人从三个方面批评了"让步政策"。

第一,农民战争之后新的统治集团究竟实行了何种政策问题。孙达人说,在农民战争之后,新封建政权不会实行"让步政策",只有反攻倒算。论据是:"伟大的农民战争冲破了封建罗网,根本改变了地主和农民的关系,才使农民获得了自由。相反,在农民战争失败之后,封建政权的让步政策实质上恰恰就是剥夺农民所获得的这种自由,重新束缚农民。"换句话说,农民战争之后,封建政权要采取的,是重新束缚农民的政策,是直接劫夺农民阶级在战争中所获得的资财,并给地主阶级以种种特权和优待,弥补他们在战争中的损失的政策。敌我之间的利益是你死我活、针锋相对的。封建地主阶级对待农民决不会作出真正意义上的让步,更不会有什么"让步政策"。

第二,如何理解新王朝的"轻徭薄赋",尤其是如何评价"文景之治"问题。孙达人认为,首先,对于革命之后的农民来说,这只是一项重新强加的剥削,是旧制度的恢复;其次,这是一种骗局,是欺骗引诱农民的办法,是一项绞杀农民反抗斗争的政策;再次,那些所谓减轻剥削的政策,在土地占有极不平均的封建社会,是"适足以资豪强"的政策,是有利于培植地主分子的政策,根本就不是对农民的"让步"。

第三,"让步政策"能否体现农民战争的历史作用问题,或者说,"让步政策"是不是对毛泽东关于农民战争作用论的正确解释的问题。对于这个问题,孙达人断然给以彻底否定。他针对孙祚民的有关论点指出:问题恰恰相反,正是"让步政策"根本歪曲了毛主席关于中国农民战争历史作用的理论。他认为,毛主席关于农民战争历史作用的理论有两个主要之点。一、毛主席特别强调:"只有这种农民的阶级斗争、农民的起义和农民的战争,才是历史发展的真正动力。"二、其所以如此,这是"因为每一次较大的农民起义和农民战争的结果,都打击了当时的封建统治"。孙达人据此断言:"十分明显,孙祚民和漆侠等同志是完全违背这些观点的。在他们看来,历史发展的真正动力,不只是农民战争,此外还有一个'让步政策';在他们看来,更不是因为农民战争的结果,打击了封建统治,'争取到封建王朝对农民让步',才推动了社会生产力的发展。这样,历史发展的动力变成了两个,既是农民阶级,又是地主阶级;既是农民战争,又是封建王朝;既是农民战争打击了封建统治,又是封建统治所施行的'让步政策',总之是两者的'合作'。"孙达人认为,农民战争的历史作用,第一表现在推翻和改造了封建王朝,第二表现在削弱了封建生产关系,因此,没有什么根据说农民战争的历史作用非要"透过让步政策"来体现不可。

孙达人的观点加上毛泽东的激赏,共同构成"反攻倒算论",进一步推动了史学思潮的"左"倾化。其所产生一个严重后果,是把历史主义阶级观包括封建统治阶级政策观和农民战争观与毛泽东的农民战争观对立起来,这等于一下子把历史主义统治阶级政策观和农民战争观置于现实政治的非法地位。在现代迷信日甚一日、登峰造极的背景下,这无异于把历史主义的统治阶级政策观和农民战争观推向灾难的深渊。该文的教条气息,攻其一点,不及其余的形而上学思维方法,简单、粗暴的文风以及处处陷人于罪的做法,既激起了许多学者的反对,群起与之商榷,又迎合了一些人的口味,赢得了激赏、支持和赞同。于是,围绕"让步政策"的有无,在史学界展开了激烈的论战。论战中,熊铁基、王玉哲、陈振江、严北溟、罗明、王先进、葛全芳、束世徵等一大批学者,主张在揭露"让步政策"的实质的前提下,一分为二,也肯定"让步政策"的积极作用,另外,他们也批评了孙达人的"反攻倒算论"。①

在维护孙达人观点、反击对孙达人的批评中,一些人又进一步阐发了"反攻倒算论"。其中,蜀群、朱活和高敏的文章比较典型。

蜀群认为,对"让步政策"只应揭露,不应颂扬;"让步政策"以"轻徭薄赋"、"滋生人丁,永不起科"等蛊惑手段,窒息了当时的农民革命,保护地主阶级继续剥削与压迫农民,所以是坏事,而不是好事;"让步政策"缓和了阶级矛盾,更不是好事,因为在封建社会里阶级矛盾的缓和,意味着封建统治的相对稳定,而这正是"让步政策"的反动实质所在。他还认为,所谓"让步",只是一个幌子,其实质是对农民进攻的一种形式。②

蜀群的这一看法,为朱活所发挥。在题为《"让步"就是进攻》的文章中,朱活认为,封建统治者的"让步政策",就其实质而言,只不过是封建统治者剥削压迫农民更狡猾、更毒辣、更阴险而又较为隐蔽的一种手法,是阶级压迫的另一种形式,是封建统治者瓦解农民革命、防止农民战争再起的一种手法。所以,封建统治阶级的"让步政策"的实质是

---

① 他们的文章依次为:《对"让步政策"的看法》,《光明日报》1965 年 12 月 20 日;《如何正确地理解"让步政策"》,《光明日报》1965 年 11 月 3 日;《也谈"让步政策"》,《文汇报》1965 年 12 月 30 日;《对"让步政策"也要"一分为二"》,《文汇报》1965 年 12 月 16 日;《也谈让步政策》,《文汇报》1966 年 2 月 17 日;《关于让步政策的若干问题》,《文汇报》1966 年 2 月 24 日;《论改良、改革和让步》,《文汇报》1966 年 3 月 24 日。

② 蜀群:《"让步政策"的阶级实质》,《光明日报》1965 年 11 月 17 日。

向农民进攻。①

高敏继孙达人之后,再次申明了对毛泽东农民战争动力论作出解释的严格界限。他认为,毛主席的论断包含有如下几个要点:

第一,论断里的"只有"、"才是"和"真正"等字眼,应当特别注意。通过这些精确的字眼,不仅排除了除农民以外任何其他阶级或阶层可以成为封建社会发展动力的问题;而且提醒了我们,对此不容作任何曲解和误解。

第二,农民的阶级斗争、农民的起义和农民的战争之所以是历史发展的真正动力,是因为农民革命给当时封建统治的打击本身,就直接表现为推动历史发展的作用。在农民革命与推动发展之间,决不需要一个什么起决定作用的中介环节——地主阶级当权派的"让步政策"。

第三,农民是怎样打击当时的封建统治的呢?表现为"他们每次都用革命的手段达到推翻和改造"黑暗统治的目的。就是说,农民战争的历史动力作用,是通过农民自己"用革命手段"去实现的,而不是假手于人去实现的;动力作用的集中表现,就是对封建统治的"推翻和改造";而不是从什么"让步政策"中体现出来。

高敏分析说:可是,"让步政策论"却在农民革命及其历史动力作用之间,纳入了一个所谓起决定作用的中介环节,即地主阶级当权派实行的"让步政策"。这样一来,他们的公式实际上成了:农民的革命斗争——地主阶级实行让步政策——从而表现出封建制度的推移变化与历史进步。于是,在他们的"理论"中,历史发展的动力,就从农民阶级转移到了地主阶级身上;农民战争的作用,仅仅是"让步政策"的取得;地主阶级的"让步政策",直接体现了社会历史的进步。这完全违背了毛主席关于封建社会历史发展动力的科学论断。因此,"让步政策"论是一种十分有害的错误理论。其所以迷住了不少人的眼睛,在于它是

---

① 朱活:《"让步"就是进攻》,《光明日报》1966年1月12日。

以"体现"马克思主义和毛泽东思想的姿态出现的。

由于农民阶级斗争唯一动力论的撰述者直接出来说话,历史主义学者"苦心经营"的"让步政策论"算是遭到了彻底的失败。就解释学的意义来讲,"让步政策论"的确不可回避过度解释之嫌。因为就统治阶级与农民阶级的对立关系而言,农民阶级一方要表现历史主动性的一面,却必须完全依赖,或说唯一途径,借助对立关系中的另一方来表达,这样就在实际上消解了农民阶级的价值优越地位。对于非历史主义学者来说,在思想意识中捕捉到"让步政策论"的解释机遇,是理所当然的。但由于不论农民阶级还是封建阶级,都不具有实现结构性转换的能力和属性,他们是两个同他们所处的社会形态一同消失或消解的阶级。因而把对立双方中的任何一方的作用加以夸大、绝对化的做法都是错误的,同时把他们之间的互动、调整功能模式化、绝对化的做法也是错误的。不能设想一个具有良好互动功能的主体结构类型会被历史发展所淘汰。

四、"清官"与"贪官":统治阶级中究竟有无可取的历史人物?

吴晗是明史专家,从"替曹操翻案"的大讨论开始,据他说,"这两年跟上郭老研究了曹操、武则天,以及海瑞、谈迁、况钟、周忱等人物,其中,武则天的研究还在进行中"。他想通过"多研究分析几个人物,从中取得经验来说明一些问题"。① 关于历史人物评价的标准,吴晗特别强调了"当时当地标准论"。吴晗提出"清官论",其现实指向意在警示各级党政官员,而在理论层面直接涉及了统治阶级道德的普世性和批判继承问题。

> 在评价历史人物的时候,必须把这一人物放在他所处的历史时期,和同时代人比,和他的前辈比,而决不可以拿今时今地的条件和道德标准来衡量古人,因为假如这样做,就会把历史搞成漆黑一团,没有一个卓越的可以肯定的历史人物了。

---

① 吴晗:《关于历史人物评价问题》,《新建设》,1961年第1期。

应该从当时当地人民利益出发,看他所作所为是好是坏？对当时生产是起促进作用还是破坏作用？对文化艺术是起提高作用还是摧毁作用？

显然,在吴晗看来,历史人物丰富的活动内容,不宜于全部纳入阶级分析的框架,或者以阶级性价值拒绝、排斥、否定人类的公共性价值。吴晗举例,严嵩是大奸臣,但是字写得好,不能说他是奸臣,字也是奸字。① 对此,翦伯赞也持同样看法。他说:帝王将相,秦始皇、汉武帝固然要讲,就是李后主、宋徽宗,也不能从文学艺术史上抹去他们的名字。②

可以说吴晗提出的标准,既遵守、遵循了历史的决定性,又突出、彰显了价值的选择性。综合两种因素,特别强调了评价标准的历史性和相对性。但是,他提出的"当时当地大多数人的意见"标准,似乎提供了一个理解当时当地标准的角度,却显然是一个模糊的阶级观念或阶级标准的标准,因而成为一个极富争议的话题。

林甘泉认为,所谓"当时当地的标准"这种提法本身含义就非常模糊。他说,在阶级社会中,统治阶级和被统治阶级各有自己的政治标准和道德标准,我们究竟应该依据哪一阶级的标准呢？如果说依据统治阶级的标准,农民起义和农民起义的领袖就会被视为"大逆不道",这在封建的法律上是有明文规定的。如果说依据被统治阶级的标准,像秦始皇这样的人物势必要被完全否定,因为他的暴政弄得"海内愁怨",终于爆发了我国历史上第一次农民大起义。但是我们知道,把农民起义和农民起义的领袖看成"大逆不道"固然荒谬,而完全否定秦始皇也未必正确。林甘泉指出,历史的认识是一个无限的发展的过程,不仅我们今天所认识的东西是过去所无法认识的,而且可以预言,我们的后代将会认识到更多的我们还没有认识的过去的东西。我们反对用今人的思想方式去改铸古人,但是这决不意味着要把我们的认识水平降

---

① 吴晗:《论历史人物评价》,《人民日报》,1962年3月23日。
② 翦伯赞:《目前历史教学中的几个问题》,《红旗》,1959年第10期。

低到古人的水平。以武则天的评价为例,我们既不能以宋朝某些道学家骂她的意见为依据,也不能以唐朝某些政治家歌颂她的意见作准绳,只有从当时的历史条件出发,用马克思主义的观点方法去衡量她的历史活动,才能对她作出正确的评价。① 林甘泉的观点无疑在理论上是正确的。制定评价历史人物的适用标准,"不能根据当时当地人们的认识,而要根据今天的、最高的马克思主义观点"。然而,如何正确运用马克思主义的观点制定评价历史人物的标准,是一个在史学实践中并没有解决好的问题。吴晗试图提出"当时当地标准"甚至"当时当地大多数人的意见标准",纠正"今时今地"的绝对化标准,应该说是一种可贵的理论探索和尝试,他的表述方式尽管还不够准确或有欠恰当,但是,却仍然向我们透露出真理性的一面,即价值标准的公共性(与阶级性相对应)与相对性(与现代性相对应)。而这,恰恰是当时为人们所忽视和欠缺的。

吴晗依据"当时当地标准"或"当时当地大多数人的意见标准",充分肯定了曹操、武则天、朱元璋等帝王将相,同时,对海瑞、况钟、周忱等中下层官吏也作了表彰、歌颂,认为他们是"好官"、"清官"和"青天",如直接呼况钟为"况青天"。吴晗说,在封建官僚的压迫、奴役下,广大人民向往"清明、宽大、廉洁政治",拥护那些能够"采取一些措施,减轻人民负担,伸雪人民冤枉的好官"。"对于这样的好官,人民作了鉴定,叫作青天。""封建时代的官僚,被人民表扬为青天,是很不容易的事。"吴晗说:"也正由于封建时代的青天极少,所以历史上屈指可数的几个青天,也就成为箭垛式的人物,许多人民理想中的好事都被堆砌到他们身上了。像宋朝的包拯、明朝的况钟和海瑞,都是著名的例子。"他认为况钟之所以被人民誉为"况青天",就在于他在任苏州知府期间办了以下几件事:第一是惩办贪吏;第二是清理冤狱;第三是抑制豪强;第四是为民兴利。此外,"况钟刚正廉洁,极重视细小事件,设想周密,不怕是小事,只要有利于百姓就做,对百姓有害的就加以改革。兴利除害,

---

① 林甘泉:《历史主义与阶级观点》,《新建设》,1963年第5期。

扶持良善,百姓敬他爱他,把他看作天神一样"。"况青天"之说,来源于况钟的辞官复官对苏州吏治的影响变化。况钟因为继母去世,按封建礼制辞官回家守孝。"这一来,苏州的天又黑了,风气又变了,官吏们又重新做坏事了,百姓又吃苦头了。"后来,况钟又被特派回到苏州,于是"天又变好了"。于是老百姓惊呼况钟为"况青天"。对于另一个好官周忱,吴晗说:"周忱不摆官架子,接近人民,倾听群众意见,心思周密,精打细算,会出主意,极会办事,人民很喜欢他。"他"在江南年代久了,和百姓熟了,像一家人一样,时常到农村去访问,不带随从,在院子里,在田野里,和农夫农妇面对面说家常话,谈谈心,问问有什么困难,什么问题,帮着出主意"。他被罢官后,"百姓越发想念他,到处建立生祠,纪念这个爱民的好官"①。对于海瑞,吴晗说:海瑞是我国16世纪有名的好官、清官,是深深得到广大人民爱戴的言行一致的政治家。他为巩固封建统治阶级的长远统治,减轻农民市民的负担,向贪婪腐朽的封建官僚、大地主斗争了一生。海瑞虽然出身地主阶级,但生活并不宽裕,和穷苦人民接触的机会多,同情贫农、中农,对大地主有反感。他是一个"敢替老百姓撑腰说话的小官","不怕大官,敢顶大官的小官","这个官自然就得到老百姓的爱戴了"。吴晗说:"海瑞在当时,是得到人民爱戴,为人民所歌颂的。"他的作为,对农民,特别对贫农、中农是有利的。农民爱戴他,歌颂他是很自然的。他的作为对城市工商业者是有好处的,城市人民爱戴他,歌颂他,也是很自然的。另外,他还亲自审案,昭雪了许多冤狱。"对于农民和地主打官司的案件,他是站在农民一边的。海知县、海都堂是当时被压抑、被欺侮、被冤屈人们的救星。"从历史上看,"总的评论是当时的人民说他好,当时的大地主说他不好。"正是出于对海瑞的由衷崇敬,吴晗写了《海瑞骂皇帝》、《论海瑞》、《清官海瑞》、《海瑞》等文章,出版了小册子《海瑞的故事》,创作了致他于死地的京剧《海瑞罢官》。吴晗对清官的歌颂和肯定可以说是不遗余力的。

---

① 吴晗:《况钟与周忱》,《人民文学》,1960年第9期。

第二章 "前十七年"历史主义阶级观点与非历史主义阶级观点的初步交锋

吴晗热情歌颂"清官",并没有否认"清官"的阶级性。他说:"尽管历史上出现了几个青天,是当时人民给的称号。但是,也决不可以由此得出结论,以为青天就是站在人民立场的政治家。不是的,恰恰相反,他们都是为封建统治利益服务的官僚,在这一点上,也和当时其他封建官僚一样,是和人民对立的。不过,由于他们的出身和其他关系,比较接近人民,了解人民的痛苦,比较正直,有远见,为了维持封建统治阶级的长远利益,缓和阶级矛盾,在不损害统治阶级的根本利益前提下,有意识地办了一些好事。这些好事是和封建统治阶级的长远利益一致的,也是和被压迫被剥削的广大人民当前利益一致的,对当时的生产发展,对历史的进展有好处的。因此,他们在当时被人民叫做青天,在历史上也就应该是被肯定,值得纪念的,在某些方面,还是值得今天学习的人物。"①在分析海瑞时,吴晗又一再说,"海瑞是同官僚地主作斗争的",但"海瑞的斗争究竟还没有突破封建制度所能容许的限度。海瑞在主观上和客观上都还是忠君爱国的"。在谈到海瑞强迫大地主退田时,吴晗又指出:"不改变生产关系,简单地要求大地主退还侵占农民的部分田地,少剥削些,农民的苦楚减轻一些,无论事实上做不到,即使做到了,也还是封建的剥削的社会,地主剥削农民的关系依然不变,问题还是没有解决,也是不可能解决的。在当时的情况下,这是不可能解决的社会矛盾。"所以,吴晗的结论是:"海瑞是封建统治阶级的左派。"②吴晗的观点对于那种僵化的形而上学的阶级对立观的突破是,他承认,对立阶级之间也有一致的方面,统治阶级与广大人民具有共同的利益,并且统治阶级当中的某些人物能够认识到对立双方的共同利益和本阶级的长远利益,并且能够从维护本阶级的长远利益出发,采取有利于缓和对立双方关系的措施,也就是说,统治阶级的某些人物也是具有理性的。即使是统治阶级的某些人物,他们的某些品质,也具有穿越时代、超越阶级、值得今人学习的崇高价值。

---

① 吴晗:《况钟与周忱》,《人民文学》,1960年第9期。
② 吴晗:《论海瑞》,《人民日报》,1959年9月21日。

1964年5月到6月,有三篇文章不约而同地对"清官"问题作了探讨,并对吴晗提出了批评。这就是尚钺的《有关历史人物评价的几个问题》、星宇的《论"清官"》、王思治的《试论封建社会的"清官"、"好官"》。这几篇文章都论述了历史上产生"清官"的原因、"清官"的实质和作用以及如何估价"清官"的问题,他们在论述这些问题时,几乎都以吴晗的有关论点为映衬,为靶子。

尚钺指出,从吴晗的观点看来,海瑞的活动似乎具有两面性,即:既有维护封建地主统治阶级利益的性质,又有维护农民特别是贫农、中农利益的性质,而且后者还是他在担任封建地主统治阶级官吏时发挥出来的。

> 我们知道,封建地主阶级的利益与农民阶级的利益是绝对对立的,说他在这种对立的斗争中站在农民一边,即说他脱离了封建地主统治阶级而变成了它的对立面;由他死后明王朝赐谥'忠介',可以证明这种说法是与事实完全不符的。

尚钺也承认"清官"现象的存在,但他更多的是从"阴谋论"和"实质论"方面揭示"清官"现象。尚钺说,改良赋役税法,打击若干反抗的大地主,惩罚一些超过封建统治者法律所允许范围之外的地主恶霸,"这是统治阶级'舍小存大'的危险阴谋"。"统治阶级为着欺骗人民以巩固它的统治,不能不牺牲少数恶名昭彰大地主恶霸的一些利益,来贯彻它麻痹人民的改良政策。""所谓好皇帝和好官都只是'存鸡取卵'的统治者,并不是他们不取卵,而是他们看到了'杀鸡取卵'穷凶极恶的抢劫的危险性——不仅杀鸡后再无卵可取,而且农民不是鸡,当他们生产出来的起码物质生活资料被抢劫干净,不能继续生产和无法生活下去的时候,他们便会团结进行反抗暴动,乃至起义推翻现实的统治阶级的统治。因此,他们有的在榨取和抢劫农民的时候,便采取一些比较缓和的办法,留有一点余地,使农民能进行再生产,这样,他们不仅能更长久、更稳妥和更多地取卵,而且在取卵时还不至引起强烈的反抗和危险。这就是所谓好皇帝和好官。对农民来说,本来他们看统治阶级是天下老鸦一般黑的,但偶然出现一两个好皇帝和好官,使他们在一个短时期不仅能起码生活,而且还可以维持再生产,不至马上老弱转于沟壑,壮者散而之四方。加之,长期封建宗法制度的控制,和统治阶级对他们灌输的宿命哲学和神学的麻痹作用,因之,他们拥护和欢迎好皇帝和好官是不足为奇的。就在这个命题之下,我们应该看出,不论在奴隶社会、封建社会,还是半殖民地半封建社会的长期阶级社会的历史中,整个统治阶级对农民的压迫是如何残暴,好皇帝和好官是如何稀少了。"①

王思治认为,"清官"、"好官"在当时的确是受到人民拥戴的,他们不少人成为人民顶礼膜拜的对象,他们的事迹被渲染、夸大,被神化。其中的原因应从两个方面分析:第一,人民拥戴"清官"、"好官",是由于他们的所作所为,的确在一定程度上反映了农民的某种要求,在客观上也多少符合了农民的眼前的暂时的利益。农民歌颂这种人,进而加以理想化和神化。因此,应该看到,那些由人民加以丰富的成分,只是表明农民对于某种希望的向往,并不是清官的本质反映。和一切宗教迷信一样,农民对于"清官"、"好官"的渲染和神化,不过是现实生活的幻想的反映。因此,在王思治看来,如果不对事情加以区分和进行必要的阶级分析,只看到封建时代的农民拥戴"清官"、"好官",便根据"当时当地大多数人的意见",而认定他们是农民的救星,这是难于揭示事情的本质,作出符合历史实际的正确的评论的。第二,封建时代的农民,是个体的小生产者,每一个单独的农民,感到自己是没有力量反抗与他相对立的社会压迫的。因此,在他们没有联合起来发动起义的时候,他们就把自己的希望寄托在曾经打击过豪强和贪官污吏的"清官"、"好官"的身上,希望"从上面给他们以雨露和阳光",这本来是封建时代阶级局限性的表现。但如果我们以"当时当地大多数人的意见"来评价"清官"、"好官",也认为他们是站在农民的一边,是农民的救星,这实际上就是把今天的水平降到封建时代农民的水平了。② 王

---

① 尚钺:《有关历史人物评价的几个问题》,《历史研究》1964年第3期。
② 王思治:《试论封建社会的"清官"、"好官"》,《光明日报》,1964年6月3日。

思治的观点,可以说是对吴晗"当时当地大多数人的意见"标准说最为有力的批评。同时我们也要看到,王思治的批评仍然是着眼于客观和本质,即农民的评价具有主观性、虚幻性,"清官"、"好官"现象具有个体性、个别性;但在马克思主义的价值视野当中,这种主观性、虚幻性,这种个体性、个别性,也是一种真实的存在,没有理由以客观性、本质性遮蔽、否定主观性、现象性的独立存在和表达。

星宇指出,统治阶级的"圣训"、"谕旨"和官修"正史"里,往往表扬一批"循吏"、"良吏",作为官场的楷模;民间的文艺作品中也塑造了一些纯洁无瑕的清官形象,历千百年而传诵不绝。这种被对立的阶级所共同称赞的"清官",既不纯粹出自统治者欺骗性的虚构,也不完全是人民群众虚幻理想的产物,而是多少被美化了的实际政治现象。从这一点出发,星宇论述了他对"清官"问题的看法。(一)像所有事物都一分为二一样,封建剥削权利也分裂为法定的权利和法外的权利(或习惯权利),两者互相依存而又互相对立。"法定权利"是用法律形式固定下来的统治权利;"习惯权利"是超越封建法律界限去追求无限制剥削的统治权利。前者体现了地主阶级长远的、整体的利益。这个剥削之神是用普遍法律形式的圣洁光环装饰起来的。它仿佛凌驾于一切贫富贵贱之上,显示了不可侵犯的凛凛尊严。而"习惯权利"则体现了地主阶级特殊的、眼前的利益,它像一头显露出狰狞本相的恶兽,一心要吞噬掉所能看见的一切。"习惯权利"在封建法律界限之外,追求无限制的剥削;而"法定权利"为要维持本身的长期生存,就不能不限制"习惯权利"的活动范围。这一对矛盾在整个封建社会里贯彻始终。只有在这一矛盾的基础上,我们才能够理解"清官"这种政治现象的本质,才能够说明"清官"们压抑豪强地主以及其他种种行为的实际意义。(二)维护封建的"法定权利",是"清官"们所有的本质特点之一。"清官"反对豪强地主的斗争就是封建的"法定权利"和"习惯权利"相冲突的一种表现形式。豪强地主追求无限制的剥削,而"清官"的所作所为不过是在一定程度上限制了这种非法剥削。这种斗争不但是封建制度所许可的,而且还是维护封建"法定权利"所必需的。"清官"们不

第二章 "前十七年"历史主义阶级观点与非历史主义阶级观点的初步交锋

能不在两条战线上作斗争:如果"法定权利"被豪强权贵所突破,"清官"们会起而反对;而如果"法定权利"遭到起义农民的破坏,他们也会毫不犹豫地凭借军事力量把革命农民陷入血泊之中。他们始终站在维护封建"法定权利"的基地上,严肃认真地把法律付诸实现。"清官"的职务是贯彻实施封建国家的法律、制定政策,他们也许会"铁面无私","丝毫不苟",但他们的公正判决也就意味着贯彻地主阶级的意志。星宇引用马克思下面一段话来论证这一见解:

> 如果认为在立法者偏私的情况下可以有公正的法官,那简直是愚蠢而不切实际的幻想!既然法律是自私自利的,那末大公无私的判决还能有什么意义呢?法官只能丝毫不苟地表达法律的自私自利,只能够无条件地执行它。在这种情形下,公正是判决的形式,但不是它的内容。内容早被法律所规定。①

据此,星宇认为,在"清官"的判决下,疯狂地追求习惯权利的恶霸豪绅也可能个别地受到制裁。但是,我们应当记住:第一,在漫长的封建社会里,"清官"本来是很少的,而受到"清官"严厉制裁的豪强权贵更是极少数;第二,统治阶级完全可能牺牲其个别成员的利益来维持法律的公正外貌,因为法律的公正外貌对整个阶级长治久安至为必要。放弃一些次要的、特殊的东西,往往是为了牢牢地保持住主要的、普遍的东西。第三,清官维护"法定权利"即地主阶级长远利益,不同时期有不同表现。当大规模的农民战争过去之后,"清官"是"好皇帝"推行"安养生息"政策即"让步政策"的忠实助手和得心应手的工具;在社会矛盾逐渐尖锐化时期,"清官"是缓和人民反抗、延续王朝统治寿命的封建制度的一种"自我调节器";在农民战争起来后,"清官"是瓦解、屠杀起义军的骗子手和屠夫。总之,"清官"不是历史的前进的动力,"伟大的农民战争是推进历史发展的动力"。

与此同时,星宇反对笼统地否定"清官"。他分析那种以为"清官"比豪强权贵还要坏一些的逻辑是这样的:豪强权贵的残暴行为引起人

---

① 《马克思恩格斯全集》第1卷,人民出版社,1956年,第178页。

民的反抗,"清官"反对豪强权贵的暴行只是为了消除和缓和人民的革命斗争;如果消除斗争、灭绝斗争,历史就不会取得任何进步;因此,"清官"的所作所为应该完全否定。对此,星宇指出:"这些同志几乎把任何暴行都当作了进步的源泉。"他认为,剥削阶级的暴行有两种:一种暴行是打通历史前进道路的手段,带有进步性质;另一种暴行则是阻碍历史前进的,我国封建社会的豪强权贵的暴行即属此类。"清官"的反暴行斗争当然极其微弱,他们所能干预的只是千万桩暴行中的一桩两桩,不可能改变人民水深火热的处境。但是,如果以为残酷的剥削和压迫根本就不应该反对,那就等于说:"贩奴者的鞭笞可以引起奴隶反抗,因此就不应该反对这种鞭笞。"至于"清官"的所作所为会不会消除和灭绝斗争?星宇认为不仅不会,并且"清官"反豪强的斗争往往起了揭露剥削制度的作用,而"清官"的失败,则引起了人民对封建统治的幻想的破灭,这种幻想的破灭是掀起大规模农民起义不可缺少的条件。因此他指出:笼统地认为清官的行为后果都会达到他们自己预期的消除斗争和灭绝斗争的目的,这是对复杂历史过程过分简单化的看法。①星宇的观点可以说既坚持了"本质论",又对"清官阴谋论"或"清官更坏论"作出了有说服力的反驳。在当时的历史条件下,星宇的这些观点应该说是对"清官"最为"公允"、最为"妥当"的一种评价。

姚文元的《评新编历史剧〈海瑞罢官〉》基本上重复了"阴谋论"和"本质论"。姚文元说:国家是阶级斗争的工具,是一个阶级压迫另一个阶级的机关。没有什么非阶级的、超阶级的国家。这是马克思列宁主义对待国家问题的基本观点。从这种观点出发,就不能不承认,封建国家是地主阶级对农民实行专政的工具。封建国家的法律、法庭和执行统治权力的官吏,包括"清官"、"好官"在内,只能是地主阶级专政的工具,而绝不可能是超阶级的,绝不可能是既为统治阶级又为被统治阶级服务的工具。当然,由于地主阶级内部存在各种阶层和集团,他们之

---

① 星宇:《论"清官"》,《人民日报》,1964年5月29日。星宇是戴逸的化名。

间在这个或那个问题上,在对待大地主、中小地主和富农利益的态度上,在压迫农民的程度上和方法上,会有区别,有斗争。但是,从根本上说,这种斗争的实质绝不可能超越维护地主阶级专政的范围。任何时候,我们都不能把这种地主阶级的内部斗争歪曲成农民同地主之间的阶级斗争。就拿"清官"和"贪官"斗争来说,确实有过清官大老爷在地主阶级的法庭上,根据地主阶级法律的某些条文,惩办一些"贪官"的事,也有个别农民所告的恰巧是某个"清官"所反对的派别或集团中的一员,出现个别农民在这个"清官"面前"打赢"官司的事。这种现象迷惑过不少没有政治斗争经验的农民,使他们看不清"清官"的阶级面貌,看不清封建国家和封建法庭的阶级本质,地主阶级也经常利用这种现象来麻痹农民,把"清官"当作掩盖阶级统治本质的工具,当作配合镇压、对农民进行阶级斗争的重要手段。但是,从根本上说,不论"清官"、"好官"多么清、多么好,他们毕竟只能是地主阶级对农民实行专政的"清官"、"好官",而绝不可能相反。姚文元指出:《海瑞罢官》却向人们说:不!"清官"不是地主阶级专政的工具,而是为农民阶级服务的。在《海瑞罢官》中,一方面,"清官"海瑞是一个封建皇朝的钦差大臣,可是他却代表贫苦农民利益,以保护"徐家佃户"和所有贫苦农民利益的大英雄出现,同所有执行地主阶级专政的别的官吏相对立,"清官"和"贪官"之间的矛盾竟被写成保护农民和镇压农民的矛盾、退还农民土地和强占农民土地的矛盾,丝毫看不出"清官"在巩固地主阶级专政中的作用。另一方面,所有农民都被写得消极无为,没有一点革命的斗争精神,他们唯一的作用就是跪下来向"海青天"告状,哀求青天大老爷为他们申冤作主,把"清官"看做是自己的救世主。显然,在《海瑞罢官》的作者看来,阶级斗争不是推动历史前进的动力,"清官"才是推动历史前进的动力;人民群众不需要自己起来解放自己,只要等待有某一个"清官"大老爷的恩赐就立刻能得到"好日子"。这样,戏中就把作为地主阶级专政工具的"清官"和法律、法庭,统统美化成了离开地主阶级专政而独立存在的超阶级的东西,宣扬了被压迫人民不需要革命,不需要经过任何严重斗争,不需要打碎旧的国家机器,只要向

"清官"卑躬屈膝地叩头,实行封建皇朝的"王法",就能把贪官污吏一扫而光,就能求来"好光景"。姚文元在引用列宁的国家问题是一个"被资产阶级的学者、作家和哲学家弄得最混乱的问题"观点之后说,所谓"清官"、"平冤狱"之类,作为国家问题的一部分,恐怕是被地主资产阶级弄得特别混乱的问题,成了毒害人民思想的一种迷信。马克思列宁主义者有责任揭露这种假象,破除这种迷信。《海瑞罢官》恰恰相反,它不但不去破除这种迷信,而且在新编历史剧的名义下百般地美化地主阶级官吏、法庭法律,加深这种迷信。这出戏用"实际行动证明":只要海瑞这样的"清官"按"王法"办事,就能使法庭变成保护农民的场所,就能"为民雪恨",就能平反"冤狱",使农民获得土地。这不是把地主阶级的国家机器统统当做保护农民的工具了吗?这不是在宣传只要有地主阶级清官大老爷在衙门里"为民作主",农民一"告"就能获得解放了吗?这是大肆美化地主阶级国家、宣传不要革命的阶级调和论。姚文元说,只要把吴晗通过海瑞这个形象所宣扬的那些观点,同毛泽东同志一再阐明过的马克思列宁主义的观点对照起来看,就不难发现,吴晗同志恰恰用资产阶级的国家观代替了马克思列宁主义的国家观,用阶级调和论代替了阶级斗争论。从既定的绝对的阶级观和国家观出发,经过一番从一般到个别的"推定",姚文元还是回到了"本质论"的结论:总之,海瑞是地主阶级利益忠心的保卫者,这就是他的阶级本质,是海瑞全部行动的出发点和归宿。反之,在姚文元看来,你如果要肯定某个个别的"清官",你要说他们还会代表人民的利益或做出符合人民利益的事情,按照当年盛行的个别意味着一般的强盗逻辑或"推定",你的观点就意味着超阶级、超国家,反对阶级斗争论——按照吴晗的"清官论",的确在某种程度上否定了绝对的农民阶级斗争动力论,而事实上,包括吴晗在内,整整一代史学家,并没有真正走出阶级斗争动力论的误区。

《评新编历史剧〈海瑞罢官〉》,并不是一篇专门讨论"清官"海瑞的剧评,该文的策划者、炮制者和赞赏者们自有他们学术之外的用意。但是,这篇文章是从"清官"问题开刀的,或者说是以吴晗对"清官"问题的看法为靶子的,而且问题又被提得这样高——从政治原则上来看问题,所以此文问世后,自然引起史学界、理论界的关注。加上发表此文的《文汇报》反复怂恿人们参加所谓的讨论,一批正直的学者认起真来,为"清官"辩护。如周谷城、周予同、平心、华山、吴世昌、郑天挺、翁独健、束世徵等一批知名学者和许多不知名学者。在他们的"笔谈"和专论中,都认为"清官"值得肯定。"官与民在某种条件下有某些共同利益",清官代表着地主阶级的长远利益,但也符合劳动人民的眼前利益。与那种"清官比贪官还坏"的主观逻辑相对应,他们更强调了"清官比贪官好"的客观逻辑。① 他们认为,"清官"实行改良主义,缓和阶级矛盾,至少使老百姓少受剥削,少受罪。站在人民立场上看,愿意多受剥削还是少受剥削?多死人还是少死人?当然是少受剥削,少死人好。我们是不是认为剥削多一些好,剥削少一些不好?是不是更赞成剥削得多的贪官呢?这是站在什么立场上说话呢?这是站在封建统治者立场上说话的。如果说贪官比"清官"好,客观上就会使人认为应当赞成贪官,打倒"清官"。按照这样的逻辑推下去,秦桧就会比岳飞好,严嵩就会比海瑞好,隋炀帝就会比唐太宗好,"三K党"等法西斯好战分子就会比反战人士好……这样,历史上一切坏的人物都要肯定,好的人物都要否定。应该说,历史主义阶级观的这一番申述是简单而有力的。可以说,历史主义阶级观对于"清官"、"贪官"孰优孰劣这种对峙性的发问,实际上把那种"清官比贪官还坏"的非历史主义阶级观置于了非常尴尬的境地。它向人们展示,这是多么荒谬的价值颠倒,这是何种程度的理性缺失!

在反对清官论者中,他们的观点似乎也有某种程度的系统化,观点更为明确、更为极端。康立在批评星宇时说:在阶级社会里,对立的阶级之间,根本不存在什么共同的阶级利益。地主阶级的利益,从长远来

---

① 周谷城:《谈所谓清官贪官》,《学术月刊》1966 年第 1 期。周予同、平心、华山、束世徵一组文章分别见《文汇报》1966 年 1 月 7 日,1966 年 1 月 17 日,1966 年 1 月 20 日,1966 年 2 月 3 日,1966 年 3 月 31 日。吴世昌、郑天挺、翁独健一组文章见《新建设》1966 年第 1~2 期合刊。

看是剥削,从眼前来看还是剥削。农民的阶级利益,不论从长远看还是从当前看,都只能是反抗地主阶级压迫剥削的斗争。地主阶级利益每增长一分,农民阶级的苦难就加重一倍。难道吃人的和被人吃的可以存在"利益一致"么?手执鞭子的主子和挨鞭子的奴隶之间,他们的"利益"又怎样"一致"起来呢?而且,难道可以说,做奴隶,当牛马,满足于稳稳当当地被侮辱被损害的地位就是农民的"当前利益"吗?① 赵克尧、刘精诚对星宇关于清官是封建制度在矛盾尖锐化过程的自我调节器的观点也进行了否定。他们认为,在私有制社会,统治阶级自动调节矛盾是不可能的。因为统治阶级绝不可能压抑他们的贪得无厌的本性,决不放松对劳动人民的剥削。只要还能够从劳动人民身上榨取出最后一滴血,他们就一定要想尽办法榨取这一滴。对于统治阶级这种贪得无厌的压迫和剥削,只有用农民革命的暴力来解决;统治阶级是消灭一点,舒服一点,消灭得多,舒服得多,自动让步是绝不可能的,因为他们绝不会违反他们的本性。② 方求认为,把"清官"海瑞说成农民"救星"是根本违反马克思主义的。封建统治者对"清官"的歌颂是麻醉人民的鸦片烟。宣传"清官",不但不会触动封建的上层建筑和经济基础的一根毫毛,相反的,倒是极大地有利于从意识形态上来巩固封建的统治。③

徐德嶙是"清官比贪官更坏"论的正式表达者。徐德嶙认为,清官和贪官的阶级实质是一致的,从实质上看,并无好坏的区别。但由于清官在行动上采取隐蔽实质的形式,具有迷惑人民的欺骗性,在某些方面,起了比贪官更坏的作用。在封建社会里,农民不可能全面看清地主阶级的本质,容易被欺骗。因而由清官来执行地主阶级统治人民和镇压人民的策略,每每比一般官吏更有效。清官在这种场合,每每是起比

---

① 参见吴英:《关于"清官"问题讨论简介》,《文汇报》,1966年4月28日。
② 赵克尧、刘精诚:《论"清官"的本质与作用》。
③ 方求:《〈海瑞罢官〉代表一种什么社会思潮?》,《人民日报》1965年12月29日。方求是龚育之等人的化名。

贪官更坏的作用。①

"清官比贪官还坏"这种极端说法的流行,说明在估计统治阶级的历史作用方面,当时所理解的"阶级观点"已经走入死胡同。

第三节 关于如何估计农民阶级属性和地位的争议

1949年中华人民共和国成立,建立了"以工人阶级为领导的,以工农联盟为基础的人民民主"政权,从而确立了农民阶级的政治主体性。这样一种现实因素,触发了某些学者的联想。农民阶级在现实中"翻身作主",农民阶级在历史上是不是也可以成为一个政治性的阶级,甚至建立自己的政权组织,进而单独构建一个平等社会?1950年11月,东北师范大学的师生向吕振羽提问:"中国历史上曾否建立过短期的农民政权?"吕振羽回答:"在中国历史上若干次农民起义过程中所建立起来的短期性的政权,如果可以把它叫做农民政权的话,我认为曾经不止一次地存在过。"②与此同时,部分学者基于历史发展阶段论的观念和马克思、恩格斯的农民阶级观点,强调历史上的农民阶级与现实中农民阶级所处历史环境的差异,对"农民政权论"作出了否定性的回答。然而,在中国革命的逻辑中,农民阶级的主体性是一个连续、持续提升的过程,即在以废除封建土地制度、重建农民个体所有制为内容的土地改革之后,迅速地开展了以土地私有制为基础的农业合作化运动,进而又极为迅速地开展了以消灭农民个体私有制,实现集体所有制乃至全民所有制为内容的人民公社化运动。③ 在农民阶级主体性(实际

---

① 徐德嶙:《清官和贪官》,《学术月刊》,1965年第12期。
② 吕振羽:《史学研究论文集》,华东人民出版社,1954年,第74页。
③ 毛泽东曾经说:"人民公社将来从基本队所有,经过基本社所有,转变为全民所有以后,全国将出现单一的全民所有制,这会大大促进生产力的发展。"见《毛泽东读社会主义政治经济学批注和谈话》(简本),中华人民共和国国史学会,1999年,第329页。

这种主体性提升仅仅具有意识形态形式）持续提升的背景之下，部分学者基于农民阶级主体性的某种历史连续性观念，极力拔高了历史上农民阶级的某种主体性。1958年"大跃进"、"人民公社化运动"遭受挫败之后，毛泽东对人民公社体制适当作出了调整。毛泽东认为："所有制问题基本解决之后，最重要的问题是管理问题。"① 官僚主义是管理问题的痼疾。在同官僚主义作斗争的过程中，毛泽东又一次付诸了阶级斗争理念——"官僚主义者阶级与工人阶级和贫下中农是两个尖锐对立的阶级。"② 提出"官僚主义者阶级"概念，这是毛泽东继1958年提出"政治思想上的阶级"概念之后，在1965年一次批示中对阶级概念的又一次更新。在管理方法上，毛泽东反对"把物质利益的原则，一下子变成个人物质利益的原则"③，他特别强调"用共产主义理想教育人民"④。因此，他对于"包产到户"、"分田到户"等改变所有制性质的做法是坚决抵制的，认为搞包产到户就是走资本主义道路。官僚式的权力运作加资本主义的价值取向，就是毛泽东面对的社会主义社会重新阶级化的阶级敌人——"走资本主义道路的当权派"。1965年中共中央通过《农村社会主义教育运动中目前提出的一些问题》，提出社教的重点是"整党内那些走资本主义道路的当权派"，为后来"文化大革命"的发动，作了思想上、理论上的准备。在重新阶级化的过程中，贫下中农、中农再次被强调为依靠力量，在重新阶级化的过程中，"没有改造好的地富反坏右分子"也作为"走资本主义道路的当权派"的社会

---

① 《毛泽东读社会主义政治经济学批注和谈话》（简本），中华人民共和国国史学会，1999年，第806页。

② 毛泽东在陈正人给薄一波关于洛阳拖拉机厂社教蹲点情况的信上的批注，手稿，1965年1月15日。转引自逄先知、金冲及主编《毛泽东传》（下卷），中央文献出版社，2003年，第1389页。

③ 《毛泽东读社会主义政治经济学批注和谈话》（简本），中华人民共和国国史学会，1999年，第275页。

④ 《毛泽东读社会主义政治经济学批注和谈话》（简本），中华人民共和国国史学会，1999年，第807页。

基础再次被置于"贫下中农"的对立面。① 由此可见,建国之后的现实政治生活仍然提供了一种农民阶级道德情感和伦理价值持续发酵的土壤和氛围;同时我们也要指出,战时史学观念在建国之后也仍然得到了延续,并形成一种史学为政治服务的特定史学文化,在此背景下,主观主义地褒扬农民阶级的历史主体性或政治性,不断地突破农民阶级历史主体性的客观界限,就成为"前十七"中国历史学高度政治化的主流。

与此形成显明对照的是,对农民阶级主体性的否定,在近代中国的大多数历史情况下,则仅仅停留在抽象的"辩证逻辑"的形式层面,从来没有一个阶级真正实现过对于农民阶级的全部超越性的否定。传统中国社会的农民起义、农民战争虽然一次次失败,然而农民起义、农民战争又一次次实现改朝换代;近代中国被西方列强强行纳入世界资本主义体系,然而传统中国的社会结构并没有解体,太平天国、义和团运动都显示了农民阶级不同于资产阶级的政治威力;而现代中国革命,毛泽东说过,中国革命实质上是农民革命;建国之后的农业合作化和人民公社化从某种意义上说,实际是剥夺农民主体性的一个过程,然而在意识形态层面,农民阶级的主体性却被提升到了前所未有的高度。只是在实现农业集体化或为实现工业积累、变相剥夺农民遇到某种阻力的时候,毛泽东才对农民阶级的主体性作出了某种程度的否定。毛泽东说:"农民具有两重性,这是马克思主义历来的观点。《共产党宣言》对这个问题写得蹩脚一点,列宁把这个问题写明确了,斯大林更具体化了。"②毛泽东的见识是鲜明的。在《共产党宣言》中,马克思恩格斯从现代化和工业化的大趋势出发,比较多地强调了农民相对于资产阶级

---

① 1964年毛泽东在讨论社教问题的一次会议上说:"地富反坏是后台老板,四不清干部是当权派。"1966年《中共中央关于农村无产阶级文化大革命的指示(草案)》规定:"农村无产阶级文化大革命的重点,是整党内一小撮走资本主义道路的当权派和没有改造好的地富反坏右分子。"参见逄先知、金冲及:《毛泽东传》(下),中央文献出版社,2003年,第1368页、1459页。

② 《毛泽东读社会主义政治经济学批注和谈话》(简本),中华人民共和国国史学会,1999年,第227页。

的落后性和反动性,而说到农民具有革命性,则是指他们行将转入无产阶级的队伍,维护他们将来的利益,从而在实际上站到无产阶级的立场。在列宁、斯大林时代,则比较多地肯定了农民阶级反对封建主义的革命性,农民阶级的局限性主要是指与小生产方式相联系,是产生资本主义和资产阶级的温床。换句话说,相对于无产阶级来说,农民阶级才表现出某种落后性。毛泽东特别看重列宁、斯大林的观点,把反对修正主义、防止资本主义复辟当成了头等政治任务。由此可见,试图客观、历史地阐明农民的阶级属性的努力和做法,在马克思主义的革命史学范畴当中,始终不具有现实政治意义,因而它始终停留在学术层面,而极易受到政治生态的干预和影响。甚至可以说,在政治化的史学文化背景下,它本身就是直接与现实政治相抵触的,因此,这样一种价值追求和研究旨趣遭到现实政治的扼杀,就具有某种必然性。

一、争议的缘起与线索

20世纪50年代,第一次面对"农民政权问题",吕振羽是这样回答的:从中国历史的事实看,这种政权和地主阶级的政权在实质上不同的地方主要在于:(一)采取原始性的素朴民主的"公议"等形式,起义者之间有所谓"兄弟"的关系;(二)用以处置地主阶级政府的官吏和没收来的财产;(三)有的还进行了原始公社制的或其他一些政治上的建设。在吕振羽看来,这种性质的政权有:张鲁在汉中,刘黑闼在河北永年,黄巢在西安,杨幺在洞庭,韩山童、刘福通在山东,明玉珍在四川,李自成在西安和北京,张献忠在四川以及洪秀全在南京建立的政权,其中像以张鲁为首的政权和洪秀全等建立的太平天国,存在的时间还不短。吕振羽又指出:农民自身究竟是没有明确的方向的,这种政权的形式一般都是不完整不确定的,性质也是不明确的,因而也就不能有自己的远大前途,而只能是在其武装斗争的过程中存在,并常常是军、政混合的。他还强调,由于材料极不完备,以及地主阶级对之有意无意的歪曲记载,历史上存在过的这种政权的具体情况与农民在这方面的创造和理想,我们已不能完全知道。最后,他声明,所谓"农民政权"的提法是否

第二章 "前十七年"历史主义阶级观点与非历史主义阶级观点的初步交锋

妥当,还可加以考虑。① 从以上可以看出,吕振羽对农民起义建立的短期性政权的性质如何及"农民政权"的提法是否妥当是存疑的,但是从他的分析中也可以发现某种倾向,即他虽然指出了农民阶级在建立政权方面存在的主观缺陷,但并没有从客观方面否定农民阶级建立政权的可能性。

在中国农民战争史研究中,最早直接地、明确地判定农民不能建立自己的政权,农民所建立的政权依然是封建政权的,是中国农民战争史研究的拓荒者赵俪生。他在1953年指出,"由出身农民的分子自己所建立的起义政权和国家","就其根本性质来说,也仍是传袭了封建的政权"。② 他还认为,"农民不是新生产方式的代表,农民自己不能改变封建的经济关系——我们就绝对不能承认所谓农民政权只是采取了地主阶级政权的组织形式。我们应该承认,任何所谓'农民政权',就其根本性质说,无论如何也摆脱不开封建政权这一总的范畴的"。③ 嵇文甫在这时也说:"农民革命的最高要求是好皇帝",而不是、也不能"组织个'苏维埃'"。④ 漆侠在论述隋末农民起义时说:农民反对隋炀帝这个大暴君,但他们却拥护好皇帝,在他们的起义中,便有称帝称王称总管称将军的;这固然是他们的斗争口号,但这些也反映了:在他们的心目中,好的统治者对他们的小经济是没有坏处的。这样,他们的斗争就仅限于出现好皇帝好官吏。所以,在农民起义推翻一个封建王朝而取得重大胜利之后,封建的基本关系以及维护这一基本关系的政治制度也就得以延续下来。而农民起义军中的一些领导者,不仅是出身贵族的人企图利用这个力量建立封建政权,就是农民出身的人,也在胜利的光芒发射之时,阶级立场一天天转变,而企图建立一个维护封建制度的

---

① 吕振羽:《史学研究论文集》,华东人民出版社,1954年,第74~75页。
② 赵俪生、高昭一:《中国农民战争史论文集》,新知识出版社,1954年,第78页。
③ 转引自《批判赵俪生在农民战争问题上的谬论之一》,《文史哲》,1958年第11期。
④ 嵇文甫:《关于历史评价及其他》,河南人民出版社,1957年,第19页。

政权。① 1955年孙祚民发表《关于"农民政权"问题》一文,其后,作者又写出和发表了《关于中国农民战争和"破坏性"问题》、《中国农民战争在历史上的作用问题》、《中国农民战争和统一战争的关系问题》、《中国农民战争和"流寇主义"问题》、《中国农民战争和宗教的关系》、《关于中国农民起义领袖人物的评价问题》等论文,此后结集为《中国农民战争问题探索》一书,先由新知识出版社于1956年出版,后由上海人民出版社于1957年再版。在此书和相关论文中,孙祚民系统地阐述了历史主义的农民阶级观和农民战争观。

在1958年"史学革命"中,孙祚民的上述观点受到批判,而打响批判孙祚民第一枪的,是署名"章彬"的《对〈中国农民战争问题探索〉一书的几点意见》一文。孙祚民作出反驳之后,章彬又连续推出了《黄巢、李自成的"政权"是封建政权吗?——再论孙祚民〈中国农民战争问题探索〉一书的几个重大错误之一》、《农民战争与种族战争性质问题——再论孙祚民〈中国农民战争问题探索〉一书中重大错误之二》、《孙祚民在〈中国农民战争问题探索〉一书中是如何歪曲农民的——〈中国农民战争问题探索〉一书的重大错误之三》等文章,火气极大地清算孙祚民的论点。② 在这种批评的诱导之下,在此期间及以后,不少报纸杂志也发表了一些针对孙祚民的"大批判"文章,其中也不乏表面附和当时极左思潮、内心真诚探讨问题的文章。③

漆侠一度坚持农民战争不可能建立农民政权,但是在"得到京津各地史学界师友同志们的教正"之后,改变了原来的观点。漆侠在1960年发表的一篇文章中介绍:"同志们指出,只看农民战争失败的一

---

① 漆侠:《隋末农民起义》,华东人民出版社,1954年,第73页。
② 参见《光明日报》1958年3月17日、5月26日、6月23日、7月7日、8月4日相关文章。
③ 如《批判孙祚民著〈中国农民战争问题探索〉一书中有关农民战争性质的严重错误》,《山东师范学院学报》1960年第1期;《中国农民战争的伟大作用不容抹煞——批判孙祚民在农民战争问题上的错误观点》,《史学月刊》1960年第9期;《批判赵俪生在农民战争问题上的谬论之一——对农民和农民起义的歪曲与污蔑》,《文史哲》1958年第12期;等等。

面,不看其推动历史前进的一面;只看其消极的一面,不看其积极的一面;只看其次要的一面,不看其主要的一面;——这就在事实上贬低了农民战争的作用。这个批评是公正的,而且又是极为有教益的。""关于农民政权问题,我同意同志们的这样一个意见,即:在农民反对封建统治斗争的过程中,农民建立了自己的政权,但在当时历史条件下,这个政权是不稳固的。"值得注意的是漆侠悔罪式的自我检讨,他把自己产生否定农民政权这种"错误"观点的根本原因说成是:"资产阶级世界观和立场还没有得到根本改造,帝王将相的思想体系还没有得到彻底清算,这就无法以革命的正统观(历史是劳动人民的历史)来观察农民革命斗争的这个创造,歌颂农民革命斗争的这个创造。"①由此可以想见当时的政治气氛。

白寿彝代表的大概就是"京津史学界"的观点。他在《中国历史上农民战争的特点》一文中说:农民战争是中国农民进行阶级斗争的最高形式。它不同于其他形式的斗争,因为它要推翻当时的封建政权,建立自己的政权。从秦末农民战争起,农民群众夺取政权的斗争经历了两千多年。他们切盼有代表自己的政权,但"由于当时还没有新的生产力和新的生产关系,没有新的阶级力量,没有先进的政党",只靠农民自己的力量不能够解决政权问题,他们始终不能建立起来巩固的自己的政权。②

对农民政权作出系统论述的是宁可。宁可在《新建设》1960年第10—11期发表《中国农民战争史上的农民政权问题》一文,他的主要观点是:农民革命的主要目标是夺取政权,农民能够完成这个任务;农民能够建立起代表自己阶级利益的农民政权,也就是农民的专政,这个专政和资产阶级政权有根本的不同,而和无产阶级政权相似,即是群众性的革命专政;但农民由于阶级与历史的限制,不可能巩固与长久地保持

---

① 漆侠:《关于中国农民战争性质问题》,《光明日报》,1960年2月18日。
② 白寿彝:《中国历史上农民战争的特点》,《新建设》,1960年第8、9期合刊。

自己的政权。

在集中围绕孙祚民观点、围绕非农民政权论、围绕农民非反对封建制度论展开批评的声浪中,极其难能可贵的是还有另一种声音传达出来。1960 年 1 月天津师范大学历史系召开学术讨论会,针对当时漆侠坚持的"农民不能建立政权论",在会议主流发言的一片批评声中,天津师大历史系讲师耿夫孟表示赞同漆侠的意见。南开大学历史系主任郑天挺表示同意漆侠和耿夫孟的意见。他说:农民起义没有改造国家的要求,代表个体农民利益的政权是不能建立的。然而,恰恰是经过这次会议,漆侠改变了自己的观点,不再坚持非农民政权论。

"史学革命"后,对主观主义的农民阶级观和农民战争观发起反驳的人物是黎澍。据丁守和介绍,黎澍在担任《历史研究》主编后,便亲自组织文章,在《历史研究》发表,一时引起轰动。其中关于农民战争史研究问题,黎澍同蔡美彪商量,请他写了《中国农民战争史讨论中几个问题的商榷》,从正面阐述了古代农民的经济地位、生活状况和特点,农民战争的起因、要求、口号、作用、意义及前途等问题,着重讨论了农民战争研究中的现代化倾向,并作了具体分析和批评。文章在《历史研究》1961 年第 4 期发表,《人民日报》摘要报道,引起很大争论,①从而形成了集中批评蔡美彪观点的第二波农民战争史讨论。

1961 年,翦伯赞发表《对处理若干历史问题的初步意见》,在"如何处理历史上的阶级关系"标题下,对于农民阶级和农民战争的属性,包括经济属性、政治属性、意识属性,作了全面的主、客观界定。

> 农民反对封建压迫、剥削,但没有,也不可能意识到把封建当作一个制度来反对。
>
> 农民反对封建地主,但没有,也不可能意识到把地主当作一个阶级来反对。
>
> 农民反对封建皇帝,但没有,也不可能意识到把皇权当作一个

---

① 丁守和:《科学是为真理而斗争的事业——忆黎澍的学术生涯》,载《黎澍十年祭》,中国社会科学出版社,1998 年,第 108~109 页。

主义来反对。

这就是翦伯赞著名的农民"三反三不反"论断。"三反三不反"集中概括了农民的阶级意识水平,特别是农民对于剥削压迫他们的对象的理解程度。而对于对象的理解程度从根本上也反映农民自身的成熟程度,反之,是同样的道理。翦伯赞认为,农民根本没有任何阶级的意识。不过翦伯赞的论证角度是:"农民他自己还没有认识自己是个阶级,他更不能够认识地主是个阶级。"他在1963年广西师大一次报告中作出的结论是:"农民仍然是一个封建阶级。"①

林甘泉在《新建设》1963年第5期发表的《历史主义与阶级观点》一文,最早识别出了对立学派的方法论总纲和理论武器——"历史主义"。"有些同志在抹煞农民阶级和农民战争的革命性的同时,对于历史上新兴的地主阶级和封建剥削制度却表现出一种毫无批判的态度。他们津津乐道'历史过程的必然性',却不愿意揭露阶级矛盾和阶级对抗的事实,不自觉地站到了客观主义的立场。"作者对"历史主义"的方法论意义一笔抹煞,代表"历史主义与阶级观点"论争中否定性的一方,在"历史主义与阶级观点"论争中产生了重要影响。关于这个问题的争论,我们在下文还要详述。这里需要指出,这篇文章同样在农民战争史讨论中激起了巨大反响。之后,有关锋、林聿时两篇文章《关于马克思主义的阶级观点和历史主义》、②《在历史研究中运用阶级观点和历史主义的问题》③与该文呼应,在排斥历史主义方面达到了绝对化程度。在两派争论的风头浪尖,孙祚民撰写了《在中国农民战争史研究中运用历史主义和阶级观点——与关锋、林聿时同志商榷》,针对关锋、林聿时对蔡美彪的批评进行辞色严厉的反批评。这激怒了很多人,

---

① 翦伯赞:《关于历史教学和研究的几个问题》,《广西师大学报》,1978年第4期。

② 关锋、林聿时:《关于马克思主义的阶级观点和历史主义》,《光明日报》,1963年12月10日。

③ 关锋、林聿时:《在历史研究中运用阶级观点和历史主义的问题》,《历史研究》,1963年第6期,又见《人民日报》,1964年2月22日。

招来了火力更猛、措辞更激烈的指责。①

二、关于农民阶级的属性

农民阶级属性是论证农民阶级能不能够建立政权,或农民起义、农民战争过程中建立起来的政权组织具有什么样的性质的前提,因此,农民阶级属性问题,是历史主义学派与非历史主义学派争论的一个焦点。农民阶级属性包括农民阶级的经济属性、思想属性和政治属性,应该说,两派对农民阶级属性要素的看法是基本相同的,关键的分歧是对属性要素重点的强调不同,或对决定农民阶级政治性的能力要素的认识不同。

1. 历史主义学派的观点。

历史主义学派强调农民阶级的经济性。赵俪生认为,农民不是新

---

① 当时发表文章的有,吴传奇:《不能把农民战争说成封建地主阶级"政策的继续"——与孙祚民、蔡美彪同志商榷》,《光明日报》1964 年 4 月 3 日;林杰:《用什么观点和方法来研究农民战争——与孙祚民、蔡美彪同志商榷》,《新建设》1964 年第 4 期;古诗卓:《农民战争的指导思想问题——与孙祚民同志商榷》,《文汇报》1964 年 5 月 7 日;袁良义:《关于农民战争的一些问题》,《人民日报》1964 年 5 月 13 日;李荫农:《中国农民不是以封建思想来反抗封建统治的》,《学术研究》1964 年第 2 期;程征:《关于农民战争的思想武器问题——和蔡美彪、孙祚民商榷》,《哲学研究》1964 年第 2 期;漆侠:《农民是地主的对立面,还是地主阶级的后备军?——与蔡美彪、孙祚民同志商榷》,《哲学研究》1964 年第 3 期;田昌五:《怎样分析中国历史上的农民战争》、《是历史唯物论,还是经济宿命论》、《目前农民战争问题讨论中的根本分歧——答沙健孙同志》,分载《新建设》1964 年第 4 期、《光明日报》1964 年 5 月 14 日、《光明日报》1964 年 8 月 14 日;傅举有:《如何正确理解封建社会的农民阶级——与孙祚民同志商榷》,《光明日报》1964 年 7 月 1 日;肖振常:《也谈中国古代农民战争的自发性与自觉性问题——与孙祚民同志商榷》,《江海学刊》1964 年第 6 期;戎笙:《从中国农民战争问题的讨论看历史主义与阶级观点的关系》,《人民日报》1964 年 7 月 8 日;江地:《有关农民战争史研究中的一些问题》,《文汇报》1964 年 7 月 23 日;韩国磐:《中国史上农民起义口号的反封建实质》,《历史教学》1964 年第 7 期;庞朴:《试论农民战争的革命性质——评蔡美彪、孙祚民同志的"两种革命论"》,《文史哲》1964 年第 5 期;王思治:《"两种革命论"是"无可非议"的吗?——与吉敦谕同志商榷》,《哲学研究》1964 年第 6 期。

生产方式的代表,农民自己不能改变封建的经济关系。① 在赵俪生观点的基础上,孙祚民作了更为具体的解释,他说:

> 封建社会的生产力是落后的、分散的个体小农生产。与这种生产力相适应的是封建地主占有主要生产资料——土地,并通过土地剥削农民的生产关系。这种生产力和生产关系,便构成统一的封建社会的生产方式。封建地主对农民惨重的压榨,不断引起剥削者与被剥削者之间的阶级斗争。农民起来暴动,推翻地主阶级的统治机关,但不能改变封建的生产关系,因为生产关系的变更,是以生产力的发展和变化为前提的。

显然,孙祚民对农民阶级性的分析贯彻了生产力决定性原理。马克思以现代化和工业化为背景对小农经济、小农阶级特性的分析,是孙祚民敢于面对非历史主义学派的可资凭借的一项权威性资源。马克思在论到法国近代的小农时曾经指出:"既然数百万家庭的经济条件使他们的生活方式、利益和教育程度与其他阶级的生活方式、利益和教育程度各不相同并且互相对立,所以他们就形成一个阶级。由于各个小农彼此间只存在有地域的联系,由于他们利益的同一性并不使他们彼此间形成任何的共同关系,形成任何的全国性的联系,形成任何一种政治组织,所以他们就没有形成一个阶级。"②"小农是一个阶级,又不是一个阶级",这种矛盾的表述,包含了马克思观察阶级的多重视角。以此为根据,孙祚民展开对农民阶级属性的分析,通过一系列具有范畴意义的概念,特别对农民阶级的某些主观属性进行了较为严格的界定。这些概念或范畴,成为争论的焦点和澄清思想认识的重要工具。

农民阶级是一个自在的阶级。孙祚民虽然没有讲出"自为",但他讲"自在"显然是一个与"自为"相对应的概念。马克思在分析无产阶级的成长阶段时,曾经使用了这对概念。这对于史学领域中把古代农

---

① 转引自《批判赵俪生在农民战争问题上的谬论之一》,《文史哲》1958年第11期。

② 《马克思恩格斯选集》第1卷,人民出版社,1972年,第693页。

民现代化、无产阶级化的倾向来说,不无警示意义。无产阶级由于它所处的经济地位,已经不是一个特殊阶级,但它要意识到自己的使命,尚需一个经验过程,何况作为小生产者的农民。历史,对于农民来说,意味着什么?孙祚民分析道:"农民的生根于其小私有经济的私有观念,是根深蒂固的;小农经济本身,又在不断分化着。这样,农民头脑中必然滋生着一种强烈的向上爬思想。平常,农民们在贫苦的煎熬中希望着有朝一日能够变成富人、地主、官吏,爬进剥削阶级的圈子里去;当他们参加并领导了农民起义,而且在对封建专制政权战争取得胜利、有了向上爬得更高的机会和可能时,逐渐变更其阶级立场,进一步要爬上皇帝宝座、做起皇帝来,也便是很自然的事了。"因此,由农民的生活方式、阶级地位以及思想意识所决定,农民起义军的政治理想"只能以剥削相对缓和的新的封建统治,代替残暴腐朽的旧的封建统治;而不会、也不可能去触动封建制度之物质基础的地主土地所有制"。"封建社会历史上所有农民起义领袖起义过程中所建立起来的短期性政权,显然都没有、也不可能变广大的农民为统治阶级,即没有、也不可能使广大农民在经济、政治上获得解放。"①用马克思的话来概括就是:农民"不能以自己的名义来保护自己的阶级利益……他们不能代表自己,一定要有别人来代表他们。他们的代表一定同时是他们的主宰,是高高站在他们上面的权威,是不受限制的政府权力"②。在中国封建社会里,这种"高高站在他们上面的……不受限制的政府权力",其集中的表现就是至高无上的专制皇帝。斯大林说过:农民"反对地主,但拥护'好皇帝'"。西汉末的农民大起义,"绿林"和"赤眉"军分别拥戴刘玄和刘盆子为皇帝,元末的农民大起义,起义领袖韩山童自称是"赵佶(宋徽宗)八世孙","完全证明了农民的'皇权主义'思想"。

农民阶级的斗争只具有自发性。这是孙祚民提出的一个与"自觉

---

① 孙祚民:《关于农民政权问题》,《新史学通讯》1955 年第 8 期。另载《中国农民战争问题探索》,新知识出版社,1956 年。1957 年上海人民出版社再版。1962 年三联书店出版史绍宾编《中国封建社会农民战争问题讨论集》收入此文。

② 《马克思恩格斯选集》第 1 卷,人民出版社,1972 年,第 693 页。

性"相对应的标志农民认识水平的概念。对农民阶级的认识水平的估价,孙祚民50年代的表达方式曾引起广泛争议:

> 农民在封建社会的生产力状况下,自然不会满意于这种统治与被统治、剥削与被剥削;但也不会看出这种生产关系有什么不正常之处。因而,农民起义曾顽强地向封建专制主义政权进行了战斗,可是他们没有同封建制度进行战斗。

1960年发表的《关于中国农民战争打击封建制度的问题》一文兼答吴示模的批评,是孙祚民更为明确地阐发其观点的一篇文章。在这篇文章中,孙祚民指出了整个农民战争史讨论的一个关键分歧是:"这主要集中在农民战争对封建制度的打击,有没有自觉的认识的问题上,即能够或不能够自觉地打击封建制度。"孙祚民认为,农民既然生活在封建社会里,必然要受整个经济地位以及生活方式所限制,一方面,由于他们受着封建统治残酷的剥削和奴役,经常处在饥寒交迫和贫困痛苦的深渊中,因此,他们不但具有强烈的革命性、反抗性,而且也憧憬着一种美好的生活,这种憧憬,有时甚至能够超出封建社会的范围,要求一个没有剥削、平等的社会。但是,另一方面,由于农民阶级是分散的个体小生产者,正如列宁所说:"分散的单独的小规模的剥削把劳动者束缚在一个地点上,使他们彼此隔绝,使他们无法理解自己的阶级一致性,使他们无法联合起来,因为他们无法了解压迫的原因不在于哪个个人而在于整个经济体系。"①因此,他们在反对封建统治阶级的剥削和压迫的斗争中,虽然反对暴君、酷吏、劣绅、地主,但却找不到、也不可能找到实现自己美好生活的现实道路;而那种憧憬中的生活,也只能是一种可望而不可即的幻想。所以,当他们要实现自己憧憬的生活幻想时,只能回到现实社会所允许的立足点上来,把希望寄托在明君、贤相、清官、循吏的身上。因为,这些就是农民阶级所能认识的具体的、现实的封建社会中实现自己憧憬生活的道路和人物。从历史过程来说,孙祚民认为,封建社会里农民阶级的觉悟和组织程度,并不是一成不变的,

---

① 《列宁全集》第1卷,人民出版社,1958年,第264页。

当封建的生产方式还处在上升阶段,即还没有充分暴露其腐朽性并成为新生产力发展的严重桎梏时,农民虽然"不会满意于这种统治与被统治,压迫与被压迫;但也不会看出这种生产关系有什么不正常之处"。正如恩格斯所说:"当一种生产方式处在自身发展的上升阶段的时候,甚至在和这种生产方式相适应的分配方式里吃了亏的那些人也会热烈欢迎这种生产方式。"但是,伴随着历史的发展,当封建的生产方式充分暴露了其腐朽性,并成为新生产力发展的严重桎梏,特别是代表新生产力的先进阶级已经日益成长壮大与觉悟时,那么,在这些新因素的影响启发下,农民阶级的觉悟和认识也会逐步地提高,也正如恩格斯所说:"当这种生产方式已经走完自身的没落阶段的颇大一段行程时,当它有一半已经腐朽了的时候,当它的存在条件大部分已经消失而它的后继者已经在敲门的时候——只有在这个时候,这种愈来愈不平等的分配,才被认为是非正义的,只有在这时候,人们才开始从以往过时的事实出发诉诸所谓永恒正义。"①这就是说,封建社会农民阶级的觉悟和认识,是随着社会本身的发展与推移而愈益提高的。具体到农民上,也即为什么早期的农民起义未能,但到太平天国农民起义时提出了像天朝田亩制度那样比较完整的革命纲领的原因。但是,即便在这种情况下,农民阶级的觉悟和认识,也依然有着很大的局限性。总之,在孙祚民所表达的观念当中,农民的阶级意识是受社会历史严格地规定的。"封建社会里单纯的农民起义和农民战争,不可能自觉地反对封建制度。"

吴示模提出的一个观点,其实也是一个代表非历史主义农民战争观学派的一个观点:农民阶级不能推翻封建制度而建立新的社会制度,与农民阶级要求推翻封建制度而建立新的社会制度,是不能混为一谈的两回事。农民阶级的两重属性由两种历史原因决定。"前者是因为农民是小私有者,不代表新的生产关系,使其不可能推翻封建制度而建立新的社会制度;后者则是因为,农民是被压迫被剥削阶级,封建制度

---

① 《马克思恩格斯选集》第3卷,人民出版社,1972年,第188~189页。

给他们带来了重大灾难,这就使他们不能不要求推翻封建制度。"①孙祚民认为,初看起来,吴文把"不能推翻和建立"和"要求推翻和建立"这两种含义加以区分,想在解决这个问题上找出一条线索,似乎还有一定的道理,但实际上这个论点是经不起推敲的。一则是这种割裂的作法,是违反科学的。因为能否"推翻封建制度而建立新的社会制度",固然必须与"农民是小私有者,不代表新的生产关系"联系起来考察;同样,能否产生"要求推翻封建制度而建立新的社会制度"的自觉意识,也不容许抛开"农民是小私有者,不代表新的生产关系"这个条件。要知道,仅仅是"封建制度给他们带来了重大灾难"是不能使农民阶级产生那种超越封建社会的自觉意识的,甚至自发的工人运动,也只能产生工联主义。在这里,孙祚民严格地遵循了唯物史观生产力一元决定论的原理。再则,孙祚民认为,吴文回避了一个最关键的问题,就是:封建社会的农民阶级能不能自觉了解到"压迫的原因不是个别的人而是全部经济体系"的问题。谁都可以明白:"要求推翻和建立什么",首先是必须以了解"要求推翻和建立"的对象为前提的。而农民阶级能否产生"要求推翻封建制度而建立新的社会制度"的自觉意识,首先取决于农民阶级能不能透过个别的人的压迫的背后,看到全部的经济体系。吴文回避了这个前提,片面地把"农民是被压迫被剥削阶级,封建制度给他们带来了重大灾难"作为立论的根据,只能把问题的讨论,导向"落空"的境地。孙祚民发问道:难道说作为"自在的阶级"的农民和他们所进行的"自发的斗争",能够自觉地认识到"要求推翻封建制度和建立新的社会制度"么?吴示模在文章中也强调这一观点:"农民阶级不代表新的生产关系,农民阶级的这种斗争和要求都是出于自发的,而且他们所要求建立的新社会制度,还是乌托邦。"对此,孙祚民指出:

> 要知道,是仅仅停顿在乌托邦的阶段,还是具有了洞察社会制度的自觉的意识,这正是区分一个阶级是自在的、还是自觉的一个

---

① 吴示模:《农民阶级是否没有推翻封建制度和建立新的社会制度的要求?——兼与孙祚民先生商榷》,《光明日报》,1960年3月3日。

重要分水岭。

在孙祚民看来,即使是所谓"自由平等的小农公社",也不是什么"新的社会制度","而只是过去遥远的农村公社小农生活在农民脑海中的浮泛,是向后看的"。不能允许把农民起义中提出的乌托邦口号或小农公社生活的口号与农民阶级具有"推翻封建制度与建立新的社会制度"的自觉意识,混为一谈。这就是说,按照孙祚民的思路,农民阶级意识以及史家对于农民阶级意识水平的认识,都要接受历史的建构性实践的检验。当然,这其中,能否把握历史发展的方向,集中体现了历史主体的意识水平和主观能力。可以说,"自在的阶级"与"自发的斗争"两个概念是孙祚民对农民阶级的客观定性,是为主观主义学派设置的一条不可逾越的边界,也是反驳主观主义学派的有力武器。

孙祚民充分运用"自在与自为"、"自发与自觉"等概念的范畴功能,对付各种似是而非的批评显得游刃有余。吴示模对孙祚民有一个指责:

> 如果认为农民起义、农民战争没有同封建制度和整个的地主阶级进行战斗,农民阶级没有推翻封建制度和建立新社会制度的要求,那末农民阶级就不能认为是反封建制度的主力军,农民战争也就不能认为是反封建制度的革命战争,而成为封建社会中一种莫名其妙的混战。那么,农民起义和农民战争在历史上还有什么作用呢?农民阶级还能成其为一个反封建制度的、反对地主阶级的革命阶级吗?

孙祚民的回答是:

> 这一连串的质疑,都是从同一个根据出发的,那就是把农民阶级"能不能自觉认识封建制度"当作了"能不能打击封建制度"的前提,从而得出了一系列根本就不存在的问题。其实,道理是很浅显的:农民阶级能够自觉认识封建制度的腐朽和反动,固然会给它以沉重的打击;但是,在农民阶级还不了解封建制度的情况下,也

第二章 "前十七年"历史主义阶级观点与非历史主义阶级观点的初步交锋

并不排斥能够在客观上给它以不同程度的打击。①

我们发现,孙祚民在50年代的农民战争史研究中,以系统论证"非农民政权论"独领风骚,在60年代,面对众多批评声音,清晰界定农民阶级与农民战争的"自在"、"自发"属性,包括其历史原因、检验标准,自圆其说,仍然具有统领客观主义学派的气度和高度。

围绕农民阶级反封建的主观性,是自发还是自觉,是指向个别还是指向制度,已经是两种立场对垒的焦点。在此之外,蔡美彪又揭示了一系列概念,试图进一步区分不同的主观性之差异。

物质武器和思想武器。蔡美彪说:封建社会的农民处在愚昧落后的状态里,他们可以拿起锄头作为反抗地主阶级统治的物质武器,却没有反抗封建制度的思想武器,无法摆脱地主阶级的思想支配。"在平时,农民群众的现实愿望,就是地主阶级减轻些剥削和压迫,让他们还可以活下去,活得稍好些。而他们所追求和向往的则是发家致富,使自己也成为地主,或者通过各种途径成为大小官员,取得功名利禄,耀祖光宗。"蔡美彪通过进一步分析中国社会的特点,揭示了形成这种观念的客观基础。他认为,和欧洲一些国家不同,战国以来,中国不是领主农奴制而主要是地主的实物地租制的这个经济基础,提供了这样一种现实的可能:个别地主可以破产做农民,个别农民也可以上升做地主。汉代以来的"乡举里选"制,唐宋以后的科举制,在农民群众面前设置了这样一条可能侥幸上升的路径。本来那只是统治阶级用来"吸上被统治阶级中优秀分子"以巩固其统治的手段。作为一个阶级来说,农民群众始终是被剥削者被压迫者。可以上升为地主上升为官员的只能是农民中的单独的个人,只能是广大农民中的极少数。但是缺少阶级觉悟的农民并不懂得把阶级利益摆在前头,而往往易于蒙受统治者的欺骗,力求使自己成为那个侥幸的个人,成为那个极少数。农民平时的这种情形也就反过来更加限制了农民群众的阶级视野,更加帮助了封

---

① 孙祚民:《关于中国农民战争打击封建制度的问题——兼答吴示模先生》,《光明日报》,1960年8月4日。

建统治的延续。在农民战争胜利发展的年代里,起义农民领袖所追求和向往的,就是推翻腐朽的旧王朝,推翻地主贵族的黑暗统治势力,而由自己去充当"好皇帝",建立"好王朝",实行"好统治"。而起义群众也完全拥护领袖们所追求的这些目标。因为他们所要争取的本来就只是一些较好的官吏、较好的皇帝、较好的王朝。中国农民在当时不能有更高的向往和憧憬,"只是企望在'好皇帝'脚下过生活"。总之,他认为:"农民的革命斗争,在中国历史上反复地归结为封建制度的重建。所以对于古代起义农民的觉悟性和组织性不宜渲染过甚。如果渲染过甚,那么,农民战争的性质的特点就会得到不正确的说明了。"①也就是说,在蔡美彪看来,对于农民阶级主观性的判断和把握,必须做出客观性的限定。

蔡美彪认为,不是意识决定存在,而是存在决定意识。封建社会的经济条件决定了起义农民既不能意识到根本改变封建的社会制度,也不能意识到根本改变国家制度、皇权统治制度。起义领袖就只能称王称帝,而不能称"总统",只能建立封建王朝而不能提出"共和国"的口号,因为当时还没有新的生产力、新的生产关系,没有产生新制度、新思想的客观基础。实际状况是:起义农民的领袖往往是而且不能不是以封建的思想理论作为自己的行动指南,不能不以封建王朝的体制作为自己建立统治的蓝本,因为当时还只有这样一个蓝本。他们手中除了封建的政治理论武器,再也没有,也不可能有别的理论武器。

幻想与现实。"等贵贱,均贫富"、"均田免赋",农民起义提出的这些口号,是主观主义农民阶级观和农民战争观说明农民革命性的例证。蔡美彪认为,农民群众的这些口号,在历史上始终并不曾成为现实,农民起义和农民战争史料并不曾表明农民分了田产,农民起义和农民战争也并没有消灭过封建的社会制度。他说,这不难理解,农民阶级不是埋葬封建社会的阶级,不能够推翻和改造社会阶级制度。当起义者一

---

① 蔡美彪:《对中国农民战争史讨论中几个问题的商榷》,《历史研究》,1961年第4期。

旦想把这些口号并付诸实现时,就会发现,当时的经济条件并没有提供其实现的客观基础。于是,那些动人的口号、天真的幻想,也就不能不在现实面前化作浮云而消逝。农民阶级自己是找不到摆脱贫困的实际道路的。"在农民运动中,还有大量的愚昧无知和缺乏自觉性的现象,对这一点发生任何错觉都是极其危险的。"他认为列宁的这一教导值得深思。①

2. 非历史主义学派的观点。

白寿彝在《中国历史上农民战争的特点》一文中说:农民战争是中国农民进行阶级斗争的最高形式。它不同于其他形式的斗争,因为它要推翻当时的封建政权,建立自己的政权。从秦末农民战争起,农民群众夺取政权的斗争经历了两千多年。他们切盼有代表自己的政权,但"由于当时还没有新的生产力和新的生产关系,没有新的阶级力量,没有先进的政党",只靠农民自己的力量不能够解决政权问题,他们始终不能建立起来巩固的自己的政权。

"农民战争不能建立农民政权"与"农民战争不能建立巩固的政权"两种观点看似区别并不大,两说似乎都不否认历史的必然性,但仔细分辨,仍然可以看出论证角度的差异。前者强调了农民战争所处历史环境的必然性,同时也强调了农民自身所处经济地位的必然性,后者承认农民战争所处历史环境的必然性,同时更多地强调了农民阶级作为被剥削者和被压迫者追求解放斗争的超越性。

白寿彝就此展开了一番设问式的答辩。

> 有人说:农民是小所有者,"他们斗争的目的,就仅在于维持他们的小经济,获得某种程度的安定生活而已"。又说:"在农民的心目中,一些好官对他们的小经济是没有坏处的。""他们的斗争就仅限于出现好皇帝好官吏,以维持其小经济和某种程度的安全生活这个目标上。"诚然,封建社会的农民倾向于小所有者。但

---

① 蔡美彪:《对中国农民战争史讨论中几个问题的商榷》,《历史研究》,1961年第4期。

要知道,小农经济在封建社会总是处在被支配的地位,而成为大地产的附属。农民在生产上"小所有者"的幻想,一方面是生产规模的狭小在意识上的反映,另一方面也因此掩遮了他们的政治视线,不能看出历史的前途。他们反对封建制度,但不能明确地提出全套的政治主张。他们中虽也曾提出过大同的理想,但并不能实现。这是阶级条件的局限,也是历史条件局限。我们在讨论封建社会农民战争为什么不能取得彻底胜利的时候,决不讳言这一点。但作为农民战争的革命动力来看,起义的农民决不是以小所有者的身份出现,而是以被剥削被压迫的阶级出现的。

按照这些朋友们的说法,历史上有好多问题都不可能理解。第一,起义的农民究竟还有什么"小经济"值得留恋,值得"维持"呢?

第二,为什么在历来农民中没有出现过要求维持小经济的口号,反而都是改变当时制度的口号呢?

第三,为什么历次的农民战争从来没有提出过撤换某一个皇帝或某些官吏的要求,却总是要推翻一个皇朝,要夺取一个皇朝的政权呢?

像这样的说法,过于强调起义农民是"小所有者",看不见起义的农民是一个被剥削被压迫的阶级,这只有冲淡了农民战争在阶级斗争上的尖锐性,掩盖了阶级对抗的锋芒,模糊农民战争的本质。

由此看来,农民政权论与非农民政权论的分歧,主要是如何看待农民阶级的主观性。农民政权论倾向于强调或夸张这种主观性,而非农民政权论倾向于否定或限定这种主观性。农民政权论对于农民阶级主观性的强调,主要有以下几种。

(1)主观愿望论。孙祚民曾说:"农民起义向封建专制主义政权进行了战斗,可是他们没有同封建制度进行战斗。"针对这一观点,戎笙指出:"显然,他是把下列两个问题弄混淆了,即:农民起义是否曾经反对过封建制度和农民起义是否能够独力推翻封建制度。由于他把这两个问题弄混淆了,又没有提供任何史料作为依据,因而是难以令人信服的。我们只要指出人所共知的太平天国革命运动就够了,难道说太平天国没有同封建制度进行过战斗吗?"①

吴示模提出:"农民阶级不能推翻封建制度而建立新的社会制度与农民阶级要求推翻封建制度而建立新的社会制度,是不能混为一谈的两回事。它是由两种历史原因所决定的。前者是因为,农民是小私有者,不代表新的生产关系,使其不可能推翻封建制度而建立新的社会制度;后者则是因为,农民是被压迫被剥削阶级,封建制度给他们带来了重大灾难,这就使他们不能不要求推翻封建制度而建立新的社会制度。"②这就是说,农民阶级的主观要求是有客观原因的。同时吴示模也承认,在无产阶级产生以前的任何阶级,都不能自觉地掌握社会发展规律,都不能自觉地使他们的思想要求符合于社会发展规律并把它付诸实现。农民阶级则更做不到这点。但这并不能说明凡是在历史上不能实现的思想要求都是不可能也不会存在的,只不过是说这种思想要求在历史实践中不可能达到预期的结果。他认为,农民阶级要求推翻封建制度的具体表现有:要求改变封建社会的根本制度——地主阶级的土地所有制;要求推翻封建社会的上层建筑——地主阶级的反动政权;要求取消封建社会的等级制度。农民阶级建立新的社会制度的基本观点就是平均主义,就是"平分一切财富的心理,是原始的农民共产主义的心理"③。辽宁大学历史系的集体文章也写道:"反对封建制度和要求建立新的封建制度,这是农民的主观愿望,至于农民之不能独立推翻封建制度和建立新的制度,这是因为客观历史条件和农民的阶级局限性所限。不应当因为农民不能独立推翻封建制度,就说农民不要

---

① 戎笙:《试论明代后期农民阶级斗争的性质和特点》,《历史研究》,1958年第10期。
② 吴示模:《农民阶级是否没有推翻封建制度和建立新的社会制度的要求?——兼与孙祚民先生商榷》,《光明日报》,1960年3月3日。
③ 《斯大林全集》,第13卷,人民出版社,1956年,第105页。

求推翻封建制度,更不能说农民起义不是反封建的。"①王思治说:"自发的农民战争同样也是反对封建制度,它只是不能根本推翻封建制度,一定要把不能推翻封建制度就是没有反对封建制度联系在一起,只能看作是强词夺理的狡辩。"②

(2)自发革命论。林甘泉认为,旧式农民战争的确具有自发性,但是这种自发性是农民反封建革命斗争的自发性。农民战争是封建社会中农民阶级斗争的最高形式,它所具有的反封建的革命性质,并不取决于农民本身是否能够认识,而是由封建生产方式所包含的对抗性矛盾所决定的。他批评道:"有的同志说,农民战争所反对的只是个别地主、个别官吏以至个别皇帝、个别王朝,却不曾指出封建制度和地主阶级。这种说法也是令人难以同意的。既然我们承认农民战争是一种阶级斗争,那么,在谈论它所反对的对象时,把地主阶级分子同地主阶级整体分割开来,把保护地主阶级的国家机器同地主阶级分割开来,说什么农民战争只反对这个而不反对那个,这究竟有什么科学意义呢?农民战争所扫荡的,当然只能是一个一个的封建地主、官吏和皇帝,但所有这些地主、官吏和皇帝都不是抽象的个人,他们都代表着一定的社会关系,都是作为一定阶级的成员处在这种社会关系之中的。而封建的政治制度和经济制度,就是这种社会关系的具体表现。正因为这样,我们才说农民战争的每一次发动,不管农民本身是否意识到,都不能不归结为一种阶级斗争,亦即农民阶级反对地主阶级和封建制度的革命斗争。"③

(3)乌托邦空想论。侯外庐说,农民战争是反封建的。但农民在推翻封建国家后,由于历史条件及阶级的限制,不可能设计全面的新的政权,在现实意义上缺乏对于前途的设计。农民能够局部地创造出某种新政权形式,如恩格斯曾说过的不浪费的政权。这在中国历史上也

---

① 崔春华:《中国农民战争的性质和特点》,《光明日报》,1960年4月14日。
② 王思治:《关于农民战争的性质问题——评孙祚民先生的观点》,《光明日报》,1960年11月10日。
③ 林甘泉:《历史主义与阶级观点》,《新建设》,1963年第5期。

有,如张鲁在汉中的政权,太平天国规定物资供应的严格办法,连一斤肉也不能多吃,等等,都是。但这种政治理想,如恩格斯所说的,容易走入慈善主义。他还指出,农民战争的纲领,以经济主张为多,但政治主张也不少,虽然在政治上的主张,很多是幻想的、宗教式的乌托邦,所谓狂暴的空想,超过他们的时代。农民战争的纲领是有发展的,一个阶段高于一个阶段。在封建社会前期,统治者作威作福,更多地表现在对农民的人身奴役上,因而农民起义就针对人身奴役展开斗争。到封建社会后期,农民提出了土地平均所有的要求,这是农民战争向更高阶段发展的表现。① "中国农民从对抗贫困到要求人身权的狂暴的幻想,到反对土地特权而主张平等的理想,是从长期斗争的经验积累而一步一步发展起来的。在人类历史上,农民用无数鲜血写成的阶级斗争诗篇,其韵律是豪迈而铿锵的。诗篇中的阶级对抗观念是被压迫阶级解放的里程碑,诗篇中的基本思想是全人类解放史的节奏。"②

(4)原始公社理想论。何兹全从政权和纲领方面来说农民战争的反封建性质。特别是第二点,他着重作了说明。农民起义时,往往提出自己的纲领,要求推翻压迫农民的封建社会,建立一个农民所理想的、对他们有利的无压迫无剥削的社会。农民政权是为农民利益服务的,他们常常提出为自己阶级利益服务的鲜明的口号。如黄巾起义军把"积财亿万,不肯救穷周贫"和"轻休其力"的富人和不劳动者,列为罪在不除,王小波的"均贫富",李自成的"不纳粮"等,都是农民利益所在。农民既然要打倒旧政权,建立为农民利益服务的新政权,这当然是反封建。由于时代和阶级地位的限制,农民所能设想的对农民有利的社会形式,多半是公社性的,他们的纲领中所描述的理想的社会总是公社式的社会。从他们的纲领口号或实行行动来看,多少可以看出他们所理想的图案的梗概。张鲁在汉中的义米义肉义舍,钟相、杨幺在洞庭

---

① 参见《新建设》编辑部:《关于中国历史上农民战争的性质、作用和特点问题》,《新建设》,1960年第12期。
② 侯外庐:《侯外庐史学论文选集》(上),人民出版社,1987年,第254页。

湖畔的措施,都看得到公社的影子。他们的这些理想,包含着一个真理,即须是集体的、公有的形式,才有农民的出路。当然,农民由于阶级地位和历史条件的限制,他们所能看到的集体、公社,不是新的生产关系,而是历史上有过的原始公社。但无论如何,农民提出了一个新图样,他们要用这新图样来代替封建社会的旧图样,这就使农民具有鲜明的反封建性质。①

三、"农民政权"的性质

非历史主义学派的观点。对农民政权作出系统论述的是宁可。关于政权的定义和意义,宁可认为,只要农民在一定地区通过军队及其他组织建立起自己的政治统治,尽管这种统治为期很短,又不巩固,只能是不完整的或萌芽形式的政权,但终究应当承认这是农民政权,而且是国内革命战争条件下"最正常"的政权。认为这种农民政权不是正常状态下的政权,把它仅仅看成是"在战争过程中建立起来的、为战争服务的组织机构",给它打上括号,或者看成是暂时性的"军事机构",一种"斗争形式",都不免忽视历史实际,贬低农民革命的伟大作用与农民的创造能力,因而是不妥当的。可以说,首先特别突出农民阶级、农民战争、农民政权的主观意义或主观方面,其次彰显主观与客观的张力结构,是宁可的全部论述策略。

"一切革命的根本问题是国家政权问题";"革命军队和革命政府,这是一件事情的两个方面";"革命的中心任务和最高形式是武装夺取政权";"全部问题在于保持政权,巩固政权,使它成为不可战胜的。"这是宁可引述的列宁、毛泽东、斯大林的相关论述,其中包含着完成革命所需要的夺取政权、保持政权、巩固政权等系列环节,宁可显然强调了首先是"夺取政权"这一起点(萌芽)和取向的重要意义。因此,他认为"有些同志在研究农民战争史上的农民政权问题时,仅仅着眼于农民

---

① 《新建设》编辑部:《关于中国历史上农民战争的性质、作用和特点问题》,《新建设》,1960年第12期。

能不能建立政权一个方面,这是很不够的"。

关于农民阶级与农民革命的特点。宁可认为,研究农民政权问题还必须从单纯农民战争的基本特点出发。农民战争的基本特点是由农民阶级的基本特点决定的。农民阶级具有两方面的两重性:第一,在阶级地位上,具有劳动者与私有者的两重性;第二,在历史地位上,它一方面是革命阶级,另一方面又不能根本改变封建制度。这两方面的两重性及随之而来的局限性产生农民思想意识上的两重性与局限性。一方面,在个体生产的基础上,作为劳动者与革命者的农民产生了经济上的平均主义思想与政治上的平等思想,企图用平分财产的办法满足农民对土地的要求,用"等贵贱"的办法消灭人身依附关系和封建等级制度,这在封建社会是一种反封建的革命民主主义思想。但是另一方面,由于农民经济不代表新生产力与生产关系及其在封建社会中处于依附地位,由于农民经济的个体的、分散的、小私有制的性质,不仅平均与平等思想及在这种思想指导下制定的农民的革命纲领措施,无法真正、彻底、长久保持与实行(用平均与平等思想来鼓舞农民夺取土地与提高农民社会地位是可能的,但想用它们来消灭封建制度和建立新社会制度却是不能实现的空想),而且,农民在思想上也不易和地主阶级划清界限,易于受地主阶级思想的腐蚀。所以农民的平均平等思想与纲领,到后来往往会逐渐被封建的思想与纲领所取代。农民阶级地位、历史地位和思想意识的这种两重性与局限性,给农民革命带来了不同于其他阶级革命的特点。革命的历史任务是推翻旧的社会制度,建立新的社会制度。单纯的农民战争是资产阶级或无产阶级出现以前的封建社会阶级斗争的最高形式,它的性质是反封建,历史任务是推翻封建制度,因此,农民战争就是革命。但是,由于农民的阶级的与历史的局限性,在封建社会内部没有出现新的生产力和生产关系,没有先进阶级与政党领导的情况下,单纯的农民战争不可能完成推翻封建制度的任务,农民建立新社会的愿望与尝试也终于不免是空想,因此,农民战争终究只能是不完整、不彻底的革命。

宁可认为,农民阶级与农民革命的这些特点,当然会反映到政权问题上。问题是在上述的农民阶级与农民革命的两重性与局限性中,哪一方面是主要方面。正是在这样一个关键点上,我们发现,宁可还是回到了纯粹的农民价值观或民粹主义。宁可说:

> 农民是封建社会财富的主要创造者,农民与地主的矛盾是封建社会的主要矛盾,农民战争是封建社会历史发展的真正动力。所以,劳动者、被剥削者、革命的平均与平等思想、农民战争的革命性质及其对封建制度的打击等等,当然是农民阶级与农民革命的主要方面。这就是说,应当在承认农民阶级与农民战争和其他一切革命阶级与革命战争具有共同性的前提下,来研究农民与农民战争的特殊性,这是我们研究农民战争和农民政权问题的出发点。

在这里,宁可忽视或掩盖了这样一个问题,即可以说农民阶级与资产阶级乃至无产阶级具有共同的革命性,而革命性的取向是不是相同则需要进一步追究。农民经济上的平均主义与政治上的平等思想即所谓反封建的革命民主主义思想,是否可以等同于资产阶级或无产阶级思想?农民的革命性是不是恰恰是一种"反革命性"?宁可没有明确回答这些问题,但从他的叙述来看,农民革命导向资产阶级革命乃至无产阶级革命是不言自明的逻辑。因此,他才作出以下结论:

> 有的同志夸大农民与农民战争的特殊性,不去强调受着残酷剥削与压迫的劳动者的农民与剥削者的封建地主的不可调和的矛盾,把由此而产生的强烈的反封建要求仅仅看成是"不能实现的幻想和乌托邦,反而强调私有者的农民与也是私有者的地主的矛盾,认为农民为维护与发展自己的小私有制和小经济以及这种小私有制和小经济与封建制度、封建地主的矛盾是农民革命斗争的实际。他们夸大农民的落后方面与农民战争的缺点方面,贬低了农民的革命性与农民战争的革命作用,这是一个原则性的错误。这些同志断言农民不能建立政权,上述的错误论点正是一个重要根源。

关于农民政权的经济基础。针对封建社会不存在农民政权的经济基础的说法,宁可认为,封建社会除去封建所有制以外,还有农民的个体所有制,这就是农民政权的经济基础。农民政权的任务之一也就是为了保护农民的小经济。自然,农民经济不是独立的经济结构,在封建社会中处于依附地位,它不代表新的生产力与生产关系,这说明了农民革命不可能最终胜利,农民政权不可能长久存在,但这不等于说,农民在一个短暂的革命高潮时期在某些地区不可能建立自己的统治即建立农民政权。但是,宁可似乎更强调或者重新阐释了另一种经济基础所具有的意义。

"根本不存在一个农民政权的经济基础"这种说法是不精确的。如果说这是指必须先有新的生产关系才能建立相应的政权,那社会主义生产关系却是在无产阶级夺取政权后才建立起来而且必须靠无产阶级政权才能建立起来的。

依靠暴力或政治权力就可以建构一种新的经济基础或经济形态:宁可把从现实社会主义革命中得出的这种观点运用于农民战争、"农民革命"经验教训的总结,特别强调了农民专政的重要性。

农民政权往往没有认识到对全部地主阶级实行专政的必要性,并为此制定系统的、全面的纲领政策,特别是经济上限制、打击、消灭地主阶级的纲领政策。

在这里,农民专政的不完整、不彻底、不巩固,似乎更多地应该归咎于主观方面的原因。在可然的层面,宁可似乎为农民专政、农民阶级政治、农民主观能力的发挥预留了穿越经济必然性的不受限制的可能性空间。然而,在实然的层面,宁可仍然坚持了农民是小私有者、小生产者、不代表新生产力和新生产关系等经济必然性的限定。总之,宁可所揭示的农民阶级的两重性似乎具有相互决定、相互穿透的性质。两种因素此消彼长,于是,与这种两重性张力结构相契合,农民政权的演变就呈现为一种过程结构。

从农民本身来看,如果说在夺取政权、建立政权方面,是农民的劳动者、被剥削者的地位和农民的革命性在起着主要作用的话,那么,在巩固和保持政权方面,则是农民的私有者、小生产者、经济上的依附地位和他们不代表新生产力与新生产关系等因素起着主要作用,农民不能推翻封建制度建立一个新的社会制度,也正是在政权问题的这个最后与最有决定性的方面表现得最明显。

如此一来,宁可的农民政权论就成为一种与现实社会主义理论和实践、现实政治最为契合的一种观点,一种解释空间最大、具有充分回旋余地的历史阐释。充分肯定农民阶级的革命性,乃至建立农民政权的可能性,符合暴力革命的伦理;指出农民阶级本身的和社会的历史局限,更充分证明了现代革命的政治正确。

对以宁可为代表的观点和看法,翦伯赞、蔡美彪等从经典唯物史观原理出发,提出了尖锐的批评和驳议。其中,蔡美彪的看法最有体系性。

蔡美彪认为,应当首先区分农民革命和社会革命的不同。毛泽东曾把中国历史上的农民战争、农民起义称之为革命战争、革命斗争或农民革命,但他并没有说这种革命就是社会革命。然而,由于人们处于革命年代对于"革命"的热情崇拜,人们往往很容易把任何"革命"都看作社会革命,尤其容易把历史上的农民革命理解为刚刚取得胜利的共产党领导下的农民革命,或者把历史上的农民革命与共产党领导的农民革命联系起来,认为共产党领导的农民革命是历史上农民革命的自然延续。针对这种理解,蔡美彪明确指出:农民革命与社会革命是两种不同性质的革命,不能把前者混同于后者。他说:不同历史阶段不同国度的革命有着不同的内容。历史上每一社会形态的更替,如封建制度之代替奴隶制度,资本主义制度之代替封建制度,这是一种社会革命。从一次到另一次社会革命之间,一般说来,相隔着一整个的社会发展阶段。例如,中国的封建社会就至少经历了两千多年之久。在这个历史时期里,充满着被压迫者反对压迫者的革命的阶级斗争。中国封建社会里的农民战争就是这样的革命斗争。这也就是一种革命,但它是不同于社会革命的另一种性质的革命。在他看来,两种革命的不同是由于不同的社会经济条件所决定的。社会革命是在旧的社会制度已然走向瓦解,原先为新的生产力新的生产关系已经成为生产力发展的桎梏的条件下爆发的。中国封建社会的农民则是在还没有新的生产力和新的生产关系的条件下,是在封建社会的生产力还有其发展的余地的条件下爆发的。由此决定了两者具有不同的革命动力、革命对象和革命任务。蔡美彪说:社会革命的动力,主要是新的阶级力量,例如反封建的资产阶级革命的动力主要是资产阶级或无产阶级,农民阶级则是作为被领导的同盟军参加了革命。中国封建社会的农民战争的动力主要是一个农民阶级,社会革命的对象是整个旧的剥削阶级,整个的旧的社会制度。中国农民战争的革命对象则是地主贵族的黑暗势力的统治,封建王朝的腐朽统治。社会革命的任务是要解决新的生产力和旧的生产关系的矛盾,是要推翻旧的社会制度建立新的社会制度,推翻旧的统治阶级代以新的统治阶级。中国农民战争则只是在封建社会内打击地主阶级的封建统治,至多是推翻旧的王朝建立新的王朝,推翻旧的统治集团代之以新的统治集团。每次大规模的农民战争,都促进当时的经济关系政治制度多少地有一些改进,即社会多少有些进步,但始终不曾超越封建制度的范围。农民阶级和地主阶级的矛盾,并不能够在封建制度范围内得到解决,不能由农民战争来解决,而只有推翻这个制度的民主革命才能够解决。因之,农民战争又不能不是总是陷于失败的革命。他同时指出:当然这两种革命是相互区别而又相互联系、相互衔接的。农民战争不断地推动着封建社会的进步和社会生产力的发展,这个发展的结果也就必然地要为新的生产方式和新的阶级力量的产生准备着条件。但是,只有旧制度本身的这种革命的阶级斗争把这个制度推进到了它的尽头,而新的生产方式新的阶级力量又已在它的内部成长壮大起来的时候,社会革命才会到来。不到这样的时候,是不会到来的。或者说,革命的阶级斗争是不会转变为社会革命的。这里有一个社会经济发展阶段问题,有一个界限问题。人们不能依据主观愿望来进行超越社会发展阶段的革命,同样,也不能超越历史发展阶段来看待历史上的革命。蔡美彪认为下面这种看法是非历史主义的,这种看法认为:"革命的历史任务是推翻旧的社会制度,建立新的社会制度。单纯的农民战争是资产阶级或无产阶级出现以前的封建社会的阶级斗争的最高形式。它的性质是反封建,历史任务是推翻封建制度,因此农民战争就是革命。"①蔡美彪说:显而易见,这是忽视了两种不同性质革命的区别,而以社会革命的含义来理解农民战争了。以"推翻旧的社会制度,建立新的社会制度"为历史任务的革命自然是社会革命,而农民战争并不是这样的革命。"推翻封建制度"是近代民主革命的任务而不是古代农民战争的任务。古代的农民战争并没有提出"推翻封建制度"的任务,而只是在封建社会的范围内打击封建统治。它在不同程度上起了这样的作用,因而推动了历史的前进。农民是社会革命的伟大动力,然而他们不是新的生产力的代表,他们不可能独立进行这种革命。农民之为社会革命的动力,只有在资产阶级革命中或在无产阶级革命中才能得到发挥,农民问题也只有在这时才能得到资本主义的或者社会主义的解决。

一年之后,蔡美彪又对上述看法作了更明确的概括:封建社会的农民战争是农民阶级反抗地主阶级封建统治的革命的阶级斗争,是自发的反抗,自发的革命。这种反抗和革命,是历史发展的真正的动力,但它还不可能推翻整个的封建制度、整个的地主阶级。它只是在封建制度的范围内推动了历史发展。资产阶级民主革命与封建社会的农民战争不同,作为一种社会革命,它的历史任务是推翻封建的社会制度,建立新的即资本主义的社会制度,推翻地主阶级的统治建立资产阶级的统治。它解除了封建生产关系的束缚,从而推动了社会生产力的发展。但它推翻了封建制度,没有也不可能根本推翻阶级剥削制度,它比农民战争前进了一大步,但也只是在阶级剥削制度的范围内推动了历史的发展。历史上只有无产阶级社会主义革命才能从根本上推翻一切剥削制度、一切阶级压迫,建立社会主义、共产主义,为社会生产力的发展提供无限的可能。在十月革命以前,世界历史上任何性质的革命都没有也不可能做到这一点。农民战争打击了地主贵族的封建统治,推翻某一个封建王朝,资产阶级民主革命则是推翻整个的封建制度。民主革命推翻某一个剥削制度,无产阶级社会主义革命则是推翻一切剥削制

---

① 见前文所引宁可的观点。

度。可见,不同时代不同阶级的革命具有不同的内容,不同的特点,显示着革命的不断加深和发展,是不容相混淆的。蔡美彪又说:作为革命来说,它们当然又有相同之处。那就是,它们同是被压迫阶级暴力反抗压迫阶级的阶级斗争。这些斗争在不同程度上打击或推翻了某种黑暗统治势力,为生产力的发展扫除了某些障碍,推动着历史的前进。所以封建社会的农民战争虽然不同于社会革命,但不可以否认,它依然是一种革命战争,是一种革命。如果和民主革命相比较,它的特点,简要说来,即在于对封建统治的打击,而不是整个封建制度的推翻;在于某些旧事物的破坏而不是新制度的建立。所以,它又是总是陷于失败的革命。①

蔡美彪指出,人们在解释什么是政权时,只是正确地指出了它作为暴力机关的特点却忘记了马克思主义基本原理。上层建筑决定于经济基础,并且反转过来服务于这个基础。在封建社会里,农民阶级不是在经济上居于统治地位的阶级而是被剥削阶级。如果它竟然成为政治上的统治阶级,那就是说,或者农民阶级利用国家政权这个手段强迫地主阶级剥削自己,或者利用政权手段使自己整个地变成地主阶级,地主阶级整个地变成农民阶级。无论是前者还是后者,显然都是难于想象的奇迹,而并不是历史上实有的事实。历史上不存在一个由农民阶级当家做主的时代,这是可以断言的。对于历史上可不可以出现"短期的"、"暂时的"农民政权这一问题,蔡美彪也断然否定。蔡美彪仍然是从本质性或必然性的规定这一客观角度进行分析。他说:在所谓"短期",即农民起义领袖还没有取得全国统治的时候,他还要继续领导农民军同封建王朝作斗争。这个斗争的目标仍然是建立一个新王朝,而不是建立什么"农民专政"的政府。归根结底,起义农民领袖建立的那些所谓短期的政权,是不能看做"农民阶级政权"、"农民专政"的。从它统治地区的社会状况来说,从它的经济关系政治制度来说,从它的斗争目标和发展前途来说,都只是封建性政权。总之,农民战争要么只是

---

① 蔡美彪:《再谈中国农民战争史的几个问题》,《新建设》,1962年第11期。

领袖标出称号,还不曾统治一定的地区并建立相应的政治组织,要么一旦建立起政权来,就根本无法超越出封建社会的范围,而不能不走向封建的政治制度的重建。不管各次起义的具体情形多么复杂,但总的说来,它们却都逃脱不了这样一条历史注定了的基本道路。

四、与农民阶级有关的若干核心概念和命题的辩论

林甘泉在《新建设》1963年第5期发表的《历史主义与阶级观点》一文,最早识别出了对立学派的方法论总纲和理论武器——"历史主义"。"有些同志在抹煞农民阶级和农民战争的革命性的同时,对于历史上新兴的地主阶级和封建剥削制度却表现出一种毫无批判的态度。他们津津乐道'历史过程的必然性',却不愿意揭露阶级矛盾和阶级对抗的事实,不自觉地站到了客观主义的立场。"作者对"历史主义"的方法论意义一笔抹煞,代表"历史主义与阶级观点"论争中否定性的呼应一方,在"历史主义与阶级观点"论争中产生了重要影响。关于这个问题的争论,我们在下文还要详述。这里需要指出,这篇文章同样在农民战争史讨论中激起了巨大反响。之后,有关锋、林聿时两篇文章《关于马克思主义的阶级观点和历史主义》、[①]《在历史研究中运用阶级观点和历史主义的问题》[②]与该文呼应,在排斥历史主义方面达到了绝对化程度。在两派争论的风口浪尖,孙祚民撰写了《在中国农民战争史研究中运用历史主义和阶级观点——与关锋、林聿时同志商榷》,针对关锋、林聿时对蔡美彪的批评进行辞色严厉的反批评。这激怒了很多人,

---

① 关锋、林聿时:《关于马克思主义的阶级观点和历史主义》,《光明日报》1963年12月10日。

② 关锋、林聿时:《在历史研究中运用阶级观点和历史主义的问题》,《历史研究》1963年第6期,又见《人民日报》1964年2月22日。

招来了火力更猛、措辞更激烈的指责。①

这些批评大都基于绝对对立的阶级矛盾观与纯粹的情感价值崇拜,进一步阐扬了他们的主观主义立场以及与客观主义立场的势不两立。面对一对对主客观关系命题,他们都坚决、决绝、粗暴地拒斥了客观主义立场的理性视野和存在理由。

农民是候补地主吗?这是主观主义学派对客观主义学派的第一个发问。农民阶级基于小私有者身份,而具有落后性,基于劳动者身份而具有革命性,这好像是对立双方共同坚持的一个基础论点。论者说,封建社会的农民有追求和向往发家致富的一面,这是由农民小私有者的经济地位决定的。事情的另一面是:农民是被剥削被压迫的劳动者,他有憎恨和反对社会不平等的革命要求,有追求"人人均平,人人饱暖"的平均主义的理想。但就农民的阶级地位来说,前者是次要的,后者是主要的。特别是广大的贫苦农民这一阶层,正如毛泽东同志所说,实际

---

① 当时发表文章的有,吴传奇:《不能把农民战争说成封建地主阶级"政策的继续"——与孙祚民、蔡美彪同志商榷》,《光明日报》1964 年 4 月 3 日;林杰:《用什么观点和方法来研究农民战争——与孙祚民、蔡美彪同志商榷》,《新建设》1964 年第 4 期;古诗卓:《农民战争的指导思想问题——与孙祚民同志商榷》,《文汇报》1964 年 5 月 7 日;袁良义:《关于农民战争的一些问题》,《人民日报》1964 年 5 月 13 日;李荫农:《中国农民不是以封建思想来反抗封建统治的》,《学术研究》1964 年第 2 期;程征:《关于农民战争的思想武器问题——和蔡美彪、孙祚民商榷》,《哲学研究》1964 年第 2 期;漆侠:《农民是地主的对立面,还是地主阶级的后备军?——与蔡美彪、孙祚民同志商榷》,《哲学研究》1964 年第 3 期;田昌五:《怎样分析中国历史上的农民战争》、《是历史唯物论,还是经济宿命论》、《目前农民战争问题讨论中的根本分歧——答沙健孙同志》,分载《新建设》1964 年第 4 期、《光明日报》1964 年 5 月 14 日、《光明日报》1964 年 8 月 14 日;傅举有:《如何正确理解封建社会的农民阶级——与孙祚民同志商榷》,《光明日报》1964 年 7 月 1 日;肖振常:《也谈中国古代农民战争的自发性与自觉性问题——与孙祚民同志商榷》,《江海学刊》1964 年第 6 期;戎笙:《从中国农民战争问题的讨论看历史主义与阶级观点的关系》,《人民日报》1964 年 7 月 8 日;江地:《有关农民战争史研究中的一些问题》,《文汇报》1964 年 7 月 23 日;韩国磐:《中国史上农民起义口号的反封建实质》,《历史教学》1964 年第 7 期;庞朴:《试论农民战争的革命性质——评蔡美彪、孙祚民同志的"两种革命论"》,《文史哲》1964 年第 5 期;王思治:《"两种革命论"是"无可非议"的吗?——与吉敦谕同志商榷》,《哲学研究》1964 年第 6 期。

上处在一种农奴的地位,他们所面临的,根本不是什么"取得功名利禄",而是如何挣扎活下去的问题。在分析封建社会的农民和农民战争时,我们固然应该看到农民基于小私有者这一特点而具有的落后性,但更该看到农民基于劳动者这一特点而具有的革命性。夸大封建社会农民的落后性,不能说是马克思主义的态度。① 由此看来,论者所说农民劳动者身份实际指的是农民在生产关系中的身份,特别是农民在分配关系中的一种弱势身份。强调农民的革命性是主要的,实际上就是强调由农民的分配地位决定的革命性是主要的,而把农民的所有制身份即分工角色、所代表的生产力属性的决定性作用放在了次要地位,割裂分工对分配的决定性关系,夸大分配的决定性作用,从而在事实上离开了唯物史观。实际上,准确的说法应该是农民是小私有者,更是小生产者,小生产者与小私有者具有内在的一致性,这两者共同决定了农民阶级的落后性,这种落后性既代表了生产力属性的落后性,又代表了生产关系属性的落后性,乃至于他们的思想意识也是落后的。

仍然是依循分配决定论的思路,还有论者试图对客观主义学派的观点做出一些具体限定。他们指出,说农民自己也想成为地主,这种说法是不符合马克思主义阶级分析的。追求和向往发家致富,使自己成为地主等等,这根本不是贫农的思想,而是富农的思想。② 强烈要"爬进剥削阶级圈子里去","使自己也成为地主",热衷于做皇帝的思想,决不是贫苦农民的要求,更不是革命农民的思想,而是富裕农民和富农的思想。③

更有论者似乎"彻底""识破"了客观主义学派的逻辑结果:在蔡美彪、孙祚民看来,农民者,候补地主也;农民战争者,候补地主与地主之

---

① 林甘泉:《历史主义与阶级观点》,《新建设》1963 年第 5 期。
② 关锋、林聿时:《在历史研究中运用阶级观点和历史主义的问题》,《历史研究》1963 年第 6 期。
③ 林杰:《用什么观点和方法来研究农民战争——与孙祚民、蔡美彪同志商榷》,《新建设》1964 年第 4 期。

战争也。能够说,这是阶级分析?这是历史主义?① 仅仅把农民的小私有的阶级性当作一个抽象的概念和范畴,任意地填充上一套封建剥削思想,从而把农民这样一个反封建的革命阶级,描绘成为一个向封建主乞讨"嗟来之食"的阶级,描绘成为一个追随地主阶级的准地主阶级或半地主阶级,不是地主阶级对立面,而是地主阶级的后备军了。按照蔡、孙两同志的说法,农民的革命传统无形中就被抹煞了。古代农民的性格是那样容忍顺从,那样的隐忍苟活。他们的天赋又是那样的愚昧落后。他们所追求和向往的目标又是那样的低级庸俗,起义前想当地主,追求功名利禄,起义后就想当皇帝。只是在走投无路的时候,他们才发动了拼死的斗争。在斗争中,除了物质的武器之外,精神的武器只是封建的纲纪、封建的理论。斗争的结局又是那样的阴沉和黯淡。这样说来,农民的革命传统岂不成了一句空话。按照这些同志的说法,农民战争不过是拥护"好皇帝"的一批人,反对拥护坏皇帝的一批人。或者说,不过是一些争取较好的官吏、较好的皇帝、较好的王朝的一群人,反对个别的王朝、个别的皇帝、个别的官吏。这样,农民的革命战争与封建统治阶级争夺权利的斗争,也混淆得无法区别了。把古代农民无产阶级化了当然是错误的,应该反对。但是,像蔡、孙两同志那样,把古代农民地主阶级化了,同样也是错误的②。

所有这些观点,实际上是强调了一个伦理、情感价值立场。从这一立场出发,他们认为,把取得功名利禄、当地主、强烈地想爬进剥削阶级的圈子里等等,加到农民身上,乃是对农民阶级的丑化,是违背马克思主义的。

农民起义只能"以封建的思想理论作为自己的行动的指南"吗?这是主观主义学派对客观主义学派的第二个发问。如前所述,蔡美彪提出:"封建社会的农民处在愚昧落后的状态里,他们可以拿起锄头作

---

① 程征:《关于农民战争的思想武器问题——和蔡美彪、孙祚民商榷》,《哲学研究》1964 年第 2 期。
② 戎笙:《从中国农民战争问题的讨论看历史主义与阶级观点的关系》,《人民日报》1964 年 7 月 8 日。

为反抗地主统治的武器,却没有反抗封建制度的思想武器,无法摆脱地主阶级的思想支配。"因此,"他们只是以封建的纲纪、封建的政府来反抗封建统治",起义农民领袖往往是而且不能不是以封建的思想理论作为自己的行动的指南。因此,这种起义只能是自发性的。对此,主观主义学派认为,马克思主义者运用阶级观点和历史主义去分析旧式农民战争的时候,指出这种自发性是必要的;但是,这种自发性究竟是农民反封建革命斗争的自发性,还是追随于地主之后的自发性,分清这个界限是同样必要的,而且是更加重要的。如果说农民平时所追求和向往的,只是"发家致富"和"功名利禄",而在农民战争中,农民领袖又只能以"封建的思想理论作为自己的行动的指南",那么,农民战争与封建统治阶级内部争权夺利的斗争究竟有什么区别呢?这种说法显然只会抹煞农民战争反封建的革命意义。① 如果农民根本没有自己的思想,怎么还会有对地主阶级的斗争呢?认为农民战争只能以封建的理论做指导,就很难合乎逻辑地肯定农民战争是农民和地主阶级之间的阶级斗争的最高形式。②

还有论者指出,"锄头"这种物质的武器本身,是没有思想的。但是,拿起"锄头"的人,为什么用它去反抗"地主统治",而不是听地主的话,去忍受着残酷的剥削和压迫呢?锄头的锋芒指向那里,或枪口向谁指这件事本身,总是表现着一个人的最本质的思想。在残酷的封建统治下,农民能够拿起锄头造反,要去推翻封建皇帝,这件事本身,就不能不说是反抗地主阶级的思想的表现。试问,在整个封建的纲纪、理论、思想等等中,难道能够找出一种思想,是叫农民拿起"锄头"去反抗封建统治吗?在封建社会里,占统治地位的思想是封建地主阶级的思想。但是这不等于说,除了占统治地位的思想外,就不能有反映被剥削和被压迫的农民要求的思想。在农民战争中,每一次革命的大震动的到来,

---

① 林甘泉:《历史主义与阶级观点》,《新建设》,1963年第5期。
② 关锋、林聿时:《在历史研究中运用阶级观点和历史主义的问题》,《历史研究》,1963年第6期。

正是表现了在一定历史条件下的农民对当时社会支配思想的一定程度的"摆脱"(虽然不能彻底"摆脱"),否则怎么能够拿起锄头来造反呢?行动的性质不可能是和指导思想的性质相反的,任何反动的思想是指导不出革命的行动来的。把农民战争描写为无思想的"群氓"运动,说成始终只是被封建地主阶级牵着鼻子走的"阿斗",难道可以说是马克思主义的历史主义和阶级观点吗?

强调在占统治地位的封建地主阶级思想之外,农民阶级特别是在农民战争中具有相对独立的反封建思想,应该说符合唯物辩证法的基本原理。论者举例:正如在资本主义社会中统治着的是资产阶级的思想,但不能由此认为,资本主义社会中不能有反对资本统治的思想。尽人皆知,在马克思主义产生之前,就有反抗资本统治的思想,虽然不是科学的。①那末,农民用来反抗封建统治的思想武器是什么呢?论者指出:就是"农民们在千辛万苦、血的经验教训积累中"所"提炼、概括"出的"等贵贱、均贫富"这一自己的"革命思想"。"在政治上,要求消灭封建等级特权,反对极端的社会不平等,使农民获得平等权利。在经济上,要求消灭封建土地所有制,使农民成为土地的真正主人。"这些就构成为"在反封建斗争中起着主导的、决定性的作用"的"农民的革命民主主义思想"②。我们认为,这种所谓"革命民主主义思想",的确具有反封建的性质,而且还具有反历史的性质。

农民反对的是个别封建主吗?这是主观主义学派对客观主义学派的第三个发问。强调农民反封建的主观意义,特别是强调把农民主观上的反封建与客观上的能不能推翻封建制度、是不是具有建构新社会的能力严格区分开来,这是主观主义学派的共同观点。他们对于客观主义学派的批评,一是从形式逻辑方面做文章。前述《历史主义与阶级观点》一文,作者林甘泉已经提出了这一观点。他批评客观主义学

---

① 古诗卓:《农民战争的指导思想问题——与孙祚民同志商榷》,《文汇报》,1964年5月7日。
② 漆侠:《农民是地主的对立面,还是地主阶级的后备军?——与蔡美彪、孙祚民同志商榷》,《哲学研究》,1964年第3期。

派在谈论农民战争所反对的对象时,把地主阶级分子同地主阶级整体分割开来,把保护地主阶级的国家机器同地主阶级分割开来,把封建制度的部分环节同整个封建制度分割开来,说什么农民战争只反对这个而不反对那个,意味着他们割裂了名实关系。他说,农民战争所扫荡的,当然只能是一个一个的封建地主、官吏和皇帝,但所有这些地主、官吏和皇帝都不是抽象的个人,他们都代表着一定的社会关系,都是作为一定阶级的成员处在这种社会关系中的。而封建的政治制度和经济制度,就是这种社会关系的具体表现。正因为这样,我们才说农民战争的每一次发动,不管农民本身是否意识到,都不能不归结为一种阶级斗争,亦即农民阶级反对地主阶级和封建制度的革命斗争。二是从社会表面结构做文章。批评者说,说农民"三反三不反",不合乎马克思主义的阶级斗争学说和国家学说。因为马克思主义是在科学的阶级斗争学说的基础上来理解国家的,认为国家是阶级压迫的手段,是统治阶级对被统治阶级专政的工具,绝不能把国家机器同统治阶级分开,同阶级斗争分开。封建王朝是封建地主阶级的国家机器,皇帝是它的代表,这个国家机器是维护封建制度、镇压农民的工具。农民战争反对当时的王朝,当时的皇帝和它的官吏,怎么不是反对封建制度、反对地主阶级呢?只有把国家机器和统治阶级分开,才能得出农民战争反对王朝、皇帝,不是反对封建制度和地主阶级的结论。[①] 还有批评者说,所谓封建制度,主要是指以封建的土地占有制为基础的等级特权制度。封建政权则是封建经济制度的集中反映,是封建地主阶级一切权力的基干。因此,同封建政权战斗也就是同封建制度战斗。同时,地主阶级是通过皇帝、官吏来实现本阶级的统治的。因此,反对王朝、皇帝和官吏也就是反对地主阶级。[②] 由上可以看出,以形式逻辑替代辩证逻辑,以社会表面结构替代社会深层结构,是这些观点的主要缺陷。当然我们看到

[①] 关锋、林聿时:《在历史研究中运用阶级观点和历史主义的问题》,《历史研究》,1963年第6期。

[②] 林杰:《用什么观点和方法来研究农民战争——与孙祚民、蔡美彪同志商榷》,《新建设》,1964年第4期。

论者又有这样的表述:农民革命战争反对封建制度和地主阶级,这里表现了他们的革命性;他们不能科学地理解封建的生产方式,不知道用什么来代替它,这是它的阶级局限性。如果是这样,就要清晰界定农民战争反封建是在什么样的认识水平上和在什么样的历史效果上反封建。思想认识和行为效果应当具有一致性。

农民是皇权主义者吗?这是主观主义学派对客观主义学派的第四个发问。

白寿彝反对把中国农民称之为皇权主义者。他认为,"从中国农民战争历史来看,比起俄国的情况,毋宁说缺乏皇权主义性质倒是中国农民战争的特点"。

中国农民战争的领袖曾经称王称帝,并模仿过封建皇朝的样子设官分职。这表明在反封建战争中,农民还没有丢掉旧有的政权形式,没有能够创造出新的政权形式。在一定的条件下,这种旧有的政权形式是有便于地主阶级分子和野心家窃取领导权的,但不能由此得出结论,说农民不愿改变政权的性质。在历史上,农民已提出了"杀人者死,伤人者偿创","法平等,无有高下","等贵贱,均贫富","均田免赋","平买平卖"等政治要求。农民军的领袖,如裘甫钤印"平均",王仙芝称"天补平均大将军",黄巢称"冲天太保均平大将军",邓茂七称"铲平王",也同样表示了政治要求。像这些都是和封建皇权不相容的。我们能说提出这样口号的农民起义和农民战争是皇权主义性质的吗?能说他们是皇权主义者吗?

我们并不否认中国农民曾经有过皇权主义思想,如窦建德礼隋朝皇家和某些农民有时把希望寄托给"真龙天子"。但并不是所有农民在整个封建时代里都是这样。

从秦末农民战争起,农民群众夺取政权的斗争经历了两千多年。他们切盼有代表自己的政权。他们一次又一次地推翻了地主政权,一次又一次地暂时地成立了自己的政权。①

宁可认为农民的皇权主义思想和农民起义的皇权主义性质是带有普遍性的现象,不过他认为不能把农民的皇权主义与地主的皇权主义看成是一回事。"农民从长期的斗争中认识到,包括看起来是至高无上的皇帝在内的封建政权是可以动摇和推翻的。这就使得农民敢于在斗争中提出推翻旧王朝与旧皇帝的目标,也敢于在斗争中推戴出自己的农民皇帝来和封建皇帝对抗,用农民皇帝去取代封建皇帝。"因而,"在农民革命的实际中,皇权主义思想和平均、平等思想,即民主主义思想,又奇特地纠结在一起",农民从地主阶级那里接受了皇权主义影响,却对它进行了改造,使得它呈现了封建皇权主义所不曾有过的新的、复杂的、革命的内容。② 遵循这样一个逻辑,主观主义学派在实质上断然否定了以孙祚民为代表的农民皇权主义论。

农民所建立的政权一开始就是"封建性政权"吗? 这是主观主义学派对客观主义学派的第五个发问。对于这个问题,客观主义学派异口同声地加以坚决肯定。他们所提出的理论根据,就是唯物史观的基本原理:经济基础决定上层建筑。他们说:在封建社会里,农民在经济上不占统治地位,所以起义农民从一开始就不能建立代表自己阶级利益的政权,农民所建立的政权,只能是封建性政权。但批评者感到:"如果农民战争所建立的政权一开始就是封建性的,那么它同地主阶级政治集团的封建割据,还有什么区别呢? 这岂不是混淆了阶级界限? 如果农民战争所建立的政权一开始就是封建性的,那么,怎么还能说农民革命战争是农民向地主阶级进行阶级斗争的最高形式呢? 怎样用马克思主义的阶级观点说明农民革命战争呢?"他们强调,大量事实证明了农民革命战争曾经建立过代表农民利益的短期政权,这不是违背了马克思主义的基础决定上层建筑的原理,而是证明了基础决定上层建

---

① 白寿彝:《中国历史上农民战争的特点》,《新建设》,1960 年第 8~9 期。
② 宁可:《中国农民战争史上的皇权主义问题》,《光明日报》,1960 年 12 月 13 日。

筑、证明了基础和上层建筑的辩证法,反驳了机械论。①

究竟用什么观点和方法研究农民战争?这是主观主义学派对客观主义学派的第六个发问。批评者说,上述问题的分歧,归结为用什么观点和方法研究农民战争,也就是研究农民革命战争时要不要贯彻马克思主义的阶级斗争学说。如果认为起义农民只能以封建的理论作为自己行动的指南,农民战争并不反对封建制度和地主阶级,农民战争建立起来的政权一开始就是封建性政权,农民向往和追求的是发家致富,使自己成为地主,如此等等,实际上否认了封建社会两大敌对阶级——农民阶级和地主阶级之间的斗争,否认了农民革命战争是农民向地主阶级进行阶级斗争的最高形式。也就是说,它脱离了马克思主义的阶级观点去考察农民战争。②批评者认为,孙祚民在近几年中所坚持的历史主义乃是客观主义。③ 在蔡、孙两同志反对非历史主义的文章中,存在着脱离阶级观点的倾向,即忽视了农民阶级和地主阶级的对抗性矛盾,丑化了农民的形象,夸大了农民的落后性,贬低了农民革命的伟大作用。④ 这里涉及的实际是如何理解封建社会阶级矛盾的性质及其解决方式。双方都力求从矛盾属性的两个方面即矛盾的斗争性和同一性,来认识和把握农民战争的历史作用。但是,客观主义学派强调了同一性的一面,当然这种同一性是由地主阶级所代表的经济必然性的同一。主观主义学派更强调了对立、对抗性的一面。他们把对立、对抗,单纯的伦理价值冲突直至暴力冲突,当成一个连续性的逻辑过程。白寿彝对于类似观点的表达是:

> 无论从矛盾的统一来看,或从对立的转化来看,农民反对封建制度的斗争像一条红线一样贯串着每一次农民战争的全部发展过

---

①② 关锋、林聿时:《在历史研究中运用阶级观点和历史主义的问题》,《历史研究》,1963年第6期。

③ 林杰:《用什么观点和方法来研究农民战争——与孙祚民、蔡美彪同志商榷》,《新建设》,1964年第4期。

④ 戎笙:《从中国农民战争问题的讨论看历史主义与阶级观点的关系》,《人民日报》,1964年7月8日。

程。农民在战争中虽只是双方中的一方,但是居于主导地位的一方。农民战争在两千年中虽有不断地起伏,但总的发展形势是"斗争,失败,再斗争,再失败,再斗争,直到胜利"。而这胜利,是终于在共产党领导下取得的。①

所谓农民"居于主导地位",只能理解为农民代表了某种伦理价值。白寿彝说:"在封建社会里,农民战争还不能够把农民阶级和地主阶级的社会地位完全倒转过来。"因此,所谓农民"居于主导地位"云云,只能出于史家对于农民阶级所代表的伦理价值的主观认同。这就是主观主义学派所坚持的阶级斗争观点的实质。

农民革命与社会革命的区别,曾经是蔡美彪提出的判断阶级矛盾、阶级斗争冲突性质的一条客观界限。现在,批评者认为,农民革命和社会革命之间并没有不可逾越的万里长城,而是同一矛盾发展的两种状态。这种革命与社会革命一样,也是由生产关系和生产力之间的矛盾引起的,不能认为只有社会革命才谈得上生产力和生产关系的矛盾,农民战争与此无关。实际上,封建生产关系和生产力之间也存在着对抗性的矛盾。由于封建生产关系落后于生产力的发展,阻碍了生产力的发展,这种对抗性矛盾就尖锐起来,引起农民革命战争。农民革命不断改造封建生产关系,推动社会生产力的发展,并为自己的解放创造条件。一旦新的生产关系和生产力在旧社会的胞胎里成熟起来,农民革命就会成为社会革命的前奏,转变为社会革命。②

这里既存在把矛盾的对抗性和社会革命泛化的问题,也存在把农民阶级价值纯粹化和永恒化的问题,即农民阶级不但代表了某种伦理价值,也代表了生产力这种物质价值。类似观念,白寿彝有着更为直白的表述:

> 地主阶级是封建主义生产关系的主要体现者,农民阶级是封

---

① 白寿彝:《关于中国封建社会农民战争性质的商榷》,《历史研究》,1961年第1期。
② 田昌五:《是历史唯物论,还是经济宿命论》,《光明日报》,1964年5月14日。

建社会生产力的主要体现者。地主阶级跟农民阶级之间的矛盾,是封建社会在社会经济关系上和阶级关系上不可调和的矛盾。只要封建主义生产关系居于支配的地位,地主阶级取得统治的历史条件,社会生产力的发展就必然在各个历史阶段受到不同程度的阻碍、妨害以至挫折。①

一个不可回避的悖论是:既然农民代表了一种在社会形态交替变革中具有连续性的价值,在封建社会即已经代表生产力,经过农民革命战争之后,为何不在先前已经获得的生产力的基础上,继续代表和掌握生产力,使自己上升为统治阶级,而是仅仅充当"社会革命的前奏"呢?实际上,所谓"农民革命",并没有超出封建政治的范畴,真正构成封建政治危机的并不是农民革命危机。如果我们要强调某种政治革命与资产阶级社会革命的联系,与其说农民革命与资产阶级革命的关系密切,还不如说封建政治、封建政治的改革或改良,与资产阶级革命、资产阶级政治的关系更为密切。资产者阶级是从封建主阶级手中接过或夺取统治权的。所谓"农民革命不断改造封建生产关系,推动社会生产力的发展",仍然是在封建制度能够调节和包容的范围之内,农民也不存在解放的前途,作为一个阶级,它是与旧的社会形态、与旧的与之相对立的阶级同归于尽的。我们不否认农民革命推动社会前进的作用,但只要我们承认农民阶级的作用,就得同时承认,封建社会、封建制度还没有完全丧失它的经济必然性。因此,我们就不能希冀把农民革命从封建范畴中独立出来,把农民革命当作从封建社会向资本主义社会转变的中介。说到底,从封建社会向资本主义社会转变的真正契机并不是通过政治革命,而是悄然发生的经济革命。所谓政治革命不过是赖以确立经济革命业已取得的成果或进一步扩大这个成果而已。

批评者不能满意蔡美彪的观点,指出蔡美彪所认为的社会革命的动力主要是新的阶级力量,农民是不成其为社会革命的主要动力的。

---

① 白寿彝:《关于中国封建社会农民战争性质的商榷》,《历史研究》,1961年第1期。

他所说的社会革命,在两个剥削社会之间,只不过是新的剥削阶级反对旧的剥削阶级的革命罢了。可是,离开了劳动人民的革命斗争,所谓社会革命和改良又有什么区别呢?拆穿来看,蔡美彪的意见不过是说,农民在封建社会中是地主阶级的工具,在社会革命中又是资产阶级的工具,起码在无产阶级登上政治舞台之前是如此。至于农民为什么会有这样的历史命运,那是由生产力所决定的。由此看来,蔡美彪同志的两种革命论,不是历史唯物论,而是经济宿命论。① 我们认为,客观主义学派的确存在经济宿命论的倾向,不过我们又认为,农民革命的逻辑即使能够在某种程度、某种地域范围得到贯彻,也是在其反历史的意义上体现其能动的一面,而不是摸索到了历史发展的规律,自觉地顺应历史发展的要求。

第四节 两种阶级观点的集中对立:
历史主义与阶级观点之争

马克思的阶级概念可以说存在三个层次:第一个层次是分工,这是阶级的基础层次;第二个层次是分配,这是阶级的利益层次;第三个层次是分享,这是阶级的意识层次。三个层次以分配为中介,存在着相互作用。从分工到分配,是历史的决定性层面;从分享到分配,是价值的超越性层面。前者是经济领域,后者是政治领域。马克思主义在中国传播所激起的反响,主要是在政治领域。当然,马克思主义的阶级观点在重新型塑中国社会阶层、动力机制和发展前景的同时,也在重塑中国的历史观念。现实中的多重矛盾的面向(即一方面要鼓动农民参与到民族战争队伍,满足农民的利益需求,彰显农民阶级主体性价值,另一方面要适度保护其他社会阶层的利益诉求,协调民族内部利益矛盾,维护统一战线等等)造成了历史观念中的不同面向。如果说在战争环境

---

① 田昌五:《是历史唯物论,还是经济宿命论》,《光明日报》,1964 年 5 月 14 日。

的个别时候,主观伦理价值曾经一度膨胀,由于战争严酷的现实性,很快得到了纠正(理想主义,非现实主义,贫雇农打江山,坐江山)。在战争结束之后,在战时动员时期动员出来的伦理史观,则一路膨胀起来。一方面,战争的胜利、政治权力的确立,似乎验证了伦理价值的面向。另一方面,由于掌握政权,提供了更多的试错空间和机会,伦理价值的面向即使遭遇某种挫折,也不会轻易服输。于是,阶级观点中的价值层面持续膨胀。

毛泽东在民族价值层面,接受了历史主义,但在阶级价值层面,其内心深处还是一种伦理史观。从华岗、沈志远到艾思奇,以至范文澜、郭沫若等马克思主义史学家,他们都提出了历史主义或历史观点,以纠正阶级观点的滥用,但是他们都没有指出,产生非历史主义的思想根源,是与阶级观点的运用有关。把历史主义与阶级观点两个概念从史学实践中提炼出来,上升到方法论高度,这是翦伯赞对马克思主义史学的重大贡献。

一、历史主义与阶级观点之争的缘起

1962年翦伯赞在《江海学刊》第5期发表《目前史学研究中存在的几个问题》,列举了滥用阶级观点的种种现象,他认为产生这些问题的根源就是"忘记"了历史主义;同时他又指出,如果"过分地强调历史主义,用历史主义来辩护落后的东西,也不是马克思主义而是客观主义";"历史主义必须有阶级观点的内容"。因此,他提出:

> 历史学是具有阶级性的科学,任何阶级的历史学家都会自觉或不自觉地站在自己的阶级立场,用他们自己的阶级观点来分析历史问题。用阶级观点分析历史问题,这是一个历史学家的阶级性或党性在历史学上的表现。公开地站在无产阶级的立场,用无产阶级的观点来对待历史问题,这是对于一个马克思主义历史学家的基本要求。但是除了阶级观点之外,还要有历史主义。
>
> 必须把阶级观点与历史主义结合起来。如果只有阶级观点而忘记了历史主义,就容易片面地否定一切;只有历史主义而忘记了

阶级观点,就容易片面地肯定一切。只有把二者结合起来,才能对历史事实做出全面的公平的论断。

可以看出,翦伯赞在这里已经把"阶级观点"和"历史主义"两个概念提炼为马克思主义史学的一对方法论范畴。这里的阶级观点,不是随便关于哪个实体性阶级的观点,而是无产阶级的观点,表明的是一种无产阶级的立场,体现的是一种价值视角。在解释历史主义时,翦伯赞引用了列宁的观点予以说明,"在分析任何一个社会问题时,马克思主义理论的绝对要求,就是要把问题提到一定的历史范围之内"。① "一定的历史范围"当然表达的是一种历史视野,体现的是一种历史视角。翦伯赞在这里揭示了马克思主义史学的双重视角:历史视角和价值视角。

1963 年林甘泉在《新建设》第 5 期发表《阶级观点与历史主义》,指出在批评非历史主义倾向的时候,历史研究中又出现了另一种不健康的倾向:

> 某些同志把历史主义与阶级观点对立起来,在讲"历史主义"的时候,离开了阶级观点,从而模糊了马克思主义历史科学的党性原则。

林甘泉反对把非历史主义倾向归咎于"只有阶级观点"的说法。他指出:

> 无产阶级是彻底革命的阶级,它的利益和历史发展的客观进程完全一致,因此它最关心历史真实的认识。在历史研究中,越是能够贯彻阶级观点,就越能把历史的真相揭露得更加深刻和更加全面。相反,如果离开了阶级观点,就不可能历史主义地看问题,就会被历史的一些非本质的现象所迷惑,乃至陷入唯心主义的泥坑。

同时,林甘泉也反对"历史主义好像应该有一个限度","如果越过了一定的限度,'过分'了,就会成为客观主义"这种说法。他特别强调

---

① 《列宁选集》第 2 卷,人民出版社,1972 年,第 512 页。

了马克思主义的阶级观点与历史主义的统一性、一致性。

在错综复杂的历史现象中,究竟怎样去找出它的规律性呢?唯物史观给了我们一条基本线索,这就是阶级斗争的理论。

对马克思主义来说,不存在没有历史主义的阶级观点,也不存在没有阶级观点的历史主义。把阶级观点与历史主义割裂或者对立起来,它们就不会是马克思主义的阶级观点,也不会是马克思主义的历史主义。

阶级观点是唯物史观的基本核心,它本身包含着深刻的历史主义的要求。这种理解对于历史研究工作的实践来说具有直接的现实意义。只有这样去理解,当我们在批评非历史主义倾向的时候,才不会错误地从阶级观点方面去寻找这种缺点的原因。只有这样去理解,当我们在强调历史主义的时候,才不会把它同阶级观点对立起来,因而模糊和削弱了阶级观点。

可以看出,林甘泉的论述实际是在本体论层面强调了阶级观点和历史主义的整体性,并且正是阶级观点构成了唯物史观(历史主义)的基本核心和基本线索。"马克思主义的阶级观点和历史主义虽然是两个不同的概念和术语,但这并不意味着它们是不同的或是互相排斥的两种观点"。由此,林甘泉完全否定了阶级观点与历史主义作为马克思主义史学范畴的方法论意义。"无论是从阶级观点或历史主义,都丝毫引申不出什么'否定一切'或'肯定一切'的结论来"。至于如何纠正非历史主义的倾向,林甘泉却未置一词。与翦伯赞侧重历史主义的观点相反,林甘泉则侧重于反对所谓"客观主义立场"。他指责:

值得注意的是,有些同志在抹煞农民和农民战争的革命性的同时,对于历史上新兴的地主阶级和封建剥削制度却表现出一种毫无批判的态度。他们津津乐道"历史过程的必然性",却不愿意揭露阶级矛盾和阶级对抗的事实,不自觉地站到了客观主义的立场。

宁可受黎澍之约,1963年在《历史研究》第4期发表文章《论历史主义和阶级观点》,对历史主义和阶级观点的含义重新进行了解释,试

图维护翦伯赞提出的这对范畴的方法论意义。宁可认为:

> 阶级观点是唯物主义历史观的核心,历史主义是辩证法对历史过程的理解。历史主义和阶级观点的统一,也就是辩证法和唯物主义历史观的统一的内容之一。①

可以看出,宁可虽然有意区分阶级观点与历史主义的不同内涵,但仍然是在本体论层面阐释二者关系的。因此,他也同样遭遇林甘泉从本体论整体层面做出的反驳。《新建设》1963 年第 10 期刊载了林甘泉《再论历史主义与阶级观点》一文。

> 宁可同志在他文章的开头,尽管也承认历史主义与阶级观点是统一的,但他在以后的叙述中,实际上是想把历史主义与阶级观点分别纳入辩证法和唯物主义两个不同的框框。这种把唯物史观原理的联系分割开来的做法,是不符合马克思主义精神的。马克思主义的辩证法和唯物论是统一的,它们既是世界观,又是方法论。历史主义和阶级观点也同样,它们作为唯物史观统一的观点和方法,有着不容分割的内在的必然联系。严格说来,当我们谈到马克思主义的历史主义时,我们所指的实际上就是以历史唯物主义原理为指导的科学的历史观。而阶级观点,正是它的基本核心。

历史主义与阶级观点在本体论层面是一个整体,是不是在思维层面,不能够进行区分呢?在这方面,林甘泉也没有持绝对的否定态度。他说:

> 当然,在分别使用这两个概念时,我们所强调和要求的方面是有所不同的。马克思主义历史主义所要求的,是要按照历史的辩证法的发展来说明历史的本来面目;阶级观点所要求的,则是要按

---

① 据丁守和介绍,1963 年《新建设》杂志发表长文,全面批判了历史主义原则及其表现,否定历史主义独立存在的价值,强调只能以阶级观点为指导。针对这种批评,黎澍请宁可写了《论历史主义与阶级观点》,在《历史研究》发表,着重阐明马克思主义观点,批评历史研究中的非历史主义倾向,提出使阶级观点与历史主义相结合,不能用阶级观点包括或代替历史主义。文中说阶级观点是唯物论、历史主义是辩证法,是黎澍的意见。见《科学是为真理而斗争的事业——忆黎澍的学术生涯》,载《黎澍十年祭》,中国社会科学出版社,1998 年,第 109~110 页。

照阶级关系和阶级斗争的历史辩证法,来掌握社会发展的基本线索。而这两个方面,又是互为条件、互相依存和互相渗透的。它们这种统一的联系,并不纯粹是逻辑的推理,而是由现实的历史过程所决定的。因为阶级斗争的历史本身是一个辩证过程,而历史辩证法的基本内容离不开阶级斗争。它们既是同一历史过程在观念形态上的反映,按其本质说来就不能不是统一的。

同时,林甘泉也指出,认识历史主义和阶级观点是统一的,这是一回事,能不能在研究工作中具体贯彻这种统一又是另一回事情。他认为,有些同志在研究工作中所表现出来的非历史主义倾向,"都是既违背了马克思主义的历史主义原则,又离开了马克思主义的阶级观点,结果就既破坏了马克思主义理论的科学性,也损害了它的革命性"。然而,从林甘泉批评的某些现象看,他并非没有意识到价值立场问题。例如他举证:在讨论历史上农民战争的性质和作用时,有的同志片面地夸大了封建社会农民的落后性,把农民战争说成仿佛是封建统治阶级内部争权夺利的斗争。在对待历史上新兴的剥削阶级和剥削制度的问题上,有的同志表现了一种无批判的态度,反对揭露剥削阶级的本性和阶级对抗的事实。在评价历史人物时,有的同志提出了一个缺乏阶级内容的"当时当地的标准",把"当时当地大多数人的意见"当成我们今天判定历史人物是非功过的主要依据。林甘泉为此指出,"这些同志的意见有一个共同的地方,就是忽略了阶级观点和阶级分析方法。"为什么会出现忽略"阶级观点"的情况? 林甘泉认为是有些同志"离开了马克思主义的党性原则"。由此可见,阶级观点与党性原则即价值立场有着直接的联系。如何确立马克思主义的"党性原则"或阶级观点? 是不是需要借助历史主义? 由于林甘泉专注于本体论层面(实际是抽象的本体论层面)阐释历史主义与阶级观点,完全遮蔽了历史主义与阶级观点的主客体辩证基础以及两者分别在认识论和价值论层面所具有的视域性及互补性特征,因而未能对历史研究中存在的问题做出有说服力的说明。同样的问题宁可那里也存在。

《历史研究》1964年第3期又刊载了宁可回应林甘泉的长文《论马

克思主义的历史主义》。宁可认为,把历史主义等同于历史唯物主义或唯物史观,是林甘泉实际的看法,再加上林甘泉也没有论证作为历史唯物主义的核心的阶级观点跟历史唯物主义到底是不是不完全相等的概念,因此,林甘泉实际上还是把历史主义和阶级观点看成是没有差别的同一个观点。同林甘泉强调历史主义和阶级观点的统一是"完全一致"不同,宁可强调了历史主义和阶级观点的统一是有差别、有条件的统一。

宁可认为,马克思主义的历史主义主要是指从发展的观点来看问题,即主要是从辩证法的角度来看问题。虽然这种发展的观点只能是唯物的观点,但是它所着重阐明的乃是如何从发展中来把握现实世界的万事万物,至于现实世界的存在和意识、物质和精神孰为第一的问题,却不是这个观点本身所能直接解决的。历史唯物主义从社会存在决定社会意识这一唯物主义基础出发,研究了人类社会发展的基本过程和一般规律,阐明了生产力和生产关系、基础和上层建筑的辩证关系,阐明了阶级社会中阶级斗争是历史发展的真正动力,并从而阐明了国家、民族、政治、法律、战争、意识形态、社会心理等等一系列的科学理论。历史唯物主义的这些丰富而复杂的内容,显然不是我们所理解的历史主义概念所能全部包含的。

宁可认为,把历史主义同历史唯物主义等同起来是不妥当的,把历史主义同作为历史唯物主义核心的阶级观点等同起来也同样地不妥当。但是,宁可在这里忽略的一个问题是:阶级观点能否等同于历史唯物主义。显然,即使把阶级观点称作核心也不能代替历史唯物主义。那样的话,在宁可强调的历史主义和阶级观点之间,就留下了一处空白:唯物主义。这是宁可所表达的历史主义的致命缺陷。他在强调历史主义与阶级观点差别的统一的同时,牺牲了历史唯物主义或唯物史观在本体论层面的完整性。因而他所谓这种差别的统一并不是一种相互周延的统一。这说明,宁可对历史主义的说明是不充分的。我们认为,历史主义不但表达了历史的发展性,而且还表达了历史的决定性,并且正是历史的决定性的展开体现为历史的发展性。

第二章 "前十七年"历史主义阶级观点与非历史主义阶级观点的初步交锋

关于阶级观点,宁可在阐述历史主义和阶级观点上的统一时,似乎给出了两个方面的含义。

> 马克思主义的历史主义和阶级观点之间有着内在的、有机的联系。首先,只有代表新生的、革命的力量的无产阶级,才能够永远从发展的、前进的角度看待一切问题,才能够坚持历史主义的革命性和批判性。因此,只有站在无产阶级立场,具备无产阶级的观点,才能真正在历史研究中把历史主义原则贯彻到底。忽视了马克思主义历史主义的党性,就会堕入资产阶级客观主义的泥坑。其次,阶级社会的历史归根到底是阶级斗争的历史,在阶级社会里,最根本的历史条件是阶级矛盾的发展及其变化,而历史上升前进运动的真正动力则是阶级斗争,对阶级社会的历史研究而论,马克思主义的历史主义的基本要求无不贯串了阶级的内容,历史主义原则的贯彻必须以阶级斗争学说、以阶级分析方法作为基本的指导线索。忽视了这一点,我们也就从根本上违反了马克思主义的历史主义。因此,从这两个意义上我们说,马克思主义的历史主义同阶级观点应当是统一的,而是否具有阶级观点则是马克思主义历史主义同资产阶级历史主义的一个根本区别。

可以看出,第一个含义是指无产阶级立场或无产阶级观点,对于阶级观点的这种解释是同翦伯赞一致的;第二个含义是指阶级分析方法,对于阶级观点的这种解释又是同林甘泉一致的。而宁可一再强调的是后一种解释。"历史主义原则侧重而且首先是从发展的角度看问题。阶级观点则着重根据阶级划分和阶级斗争的规律对所研究的对象作出科学的解释。"

宁可对历史主义的解释,放弃了历史决定性的内涵,对阶级观点的解释,放弃了无产阶级价值立场的内涵,因而也就在历史评价中分别放弃了客观尺度和主观尺度,因而包括林甘泉在内,就不能理解翦伯赞提示的两对范畴对于历史评价的意义。于是他们反过来批评翦伯赞:

> 有一种意见认为,如果只有阶级观点而忘记了历史主义,就容易片面地否定一切;只有历史主义而忘记了阶级观点,就容易片面

地肯定一切。这种意见也是不妥当的。有的同志批评它没有正确地理解历史主义和阶级观点的涵义及二者的关系,从而有把二者割裂和对立起来的倾向。这种批评是正确的。

这种意见之不妥当,还在于它把我们对历史事物的片面评价分别归因于只有阶级观点或只有历史主义,似乎讲历史主义是为了肯定历史事物,讲阶级观点则是为了否定历史事物,因此,必需既有历史主义也有阶级观点,使二者平衡,我们对历史事物的评价才能恰当。这是一种机械的理解。

宁可认为,用非历史的阶级观点去评价历史事物,并非总是对一切都加以否定;用非阶级的历史观点去评价历史事物,也并非总是对一切都加以肯定。意思是说,无论是历史主义还是阶级观点,它们与历史评价中的肯定或否定,都不具有单值的对应关系。"事实上,运用这两种不正确的观点中的任何一种去评价历史事物,都会有所肯定也有所否定。只是它们往往是肯定了那不该肯定的东西,又否定了不该否定的东西。而这种不正确的观点所肯定的和所否定的方面有所不同,甚至刚刚相反。"宁可为我们提供了一幅复杂的现象图景。

例如,用非历史的阶级观点去评价历史事物,往往会片面强调历史上的剥削制度和剥削阶级落后、黑暗、腐朽、反动的一面,而没有看到剥削制度和剥削阶级在一定的历史条件下的不可避免性和进步性,从而对之做了不符实际的过多的否定;另一方面,又往往脱离具体历史条件,把无产阶级以前的被剥削阶级加以美化,甚至把他们看得跟无产阶级差不多,忽视了他们的时代和阶级的局限性,对之做了不符实际的过多的肯定。用非阶级的历史主义去评价历史事物,则往往会片面夸大了历史上被剥削阶级落后、局限的一面,把他们看得跟当时的剥削阶级差不多,忽视了他们的劳动者、革命者这个更为本质的方面,从而对之做了不符实际的过多的否定;另一方面,又往往会片面强调剥削制度和剥削阶级在历史上的进步作用,美化它们,忽视了它们落后、黑暗、腐朽、反动的阶级本质,从而对之做了不符实际的过多的肯定。

如此复杂的情况,要追究其背后的原因,其实并不困难。宁可说:"只是它们往往是肯定了那不该肯定的东西,又否定了不该否定的东西。"我们认为,宁可在这里实际上已经触及了历史与价值的关系问题。为什么非历史的阶级观点与贬低剥削阶级、美化被剥削阶级的现象相联系,为什么非阶级的历史主义又与贬低被剥削阶级、美化剥削阶级的现象相联系?四种情况,不外乎适用于两个阶级,两个标准,导致一个肯定,一个否定。如果非历史的阶级观点不是一种伦理价值观,为什么"往往"要贬低剥削阶级、美化被剥削阶级呢?如果非阶级的历史主义不是一种历史决定论,为什么"往往"会美化剥削阶级、贬低被剥削阶级呢?由此可见,如果不对阶级观点的内涵进行区分,如果不对历史主义的内涵进行区分,非历史的阶级观点、非阶级的历史主义与历史评价中的某些片面现象也不存在严格的对应关系。我们认为,马克思主义的阶级观点从阶级属性上来说是无产阶级的观点,表达的是无产阶级的阶级立场和绝对的价值标准,从逻辑上说,单纯地运用这样一个标准,当然会像翦伯赞所说的容易片面地否定一切。可是很不幸,史学界长期以来实际存在的现象,我们在马克思主义阶级观点、无产阶级观点名下实际运用的阶级观点,仅仅是一个伦理价值观点。所以,在这样一种阶级伦理观点之下导致的,不是否定一切,准确地说是否定剥削阶级的一切。翦伯赞用"容易"两个字正像宁可用"往往"两个字一样,只是旨在表达"只有阶级观点"或"非历史的阶级观点"与某些片面肯定或否定现象的非严格对应关系。离开了对历史研究中实际运用的阶级观点的内涵的分析,离开了对历史研究中实际运用的阶级观点与某些史学现象之间的实际联系的分析,总是试图回到元典解释或用元典解释遮蔽实际存在的概念偏差,都不是创新、发展马克思主义史学方法论范畴的正确途径,都不能真正解决史学实践中实际存在的问题。①

---

① 同阶级观点在史学实践中的实际运用一样,历史主义也未能在概念层面得到彻底贯彻。这是因为,历史决定论的内涵实际在很大程度上被人民群众决定论即价值决定论的内涵所取代。

由于碍于阶级观点的某种经典解释,由于不能确定实际应用的阶级观点与非历史主义现象的对应关系,宁可不能正面揭示包含在阶级观点中的价值立场或价值尺度所具有的范畴功能,他所谓历史主义与阶级观点只能停留在本体论层面,不能发现历史主义与阶级观点已经包含或揭示了历史认识、历史评价中的两重基本关系和基本矛盾:历史(决定性)视角和价值(能动性)视角,历史(决定性)尺度和价值(能动性)尺度。于是,宁可认为要在认识层面寻求历史主义和阶级观点的统一,"需要更多的条件"。"首先取决于研究者的马克思主义思想和理论修养水平,其次还同他的历史的修养以及研究实践经验的积累等等极为复杂的因素有关。"宁可更多地把历史认识、历史评价归结为一个技术层面的问题了。

二、历史主义与阶级观点的各自内涵及相互关系

由翦伯赞提起、林甘泉反驳和宁可再反驳而形成的论争"结构",可谓"一波三折"。由此显示了历史主义与阶级观点作为一对关系命题,存在广泛的解释空间。一时间,吸引大批学者参与讨论,形成了一场历史主义与阶级观点之争的学术论战。据资料检索,当时直接参与讨论的报刊文章有50多篇,主要有:田昌五《对马克思主义的历史主义的探讨》、袁良义《关于历史主义与阶级观点》①、林杰《阶级观点与历史主义没有必然联系么?》②、李文海《论阶级观点和历史主义的统一》③、陈旭麓和李道齐《对什么是历史主义的一点看法》④、何芳川《试论阶级观点与历史主义的统一》⑤、裴汝诚等《论马克思主义的历史主义和阶级观点》⑥、姚学敏等《怎样理解阶级观点与历史主义的统

---

① 见《光明日报》1963年10月31日。
② 见《光明日报》1963年11月6日。
③ 见《文汇报》1963年10月24日。
④ 见《光明日报》1964年3月12日。
⑤ 见《光明日报》1964年4月8日。
⑥ 见《江海学刊》1964年第6期。

一》①、力文《怎样看待历史主义》②、谢本书《马克思主义的历史主义就是历史唯物主义》③。在排斥历史主义方面走得最远、最有代表性的是关锋、林聿时的《关于马克思主义的阶级观点和历史主义》一文。④ 当时的《人民日报》、《光明日报》、《文汇报》等有影响的报纸及一些地方报纸,《新建设》、《教学与研究》和《学术月刊》等有影响的杂志,都对这场讨论作了及时的报道和评述,使这场讨论进行得声势浩大,轰轰烈烈。这是一场撼动整个理论界、触及当时这个社会灵魂——阶级观点——的大讨论。其中的关键是如何把握阶级观点。

(1)历史主义和阶级观点是本质的统一或同一。前面已经介绍,林甘泉认为,历史主义和阶级观点作为唯物史观统一的观点和方法,有着不可分割的内在的必然联系。"严格说来,当我们谈到马克思主义的历史主义时,我们所指的实际上就是以历史唯物主义原理为指导的科学的历史观。而阶级观点,正是它的基本核心。"由此看来,历史主义似乎就包括了阶级观点。虽然在认识论层面,林甘泉对历史主义和阶级观点作了相对区分,但他更强调了二者在本体论层面的统一。"阶级斗争的历史本身是一个辩证过程,而历史辩证法的基本内容离不开阶级斗争。它们既是同一历史过程在观念形态上的反映,按其本质说来就不能不是统一的。"因此在认识论层面,林甘泉就根本回避了历史主义和阶级观点所具有的视域性,以本质统一遮蔽了视角差异。

(2)历史主义是历史唯物主义的组成部分,阶级观点是历史唯物主义的核心。这是宁可的观点。"像历史主义和阶级观点这样的概念,是统一而完整的事物或过程的质的规定,它们之间当然有着密切的内在联系,但是不同的概念反映的是统一而完整的事物或过程的不同方面、不同范围或者不同性质,因之它们之间又有区别。"部分和核心是一种什么关系?似乎很难纳入具有对立统一内涵的辩证范畴。宁

---

① 见《光明日报》1964年9月23日。
② 见《光明日报》1964年10月4日。
③ 见《光明日报》1965年2月10日。
④ 见《光明日报》1963年12月10日。

可在认识论层面也强调,"历史主义和阶级观点是从不同的角度认识统一的历史过程的两个原则或者方法","正确认识二者的关系,认识到它们的统一,是重要的",但是,如何实现二者的统一,却不是在两者相互对待的内在关系中把握统一,而需分别向外寻求、达致历史主义和阶级观点概念的自足性,因而也在认识论层面否定了历史主义与阶级观点的辩证意义。遮蔽或否定历史主义与阶级观点两个视角的对待性差异以及认识过程的融合性特征,势必从概念绝对性的标准出发来否定概念的运动性和相对独立性,从而否定了从相对独立的视角分别把握历史主义和阶级观点两个概念功能特征的可能性。

  以上两种观点都存在这样的问题,讲统一可以,一讲到历史主义和阶级观点的相对独立性,就指责别人割裂两者之间的关系。我们看林甘泉对翦伯赞的指责:对马克思主义来说,不存在没有历史主义的阶级观点,也不存在没有阶级观点的历史主义。把阶级观点与历史主义割裂或对立起来,它们就不会是马克思主义的阶级观点,也不会是马克思主义的历史主义。关锋等人持同样的观点:只有排斥阶级观点的所谓历史主义才会引向片面地肯定一切,而这并不是马克思主义的历史主义;只有排斥历史主义的阶级观点才会引向片面地否定(其实也会片面地肯定)一切,而这并不是马克思主义的阶级观点。在宁可的论述中,一度接近揭示认识的视域性问题,进而揭示历史主义和阶级观点的范畴功能,可惜他在这方面没有展开。例如他曾提到:

> 对于阶级社会历史的研究,违反阶级观点也就必然要违反历史主义,违反历史主义也就会离开阶级观点,在这里,正如列宁所说,是"一爪落网,全身被缚"。但是,判断一下,到底是从何处失足——是从忽视了阶级观点呢,还是从忽视了历史主义,对于分析错误的原因,克服错误的途径,还是有必要的。

而在分析非历史主义产生的根源时,宁可虽然强调了首先"应当从阶级根源方面去探寻",但他所谓阶级根源,主要是指历史上剥削阶级以及被剥削阶级的时代和阶级的局限,至于无产阶级,由于他们"永远站在时代的前列,他们的革命实践永远使他们的历史认识符合历史主义精神,从而消灭了任何反动历史主义思想或倾向的阶级的根源"。至于当代史学家是否本能地或如何地"站在时代的前列",即无产阶级史学家是否以及如何确立自己的价值立场、价值视野、价值尺度,却缺乏应有的反思。因而他所谓消除认识论方面的根源,实际仅仅是如何解决反映论层面的技术问题。而之所以出现这样的问题,从根本说来,是宁可在本体论层面,缺乏对于主客体相互作用关系的辩证省思,或者具体说来,没有通过历史主义和阶级观点这对范畴,揭示历史本体的辩证关系。

(3)历史主义和阶级观点同为"唯物史观的最基本的核心"。这是李文海的观点。他认为,阶级观点与历史主义是统一的,是具有内在的、有机的联系的;同时,它们又各有自己的特定的内容,各有自己的特定的含义。能够表明它们之间不同的一个简单事实是:阶级观点是分析和说明阶级社会历史的科学理论,历史主义的适用范围,则包括了自从世界上有了人,因而也就有了历史的一切时代。怎么能够说,两个适用范围有所不同的观点之间没有什么差别,没有什么不同呢?他说:有些同志认为,历史主义与阶级观点的统一,是其中的一个包含另一个的关系。一种意见说:"马克思主义阶级斗争学说或者说包含着历史主义";另一种意见说:"从某种意义上说,马克思主义历史主义就等于历史唯物主义",而阶级斗争理论乃是唯物史观的核心,因此,历史主义就包含了阶级观点。这两种意见虽然有些不同,但它们有一点共同之处,那就是他们主张只要有了其中的某一个,也就必然地、自然地有了另一个。他认为,这种意见的缺点,也还是在于把两者作了简单的混同。如果说,脱离历史主义的阶级观点,决不是马克思主义的正确的阶级观点;脱离阶级观点的历史主义,决不是马克思主义的正确的历史主义,这自然是完全对的。但是,当我们对社会历史进行科学的研究和认识时,决不是只要注意了其中的一个方面,就会"自然地"、"必然地"有了另一方面。相反,正因为历史主义和阶级观点是统一的,因此,我们在考察历史时,倒是不断地提醒自己,不要对其中的任何一面有所忽略,有所背离,要不断地坚持同时用这两种观点去统一地考察社会历史,既要有阶级的观点,又要有历史的观点。只有把两个方面统一起来,才能够对于社会历史现象作出科学的正确的认识。在分析历史人物的时候,我们既要有阶级观点,又要有历史的观点,必须把这两个方面统一起来考察,才能对历史人物作出正确的评论。看得出来,李文海坚持了翦伯赞的那些屡受批评和指责的意见。

针对历史研究中可能发生的非历史主义、脱离阶级观点两种倾向,李文海认为,我们可以进一步问一下,这种在历史研究中可能出现的对于阶级观点和历史主义的统一的背离,说明了一些什么问题呢?他认为,首先,它说明决不能把阶级观点和历史主义的统一,看做是两者的一而二,二而一的完全等同。如果阶级观点也就是历史主义,历史主义也就是阶级观点;或者说阶级观点包含了历史主义,历史主义包含了阶级观点,那末,在具体研究中,阶级观点和历史主义的背离就会是难以设想的。这种背离的可能出现,正好说明了历史主义的具体内容,是不能完全包括在阶级斗争理论之中的,阶级观点的具体内容,也不能完全包括在历史主义之中。其次,针对历史研究中的非历史主义倾向,我们的任务是以阶级观点和历史主义的统一的原则去批评非历史主义,坚持历史主义;针对历史研究中的超阶级观点,我们的任务是以阶级观点和历史主义的统一原则去批评超阶级观点,坚持阶级分析方法。坚持历史唯物主义,反对历史唯心主义,这是马克思主义历史工作者的一个不能有一刻放松的战斗任务。但是,在进行这个战斗的时候,针对不同的情况,把斗争的锋芒着重地集中在某一个方面,这不仅是容许的,而且是必要的。历史主义与阶级观点之间既有联系又有区别,这种辩证关系,与唯物主义与辩证法之间的关系十分相似。马克思主义的辩证法是唯物辩证法,它的唯物主义是辩证唯物主义。但是,终究不能说在马克思主义那里,辩证法与唯物主义是完全一回事,它们没有各自的特定的内容和含义。在马克思主义那里,辩证法和唯物主义一方面是有机地内在联系着的,一方面却又有各自的特定内容和含义,它们所要说明的是两种不同的问题,这是马克思主义宇宙观中的两个不同的有机组成部分。马克思主义经典作家们,曾经在不止一个地方分别详尽地阐述过这两个不同的范畴,但绝对没有把辩证法和唯物主义割裂开来。与此十分相似,尽管在马克思主义那里,阶级观点和历史主义是统一的,具有内在的联系,但它们仍然是有各自的特定的内容和含义的两个不同的概念。李文海认为,虽然二者并没有包括历史唯物主义的异常丰富的全部内容,却无疑同为"唯物史观的最基本的核心"。他说:"可以把阶级观点和历史主义的关系归纳为以下几点:第一,阶级观点和历史主义同属于历史唯物主义范畴中的两个不同的概念,不同的组成部分;第二,这两个概念、两个部分是有机联系着的,它们共同统一于历史唯物主义之中;第三,历史主义和阶级观点一样,只是历史唯物主义整个科学体系中的一个部分,一个方面;第四,阶级观点和历史主义统一的客观基础,是充满了矛盾斗争的运动着的社会历史本身。因此,我们既要看到阶级观点和历史主义的统一的一面,防止把两者割裂开来;又要看到阶级观点和历史主义的差别和不同,防止把两者作简单的混同。"

在这里,我们显然没有看到李文海对阶级观点和历史主义内涵的确切界定,他只说到两者关系仿佛辩证法和唯物主义,它们的地位是对等的——把阶级观点置于与历史主义对等的地位,把作为一种流行看法的阶级观点唯一核心位置于与历史主义对等的核心地位,这样的看法,是一次前所未有的突破。

(4)阶级观点要求根本的阶级立场和(在阶级社会的研究中)阶级斗争理论这条基本线索;而历史主义则要求在具体的课题研究中将这个根本的阶级立场和阶级斗争理论这条基本线索具体化。这是何芳川的观点。何芳川注意了针对历史研究的实际把握历史主义和阶级观点的内涵及相互关系。他认为,历史主义和阶级观点在客观上是不可分割的,是统一的。但在人们的实践过程中,情况是有所差异的。他认为翦伯赞关于"只有阶级观点而忘记了历史主义"和"只有历史主义而忘记了阶级观点"等等说法,不是人们所理解的"是把历史主义与阶级观点割裂并且对立起来","或者看成是两个不相关的东西,这里加一点,那里减一点,在二者之间求得平衡"那种意思。他说上述这些批评,反映了批评者一面误解和脱离了翦伯赞的基本论点的原意;另一方面也忽视了阶级观点和历史主义在历史研究中客观的不可割裂与在人们实践中主观上可能割裂这样一个辩证的关系。他说,被批评者曾这样强调指出过:"公开地站在无产阶级立场,用无产阶级的观点来对待任何历史问题,这是对于一个马克思主义历史学家的基本要求。但是除了阶级观点之外还要有历史主义"。可见这里说得很明白,除了阶级观点以外还要有历史主义,这是对历史研究者的要求。那些"只有阶级观点而忘记了历史主义","只有历史主义而忘记了阶级观点"乃至"为了站稳阶级立场"而犯了非历史主义的错误等提法,都是指历史研究者而言的,换句话说,翦伯赞这里谈的不是历史主义与阶级观点的客观上的关系,而是历史研究者在实践过程中所可能出现的情形。何芳川指出,在这里,我们还想向翦伯赞的批评者提一个问题:存在不存在"只有阶级观点而忘记了历史主义"或者"只有历史主义而忘记了阶级观点"的情况呢? 如果存在这种情况,我们应该怎样来加以解释呢? 怎样用马克思主义的阶级观点和历史主义统一的观点来帮助在具体研究中犯了这样或那样错误的同志(我们自然也可能犯这种错误)纠正自己的错误呢? 他以为,上述这些都是对史学界的实际问题、理论问题的探讨,不能回避它们,更不能简单地否定它们;我们应该很好地去解决。我们应该牢牢地记住列宁的话:"马克思主义看重理论,正是,也仅仅是,因为它能够指导行动。"我们有些同志在历史研究中犯了非历史主义倾向的错误,但是他们主观上还是为了要站稳无产阶级立场的。我们能把这种站稳无产阶级立场的主观愿望,也一概斥之为资产阶级或小资产阶级观点吗? 他举例说,在前两年曹操问题讨论中,有同志缺乏历史主义的观点,否定了曹操在历史上的进步作用。这自然是不对的。但是这位同志在文章中再三强调"写劳动人民的历史,写劳动人民的劳动和斗争",再三强调"当时向社会提供米、麻、盐、铁等物质资料,社会赖以存在的,不是曹操等封建统治者,而是他们刀下余生的一千多万伟大的劳动者"等等。我们能够说这位同志因为有了非历史主义的倾向,就不存在无产阶级的阶级观点了吗? 在评价曹操的时候,有些同志又把黄巾起义军贬为乌合之众,这自然是缺乏阶级观点的。但是我们似乎也不好因为这一点就去批评这些同志没有历史主义。何芳川说,"思想和客体的一致是一个过程"。我们在思想上明确地坚持一个理论原则,并不等于我们已经具备了这个原则所要求的思想水平。在历史研究者的主观认识和科学实验当中,会经常遇到这种情况。有时候,某些同志只注意到要在历史科学实践当中坚持马克思主义阶级观点的一般原则,比较明确历史研究必须为无产阶级政治服务,并力求在历史研究中贯彻阶级斗争理论的红线。但在具体研究题目上却忽略了历史观点,用对当前阶级斗争的分析代替了对历史上阶级斗争的分析,或者用对一个历史时期的分析,代替了对另一个历史时期的分析,结果走了弯路。当着这个时候,我们不能简单地批评这些同志没有阶级观点,或者说他们"误解"了马克思主义的阶级观点;而是应该指出,这些同志主观上有阶级观点,由于忽略了历史观点,破坏了两者客观的统一,所以在某些具体课题的研究中犯了非历史主义的错误;同时还应该进一步指出,在这些具体研究的课题上,他们的阶级观点被主观主义所歪曲了。这样就能使这些同志在思想上更加明确马克思主义的阶级观点和历史主义的统一关系,从而更加鞭策自己加速提高思想水平。反过来,对于主观上想坚持历史主义而忽略了阶级观点的同志,也应该这样对他们提出劝告。总之,阶级观点与历史主义是两回事,而不是一回事;它们在客观上是统一的,但在史学实践中容易被自觉不自觉、有意无意地割裂;这种割裂会造成科学研究中的错误,但从认识论上说,却有其某种必然性。何芳川的这些观点和分析,在学术高度政治化的那个年代,对于那种攻其一点,不及其余的恶劣学风,对于那种离开历史科学研究实际,教条化地对待马克思主义理论的态度、做法的批评,是何等的入情入理!

何芳川认为,无产阶级的根本立场和阶级斗争理论的基本线索,是历史研究中注意矛盾普遍性的观点;具体情况具体分析,是历史研究中注意矛盾特殊性的观点。阶级观点与历史主义的统一,就是注意矛盾的普遍性原则和注意矛盾的特殊性原则的统一;就是普遍和特殊,一般和具体的统一。从这一意义上说,阶级观点即寓于历史主义之中,历史主义就是把阶级观点具体化的观点。他说,在阶级社会的历史课题的研究中,历史主义将阶级斗争理论具体化,从而决定站在无产阶级立场上应该同情和肯定哪些阶级、集团和个人,因而也就将阶级立场具体化;在非阶级社会的历史课题的研究中,历史主义则将历史唯物主义其他有关原理具体化,从而决定站在无产阶级立场上应当肯定哪些进步的势力和现象,因而也就将阶级立场具体化。应当说,就当时史学界出现的问题主要是非历史主义倾向而言,何芳川的这种解释是极有见地的。不过从理论的严整性而言,我们固然可以说,历史主义是阶级观点的具体化,然而,何尝不可以说,阶级观点是历史主义的具体化呢?

(5)历史主义主要指历史的时代性,阶级观点主要指历史的阶级性。历史主义与阶级观点的统一,也就是历史的时代性与历史的阶级性的统一。陈旭麓和李道齐的文章指出,历史主义有相对的独立性,是指它的时代意义,特别是指在我们探讨问题中忽视历史条件时所起的制约作用。作为历史唯物主义的内容之一,马克思主义的历史主义,是辩证地考察历史事物的方法,它的具体意义是:一指历史的延续性,即不能割断历史看问题;二指历史的阶段性,即把一切事物都要放在一定的历史范围内去考察。如果抛开这种严格的时代意义来谈历史主义,那就无异是对历史主义这个概念的否定。他们说,所谓"要把问题提到一定的历史范围之内",实际上是指时代的具体阶段,"不应当割断历史",实际是指时代与时代间以及时代的前一阶段与后一阶段的联系。在我们的现实生活中,常常可以看到这样一种情形,人们不论是讲一个故事,写一个剧本,评价一个历史人物,叙述一段历史事变,甚至每讲一课文章时,总是要事先谈谈时代背景。为什么这样呢?就是要让这些课文、剧本、故事的人物、事件纳入一定的历史联系中,以便人们从历史发展中决定对于他们的态度,是赞扬或同情,还是厌恶或鄙弃。很难想象,一个历史学家,他的头脑中如果没有时代这个概念,怎么能把问题说清楚!他们举例说,资产阶级改良主义思想,害怕群众,反对革命,它的本质总是反动的,但它在中国 19 世纪后期的短暂时期内,为什么却有其积极作用?奴隶社会,人们"运用野蛮的差不多野兽似的手段",但是它的产生,为什么又曾经是进步的?所有这些,只有按严格的时代意义,才能给予合理的解释。阶级观点是指人和事的社会关系而言,历史主义是针对人和事的时代关系而言,我们论述前人,常分别指出他们的阶级局限和时代局限,就因为二者有着不同的含义。尽管对人和事的阶级分析不可能抛开具体的历史条件,但在实际运用中,忽视历史关系的论证也不是没有的,如把古人现代化或以现代水平要求古人等非历史主义倾向,就是这种情况的反映。所以历史主义这个概念的存在和使用,有它相对独立的作用。高烈文和莫仲一也大体持同一看法。前者说,历史主义与阶级观点是统一的,但也有区别。这就是在史学研究实践中,历史主义主要指历史的时代性,而阶级观点则主要指历史的阶级性。历史主义与阶级观点的统一,也就是历史的时代性与历史的阶级性的统一。作为马克思主义历史科学的方法论,历史的时代性是研究与总结历史的前提与出发点,历史的阶级性则是考察历史的基本指导线索。① 后者认为,历史主义和阶级观点的不同之点主要是:历史主义着重是指人和事的时代条件和时代界限,阶级观点着重是指人和事的社会关系和阶级界限。研究者在评论某一个历史人物时,常常分别指出他的时代局限性和阶级局限性,就是从这两个不同的方面来说明问题的。②

以上观点对于历史主义和阶级观点内涵的界定和关系的揭示,是如此清晰,言简意赅。由此看来,只有着眼于历史研究的实践,正视历史认识、历史评价中的基本矛盾,特别是正视隐含在非历史主义现象背后、体现在阶级观点其中的价值倾向,才能合理界定历史主义与阶级观点的合理界限或相对独立性,才能充分理解和把握历史主义和阶级观点这对范畴所特有的理论功能。

---

① 高烈文:《关于历史主义与阶级分析的讨论》,《学术月刊》1964年第1期。
② 莫仲一:《对历史主义和阶级观点关系问题的理解》,《广西日报》1964年6月24日。

三、历史主义思潮的政治命运

如果说,历史主义与阶级观点的各自内涵及关系之争,很大程度上还是一种学理之争,然而在各种观点背后,又透露出不同的价值倾向;虽然我们在不同的价值取向当中一样可以发现在学理层面他们是彼此交叉的,甚至所持观点是基本相同的——差别仅仅一点,仅仅是强调重点的不同。然而仅仅是学术研究中的价值倾向差异,却导致学者本人陷入了现实的政治斗争弈局。或者反过来,学者本人出于现实政治动机,在学术层面故意制造或夸大了学术层面的价值差异。

前面已经指出,翦伯赞提出"除了阶级观点以外,还要有历史主义",他强调的是历史主义,旨在纠正阶级观点的滥用。他列举了大量滥用阶级观点的现象。如:为了站稳立场,有些同志见封建就反,见地主就骂。作为一个马克思主义历史学家,应该反对封建,反对地主,反对一切剥削制度和剥削阶级,但是从历史主义的观点看来,任何剥削制度、剥削阶级都曾经在它的上升阶段起过进步作用。例如当封建制代替奴隶制的时候,它是一种进步的制度;当地主阶级反对奴隶主阶级的时候,它是一个革命阶级。只有当这些阶级走向没落的时候,当这些制度走向崩溃的时候,才是反动的,该骂的,该反的。如果当这个阶级、这个制度一出现于历史就反对它们,岂不是反对历史的发展。有人说封建制代替奴隶制不过是一种剥削制度代替另一种剥削制度,地主阶级代替奴隶主阶级不过是一种剥削阶级代替另一种剥削阶级,因此不管它是处在上升阶段或崩溃阶段,都应该反对。但是这些同志忘记了,同样的剥削制度,封建制比奴隶制总要好些,地主阶级的统治比奴隶主的统治总要好些。只有站在奴隶主的立场,才会反对新出现的封建制。为了站稳阶级立场,有一个时期,有些同志把全部中国古代史说成是漆黑一团,说成是一堆垃圾,说成是罪恶堆积。其所以如此,不是因为别的什么原因,只是因为古代史都是阶级社会的历史。用这样的态度对待古代史,也是非历史主义的。为了站稳立场,讲历史上的矛盾,只讲敌对阶级间的矛盾,不讲统治阶级内部的矛盾,认为统治阶级内部的矛盾是狗咬狗,不值得一提。不仅不讲统治阶级内部的矛盾,就是讲敌对阶级间的矛盾,也只讲革命的一面,不讲反革命的一面,甚至讲革命的一面,也只讲优点,不讲缺点,好像讲了反革命的一面,或者讲了革命的一面的缺点,就会丧失立场。只讲敌对间的矛盾,不讲统治阶级内部的矛盾,已经是一种片面;讲敌对阶级间的矛盾又只讲革命的一面,讲革命的一面,又只讲优点,这就是片面之片面。如果用这样的态度对待历史,历史就太简单了,简单到任何矛盾也没有了。在有些讨论农民战争的文章中,把农民革命的领袖说得比现在无产阶级的革命领袖还要进步。他们在马克思阐明阶级与阶级斗争之前,已经清楚地知道地主是一个阶级并知道把地主当作一个阶级来反对。在马克思指出封建是一个历史发展的阶段、一个剥削制度以前,已经清楚地知道封建是一种制度,并且知道把封建当作一个制度来反对。在恩格斯和斯大林提出皇权主义的问题以前,已经清楚地知道不把皇帝当作个人,而是当作皇权主义来反对。甚至认为农民可以在封建社会的基础上建立一种非封建性的政权。显然这些同志是以为自己认识的事情,古人也能认识。实际上,今天小学生能够认识的问题,古代的圣人也不能认识。用这样的态度对待农民战争问题,难道是历史主义吗?在对待历史人物的问题上,也有非历史主义的倾向。有些同志简直用阶级成分作为评论历史人物的标准。很多历史人物之所以被否定,不是因为别的什么原因,就是因为他们出身地主阶级。特别对于统治阶级的代表人物帝王将相,即使要肯定他们,也得先骂他们几句,或者在肯定以后,又加以否定,好像不如此,就会丧失立场。

翦伯赞认为,滥用阶级观点的最普遍的现象是用现代的标准,甚至用现代无产阶级先锋队的标准去要求古人。在这种要求之下,所有的历史人物都要被否定。如果要肯定他们,那就只有把历史人物现代化,把他们说得和现代无产阶级的先锋队一样。但是在真实的历史中是没有,也不可能有这样的历史人物的。用这样的要求对待历史人物,难道是历史主义吗?

而对于"滥用"历史主义的问题,翦伯赞则仅仅提示了原则性的结论:用历史主义来辩护落后的东西,也不是马克思主义而是客观主义。

前面也已经提到,林甘泉也指出,近年来史学界对历史研究中的非历史主义倾向进行了批评,这种批评是必要的、适时的。但是,林甘泉话锋一转:应该指出,有些同志在批评非历史主义倾向的时候,并没有能站在正确的立场上来进行这种批评。事实上,这一时期以来,离开阶级观点和阶级分析的倾向在历史研究工作中已经有所表现。特别应该指出的是,有些同志在反对非历史主义倾向的口号下,把客观主义引进了历史研究的领域,更使人们不容易分清是非,而放松了对客观主义的警惕。

宁可着重分析了非历史主义产生的根源,他既指出了认识本身的因素,也指出了历史研究者本人的价值因素。例如他批评:那种为了适应眼前的政治斗争的需要而有意无意地削弱历史的研究和叙述的科学性,甚至夸大、歪曲某些历史事件的真相,或者以义愤代替科学的做法,并不是正确的方法,也不是正确对待历史研究的任务的态度。这种做法,既损害了历史研究的科学性,产生了非历史主义倾向,也无助于当前的革命斗争。对于历史主义与阶级观点的相互关系,宁可更强调了历史主义的独立价值。也正因为如此,宁可也成为被攻击的"靶子"。

牛致功认为,历史教学与研究中的主要错误倾向是有人反对历史唯物主义、反对阶级分析方法,而主要不是把阶级分析的方法简单化、庸俗化的问题。因此,把近几年来的错误倾向说成是把阶级分析简单化、庸俗化的问题而大加指责,实际上掩盖了史学领域中两条道路的斗争。当前历史教学与研究中存在的主要问题是怎样站在无产阶级的立场加强运用阶级分析方法的问题,决不是应该对"为了站稳立场"而运用阶级分析方法乱加指责。因为站稳立场和运用阶级分析的方法正是对反对运用历史唯物主义、反对运用阶级分析的方法的资产阶级思想的批判,对于这种敢于批判的精神应该首先是赞扬和支持,其次才是指出缺点帮助改进。因为这是个立场问题,是赞成不赞成在意识形态领域中进行社会主义革命的问题。

宁可在说明他与林甘泉的观点分歧从何而来时曾说:分歧的产生

第二章 "前十七年"历史主义阶级观点与非历史主义阶级观点的初步交锋

是由于林甘泉同志在《历史主义与阶级观点》一文中,把阶级观点和历史主义等同起来,从而在实际上否定了二者的差别,否定了二者的统一应当是有条件的。谢本书对于宁可批评的反批评则说,在他看来,分歧的产生并不在于强调历史主义与阶级观点的统一,恰巧在于强调二者的割裂,强调用所谓历史主义,来排斥阶级观点。他说,早在1962年,就有同志提出了研究历史"除了阶级观点以外,还要有历史主义"的口号,并认为"如果只有阶级观点而忘记了历史主义,就容易片面地否定一切,只有历史主义而忘记了阶级观点就容易片面地肯定一切"。"他们说'为了站稳立场,有些同志见封建就反,见地主就骂'的态度是错误的。他们嘲笑我们对历史上统治阶级人物的评价是'即使要肯定他们,也得先骂他们几句,或者在肯定之后,又加以否定。好像不如此,就会丧失阶级立场。'"谢本书认为,这种打着历史主义的招牌反对阶级观点的倾向,不是站在鲜明的无产阶级立场,在马克思主义一般原理指导下进行历史科学的研究,而是站在资产阶级"客观主义"立场上研究历史的倾向;强调所谓历史主义、抹煞阶级观点,模糊马克思主义历史科学党性原则的倾向,在历史科学的研究中,引起很大的混乱。这一切,对于马克思主义的历史科学工作者来说,是不能容忍的。面对着这种客观事实,保卫马克思主义历史科学的党性原则,保卫马克思主义的理论基础——阶级观点的完整性和纯粹性,保卫马克思主义唯物史观的科学性,就成了马克思主义历史科学研究中的迫切任务。谢本书称赞林甘泉在《历史主义与阶级观点》一文中及时地批驳了上述种种错误倾向,是完全必要的。谢本书说,阶级观点与历史主义问题分歧的实质,是支持马克思主义的阶级观点和阶级分析,还是支持所谓的历史主义——资产阶级的"客观主义";是坚持历史唯物主义,还是坚持历史唯心主义。宁可同志为了掩饰分歧的实质,歪曲了分歧的真正来源,把这个分歧说成好像是林甘泉同志挑起的,这是不正确的,至少是不实事求是的。

关于非历史主义产生的根源问题也是一个耐人寻味的问题。翦伯赞提出"只有阶级观点而忘记了历史主义,就容易片面地否定一切;只有历史主义而忘记了阶级观点,就容易片面地肯定一切"时,显然是着眼于阶级观点和历史主义两种视角所特有的视域性,在认识论层面讨论历史研究领域中可能出现的非历史主义和客观主义两种倾向,他是把问题限定在学术层面讨论认识中可能出现的偏差。然而,从谢本书的观点看来,他不能满足于此。宁可曾认为,非历史主义的产生主要来自两个方面,即有阶级的根源和认识的根源。谢本书说:这本来是不错的。但他还是从中发现了"问题"——宁可同志对阶级根源的解释以及哪个根源是主要的根源的看法,却是不正确的。首先,宁可同志在解释阶级根源时,完全避开了今天社会的阶级根源,海阔天空地大谈起历史上一切统治阶级和剥削阶级是产生非历史主义的根源。阶级根源对宁可来说,那是对于历史上的统治阶级说的,而在今天事实上是不存在的。谢本书认为:在社会主义条件下,还存在着阶级和阶级斗争,再加上旧习惯势力和传统势力的影响,因此,在人们的历史研究中,非历史主义根源的产生,阶级的根源仍然是主要的。何况,所谓非历史主义即非历史唯物主义,在实质上也就是非阶级观点。非历史主义产生的根源,在实质上也就是非阶级观点产生的根源。所以,克服非历史主义倾向的主要途径就是,加强阶级观点,而不是渲染资产阶级的"客观主义"。其次,宁可同志在谈到产生非历史主义倾向的认识根源时,那样详尽地阐述了人的认识过程的有限性和反复性,好像只要解决了认识过程的根源问题,就一切问题都可迎刃而解了。过多地谈论非历史主义产生的认识的根源,忽视它的阶级的根源,这也是抹煞阶级根源的一种表现。按照谢本书的逻辑,不能把非历史主义倾向的根源过多地归结为认识根源,只能更多地归结为阶级根源。前面提到,宁可在认识论层面,也曾经触及了认识过程的价值因素问题,特别是对于马克思主义史学来说,非历史主义产生的根源,"跟不能正确地看待历史研究的任务有关"。从宁可的观点看来,要纠正这种非历史主义倾向,就要对史学如何为无产阶级政治服务做出一种价值视野的反省,然而,谢本书混淆价值视野与价值动机的区别,把无产阶级从本质层面不需要歪曲历史真相与无产阶级史学家在现象层面也可能歪曲历史真相两个问题混淆起来,把价值视野即认识论层面的问题一味地归结为价值动机问题,结果就造成两个极端:或者是历史主义与无产阶级政治直接统一,或者是非历史主义与无产阶级政治绝对对立。如果你承认史学界存在非历史主义倾向,他说:这正是反对科学为无产阶级政治服务的,因为非历史主义与无产阶级政治是绝对对立的;如果你提历史研究要讲科学性,他说:那是借口,那是否定历史研究为无产阶级政治服务,因为马克思主义史学的科学性与阶级性本来是直接统一的。结论只能是:学术领域充满了阶级斗争或政治斗争。

直接地、公开地把历史主义思潮提到"无产阶级政治"的高度来评判,从而生生予以扼杀,是从1965年12月戚本禹《为革命而研究历史》一文出笼后开始的。此文发表在《红旗》杂志当年第13期。"没有超阶级的历史研究。"这是戚本禹的核心论点,也是他文章的逻辑起点。他说:以往的一切统治阶级,都是根据他们自己的阶级的利益来解释历史的。无产阶级是为了人民群众的利益,为了实现自己伟大的革命任务,而进行历史研究的。为革命而研究历史,就要站在无产阶级的立场上,用无产阶级的观点和方法去研究历史。有没有这样的立场、观点和方法,对我们的历史研究来说,是最重要的问题。他举出两个例子说明"阶级观点"意义之大。一个是:从孔夫子以来,大家都说农民造反无理,直到"五四"运动中的一些新文化战士,也觉得没法子否认那个加在叛逆者头上的"乱"字。但轰然一声,马克思主义者突兀而起,向人群大声宣告:"造反有理。"从秦朝以来的农民造反运动都是"农民的反抗运动",都是"农民的革命战争"。毛泽东同志指出:"在中国封建社会里,只有这种农民的阶级斗争、农民的起义和农民的战争,才是历史发展的真正动力。"另一个例子是:几千年来帝王将相被历史学家们尽情地歌颂着,历史变成了他们庙堂里的赞歌。对他们谁也不敢说半个"不"字。但是无产阶级却以其伟大的革命气魄,对这些神圣不可侵犯的所谓社会"主宰",投以藐视的目光。"人民,只有人民,才是创造世界历史的动力。"这就从根本上打破了几千年来人们对帝王将相的迷信。在举完这两个例子后,戚本禹感慨道:多么严重的分歧啊! 相同的历史条件,用不同的立场、观点和方法去研究,竟然会得出完全相反的结论。

在表达了这样一种伦理价值立场之后,戚本禹说:有一种意见,认为历史研究只有无产阶级的阶级观点不行,还要有一种"历史主义",如果只有阶级观点而没有"历史主义"就要犯"否定一切"的"非历史主义"的错误。戚本禹说,问题的提出使人感到惊异。无产阶级的阶级观点,怎么会引向"否定一切",引向"非历史主义",因而必须要用一种"历史主义"来补偏救弊呢?在马克思主义的宝库里,怎么会有一种脱离了阶级观点的"历史主义"呢?他认为,无产阶级的阶级观点本身就是同马克思主义的历史主义融为一体的。马克思的历史主义,要求按照历史唯物主义的观点,从历史本身的发展过程,从历史本身的矛盾斗争过程去观察历史事件。不言而喻,马克思主义所说的历史发展过程和矛盾斗争过程,是以阶级和阶级斗争为其实在内容的。因为在马克思主义看来,在阶级社会里,离开了阶级和阶级斗争,就没有什么历史的发展。因此,那种脱离了无产阶级观点的"历史主义",即那种没有阶级和阶级斗争内容的"历史主义",绝不是马克思主义的历史主义。没有无产阶级的阶级观点,就根本谈不到马克思主义的历史主义。从历史本身的发展、斗争过程去观察历史事件的马克思主义的历史主义,要求把历史事件提到一定的历史范围里来作具体分析,一切依时间、地点、条件为转移。这种要求正是无产阶级的阶级观点所具有的特色。因此,运用无产阶级的阶级观点研究历史,绝不会引向"否定一切",引向"非历史主义"。企图用一种离开了无产阶级观点的"历史主义"来补无产阶级观点之"弊",那只能是用资产阶级的历史主义来代替马克思主义的历史主义。如果因为有人没有正确掌握或者没有完全正确掌握无产阶级的阶级观点,在历史研究中出现了偏差和弊病,那就应该正确去阐明无产阶级的阶级观点及其如何在历史研究中正确运用,而不能把所谓偏差和弊病归罪于无产阶级的阶级观点。如果说戚本禹在这里只是因为混淆了本体论层面的无产阶级的阶级观点与认识论层面的无产阶级观点,从而导致对翦伯赞观点的误解,而下述的引申和指责,则显然是别有用心、政治陷害了。

戚本禹说,对于历史主义和阶级观点的错误理解,不仅仅是一个概念不清楚的问题,这里实质上反映了一些人对于用无产阶级的立场、观点和方法去研究历史的一种怀疑和动摇,有的甚至是反对。他分析道:对于用无产阶级的立场、观点和方法去研究历史,有些人因为受旧观点的束缚,感到不习惯,有些人甚至有反感。这种对"阶级观点"的"不习惯"和"反感"的表现和证据是:他们对于批判帝王将相不满,对于称赞农民起义不满,并且提出了一整套错误的观点。一方面,他们认为,封建地主只有处在没落、崩溃的阶段才是可以骂,可以反的;处在上升、发展阶段的封建地主,因为有进步作用,是不可以骂,不可以反的。因此,我们在研究历史的时候,不能"见封建就反,见地主就骂"。另一方面,他们认为农民也是私有者,愚昧,落后,不足以革命称之。在他们看来,农民的造反,其动机不过是为了升官、发财,当新贵族、新皇帝,他们的斗争纲领,同样是封建主义的。于是,他们就觉得在指导历史研究的理论上,只有阶级观点是不行了,必须要用一种东西来补偏救弊了,所谓"历史主义"的问题,就是这样登上历史论坛的。戚本禹说,其实,他们所要提倡的正是马克思主义的历史主义所要摈弃的。

戚本禹用来批判他所概括的上述论点的理论武器即他的"阶级观点"具有下列内容:(一)从马克思主义的阶级观点看来,封建社会最本质的关系,它的主要矛盾是农民阶级和地主阶级的对立。农民是被剥削阶级,地主是剥削阶级。封建社会初期出现的地主同后期的地主,在历史作用上是有所不同的,但是就其阶级本性而言,则是一样的。初期的封建地主同样是农民的剥削者和压迫者。有剥削和压迫就有骂和反。秦朝和汉朝是中国封建社会的初期,但是就在那个时候,有多少农民骂过地主,反过封建!既然当时的农民对封建地主的剥削和压迫可以骂,可以反,为什么现在的无产阶级对他们就不可以骂,不可以反了呢?既然我们所说的骂和反,不是空洞的辱骂和简单的否定,而是对他们剥削本质的具体分析和深刻批判,那么对于初期的封建地主就不许加以分析和批判,这是什么阶级观点,什么历史主义呢?戚本禹说,骂初期的封建地主,反初期的封建地主,这也不妨碍我们去恰当地肯定帝王将相中少数杰出人物对历史发展所起的作用,但这种肯定,指的是用无产阶级立场、观点和方法,批判地去对帝王将相进行恰当的历史评价,而不是一味地给他们做歌功颂德的文章。我们始终认为人民群众是历史的主人,帝王将相中少数杰出人物,归根到底不过是统治阶级中的代表人物,他们的历史作用同人民群众相比,同那些站在历史火车头前面的伟大革命领袖人物相比,不过是沧海一粟。只有人民群众以及那些真正的革命领袖人物,才是最值得我们去热烈歌颂的伟大英雄。我们承认帝王将相中少数杰出人物的历史作用,但是我们知道他们也同一切统治阶级中的人物一样,是人民群众的压迫者和剥削者,他们在为历史提供新东西的同时,往往伴随着残酷的压迫、剥削,而且是从统治者当前的利益出发的。因此,我们在评述他们历史作用的时候,也应该对他们压迫和剥削的暴行进行必要的揭露和批判。但无论如何,不可以无原则地去夸大他们的历史作用,牵强附会地去赞美他们的文治武功,甚至为他们的历史罪过进行粉饰和辩解。历史学界在帝王将相问题的争论,反映了在这个问题的研究方向上还存在着问题,要解决这个问题,不是在研究的面前退却,而是要用无产阶级的立场、观点和方法去做好这种研究。(二)存在决定意识。每个阶级所处的经济地位决定着他们自己的思想意识。农民,作为一个阶级来说,它所处的被剥削地位,从根本上决定了他们必然产生反抗地主的思想,而处于剥削地位的地主阶级,则只能产生压迫农民的思想。但奇怪的是,农民这样一个被压在社会最底层的,穷得只剩下一把锄头、两个肩膀的小私有者,现在在一些历史学家的笔下,怎么竟然变成了拥有膏腴之地万顷、屋宇千间的封建贵族一样的私有者了呢?你看,农民造反是为了升官发财,当新贵族、新皇帝,他们的斗争纲领又是封建主义的。如果真的是这样,那还存在着什么不可调和的阶级斗争呢?我们怎么可以设想,千千万万饥寒交迫、辗转沟壑、在死亡线上挣扎的农奴,当他们被迫起来同剥削、压迫他们的封建地主作生死斗争的时候,他们每个人所想到的却是怎么升官发财?接着他转述了吴晗的一段话说:有一种意见,认为近

第二章 "前十七年"历史主义阶级观点与非历史主义阶级观点的初步交锋

几年来,人们写历史只写农民起义的一面,不写或者很少写帝王将相。这样,历史上的光明面丧失了,变成了漆黑一团。戚本禹说:这真是危言耸听。我们从来认为农民起义和代表地主阶级利益的帝王将相的统治是封建社会矛盾的两个方面,为了全面反映历史的真相,哪一面都是需要写的,所以问题不仅在于哪一面写多了,哪一面写少了,更重要的是,不管写哪一面,都要看为什么而写,怎样去写。比如,在写帝王将相历史的时候,仍然照着封建皇朝《实录》和《起居注》的样子,恣意地去描写皇帝的"龙颜"、后妃的"淑德",以至于他们的祖坟风水,那么,这种历史即使写得不多,也是不对的;或者,在写农民起义历史的时候,仍然抱着封建士大夫的感情,用一种封建史学家的笔调,无端地去给农民英雄的脸上抹黑,那么,这种历史即使写多了,也是错误的。而且,如果一定要论写多写少的话,事实是:迄今为止,我们对封建社会的历史主人——农民的历史倒确实是写得太少了。直到现在连一部农民革命的通史还没有人替他们写出来,怎么能说是只写农民起义了呢?至于帝王将相的历史,写得也不是少了,而是有许多写得不正确。一些历史学家那么虔诚地把许多美丽的桂冠奉献在旧日封建统治者的面前,什么"英明的君主","圣贤的臣相","人们的救星","顶天立地的男子",熙熙攘攘,热闹得很。这样的一种现象,难道是正常的吗?不仅如此,戚本禹还更进一步地说:根本的问题是:为什么农民起义的历史写多了,帝王将相的历史写少了,历史就会丧失光明,变成漆黑一团了呢?难道历史之光不是来自千百万创造了人类文明的劳动人民,千百万高举着革命火把的革命群众?难道在漫长的封建社会里,历史只能从帝王将相那里去乞求一线的光明?为什么谁多写了一些农民起义的历史就有这样大的罪过呢?对于我们历史研究工作这样的一种指责,不正是背离了无产阶级阶级观点的结果吗?戚本禹认为,对于历史研究中所谓非历史主义的批评,乍一看,是使人迷惑的。但是只要探究一下事实,就可以明白,原来近几年来,历史研究中的非历史主义不是别的,而正是那种歌颂帝王将相,否定农民运动的现象。这种非历史主义的出现,不是如同一些人所指责的,是因为无产阶级的阶级观点多了,恰恰相反,倒是因为缺少了无产阶级的阶级观点。有一些人本来企图用一些问题来证明研究历史只有无产阶级的阶级观点不行,结果这些问题却证明了研究历史绝对不能离开无产阶级的阶级观点。

文章最后,戚本禹揭出了他的现实用意:历史研究从来是思想斗争非常激烈的一个领域。封建统治阶级和资产阶级为了维护他们的阶级利益,为了麻痹劳动人民的反抗意志,从来不放松对这个领域的控制。社会主义社会仍然存在着阶级和阶级斗争,被推翻的统治阶级的历史观点是不会自动地从历史研究的领域里撤走的。无产阶级的战士,应该为了革命的利益,为了人民群众的利益,高高举起战无不胜的毛泽东思想旗帜,勇敢地去占领和巩固历史研究领域里的一切阵地。文章号召人们起来批判历史主义思潮,和吴晗等人进行斗争。戚本禹《为革命而研究历史》是与姚文元《评新编历史剧〈海瑞罢官〉》遥相呼应的一篇文章。可以说这篇文章以最概括、最准确的语言表述了那种源远流长、影响深广的基于道德情感、伦理价值的阶级斗争观点,为人们认识或感触这样一种"阶级观点"提供了一个绝好的标本。

尹达《必须把史学革命进行到底》一文,则直截了当地把马克思主义史学范畴的不同的观察视角、不同的价值取向当成敌对阶级之间的观点分歧或价值对立。① 同样是贯彻"阶级观点",与戚本禹的文章侧重用"阶级观点"来分析历史本身不同,此文则将那种流行的"阶级观点"用来分析史学界和史学家。"必须重新研究全部历史",这是作者对马克思主义史学重新评估后提出的新使命。他得出一个结论,史学长期以来掌握在剥削阶级手里,无产阶级的史学工作者必须把史学从剥削阶级的手中彻底解放出来。这是历史学科的一个革命,是一个翻天覆地的史学革命运动。不经过这样一场革命,就不可能清除剥削阶级长期灌入史学中的毒素,就不可能真正建立起马克思主义的历史科学,就不可能写出真正的劳动人民的历史。他提出,史学革命是社会主义革命的一个组成部分,是在千百万人民群众中清除封建的、资产阶级

---

① 尹达:《必须把史学革命进行到底》,《红旗》,1966年第3期。

的思想影响的问题。封建的、资产阶级的史学思想是资本主义复辟的一种潜在力量,必须把它清除。史学是无产阶级同资产阶级在意识形态斗争中的一个重要阵地,"史学的业务,从根本上来说,就是在理论上进行阶级斗争"。

作者绝不把所谓阶级斗争仅仅停留在思想斗争层面,他们要把思想斗争进一步升格为实体性的阶级斗争。他们不满足于对史学家从思想上定性,要进一步从人身方面进行定性了。翦伯赞、吴晗、范文澜、黎澍等人被称作解放前的"左翼史学家",解放后的"资产阶级史学家的右翼"。作者以史的形式分析了解放前建国初、五八年"史学革命"中、三年困难时期的史学队伍状况,在这里,作者熟练地运用了"阶级观点",把史学现象完全看作阶级斗争的表现,把翦伯赞、吴晗、范文澜、黎澍等人完全放到了"史学革命"的对象的地位上。

作者说,在新民主主义革命时期,资产阶级史学家的左翼,对于大地主大资产阶级统治日益不满,在一定程度上影响着他们的学术观点,使其学术思想具有一定的进步性。虽然他们的世界观还是资产阶级的,但是,他们所作的某些历史研究工作,在当时曾经起了一定的作用。新民主主义革命的胜利,这些朋友当然是有份的,当然也在胜利者的行列之中。但是,我们必须认识到,新民主主义革命的胜利,决不是这种或那种资产阶级理论的胜利,而是马克思列宁主义的胜利,是毛泽东思想的胜利。新民主主义革命的胜利,开辟了社会主义革命的新时代。随着社会主义革命的深入,资产阶级史学思想已经成为阻碍史学前进的绊脚石。接着作者引用了一段代表毛泽东关于社会主义时期阶级斗争观点的"经典式"语录:"在我国,虽然社会主义改造,在所有制方面说来,已经基本完成,革命时期的大规模的急风暴雨式的群众阶级斗争已经基本结束,但是,被推翻的地主买办阶级的残余还是存在,资产阶级还是存在,小资产阶级刚刚在改造。阶级斗争并没有结束。无产阶级和资产阶级之间的阶级斗争,各派政治力量之间的阶级斗争,无产阶级和资产阶级之间在意识形态方面的阶级斗争,还是长时期的,曲折的,有时甚至是很激烈的。"①作者说,在具有高度党性的历史科学中,无产阶级与资产阶级的两条道路的斗争,无产阶级的唯物史观与资产阶级的唯心史观的斗争,也是长期的,曲折的,有时甚至是很激烈的。他说,剥削阶级史学有长期的历史,剥削阶级史学以及作为它的灵魂的唯心史观,绝不可能由于革命的胜利而自行消亡。坚持资产阶级立场的史学家,必然采取各种形式,向马克思主义史学进攻。在无产阶级专政的条件下,他们不可能公开反对马克思主义,往往是披着马克思主义的外衣,歪曲马克思主义,以拥护马克思主义的形式,反对马克思主义。

作者说,回顾十几年来史学发展的历史,这种斗争,在不同阶段采取的形式往往有所不同。他认为,解放初期,迫于革命胜利的威力,资产阶级史学家的右翼,自然要收起他们极唯心的、反动的一套,静以待变。在资产阶级右派向党进攻时,少数资产阶级史学家的右翼曾经跟着猖獗起来。经过反击资产阶级右派的斗争,经过对资产阶级学术的批判,经过对资产阶级史学思想特别是对"厚古薄今"的批判,史学界对反动史学思想的面貌,有了初步的揭发,对反映在这一学科中的阶级斗争,有了初步的认识,反动史学思想的市场无疑是缩小了。在这之后,也就是在五八年的"史学革命"中,我们的史学工作有了相当的发展。特别是革命的青年史学工作者,在党的领导和鼓舞下,敢于藐视历代的帝王将相,敢于打破帝王家谱式的封建王朝体系。这种力图用马克思列宁主义重新研究和改写全部历史的精神,这种敢于革命、勇于战斗的精神,是十分可贵的。作者说,在这样的形势下,资产阶级史学家的右翼更不便公开反对党的学术政策,不便公开以极端唯心主义的理论同马克思主义抗衡。他们往往以一种拥护党的学术政策的姿态,极力向右歪曲,向右靠拢,甚至采取阳奉阴违的两面手法。在领导上纠正学术研究中的某些缺点时,企图全面否定党的阶级政策,否定马克思主义对资产阶级史学的批判。作者说,在这一阶段,资产阶级史学家的右

---

① 《关于正确处理人民内部矛盾的问题》,载《毛泽东著作选读(甲种本)》,人民出版社,1965年,第482页。

第二章 "前十七年"历史主义阶级观点与非历史主义阶级观点的初步交锋

翼,多数不是以极端的唯心史观的形式出现,而是以马克思主义史学理论家的身份参与学术争论。表面上满篇经典著作的词句,实质上却力图阉割马克思主义理论的革命的核心。其言甚辩,而其心极丑!

作者说,在1959年到1962年这个期间,由于现代修正主义者的破坏,和严重的自然灾害,我们遭到了暂时的经济困难。在这个期间,牛鬼蛇神大批出笼,史学领域中的阶级斗争也尖锐起来。几年来,在对待党的学术政策上,在许多史学问题的争论中,在治学方法里,都存在着无产阶级和资产阶级两条道路的斗争。作者举例说明,阶级观点是唯物史观的核心,研究阶级社会的历史必须进行阶级分析,具体分析阶级矛盾和阶级斗争。某些史学家却认为"阶级分析不是万应膏","研究原始社会就不需要阶级分析",企图否定阶级分析是研究社会历史的基本方法。试问,研究阶级社会的历史能够用所谓超阶级的观点吗?世世代代的史书都在诬蔑劳动人民,这不是剥削阶级的阶级观点吗?一位史学家曾这样讽刺一部中国历史的稿子:"见农民就捧,见地主就打",把这说成是两大罪状。这样的话竟会出自一位自称马克思主义的史学家之口!我们要问:你们是否主张"见农民就打,见地主就捧"呢?这些自称马克思主义的史学家,挺身而出,为保卫帝王将相而战,为纠正"不良学风"而战,为反对"非历史主义"而战。于是,一系列的座谈会、报告会就出现了,一系列的所谓史学理论家的文章就出笼了。他们极力美化帝王将相,他们认为对帝王将相只能歌颂,不能批判。谁要批判,就是"虚无主义","非历史主义"。历史上的农民,竟成了他们诬蔑的对象。诸如此类,不一而足。革命的史学工作者能够听任这些反动的资产阶级史学思想到处泛滥吗?不,不能!作者的用意是,必须将翦吴范黎彻底打倒,从政治上将整个历史主义学派置于死地。

《红旗》杂志在刊出《必须把史学革命进行到底》不久,又发表了署名戚本禹、林杰、阎长贵的《翦伯赞同志的历史观点应当批判》的文章,这是公开批翦的开始。① 为了加强批判的冲力和势头,《光明日报》与《人民日报》在一个月内交叉推出了下列一批文章(资料):1966 年 4 月 3 日,《光明日报》刊出《一个反马克思主义的史学纲领——评翦伯赞同志〈目前史学研究中存在的几个问题〉》;4 月 6 日《光明日报》刊出《吴晗同志打着反"左"的旗子反对史学革命》;4 月 10 日,《人民日报》刊出《吴晗同志反党反社会主义反马克思主义的政治思想和学术观点》(资料摘抄);4 月 20 日,《光明日报》刊出《翦伯赞同志反马克思主义的史学纲领批判》;4 月 22 日,《光明日报》刊出《资产阶级"历史主义"的破产——评翦伯赞同志的反马克思主义史学理论》;4 月 23 日,《人民日报》刊出《翦伯赞同志的反马克思主义历史观点》(资料摘抄)。这些文章和那些经过精心编排、剪辑并加了评价性标题的资料一起,构成了一张猛烈密集的火力网,把历史主义思潮的代表人物推向了绝境。

批翦和批吴的文章虽然涉及广泛的方面,但矛头所指的是他们所倡导的历史主义,最大的罪状是"歪曲"了所谓的"阶级观点"。这从戚本禹等人的文章中可以看得出来。这篇文章共有四个部分,这四部分的标题分别是:"所谓'历史主义'究竟是什么?";"歪曲和污蔑农民革命";"美化和歌颂帝王将相";"是'让步政策',还是反攻倒算?"全是"阶级观点"的基本内容。其他批翦批吴的文章也大都是围绕着这些问题展开的。

1966 年《红旗》杂志第 15 期,发表戚本禹的文章《反共知识分子翦伯赞的真面目》,开始通过揭发翦伯赞的"反动"来进一步证明"历史主义"的"反动"。文章说,翦伯赞是一个资产阶级反动学阀,是资产阶级反动学术权威的一个头目,是旧北京市委、旧中央宣传部推行反革命修正主义和平演变路线的一个重要角色。翦伯赞披着共产党员的外衣,打着老马克思主义史学家的招牌,向党、向社会主义、向伟大的毛泽东思想,射出一支又一支毒箭。他是反共、反人民、反革命修正主义的急

---

① 戚本禹、林杰、阎长贵:《翦伯赞同志的历史观点应当批判》,《红旗》,1966 年第 4 期。

先锋。翦伯赞从事反共、反人民、反革命修正主义的活动不自今日始。揭开翦伯赞的罪恶历史,能够帮助我们认清这个反共知识分子的真面目。文章对翦伯赞的一生经历进行了全面歪曲和篡改,如"从西山会议派覃振的秘书到人民公敌蒋介石的走卒";"土地改革运动的破坏者,地主阶级的孝子贤孙";"向党、向社会主义进攻的急先锋,漏网的资产阶级大右派";"反对史学革命,为资本主义复辟制造舆论";"借古讽今,攻击社会主义制度,作现代修正主义者的应声虫";"为吴晗辩护,顽固地抗拒无产阶级文化大革命"等等。

1966年6月3日,党报《人民日报》发表了《夺取资产阶级霸占的史学阵地》的社论,宣判了历史主义的"死刑"。社论说,无产阶级文化大革命,猛烈地冲击着意识形态各个领域里的反动堡垒,也猛烈地冲击着史学界的反动堡垒。社论认为,资产阶级代表人物,把史学当作他们反党反社会主义的一个重要阵地。他们歪曲历史,借古讽今,欺骗群众,为资本主义复辟进行舆论准备。盘踞一些史学阵地的资产阶级"权威"和支持这些"权威"的资产阶级代表人物,把自己摆在同人民敌对的地位上。这些"权威",有的成了反党反社会主义分子,有的堕落到了反党反社会主义的边缘。他们顽固地否认几千年的文明史是阶级斗争的历史。他们用所谓"历史主义"即唯心史观,反对和篡改马克思列宁主义的阶级斗争学说。他们顽固地否认人民群众是世界历史的动力,尽情污蔑劳动人民和农民战争。他们叫嚷反动统治阶级的所谓"让步政策"是历史发展的动力,把劳动人民和农民战争的伟大作用一笔抹煞。他们歌颂的,只是那些骑在人民头上的帝王将相。他们是史学界里的"保皇党"。这些史学界里的"保皇党",自己不革命,也不准别人革命。他们竭力抗拒和破坏史学革命。社论说,无数的事实证明,在史学领域里是充满着激烈的阶级斗争的。史学这个阵地,无产阶级一放松,就被资产阶级占领。史学是意识形态的一个重要阵地。在无产阶级"文化大革命"中,我们必须把被资产阶级"权威"霸占的阵地,一个一个地夺取过来。社论说,霸占一些史学阵地的资产阶级"权威",在某些部门里实行了对无产阶级的专政。他们利用职权,大放毒草,压制无产阶级"左"派的反击。他们对革命的史学工作者,采取各种卑鄙的手段,加以打击。这些"权威"们,把史学领域当作他们独霸的地盘。社论号召,在无产阶级"文化大革命"中,一定要把资产阶级的反动的史学阵地,彻底摧毁,一定要把为资本主义复辟服务的、反革命的唯心主义史学体系彻底打垮。广大的工农兵群众和无产阶级的文化革命战士,手里有了为毛泽东同志发展了的当代最新最高的、战斗的历史唯物主义,一定能够取得伟大的新胜利,把毛泽东思想的伟大红旗牢牢地插在史学阵地上。

历史主义就这样成为唯心史观的代名词,而唯心史观在当时的语境中则是臭名昭著的。历史主义被扼杀了,历史主义阶级观点在一段时间内被逐出了史坛,"历史是阶级斗争史","阶级斗争史"就是劳动人民反剥削反压迫的历史,这样一些从根本上与马克思恩格斯的阶级理论有距离、与历史本身不相容的观念从此占据了绝对统治地位,直到"文革"结束之后,这一观念的一统地位才被打破。

第三章 "文革"后历史主义阶级观点与非历史主义阶级观点的正面冲突

张春桥、姚文元、江青及其追随者王洪文四人,"文革"后期结成一个非正式权力组织,被称为"四人帮",他们一贯以极"左"的面貌出现,在"文化大革命"中,以绝对主义的伦理价值观和阶级斗争动力观相标榜,"宁要社会主义的草,不要资本主义的苗",是他们的基本选择尺度,他们就这样把手段和目的、工具性价值和目的性价值的对立,夸张到了极端的地步。在历史学领域,戚本禹的《为革命而研究历史》,以戚氏特有的语言风格,把那种形而上学的阶级对立观、农民阶级空想的伦理价值观和绝对化的阶级斗争动力观作了极为"生动"的表达,历史主义阶级观点被冠之以"资产阶级性的客观主义",遭到了"辛辣"的讽刺。戚氏观点挟政治权威与"兴无灭资"、"狠斗'私'字一闪念"的伦理、道德革命氛围,双重效力,得到广泛传播,流风所及,戚氏历史观似乎被当成了唯一正确的历史观。"文革"十年,极左派把国民经济搞到了崩溃的边缘,把历史学搞成"影射史学",变成了他们进行权力斗争的工具和奴仆,其整套理论和做法的荒谬性暴露无遗。"四人帮"在政治权力斗争中的失势或失败,集中说明了他们所代表的那种极左的观点和做法不得人心。因此,"四人帮"被粉碎后,在对"四人帮"进行政治清算,进而批驳他们一系列荒谬观点时,不能不引发了对一系列基本理论问题的反思与重新审查,关于历史发展动力问题的讨论,则是其中一场比较典型的反思。由于事关当时占统治地位的"阶级斗争理论",

遂引起整个社会的高度关注。

第一节 历史发展动力问题讨论：
"反抗动力论"质疑

历史发展动力问题，本来应当是一个客体取向的历史因果命题。然而长期以来，这一命题被阶级斗争意志论的表达形式取代了，尤其是在中国封建社会的历史发展动力问题上，被"农民的阶级斗争、农民的起义和农民的战争"取代了，更有甚者，这一命题干脆被转换成一个主体取向的历史因果命题，代之以"人民群众是历史的创造者"论，至此，历史发展动力命题彻底完成了从唯物史观命题向伦理史观命题的转变①。

1977年12月，在中国社会科学院《哲学研究》编辑部召开的一个哲学讨论会上，有学者在批判"四人帮"在所谓"唯生产力论"问题上的极端观点时，就提出了"马克思主义关于生产力最终推动社会发展和阶级斗争是社会发展动力两个原理的关系问题"，认为这个问题"还需要加以全面地正确地阐述和发挥"。相关论点登载在《哲学研究》1978年第1、2期合刊上。同时登载的还有针对"四人帮"批判"唯生产力论"的反批判的长篇文章，即《历史唯物论还是历史唯心论——对"四人帮""批判唯生产力论"的反批判》。文章指出，"马克思主义认为，阶级是生产关系的产物，而生产关系又是由生产力决定的"②。1978年4月10日，《光明日报》发表了一篇题为《生产力是社会发展的决定力量》的文章。文章认为，"生产力是人类全部历史的基础"。"无论在任何社会，生产力作为一种进步力量，都推动着整个社会经济的发展，推动着社会历史前进。"③

---

① 关于"人民群众是历史的创造者"命题的正确含义，我们将在下文介绍。

② 林子力、有林：《历史唯物论还是历史唯心论——对"四人帮""批判唯生产力论"的反批判》，《哲学研究》，1978年第1、2期合刊。

③ 卫兴华：《生产力是社会发展的决定力量》，《光明日报》，1978年4月10日。

第三章 "文革"后历史主义阶级观点与非历史主义阶级观点的正面冲突

中共十一届三中全会以后,工作重点转移到社会主义现代化建设上来,关于实践标准问题的讨论,打破了个人崇拜和个人迷信,解放了思想。我国学术理论界对于社会历史发展动力问题的讨论,进入了一个新的阶段。1979年1月,胡乔木在中央宣传部一次会议上说:"现在,思想理论工作正处在一个重要的历史时期。由于林彪、'四人帮'的长期干扰,有些旧的说法需要继续清理。我们应当有足够的理论上的勇气,敢于提出问题,解决问题。……对有些重大的理论问题的提法,要继续进行讨论和研究,弄清楚它们的客观意义和科学涵义。"他认为,"对于社会主义时期的阶级斗争的形式和作用的认识",就是一个"很迫切需要解决的重要理论问题"。他说:"(阶级斗争)对社会前进究竟起什么作用?生产斗争、科学实验是不是也推动社会前进?生产斗争与阶级斗争的关系如何?这些问题,都需要重新进行认真的实事求是的科学探讨。"①胡乔木的讲话显然为阶级观点的反思、历史发展动力问题的讨论开启了一道闸门。1979年2月,三中全会公报发表不久,一些报刊就刊载了关于社会历史前进动力方面的文章。例如,《解放日报》2月13日发表了《生产力发展是社会前进的根本动力》一文,紧接着《解放军报》2月14日发表了题为《社会主义的胜利要以生产力的发展为前提》,《中国青年》第2期刊载了《生产斗争比阶级斗争更根本》,等等。这些文章一方面对社会主义社会的发展动力作了探讨,另一方面也对阶级社会以至整个人类社会历史的发展作了探讨。特别值得指出的是,1979年3月,中国社会科学院在成都召开"中国历史学规划会议",戴逸在会上作了题为《关于历史研究中阶级斗争理论问题的几点看法》的发言,提出"推动社会历史前进的直接的主要动力是生产斗争"。刘泽华、王连升在会上提出,"生产斗争是历史发展的最终动力"。戎笙提出,"即使在阶级社会里,阶级斗争也不是社会发展的唯一动力"。这些提法,一反传统的观点,顿时吸引了史学界、理

---

① 中共中央文献编辑室:《三中全会以来重要文献选编》(上),人民出版社,1982年,第38~40页。

论界的高度关注。讨论的高潮是在 1979 年 3 月至 1980 年底,全国二十多个省、市、自治区的有关学术单位,几乎都以各种形式参加了讨论。《光明日报》、《云南日报》等开辟了专栏,《人民日报》陆续转载了有代表性的讨论文章,配发了编者按。据统计,全国几十种报刊发表的讨论文章有二百篇左右。

一、围绕着阶级斗争唯一动力论展开的批评声浪

在中国近现代,中国共产党人在阶级斗争动力论的指导之下,成功地发动了一场深刻的社会政治革命。而在接下来应该倾力进行的生产斗争中,却由于长久地、反复地浸淫于阶级斗争的理念,迟迟地不能复归理性和恢复正常的社会秩序,严重地贻误了经济建设的发展。生活在现实当中的人们,不可能长期地忽视或忍受物质利益的匮乏,当革命者迟迟不能兑现当年的理想承诺时,势必引出对这种理念本身的置疑或反弹。"文革"十年的教训清楚不过地证明了,阶级斗争动力论只适用于社会发展的特定阶段或特定条件,一旦将阶级斗争动力论绝对化,超出阶级斗争动力论适用的特定历史阶段或特定历史条件,阶级斗争动力论就会变成谬论。学者们在对绝对化的阶级斗争理论进行批评、反思时,完全可以从马克思理论宝库中找到充实、丰富的资源。因为正是作为革命家的马克思,用一生精力做着创立、论证历史唯物主义或唯物史观的工作。一时间,"文革"后重新崛起的历史主义学派终于有了一个适逢其时的机会,对于历史发展动力论的学术表达同时具有政治表达的意味或政治意义。因此,他们能够从政治上对主观主义学派的绝对化阶级斗争理论、阶级斗争唯一动力论进行一次讨伐。关于社会发展动力问题的讨论,可以说是集中围绕着绝对化的阶级斗争唯一动力论展开的。

1. 生产力或生产斗争与阶级斗争的关系。十一届三中全会以后第一篇讨论社会发展动力问题的文章作者是林章。他认为,"确认人类历史的发展归根到底决定于生产力的发展,是马克思全部学说的一块重要基石"。没有生产力的发展,就没有社会形态的更替,就没有同一社会形态内部的发展变化,因而也就不会有整个人类社会的进步。但是,这又怎么理解马克思主义关于阶级斗争是阶级社会发展的动力的论断呢?他认为,在以私有制为基础的阶级社会中,社会基本矛盾在人与人的关系上集中表现为对抗性的阶级对立。这种矛盾和对立,当然只能由剧烈的阶级斗争来解决,而且也只有通过阶级斗争,生产关系才能得到改革、生产力的发展要求才能得到满足。正是在这个意义上,马克思主义认为阶级斗争是社会发展的巨大杠杆和直接动力,并给予了十分的重视。如果我们据此就把社会发展的动力仅仅归结为阶级斗争,并将它同生产力这个根本动力对立起来,那是对马克思主义的一种曲解。在这里,作者着意区分了生产力或生产斗争根本动力论和阶级斗争直接动力论,并强调了二者的统一。他说,事实上,阶级斗争的存在与发展,本身就是为生产力的发展所决定的。一方面只有生产力发展到一定阶段,才产生阶级和阶级斗争,另一方面历史上任何争取解放的阶级斗争,无论是奴隶反抗奴隶主,农民反抗地主,还是工人反抗资本家,尽管必然地具有政治的形式,但"归根到底都是围绕着经济解放进行的",即为解放和发展生产力进行的。可见,阶级斗争对于阶级社会的推动作用,不过是生产力对社会发展的最终决定作用在阶级社会里的一种直接和具体的表现,而阶级斗争也只有促进了生产力的发展才能表现为社会发展的动力。同时,随着生产力的高度发展,阶级和阶级斗争必将要归于消亡,阶级斗争对社会的推动作用也必将要归于消亡。因此在作为历史发展动力的生产力和阶级斗争这两者的关系中,生产力是最根本的,阶级斗争则是从属于生产力的,只是在生产力发展的特定阶段内起作用的。作者发问道:

> 假如颠倒这种关系,或者认为只有阶级斗争才是动力,那末在阶级产生之前和消灭之后,社会发展的动力又是什么呢?阶级斗争又是为了什么而进行的呢?它得以存在和进行的物质基础又何在呢?

作者认为,只重视阶级斗争对社会发展的推动作用,轻视或忽视生产力这一社会前进的根本动力,显然是毫无根据的。①

邢贲思的文章,《生产斗争比阶级斗争更根本》,从经济、政治两种"活动"层面阐述二者关系,概念更为严整,虽然"斗争"一词,在表达经济内容时,往往容易让人联想到人与人之间的斗争,具有特定时代的色彩。他的文章同样旨在消除人们在认识层面上的一种误区。他鲜明地指出:

> 不少同志说,过去讲阶级斗争始终是纲,现在又说经济建设是工作重点,工作重点也就是纲的意思,这岂不是矛盾吗,这个矛盾应当怎样解决?我们说,要解决这个矛盾,就应当有拨乱反正的理论勇气,把阶级斗争始终是纲这种错误观点加以彻底纠正。这种观点把阶级斗争夸大成为最根本的社会实践,而把生产斗争放在从属的、次要的地位。这就根本颠倒了经济和政治的关系,重蹈了历史是由暴力创造的"暴力论"这种历史唯心主义的覆辙。

邢贲思指出,恩格斯在驳斥杜林的"暴力论"时,精辟地说明了经济和暴力的关系:是经济产生暴力而不是暴力产生经济。人们会问,马克思主义不是十分重视阶级斗争的作用吗?是的。正是马克思说过"暴力是每一个孕育着新社会的旧社会的助产婆"和"革命是历史的火车头",高度地评价了阶级斗争的作用。但是,马克思主义从来认为只有生产斗争才是最根本的社会实践,而阶级斗争的作用主要表现在为生产斗争开辟道路。当阻碍着生产力发展的腐朽的生产关系,受到反动统治阶级的拼死维护,这时不通过阶级斗争,就不能排除生产力顺利发展的障碍,就不能实现社会的进步。正是在这个意义上,马克思主义认为阶级斗争是阶级社会发展的直接动力。这也就是说,阶级斗争是手段,发展生产力才是目的②。

中国社会科学院在成都召开的"中国历史学规划会议",是历史发

---

① 林章:《生产力发展是社会前进的根本动力》,《解放日报》,1979年2月13日。
② 邢贲思:《生产斗争比阶级斗争更根本——兼谈夸大社会主义时期阶级斗争的教训》,《中国青年》,1979年第2期。

展动力讨论中的标志性事件。正是在本次会议上及以后,引发了对于社会发展动力问题的集中讨论。刘泽华和王连升、戴逸、戎笙的三篇文章将对阶级斗争观点的反思、历史发展动力问题的讨论带入了历史学领域。

在概念层面,刘泽华和王连升揭示了生产力和生产斗争的联系。他们认为,生产力表示人同自然的关系,所以可以把人类征服自然的斗争称之为生产斗争或生产活动。从活动层面揭示人类历史的发展动力,把生产斗争归结为人类活动的最基本内容,这样就把生产斗争纳入到了马克思恩格斯所揭示的历史唯物主义的内在逻辑,从而能够给予生产力或生产斗争的作用以充分的说明。马克思恩格斯在《德意志意识形态》中指出:"我们首先应当确定一切人类生存的第一个前提也就是一切历史的第一个前提,这个前提就是:人们为了能够'创造历史',必须能够生活。但是为了生活,首先就需要衣、食、住以及其他东西。因此第一个历史活动就是生产满足这些需要的资料,即生产物质生活本身。同时这也是人们仅仅为了能够生活就必须每日每时都要进行的(现在也和几千年前一样)一种历史活动,即一切历史的基本条件。"① 生产斗争又是推动历史发展的根本动力。恩格斯指出,"迄今为止在历史著作中根本不起作用或者只起极小作用的经济事实,至少在现代世界中是一个决定性的历史力量"。② 恩格斯在概述关于历史的动力时曾这样写道,"用'历史唯物主义'这个名词来表达一种关于历史过程的观点,这种观点认为一切重要历史事件的终极原因和伟大动力是社会的经济发展、生产方式和交换方式的改变、由此产生的社会之划分为不同的阶级,以及这些阶级彼此之间的斗争"。③ 刘泽华、王连升由此得到结论,马克思主义经典作家在肯定阶级斗争是历史发展动力的同时,还认为生产斗争是更为重要的最终的动力。对生产斗争与阶级

---

① 《马克思恩格斯选集》,第1卷,人民出版社,1972年,第32页。
② 《马克思恩格斯选集》,第4卷,人民出版社,1972年,第192页。
③ 《马克思恩格斯选集》,第3卷,人民出版社,1972年,第389页。

斗争的关系,他们具体地作了分析:

> 生产斗争和阶级斗争是各因不同的基础而产生的两种矛盾运动,各有自己的运动规律,都是推动历史发展的动力。但是两者的作用并不是平行的。从历史总过程看,生产斗争决定着阶级斗争。这主要表现在:
>
> 第一,生产力的一定发展水平是阶级产生的基础。
>
> 第二,生产力的一定发展水平,是决定阶级状况及其历史形态变化的基础。
>
> 第三,生产力的状况及其发展,是不同阶级历史命运、兴亡成败的基础。
>
> 第四,生产力的高度发展是最后消灭阶级的基础。

在这些观点中,他们最为鲜明的论点,或有助于消除人们认识误区的论点有两点:一是消除人们的一个数量误区。长期以来,人们总是强调,劳动阶级构成了物质生产活动的主体(数量主体),好像劳动人民就应当能够主宰历史的命运。刘泽华、王连升指出:"一个阶级的历史命运不取决于它的人数多少,而是依其是否代表新的生产力和能否组织生产、发展生产而定。按人数,农民远远超过了地主,农民的革命斗争一次又一次推翻过封建统治。他们幻想过'平均'和无剥削的生活。张鲁、钟相、杨幺、洪秀全并为之作过令人赞叹的试验。但最后都以失败而告终。农民的血汗沃肥了大地,他们撒下的种子却总是被他人收获。原因就在于他们使用的铁锄和牛犁是创造不出一个新天地的。"二是消除人们的一个形式误区。长期以来,人们总是迷信阶级斗争的暴力形式,好像武装斗争、起义,才是彻底的革命。刘泽华、王连升指出:"阶级斗争可以给生产斗争以巨大的反作用。这种反作用,是以生产关系的作用为基础的。阶级斗争的高级形式是武装斗争,是夺取政权、巩固政权。然而政权问题不是阶级斗争的最终目的,阶级斗争最终归结为是解放生产力,还是阻碍生产力的发展。"

刘泽华、王连升进而指出,以往的历史研究与教学存在一个重要问题,即没有把生产斗争是历史发展的最终决定力量这一观点作为指导思想,或没有给予足够的重视,甚至把这种观点当作反马克思主义的东西进行了批判。在过去很长一段时间里,阶级斗争成了历史发展的唯一动因,一切都要从这里作出最后的说明。这十几年来编写的许多历史书籍,纲是阶级斗争,目还是阶级斗争。阶级斗争的地位真是扬扬赫赫,生产斗争几乎完全变成为附属物。因此,他们建议,要重视开展对生产力发展史的研究①。

戴逸指出,阶级斗争、农民战争推动生产发展的公式,经常暴露出同历史实际有较大的差距,不完全符合历史实际,对一些历史现象不能解释。如果把阶级斗争当作历史发展的唯一动力,那末,我们便可以逻辑地得出:阶级斗争规模愈大,次数愈多,愈频繁,社会前进就愈快。可是,实际情况并不是这样。日本在"明治维新"之前,处于封建社会。"明治维新"一百多年来,日本并没有发生什么大规模的阶级斗争。就是明治维新,这次日本近代史上最大的一次社会变革,也是自上而下的。有些研究世界历史的同志,并不承认明治维新是一次革命,即使是革命也是不彻底的革命,近代日本,虽然也发生过农民起义、罢工、游行,但规模小。大规模的阶级冲突,长时间的革命战争是没有的。可是,日本的生产发展很快,可说是突飞猛进。英美也是一样。英国从17世纪进行资产阶级革命,距今有三百多年了。此后,没有发生过什么大的革命战争。美国除独立战争、南北战争之外,以后也没有发生过什么国内战争。可是,它们都是当今世界上生产发展水平最高的国家。戴逸特别提示中国农民战争与生产发展的关系:

> 一般地说,生产发展并不是在农民战争的动乱时期,不在农民正同地主激烈作战的时期。恰恰相反,生产的发展,必须要有一个统一的、稳定的政治局面作为前提。生产发展,是一个逐步的、渐进的过程,是生产活动和科学技术积累的过程。②

---

① 刘泽华、王连升:《关于历史发展的动力问题》,《教学与研究》,1979年第2期。

② 戴逸:《关于历史研究中阶级斗争理论问题的几点看法》,《社会科学研究》,1979年第2期。

戎笙对长期支配史学界的封建社会发展动力论的批评,至今还能让人感受到震撼,让人感受真理标准问题讨论、打破"两个凡是"、思想解放运动所能具有的冲击力度。这是因为作者批评的对象,直指毛泽东在《中国革命和中国共产党》一文中的权威性论断。

在我国历史上,从秦末的陈胜吴广到清末的义和团运动,爆发了大小千百次的农民起义和农民战争,规模之大次数之多,是世界历史上所仅见的。关于这些农民战争的作用问题,三十年来占统治地位的观点基本上是用两个全称肯定判断表述出来的。(一)在中国封建社会里,只有农民战争,才是历史发展的真正动力。(二)每一次较大的农民战争,都打击了当时的封建统治,因而或多或少地推动了生产力的发展。史学界研究农民战争的历史作用,主要是从这些原理出发,或者就是给这些原理作注释。

不仅如此,他还对当年将阶级对立绝对化的代表性学者及观点——孙达人和"反攻倒算论"——进行了"倒算"。在"文革"之后,在思想解放运动当中,在一个基本上是自由讨论的共同平台上,这种观点的激烈交锋和碰撞让我们感受到了真正的学术氛围。孙达人对戎笙的反批评和回应我们后面还要介绍。

戎笙说,批判"让步政策论"最早而且影响最大的是孙达人同志写的《应该怎样估价"让步政策"》一文,在一个时期它成了具有某种权威性的代表作。因为其中提出了一些带根本性的理论问题,需要加以研究。作者列举了孙达人以下的观点:

> 农民战争爆发之后,所有束缚农民的绳索都被吹断或者松弛了。

> 伟大的农民战争冲破了封建罗网,根本改变了地主和农民的关系,才使农民获得了自由。相反,在农民战争失败之后,封建政权的"让步政策"实质上恰恰就是剥夺农民所获得的这种自由,重新束缚农民。

> 不少农民继续"聚保山泽,不书名数",或"各处逃亡",或"浮游无籍",坚持斗争,不受封建政权的束缚。于是,新建的封建政

第三章 "文革"后历史主义阶级观点与非历史主义阶级观点的正面冲突

权,便不得不在镇压之外,采用什么"赐民爵"、"赐民酒"、"贷耕牛种食"之类的"惠而不给"的谎言,"招抚"他们回乡,重新接受封建束缚,成为封建国家的赋役对象,成为地主阶级奴役剥削的劳动人手。

汉高祖刘邦企图用"复故爵田宅"、只"教训""勿笞辱"等花言巧语,诱骗"聚保山泽"、"不书名数"的农民出山,重新成为编户,接受封建压迫和剥削。

尽管租调制是对汉代赋税制度的一个改革,而这种制度对于革命之后的农民来说,只是重新强加的一种剥削,是旧制度的恢复。

戎笙说:这就是"反攻倒算"论的基本理论。这个理论是我们不能同意的。因为它是用抹煞历史事实的办法来完成这个理论的,并且对客观经济规律采取了极端漠视的态度。在作者看来,不管当时的生产力发展水平如何,农民阶级可以凭借暴力根本改变封建主义关系而使自己获得自由。戎笙特别指出,道义上的激情不能代替科学上的分析。马克思主义者反对一切剥削和压迫,并且坚信人类最终将会埋葬一切剥削制度。这种坚定信念,绝不是来源于什么感情或道义之类的原则,而是依据不以人们意志为转移的客观规律,特别是生产关系一定要适合生产力性质的规律。众所周知,马克思、恩格斯明确肯定过奴隶制度、资本主义制度,遵循同样的原理,戎笙说:

> 封建主义生产关系是野蛮的、残酷的剥削制度,在我们今天看来是荒唐的、可恶的、应该埋葬的;但是它在历史上的形成和发展,却是不以人们的情感为转移的客观规律,并且在一定的历史阶段内起过促进生产力发展的作用。

作者提出,对于农民战争的作用需要作具体分析。并不是每一次较大规模的农民战争之后,生产力都有显著的发展;相反,差不多有同等数量的例子说明,很多次大规模的农民战争之后,社会生产力长期处于停滞衰落的状态。坚持斗争二十多年的黄巾起义,和坚持斗争十多年的黄巢起义,两者都是在大半个中国里纵横驰骋的,失败之后出现的都是分裂割据的局面,除个别地区的经济略有恢复外,整个来说,社会生产力长期没有得到发展。农民战争对封建统治的打击,具体情况各不相同。大体上说,是在两个方面:一是在上层建筑领域,一是在生产关系领域。不论在上层建筑领域里引起的变革,或是在生产关系领域里引起的变革,其作用只是为生产力的进一步发展扫清道路。这里说的只是生产力的解放。作者进而提出了一对有意义的范畴,用于区分阶级斗争和生产斗争的不同作用或功能。

> 生产力的解放和生产力的发展两者之间有密切联系,但容易被忽视甚至被遗忘的却是它们的区别。生产力的解放,指的是用阶级斗争变革生产关系的结果。生产力的发展,指的是用生产斗争改造自然界的结果。由于发展生产力所要解决的是人与自然的矛盾,这就决定了只能用生产斗争去解决,而不能用阶级斗争去解决。用变革生产关系的阶级斗争,取消或代替发展生产力的斗争,在理论上是错误的。

因此,作者认为,思想理论上的混乱,影响了农民战争史的研究。以至在讲到农民战争的作用时,只能讲农民战争在上层建筑和生产关系领域如何引起了深刻的变革,于是生产力就如何得到了迅速的发展。不能讲劳动人民的生产斗争发展了生产力,不能讲国家权力对于经济的发展能在两个方面起反作用,不能讲地主阶级国家的某些政策起了加速经济发展的作用,尤其是不能讲生产关系一定要适合生产力性质这个客观规律。①

董楚平同样对长期支配史学界的封建社会"唯一动力论"提出强烈质疑。他认为,"唯一动力论"的表述本身就是矛盾的。"一方面把农民战争的作用抬到如此吓人的高度,另一方面又说每次农民战争都是失败的。既然都失败了,又怎能推动社会发展呢?既然每一次都推动了社会前进,又怎能说都是失败的?""既然农民的阶级斗争和农民

---

① 戎笙:《只有农民战争才是封建社会发展的真正动力吗?》,《历史研究》,1979年第4期。

战争是封建社会发展的唯一动力,每次较大的农民战争都起过推动作用,而中国封建社会里农民战争的次数之多、规模之大,都是举世无双的,那么,中国封建社会理应发展很快。事实却不是这样,中国封建社会时间漫长,发展缓慢。为什么动力最大,而速度很慢呢?相反的,欧洲有些国家几乎没有农民战争,也就是说几乎没有动力,或者说动力很小,却偏偏较早进入资本主义。这是为什么?""有人鼓吹阶级斗争万能论、暴力论,把阶级斗争说成是阶级社会发展的唯一动力,动力的大小与暴力的大小成正比,阶级斗争越尖锐,越激烈,社会就发展得越快,一切缓和阶级矛盾的改良措施只能延缓甚至阻碍社会的发展。翻开中国古代史一看,却不是如此。阶级矛盾相对缓和的西汉初年,隋文帝时期,唐、明前期社会发展最快;一旦矛盾尖锐化,发展速度就放慢下来,甚至停滞倒退。这又是为什么?"他指出,以上这些问题,使我们不得不对"唯一动力论"产生怀疑,不得不重新探索阶级社会的发展动力问题,不得不实事求是地分析农民的阶级斗争和农民战争的作用。

董楚平认为,社会发展史,首先是生产发展史,生产力是社会发展的根本动力。生产关系一定要适应生产力的发展,是社会发展的基本规律。人类社会的这个动力,这条规律,对一切社会形态都是适用的,它们是人类社会的共性。这个动力,这条规律,在不同的社会形态里,又有不同的表现。就是说,这个矛盾的普遍性,是寄寓于矛盾的特殊性之中的。例如,在阶级社会里,生产活动通常是在阶级对立中进行的,生产力与生产关系的矛盾,表现为阶级矛盾与阶级对抗。腐朽的阶级力量,反动的政治集团,往往成为生产力发展的障碍。当出现这种情况的时候,只有通过阶级斗争,有时还必须采取阶级斗争的高级形式——暴力革命,才能排除障碍,为生产力的发展扫清道路。在这个意义上,我们称阶级斗争是阶级社会的发展动力,也只有在这个意义上,才能称得上动力。把握普遍性和特殊性的视角,董楚平阐发了生产力决定论与阶级斗争动力论的关系。第一,阶级斗争本身依赖于生产力的发展,它是生产力发展的产物;第二,阶级斗争对社会有无推动作用,是以能否解放生产力为转移的。因此,离开生产力这个动力,阶级斗争就不成其为动力。与阶级斗争这个动力相比,生产力是更为根本的动力。脱离生产力的发展,孤立地突出阶级斗争,反而会使阶级斗争丧失其动力作用,甚至会变成阻力。同时董楚平强调,生产力是人类征服自然的能力,是没有阶级性的。这种能力的提高,即使在阶级社会里,也不是都要通过阶级斗争的。劳动经验的积累与传播,科学技术的应用,国际文化的交流等,都会促进生产力的发展,推动社会前进。在阶级社会里,两个基本阶级的矛盾通常是主要矛盾,但不是任何时候都是主要矛盾。有时,民族矛盾,统治阶级的内部矛盾,乃至生产斗争,都可能暂时上升为主要矛盾。这些矛盾都不具有阶级斗争的性质。西汉初年,东汉初年,隋朝初年,唐朝初年,明朝初年,国家残破,经济凋敝,恢复与发展生产,是当务之急,统治集团确曾一度把生产斗争作为主要矛盾来抓。当时地主阶级仍然要剥削与压迫农民阶级,但社会经济处于崩溃状态,统治阶级不得不对自己的贪欲有所节制。剥削来源于生产,当没有多少东西可供剥削的时候,不得不把生产摆在优先地位。据《汉书·食货志》载:"汉兴,接秦之敝,诸侯并起,民失作业,而大饥馑。凡米石五千,人相食,死者过半。高祖乃令民得卖子,就食蜀汉。天下既定,民亡盖臧,自天子不能具醇驷,而将相或乘牛车。"面对这样严酷的现实,即使没有农民起义的直接教训,即使让胡亥、杨广来做皇帝,恐怕也不会大兴土木,东巡西幸。是存在决定意识,不是意识决定存在。生活是最好的教员,什么教训、"殷鉴",都敌不过现实条件的限制。纵观两千多年封建社会的历史,社会发展最快的如汉初、隋初、唐初、明初等时期,阶级矛盾都相对缓和,甚至退居到次要地位。当某种生产关系还与生产力水平相适应,还是生产力发展的必要的社会形式时,只要调整好生产关系与生产力之间的关系,即正确发挥经济规律的作用,那么,这种生产关系就会为生产力的发展提供广阔前景。当然,董楚平指出,任何生产关系的优越性都不可能自动体现,而有赖于统治者制定正确的政策。封建统治阶级当然不能自觉地认识客观经济规律,但经济规律会给他们活生生的直观的教育。当他们按经济规律办事,就会得到报偿;当他们违背了经济规律,就会受到惩罚。

第三章 "文革"后历史主义阶级观点与非历史主义阶级观点的正面冲突

封建王朝当然不是封建社会发展的动力,但是当封建生产关系还适应生产力水平的时候,只要制订适当的政策,保护小农经济,充分发挥封建生产关系的潜能,生产关系本身就能成为生产力发展的力量源泉。所谓好皇帝,也就是他能在这方面发挥好作用。所谓坏皇帝,也就是他们破坏了小农经济,破坏了封建生产关系的潜能。这个时候,只有通过暴力革命才能推翻坏皇帝,解放生产力。只有在这个时候,大规模的农民战争才可能爆发。也只有在这个时候,农民战争才可能成为历史发展的动力。①

透过上面的叙述,我们是不是可以得出这样的结论:生产力和生产关系,统治阶级的政策和阶级斗争,动力和阻力,在历史发展的过程当中,是辩证地相互转化的。

罗荣渠认为,诸如生产力发展(即经济变革)与阶级斗争(即政治变革)在历史中的作用、基础和上层建筑的关系、经济和政治的关系,等等,马克思恩格斯都有过反复的论述,在理论上是早就讲得很明确的。澄清二者的关系,罗荣渠认为特别需要区分"动因"和"动力"两个概念。马克思主义认为生产力、经济条件是历史发展的动因,它规定人的能动作用的物质条件和不可超越的客观界限,是历史发展的根本条件,是本原,是第一性的东西,所谓经济的决定性作用,就是指此而言,正如存在决定意识一样。经济力量是历史发展的终极原因,这是历史唯物主义的根本观点。但是,不管生产力或经济条件具有多么大的决定作用,它只能不自觉地、不自主地对历史进程发生作用。马克思主义始终认为历史的真正创造者是人们自己,历史的发展要靠社会的人的实践改造活动。从进入阶级社会以来,历史的运动总是通过不断提出和追求自己目的的阶级的人来实现的。这样,阶级斗争就不能不成为实现社会变革和经济改造的巨大杠杆,所以我们说它是阶级社会中历史发展的直接动力。同时,罗荣渠又指出,重大历史进程的原因和结果

---

① 董楚平:《生产力是历史发展的根本动力》,《光明日报》,1979年10月23日。

不是永恒对立的两极,一个历史过程的结果常常是同另一个历史过程的原因联在一起,交互发生影响。在一定的条件下,阶级斗争可以表现为动因,经济发展也可以表现为结果,不能把经济条件的决定作用简单化地理解为一种绝对的单向运动。但是,不论这种交互作用如何错综复杂,"其中经济运动是更有力得多的,是原始的、最有决定性的",而阶级斗争则是在"归根到底不断为自己开辟道路的经济必然性的基础上相互作用"。说到底,在社会大变革时期的阶级斗争实质上是生产力和生产关系矛盾运动的基本规律的政治表现形式;阶级的兴起和消亡,阶级斗争的发展,从始到终都是与经济生活联系在一起并归根到底受经济条件的制约。在这里,使用"终极原因"一词来说明经济因素的历史作用极关重要。如果把经济因素视为一般的动因,或认为只有经济因素才能成为动因,都会离开辩证法,甚至可能背离唯物史观。

罗荣渠认为,终极原因和伟大动力之间的内在联系,实质上反映了人类社会的物质生产活动和阶级斗争两者之间的内在的联系:生产力的发展,经济的发展,总是处在一定的生产关系之中;同样,阶级斗争的发展,政治斗争的进行,也总是处在一定的生产力水平和经济条件之中;发展经济的斗争总具有一定的政治形式,而阶级斗争归根到底总是围绕着经济解放进行的。但在现实社会生活中,生产斗争和阶级斗争毕竟是两个不同的领域,因此这两种斗争在现实的历史过程中,在什么条件下相互吻合,在什么条件下并行不悖,在什么条件下交错甚至相互背离,等等,这正是历史唯物主义需要研究的重大课题。

从"动力"和"动因"的关系角度,罗荣渠还探讨了封建时代农民战争的历史作用。中国农民战争几乎贯穿着中国封建社会的全过程。政治腐败、经济恶化使社会矛盾尖锐化,激起农民起义,农民起义达到巨大规模时可以改朝换代,接着可能出现一段政治稳定和经济恢复与繁荣。经过一定时期以后,社会矛盾重新激化,又激起新的农民起义。如此长期反复循环,似乎是中国封建时代一个具有规律性的历史现象。根据中国的历史特点来看,可以说中国的农民战争的历史作用比西方国家的农民战争的历史作用大,是推动中国封建社会前进的动力之一,在有些时候甚至起主要作用。但如果把这一特点无限夸大,说中国封建社会的发展自始至终都是靠农民战争推动的,那么,这就是说,在中国封建时代,政治暴力始终是经济发展的原动力,始终单向地作用于经济运动,这样,历史唯物主义的基本规律在中国封建社会岂不是完全颠倒过来了么?这不但不符合实际,同时根本无法解释在这样强大而频繁的农民战争推动下中国封建社会的长期性和停滞性的问题。①

2.剥削阶级、统治阶级与被剥削阶级、被统治阶级的关系。长期以来,将阶级斗争绝对化的另一表现形式,是将剥削阶级、统治阶级视为纯粹消极的、阻力因素,将被剥削阶级、被统治阶级视为积极的、动力因素。阶级斗争的内涵,只是指被剥削阶级、被统治阶级对剥削阶级、统治阶级的斗争。如果是这样,被剥削阶级、被统治阶级的动力机制如何体现?

在历史发展动力讨论中,戴逸重提"让步政策论",认为这是一个百家争鸣的问题。他说,"让步政策论"是为了说明阶级斗争、农民战争的历史作用而提出的一种理论。"让步政策论"确实有道理,但还有缺陷,至少会给人一种印象:统治阶级、剥削阶级不能够自动提出对生产发展有利的措施,因而,必须通过农民革命迫使他们"让步"。他明确提出:

> 我不同意这种观点。我以为,统治阶级从自身的阶级利益出发,在一定历史条件下也是能够提出有利于生产发展的措施来的,并不一定需要农民迫使他们"让步"。我们似乎有一种观念,认为,剥削阶级、统治阶级都是不管生产,反对发展经济的。而农民总是推动生产发展的。这种观念从道理上是说不通的。当然,农民是创造社会财富的主人公,是要求发展生产的。但是,剥削阶级为了多剥削一点,通常也是希望发展生产的。

戴逸说,我这说法可能很危险,会被认为是"阶级调和论"。但是,

---

① 罗荣渠:《略论历史发展的伟大动力与终极原因的内在联系》,《历史研究》,1980年第5期。

实际情况确实是这样的。这个问题并不难理解。请问,地主希望土地上出产的农产品,是多一点还是少一点呢?当然是多一点。应该说,戴逸的这一大胆的看法,得到了中共十一届三中全会以来的改革开放的经验支撑。

美、日、西德等帝国主义国家里的资本家,在发展生产、管理企业、提高劳动生产率方面是很有本事,很有能力的。现在,我们不能不承认这一点了。不能因为是剥削者,就认为他们一定要破坏生产,不能提出对经济发展有利的措施。可不可以这样说,在一定条件下,发展生产也是剥削阶级的要求,并不需要农民强迫他们这样做。

基于以上新的认识,对于这个遭到极左观点讨伐、某种程度上肯定统治阶级作用的观点,戴逸大胆地指出,"让步政策论"对于剥削阶级、统治阶级的肯定还不够。

"让步政策论"是一个转弯抹角、为了挂钩的理论。它的前提,就是只承认农民要求发展生产,而不承认剥削阶级从自身利益出发,也可以采取有利于生产发展的措施。

戴逸声明他的这样一个观点受惠于宽松的政治环境:"我相信,这次大会上肯定会有人不同意我的意见,但决不会有人打我的棍子。所以,我大胆地把想法提出来向同志们请教。把这个问题弄清楚,对我们的历史研究关系重大。"①

戎笙也反对所谓地主阶级根本不可能自行调整的说法。他说,当一部分生产关系不适应生产力发展的要求时,在客观经济规律的自发作用下,仅仅由于经济上的不合算,地主阶级中有人就会自发地部分地改变那些不适应生产力发展的生产关系②。

伍宗华和冉光荣对于阶级斗争唯一动力论的批评和反思是全面和

---

① 戴逸:《关于历史研究中阶级斗争理论问题的几点看法》,《社会科学研究》,1979 年第 2 期。

② 戎笙:《只有农民战争才是封建社会发展的真正动力吗?》,《历史研究》,1979 年第 4 期。

深刻的。他们指出,抽象地承认马克思主义的基本原理,还不等于正确地领会了这一原理的全部内容和精神实质,更不等于具体运用这一原理时不犯错误。史学界在某些似乎毋庸置疑的问题上,实际存在种种分歧和思想混乱。最突出的可列举以下几点:

第一,能否把阶级斗争是历史发展的动力解释为只有被剥削阶级的革命斗争才是历史发展的动力?

第二,能否把阶级斗争是历史发展的动力解释为只有阶级斗争,或只有革命阶级的阶级斗争,才是历史发展的唯一动力?

第三,如何估计生产斗争在历史发展过程中的作用?它与阶级斗争的关系到底如何?

他们指出,多年来,特别是关于"让步政策"的辩论展开以来,许多同志具有这样一些思想倾向:为了强调被剥削阶级的革命斗争在历史发展中的作用,而完全否认剥削阶级及其国家在一定时期和一定条件下对历史发展的维护作用和促进作用,似乎决定历史面貌和演变进程的只有被剥削阶级的革命力量。谁要是如实地分析和承认剥削阶级在历史进程中的作用,谁就是陷入了唯心史观,就是在鼓吹英雄和奴隶们共同创造历史;于是,为了强调阶级斗争在历史发展中的作用,而将阶级斗争或革命阶级的阶级斗争说成是历史发展的唯一动力,否认或忽视从生产力到生产关系,从经济基础到上层建筑,从地理环境到自然资源等其他一切因素对历史发展的作用,似乎全部历史过程和各种事变只能归因于阶级斗争,拒绝在历史动力问题上对那些制约和影响阶级斗争,从而也制约和影响着历史的一切要素进行辩证的分析和估价。这就陷入了片面性,割裂和歪曲了马克思主义关于历史动力问题的完整的科学论断,对阶级斗争是历史发展的动力作了庸俗化的、主观主义的和形而上学的解释。同时他们批评了历史发展动力讨论以来某些观点存在的偏差,指出这些观点在着重批驳阶级斗争唯一动力论、充分强调生产力作用的同时,有意无意地离开阶级斗争,离开生产关系,专门探讨纯生产力如何推动历史的问题;或者不偏不倚地将生产力、阶级斗争、暴力革命、上层建筑等等统统作为历史动力平列起来,认为时而是这种、时而是那种因素推动历史发展。作者认为戎笙和刘泽华、王连升的意见就是代表。在他们的批评意见中,我们认为切中要害的地方是:

> 似乎生产力的提高就直接等同于历史的发展,生产力不是(或者有时不是)与它所引起的生产关系、上层建筑的变化结合成一体而在历史长河中起作用的;似乎在阶级社会里,生产力与生产关系的矛盾,暴力革命、国家政权对历史发展所起的作用也不意味着正是阶级斗争在起作用。

他们认为,对于马克思主义历史动力学说的这种理解和研究历史动力问题的这种方法,同样会陷入片面性,会把决定人类历史进程的那些极端复杂、而又始终有机地结合在一起的物质力量和精神力量人为地割裂开来,把它们视为互不相干的,或有时是孤立起作用的因素,其结果必然是一方面贬低几千年来阶级斗争在社会发展历程中的主导作用,一方面抹煞了社会生产力、生产关系和上层建筑之间以及它们与阶级斗争之间一直存在着的内在联系。关于阶级斗争动力论的内涵,他们作了如下界定:

> 第一,高度评价被剥削阶级的革命斗争在历史发展中的作用,决不等于只承认它是唯一的历史动力。

> 完全否认历史上曾经领导革命取得胜利的剥削阶级应有的地位和功绩,只承认革命营垒中的基本群众——被剥削阶级才是历史的唯一动力,这决不是马克思主义史学工作者所应采取的科学态度。

> 第二,承认阶级斗争是历史发展的强大动力,就必须如实地承认参与斗争的各个阶级,其中包括剥削阶级都对历史的发展产生影响,它们是斗争中形成的那种决定历史发展的全部合力的组成部分。

> 这里需要着重强调的是,所谓阶级斗争是历史发展的动力,就是说,必须同时承认斗争着的双方都对历史发生着影响,承认创造历史的革命力量总要受到与之矛盾的各种力量的制约。

> 第三,承认阶级斗争是历史发展的动力,就包括承认在一定时

期和一定条件下剥削阶级的国家对历史发展的积极作用。

第四,承认阶级斗争是历史动力,决不意味着否认或忽视生产力在历史发展过程中的作用。恰恰相反,从马克思主义的阶级观点出发,必须看到生产力的最终决定作用。①

对于地主阶级的某种"德性"认定,是支撑阶级斗争唯一动力论的基础论点。这种观点认为,地主阶级出于极端残酷性和贪婪性,总是要破坏和阻挠生产力的发展,而作为被压迫阶级的农民阶级,他们对地主的反抗和斗争,特别是对其中最腐朽的势力的打击,才使得封建社会的生产力不断地向更高的阶段发展。张莘如认为这样的观点不能成立。一个最简单的逻辑就是,地主阶级残酷和贪婪的本质在封建主义生产关系建立时就存在,但它当时并不妨碍生产关系对生产力的促进作用。他认为,中国封建社会的长期延续,也不能说是由于中国的封建地主阶级特别残酷和贪婪。他举出的一个反面例证是,欧洲历史上,"圈地运动"、"羊吃人"不也很残酷吗?但正是它造成了劳动者和生产资料的分离,造成了资本主义产生的前提条件之一——"自由"的劳动力。因此,他认为中国封建社会长期延续的问题比较复杂,尚须进行多方面研究。

庞卓恒对于剥削阶级或统治阶级的"德性"价值则作了颠覆性的说明,在这方面,有恩格斯的明确表述为据。恩格斯说:"自从阶级对立产生以来,正是人的恶劣的情欲——贪欲和权势欲成了历史发展的杠杆,关于这方面,例如封建制度的和资产阶级的历史就是一个独一无二的持续不断的证明。"②还有"卑劣的贪欲是文明时代从它存在的第一日起直至今日的动力"③。庞卓恒认为,对于封建的和资产阶级的国家权力代表者们,马克思恩格斯总是一方面无情揭露他们的阶级本质,另一方面肯定他们在促进经济运动前进方面,客观上起到了一部分动

---

① 伍宗华、冉光荣:《历史发展动力问题的再探讨》,《四川大学学报》,1979年第2期。
② 《马克思恩格斯选集》第4卷,人民出版社,1972年,第233页。
③ 《马克思恩格斯选集》第4卷,人民出版社,1972年,第173页。

力或杠杆的作用①。

二、僵守革命记忆的阶级斗争唯一动力论

世易时移,建国三十年,中国人民饱尝阶级斗争论的苦头,中共十一届三中全会以后对于阶级斗争扩大化或夸大化的反思应该说是整个知识界的共识,这包括仍然坚持阶级社会阶级斗争论的学者。不过他们主张严格地区分历史和现实。阶级斗争唯一动力论适应于已经属于历史的阶级社会,而不适合建国之后的急风暴雨式的阶级斗争已经结束的社会主义社会。今天看来,严格地区分历史与现实,特别是现实政治观点与历史研究观点的差异是对的。但是,又不可以否认,历史与现实又是紧密联系的,对于现实政治观点的反思进而可以引起对于历史研究观念的反思。历史与现实具有共同的本质,后来的历史发展(现实)为过去历史的重新进行检视提供了直接的经验对象。然而,坚持阶级斗争唯一动力论的学者没有在这方面做出反思。事实上他们所坚守的历史观念就是革命年代的现实政治观点,一个已经错位的观点或观念。因此,他们表面上看起来是严格区分了历史与现实,实际上是僵守着已经错位的历史—政治观点或观念。由此就不难理解他们再次辩护或论证的角度。

1. 强调生产力与生产关系的矛盾在阶级社会体现为阶级斗争,否定生产力发展和生产斗争的相对独立性。在历史发展动力讨论中,首先站出来申明这一观点、坚持阶级斗争是历史发展唯一动力论的是刘大年。

1979年5月,在太平天国学术讨论会上的发言中,刘大年提出:生产力与阶级斗争,其中只有一个是推动历史前进的动力呢,还是两个都是?如果只有一个,它是生产力还是阶级斗争?如果两个都是,它们的关系到底怎么样?这个问题涉及应当如何理解历史唯物主义的原理、

---

① 庞卓恒:《马克思主义关于历史动力的理论及其现实意义》,《中国社会科学》,1980年第5期。

第三章 "文革"后历史主义阶级观点与非历史主义阶级观点的正面冲突

马克思主义的阶级斗争学说,当然也就涉及对太平天国的评价,即它是否推动了生产力的前进。在他表述的几个观点当中,他也首先强调了生产力,认为人类社会发展前进,归根到底,决定于生产力的发展前进。离开这个前提,就离开了历史唯物主义的基础。但是,在接下来的阐述中,刘大年选择了生产关系的规定性视角阐述生产力与生产关系的关系:

> 在阶级社会里,生产力推动历史前进则表现为生产关系一定要适合生产力性质,表现为生产力与生产关系的矛盾,阶级斗争。
> 经济发展,生产力的前进,不能自然而然地改变历史,要通过阶级斗争、伟大的革命运动来变革历史。对于这一点,最有说服力的事实是:十月革命时的俄国,实行社会主义改造时的中国,生产力相对落后,或者落后得很远,但建立起了社会主义制度;反过来,一些西方国家生产力水平相对地高,以至高出许多,至今仍停留在资本主义社会;这集中说明了生产力的发展不能自行变革历史,它只有通过阶级斗争,社会革命,才能推翻旧社会、旧制度,建立新社会、新制度,改变历史的进程。因此,我们应当说,在私有制社会里,阶级斗争是推动历史前进的动力。

针对生产力动力论提出的阶级现象本身是生产力发展的历史性产物这一观点,刘大年做出的辩解是:

> 私有制社会的矛盾不能推到私有制以前去同样地加以看待,就像人是由类人猿进化来的,我们不能把人类社会的进化同类人猿的进化、猴子的进化同等加以看待一样。原始社会、私有制社会、科学共产主义社会本质不同,生产力的特点也就不同。

应当说,刘大年的这一辩解是没有说服力的。人类社会的进化当然不能等同于类人猿和猴子的进化,但即使人类进入了人类社会,人的生物属性依然存在,而且对人类社会来说是一种前提性的或基本的存在。舍此,对于人类社会的好多现象就无从解释。历史唯物主义确立的前提就是人的生物属性。人的生物属性决定了人有各种吃、穿、住等基本生活需要,为了满足这些需要,人就需要生产。这是不以社会形态变化为转移的客观规律。看到私有制社会与原始社会、共产主义社会的本质不同,也要看到联系,并且从这种联系中发现贯穿人类社会不同社会形态的根本性规律,这是一个不容忽视或不可遮蔽的重要视角。

刘大年说,马克思最重视科学的发明、发现,重视生产力的发展。马克思说,"蒸汽、电力和自动纺机甚至是比巴尔贝斯、拉斯拜尔和布朗基诸位公民更危险万分的革命家"。恩格斯说:任何理论科学中的每一个新发现,"都使马克思感到衷心喜悦"。但也正是马克思恩格斯,他们反复阐明了私有制社会里,阶级斗争是历史发展的动力。他们并没有觉得这两者有什么矛盾或者还需要补充什么。我们无法想象马克思恩格斯那种严密的科学工作奠定了伟大的科学的共产主义理论基础,而恰恰在这个根本问题上自相矛盾,或者遗忘了什么东西。假定那样想,是绝对说不通的。我们认为,马克思恩格斯的观点在根本问题上,的确不能自相矛盾。但不能因为马克思既讲了科学动力观点(科学、生产工具革命家论),又讲了阶级斗争动力观,依据不矛盾律得出一个阶级斗争唯一动力论来。实际上,刘大年强调的阶级斗争动力观仅仅是马克思所提出的无产阶级革命的现实性、实践性命题。

> 马克思、恩格斯指出,共产党人可以把自己的理论用一句话表示出来,消灭私有制;又指出,共产党人公开宣布,他们的目的,只有用暴力推翻全部现存的社会制度才能达到。既然认定阶级斗争不成为或者只能在次要意义上成为历史前进的动力,那末,用暴力推翻私有制,无产阶级对资产阶级的社会主义革命,就成了多余的,可有可无的,只须等待生产力的发展去自然地实现就可以了,阶级斗争学说,因此也就不成其为无产阶级手中最锐利的武器了。马克思主义生产力的理论就这样形成了与整个马克思主义学说的对立。把生产力作为阶级社会里直接决定历史前进的动力,永远也无法消除这种对立。马克思主义理论由一整块钢铁所铸成。阶级斗争是历史前进的动力,完全表明了马克思主义学说是一个科学的、严密的整体。

实际上是基于无产阶级革命的现实性、实践性意识,刘大年对于历史观念的表达,才强调了对重大历史环节转变的把握。他说:"阶级斗争是历史前进的动力,这当然主要是讲旧社会、旧制度过渡到新社会、新制度那种急剧的转变。"①在1983年的一篇文章中,刘大年继续坚持他的观点,但作了新的概括:生产力发展、生产力与生产关系的矛盾,是决定社会发展的"终极原因",以它们为基础产生的阶级划分、阶级对抗,则是历史前进的直接动力。②

苏双碧承认,奴隶制社会只有生产力发展到一定高度,特别是铁制农具的使用,才会出现新兴的地主阶级。同样的,封建社会也是由于生产力的发展,才会出现资本主义的经济因素,从而爆发了由资本家阶级取代地主阶级成为社会统治势力的资产阶级革命。他说,可见,这些大规模的阶级斗争的出现,都是和生产力的发展有密切关系的。但是,他又强调,他这样说并不是为了说明只有生产力的发展才是社会历史发展的真正动力,而是要说明,"马克思主义的阶级斗争学说是把生产力的发展考虑在其中的"。苏双碧指出,在阶级社会里,人类和在无阶级社会一样,为了吃饭、穿衣以及满足其他日常生活所需,就必须追求经济利益,只是在无阶级社会,这种经济利益的追求,无需和政治利益相联系。而在阶级社会,人们对经济利益的追逐,必须要和政治斗争联系起来,没有政权的保证,所追求到的经济利益就会重新丧失。因此,在阶级社会里,离开阶级利益而独立存在的经济活动实际上是不存在的。诚如列宁指出的:"'活的个人'在每个这样的社会经济形态范围内的活动,这些极为多样的似乎不能加以任何系统化的活动,已被概括起来,并归结为各个在生产关系体系中所起的作用上、在生产条件上、因而在生活环境的条件上以及在这种环境所决定的利益上彼此不同的个人集团的活动,一句话,归结为各个阶级的活动,而这些阶级的斗争决定着社会的发展。"③可见,肯定阶级斗争对于社会发展的伟大作用,丝

---

① 刘大年:《关于历史前进的动力问题》,《近代史研究》,1979年第1期。
② 刘大年:《当前历史研究的时代使命问题》,《近代史研究》,1983年第3期。
③ 《列宁全集》第1卷,人民出版社,1959年,第373页。

毫也没有贬低生产斗争对于社会历史发展的重大作用。相反的,如果认为只有生产斗争才是社会历史发展的真正动力,而忽视了阶级斗争的动力作用,对历史发展的进程就很难说清楚,也就无法解释生产力和生产关系的矛盾是怎样解决的。因此,他强调,从不同社会形态的更替看,阶级斗争是历史的发展动力;在所有的阶级社会中,同一种社会形态内部,阶级斗争同样是历史发展的动力①。

孙达人反驳戎笙的文章,除批评戎笙"把'反攻倒算'论的发明权硬赐给"他之外,②主要是批评了戎笙用"贯穿于人类历史的根本性的客观规律"、"人类社会"的动力代替中国封建社会的动力。戎笙在批评"阶级斗争唯一动力论"时,曾经采用了社会基本矛盾有多种表现形式、阶级斗争只是其中一种表现形式的论证思路:

> 马克思主义认为,事物内部的矛盾是事物发展的动力。生产力和生产关系的矛盾,就是人类社会发展的动力。人类社会的历史可以说就是在生产力和生产关系的矛盾运动中发展的。但在各个时期表现形式是不同的,有时表现为用阶级斗争去改变旧的落后的生产关系以解放生产力,有时表现为用阶级斗争去摧毁保护旧的落后的生产关系的上层建筑为生产力的发展创造条件,有时表现为用国家权力保护先进的生产关系以促进生产力的发展,有时表现为劳动人民用生产斗争和科学实验去发展生产力。即使在

---

① 苏双碧:《略论历史发展的动力问题》,《社会科学研究》,1979年第3期。
② 在"反攻倒算论"的"发明权"问题上,孙达人打出了一面旗帜,同时他也实事求是地承认,他同意"反攻倒算论"的观点。他在批评戎笙时说:"他不会不知道,只有反攻倒算,哪有什么让步的著名观点,是在那一年的十二月由谁提出的;他也不会不知道,到一九六六年初,戚本禹和'四人帮'之流才相继借这个著名观点作棒子,掀起了对让步政策论的批判运动。尽管,自这个著名观点出现之后直至而今,我曾经并且仍然赞同这个观点,因此要说我的意见与后来出现的这个著名观点基本一致,当然亦无不可;要说自这场批判之后,我曾经在一段时间内对这场批判运动的认识不正确,当然也是事实。不过,在我写的那篇文章中,却是连'反攻倒算'四个字都没有的。"(孙达人:《"贯串于人类历史的根本性规律"和农民战争的历史作用——答戎笙同志》,《陕西师大学报》,1979年第3期)孙达人这样一个实事求是的态度,也是难能可贵的。

阶级社会里,阶级斗争也不是社会发展的唯一动力,当然更不能说农民战争是封建社会发展的唯一动力。①

孙达人批评戎笙的这一论证思路,一是指出这样一个观点与革命领袖人物的某种表达相抵触:既否定了列宁表述的阶级斗争是阶级社会历史唯一的实际动力的原理,又否定了经他砍削过的毛泽东同志的"只有农民战争才是历史发展的真正动力"的原理;二是混淆了人类社会和阶级社会、封建社会的概念。

> 戎笙同志的大前提是人类社会的动力,而所要得出的结论却只是阶级社会,甚至只是中国封建社会的动力,而他竟用形式逻辑的三段论作为桥梁,以四个"有时"抹煞人类社会和阶级社会、中国封建社会的区分。似乎既然阶级斗争不是人类社会的唯一真正的历史动力,所以,阶级社会和中国封建社会的唯一真正的历史动力也就不是阶级斗争。十分明显,从所谓"贯穿于人类历史的根本性的客观规律"中产生出来的动力论,其实是用三段论式把马克思主义的若干术语拼凑在一起,要旨无非是否定列宁概括的阶级社会的历史动力论和毛泽东同志的中国封建社会的历史动力论。

孙达人所阐述的人类社会动力与阶级社会、封建社会动力是什么样的逻辑关系呢?他的这段话是有代表性的:

> 一切社会的生产力都不能不由一定的人们来代表,在阶级社会里,由一定的阶级来代表,在封建社会里则由农民阶级来代表;一切社会的生产关系都不能不体现着人与人的关系,在阶级社会里由对抗着的不同阶级来体现,在封建社会里则由农民和地主两大阶级来体现;一切社会的生产力和生产关系的矛盾都不能不表现为人与人之间的斗争,在阶级社会则表现为阶级斗争和革命,在封建社会里则表现为农民和地主之间的阶级斗争、农民战争。因

---

① 戎笙:《只有农民战争才是封建社会发展的真正动力吗?》,《历史研究》,1979年第4期。

此,马克思主义的阶级斗争是阶级社会的真正动力,或者说是历史唯一的实际动力的原理;毛泽东同志的"在中国封建社会里,只有这种农民的阶级斗争、农民的起义和农民的战争,才是历史发展的真正动力"的原理,恰恰是把生产关系一定要适合生产力性质的规律具体而深刻地贯串到底的必然产物。①

这里需要指出两点:一是认为封建社会里的生产力只能由农民阶级来代表,根本否定了阶级划分的分工基础;二是认为生产力与生产关系的矛盾只是表现为人与人之间的斗争或农民与地主的阶级斗争,根本否定了人与自然之间的斗争即生产斗争的相对独立性。

漆侠认为在动力问题的探讨中,一些见解"强调过分而越出自己的合理的界限",值得商榷。他提出几个问题:第一,能否把生产力与生产关系割裂并对立起来,片面强调生产力的作用?在探讨这个问题时,只讲生产力,不讲生产关系就把生产力看作超社会的抽象的生产力,而这种生产力是不存在的。矛盾是一切事物发展的源泉,人类社会是在生产关系与生产力的矛盾运动中发展的。诚然,如某些同志所说,生产力有其内在矛盾。但是,生产力内在矛盾的发展,只能反映人与自然界关系的发展,无法反映人们社会关系的矛盾。因此,人类社会历史的发展,决不是单纯的生产力内在矛盾发展史;而且只强调生产力的动力作用,而不讲生产关系,也就无法解释社会历史的发展所表现的螺旋式上升的这个特征。第二,在探讨阶级社会发展动力时,能否把生产斗争与阶级斗争割裂并对立起来,片面强调生产斗争的作用?生产力或生产斗争的发展,不仅构成为人类社会的物质基础,而且为社会制度的变革创造了前提条件。没有这个前提条件,社会制度是肯定地变革不了的。有了这个前提条件,社会制度的变革就取决于阶级斗争而不是生产斗争了。古往今来多少例证说明了这个问题,有什么理由只片面强调生产斗争的作用而贬低阶级斗争呢?在阶级社会中,生产斗争与

---

① 孙达人:《"贯串于人类历史的根本性规律"和农民战争的历史作用——答戎笙同志》,《陕西师大学报》,1979年第3期。

阶级斗争不仅紧密地联系着,而且也相互地促进着。所谓紧密地联系着,是因为劳动者既是生产力的体现者,又是阶级斗争的主力军,一身而二任焉。所谓相互促进,是因为生产斗争为阶级斗争的开展创造物质条件,而阶级斗争则为生产斗争的发展开拓道路。决不能够把这两者割裂并对立起来,片面强调生产斗争的作用和贬低阶级斗争的作用。林彪、"四人帮"把阶级斗争与生产斗争割裂并对立起来,以阶级斗争压生产斗争,恣意践踏马克思主义的阶级斗争学说,必须彻底批判,但绝不能够把生产斗争与阶级斗争割裂并对立起来,贬低阶级斗争的作用,从马克思主义阶级斗争论的立场倒退到生产斗争论上去。第三,在动力问题上,是一元论呢,还是多元论呢?在对阶级斗争是唯一动力、农民战争是封建社会前进的真正动力提出疑义之后,有的文章把革命战争、生产斗争和国家政策、措施这三者,与阶级斗争平列在一起,认为这四者都是社会历史发展的动力。这是多元论的动力论。在这四个动力当中,究竟何者是主要的,何者是次要,何者是起决定性作用的,何者是起次要作用的,显然无法说得清楚,因而也无法揭示社会历史发展的规律。第四,农民战争对我国封建社会的发展,究竟是起破坏作用呢,还是起推动作用?漆侠概括了史学界的几种观点。一曰农民战争有"破坏"作用;二曰造成或出现分裂局面;三曰只有在"文景之治"这样"安定局面"下才能发展生产;四曰与欧洲相比,中国农民战争"动力最大",社会发展"速度很慢",而"欧洲有些国家几乎没有农民战争,几乎没有动力,或者说动力很小,却偏偏较早进入资本主义"。这些话的意思是说,中国封建社会发展"速度很慢"是由频繁的农民战争造成的。对上述看法,漆侠都提出了疑义或反驳。

总的来看,我们认为,漆侠不是不承认生产力对于生产关系、生产斗争对于阶级斗争的结构性决定关系,但是他又更强调了生产关系对于生产力、阶级斗争对于生产斗争的反作用的动力机制。然而,当把这种反作用的功能性动力机制夸大甚至代替结构性的动力机制的时候,各种矛盾的见解和论点便会破绽百出。一方面把农民阶级抬高到了结构性的主体地位,凡是发展的成绩都记在农民阶级的账上,另一方面却不允许"追究"农民阶级和农民战争的"发展责任",是何道理?实际上,无论是从事现实实践还是历史研究,都需要严格地把握每一时代的现实、历史条件,主观和客观因素,确立全方位的视角,才能把握社会发展动力的辩证机制。

2. 对阶级斗争的内涵和外延进行拓展,扩大阶级斗争唯一动力论的解释空间。如苏双碧:

> 在封建社会里,凡是比较有作为的政治家,不论是开国皇帝还是中兴贤臣,都知道采用缓和阶级矛盾的办法来发展生产力。唐代的二王八司马的革新政治,宋代的王安石新法,以及明代的张居正、海瑞行一条鞭法等等,目的都是为了缓和阶级矛盾,促进生产力的发展,都是进步的,值得肯定的。

苏双碧认为,缓和阶级矛盾的措施,本身就是阶级斗争的一种形式。在封建社会,任何时候地主阶级采取缓和阶级矛盾的措施,都是把农民阶级的反抗斗争这个因素考虑在内的。由于农民这个对立阶级的存在,如果地主阶级的统治残酷一些,农民的反抗就激烈一些。如果地主阶级统治的手段缓和些,阶级矛盾也就相对缓和些。这就是农民战争总是爆发在地主阶级统治特别残酷的时候,而经济繁荣总是出现在缓和阶级矛盾的措施之后的原因。而在涉及两个对立阶级的价值关系层面,苏双碧严格地区分:"在剥削阶级占统治地位的社会形态里,历史的发展就是靠被剥削被压迫的阶级向剥削阶级进行斗争来实现的。"①

洪廷彦把阶级斗争的内涵扩大到了剥削阶级的政权统治。洪廷彦提出的问题是:在一种生产方式相对稳定的时期里,生产力怎样和阶级对抗同时发展呢?怎样理解阶级斗争是历史发展的直接动力呢?他以中国封建时代的历史为例加以剖析。认为农民阶级和地主阶级的不可调和的矛盾,贯串于整个封建时代。在整个封建时代,农民随时随地以各种方式反抗地主阶级的残酷剥削和压迫。武装暴动是阶级矛盾发展

---

① 苏双碧:《略论历史发展的动力问题》,《社会科学研究》,1979年第3期。

到一定程度时的一种斗争方式。封建社会里除了大规模的农民起义之外,局部地区的农民起义更是史不绝书。在阶级矛盾比较缓和的时候,也存在着阶级斗争,生产也是在阶级对抗中进行的。尽管农民的斗争不可能根本改变社会制度,然而是可以在一定时间内迫使统治阶级作某些让步,可以通过赢得生活、生产条件的某些改善,从而使生产得到一些发展的。因为物质资料生产者的生产积极性是生产发展的重要前提,农民在阶级斗争中使生活和生产条件有所改善,是有利于生产积极性的提高的。另一方面,还必须看到:

>阶级社会财富的直接创造者固然始终是劳动群众,但是在政治上、经济上、文化上处于支配地位的则是不从事生产的剥削阶级。恩格斯说:"一切较高的生产形式,都导致居民的分为不同的阶级,因而导致统治阶级和被压迫阶级之间的对立;因此,只要生产不局限于被压迫者的最必需的生活用品,统治阶级的利益就成为生产的推动因素。"①

洪廷彦把剥削阶级的这样一种统治纳入到阶级斗争内涵,进而从这样一个角度揭示国家的性质,肯定了统治阶级国家对于促进经济发展方面的职能。

>从国家的实质来看,它是一个阶级压迫另一个阶级的机器;同时又是缓和阶级冲突,"把冲突保持在秩序的范围以内"的力量;是统治阶级借以剥夺被压迫阶级所能采取的一定的斗争手段和斗争方式,使自己和社会免于在斗争中灭亡的力量。任何一个社会,要维持生产,需要有一定的"秩序"和安定的局面,需要使阶级冲突得到某种程度的缓和。否则,就会使生产不能维持,甚至遭到严重的破坏,就会使那些对立的阶级在无休止的剧烈斗争中陷于同归于尽的结局。以往一切国家权力的主要职能就在于维护统治阶级所建立的"秩序",使生产得以进行,使统治阶级能够剥削和压

---

① 《马克思恩格斯选集》第3卷,人民出版社,1972年,第519页。

迫劳动群众。①

从阶级斗争唯一动力论内部生发的这种伦理视角、伦理尺度的转换,对于传统观念当中的那种道德伦理最具颠覆性的否定意义。强调生产力标准的最终决定性或根本性,强调生产斗争也是阶级社会的直接动力,虽然为社会发展确立了一种客观价值标准,这样一个标准的确立在逻辑上也必然会构成对于主观价值标准的否定,但它并没有在语言表述层面直接否定长期以来流行的那种主观伦理价值标准。并且传统的主观伦理价值观自我确认是与客观的唯物历史观直接同一的。而洪廷彦的阶级斗争论则直接"侵入"了历来被剥削阶级、被压迫阶级当作"专利"使用的具有某种精神价值色彩的"阶级斗争"范畴,原来被赋予历史发展动力功能的"阶级斗争"除了被剥削阶级、被统治阶级对剥削阶级、统治阶级的斗争之外,还有剥削阶级、统治阶级对被剥削阶级、被统治阶级的斗争;阶级斗争是阶级对立双方相互的斗争。这使得我们在观察历史发展动力讨论各种观点的时候,不仅要注意生产力或生产斗争动力论与阶级斗争动力论的关系层面的内涵,而且还要注意阶级斗争动力论本身的内涵表达。

三、辩证的动力机制论:社会基本矛盾动力说和合力说

1. 社会矛盾动力论。历史发展动力讨论以来,关于历史动力论的两个主要观点,无论是传统的阶级斗争动力论还是针对阶级斗争动力论而提出来的生产斗争动力论,都是从活动层面揭示历史发展动力。阶级斗争和生产斗争虽然是社会基本矛盾的表现形式,但它们从根本上受制于深层的社会基本矛盾,因而并不能直接等同或取代深层次的社会动力机制。许多学者指出,并不是任何阶级斗争都能促进历史的发展,并不是任何阶级斗争都能表现为历史发展的动力,有时甚至表现为阻力。同样,也不是任何生产斗争都能推动社会历史前进,表现为历

---

① 洪廷彦:《也谈阶级社会历史发展的动力问题》,《中国历史博物馆馆刊》,1980年第1期。

史发展的动力。有人举例说,诸如深翻土地、过分密植、伐木炼钢等违反客观规律的生产斗争,就会导致对生产的破坏。① 因此,全面揭示社会历史发展的动力机制,必须揭示更深层次的社会基本矛盾,揭示社会基本矛盾与生产斗争和阶级斗争的关系,揭示社会历史发展动力机制的层次性。

巢峰认为,生产力与生产关系,作为社会的一对基本矛盾,无论哪一方面都处于生产方式的统一体中;但生产力作为人与自然的关系,生产关系作为人与人的关系,又都有自己的独立的运动形式。前者的运动形式就是生产斗争,后者的运动形式就是社会斗争(在阶级社会中,集中表现为阶级斗争)。换句话说,这两种斗争都是社会发展本原力量的直接体现。所以,也可以说,它们都是推动社会历史发展的直接的动力。在阶级社会中,阶级斗争以生产斗争为基础,生产斗争又在阶级对抗中进行。他们相互依存,相互影响,缺一就不能推动社会历史前进。②

宋士堂认为,人类历史前进的动力是人类社会历史中存在着的各种矛盾运动。生产力和生产关系之间的矛盾以及与此相对应的经济基础和上层建筑之间的矛盾,是人类历史中的两个基本矛盾。特别是生产力和生产关系的矛盾,它是把人类与自然界的矛盾和人类自身的各种矛盾汇合在一起的集中表现,因而成为人类历史中最基本的矛盾,至于历史发展中的其他矛盾运动或多或少都不过是它的表现而已。在生产力与生产关系这对矛盾中,一般说来,生产力是矛盾的主导方面,生产力决定生产关系,有什么样的生产力就有什么样的生产关系。我们认为,这里实际揭示的是生产力对于生产关系的一种结构性决定关系。宋士堂说,在生产关系同生产力基本上适应的情况下,社会基本矛盾主要表现为生产斗争和科学实验,它的主要矛盾是发展生产力。这就是通过生产斗争和科学实验,迅速发展生产力,把历史推向前进。宋士堂

---

①② 巢峰:《阶级斗争是阶级社会发展的基本动力吗?——兼论社会主义社会的阶级和阶级斗争》,《文汇报》,1979年8月21日。

又说,当生产关系阻碍生产力的时候,社会基本矛盾则主要表现为变革原有的生产关系。我们认为,这里实际揭示的是生产力对于生产关系的一种功能性决定关系。宋士堂说,生产关系的变革,在无阶级社会以及阶级社会向无阶级社会过渡时期,主要是通过调整人类社会自身的各种矛盾来实现的;而在阶级社会中,任何生产关系的根本改变,主要是通过阶级斗争和暴力革命来实现,凭借阶级斗争和暴力革命的手段,打碎旧的生产关系,为生产力的发展开辟道路,把历史推向前进。很明显,社会基本矛盾运动,正是凭借生产斗争、阶级斗争、科学实验这些物质手段,推动历史前进的,这是无数历史事实所证明了的真理。

如何看待这样一个观点与经典作家某些表述的矛盾,宋士堂解释道:

> 在人类历史的全过程中,固然不能说阶级斗争是推动历史前进的唯一动力,那么能不能说在阶级社会中阶级斗争是推动历史前进的唯一动力呢?不能。革命导师关于阶级斗争的某些论述,是在一定条件下,从当时的实际出发,针对具体问题所作出的具体结论。如果脱离开当时条件,把它绝对化,用它来解释整个阶级社会历史发展的全过程,那便成为错误的了。而且,马克思主义经典作家在论述阶级斗争的伟大作用时,都是从当时社会基本矛盾的状况出发,把它同社会基本矛盾结合起来考察的。

总之,宋士堂说,生产斗争、阶级斗争和科学实验,都是推动历史前进的直接动力。三个动力是互相补充、互相结合的。没有生产斗争,阶级斗争便不能进行;没有科学实验,就没有生产的大发展;同样,没有阶级斗争,生产斗争和科学实验就不能顺利发展。生产斗争、阶级斗争和科学实验在推动历史前进的过程中,是同时起作用的,也是始终起作用的。它们对历史前进的作用,在不同的历史时期,只是有主有次,有大有小,绝不是时有时无,有甲无乙。推动历史前进的动力,绝不是一种单纯的、唯一的力量,而是一种合力。这种合力是由社会基本矛盾及其

第三章 "文革"后历史主义阶级观点与非历史主义阶级观点的正面冲突

主要表现形式生产斗争、阶级斗争和科学实验汇合而成的。①

应当说，宋士堂虽然提出了社会基本矛盾动力说，但他对于基本矛盾的阐述，主要是基于生产力与生产关系的矛盾。田崇勤有鉴于此，他指出，社会基本矛盾的各个方面是相互联系的有机统一的整体，我们既不能离开生产方式孤立地把生产力看作社会发展的根本动力，也不能离开经济基础和上层建筑的矛盾统一，单把生产力和生产关系的矛盾统一看成社会发展的根本动力。有的同志承认生产力和生产关系的矛盾是社会发展的根本动力，却反对经济基础和上层建筑的矛盾运动也是社会发展的根本动力。其理由是：承认这对矛盾运动是社会发展动力，就是承认上层建筑也是动力，就会导致上层建筑决定论。在他们看来，上层建筑包括社会意识形态，如果把上层建筑也看成推动社会历史的一个因素，就违背了一元论的唯物史观。唯物史观告诉我们，经济状况是基础，但对人类历史斗争的进程发生影响并且在许多情况下主要决定着这一斗争形式的，还有上层建筑的各种因素。谁都知道，生产力与生产关系的矛盾运动是不能够离开上层建筑的。一定的上层建筑的产生就是要为一定的经济基础服务，并通过经济基础即生产关系为促进生产力的发展服务。我们承认上层建筑也是社会发展的动力，是在坚持生产力决定生产关系，经济基础决定上层建筑这个前提下，全面承认基本矛盾各个因素在社会发展中的推动作用。这和"四人帮"颠倒和极端夸大上层建筑的能动作用毫无共同之处。上层建筑决定论任何时候都是要反对的，但也不能因为"四人帮"鼓吹过上层建筑决定论，我们连上层建筑的反作用也不敢承认了，硬把上层建筑的作用从社会基本矛盾运动中排除出去，一笔勾销它在社会历史发展中的作用，这既不符合历史发展的客观事实，在理论上也是不科学的。

马克思主义的唯物史观告诉我们，在阶级社会中，生产方式由量变到质变的矛盾运动过程，是通过人们从自发活动到自觉的革命活动的过程而实现的，当旧的生产关系已经变成生产力发展的

---

① 宋士堂:《试论历史前进的动力问题》,《近代史研究》,1979 年第 2 期。

桎梏时,当生产力和生产关系的矛盾发展成为冲突的时候,反动阶级仍然要竭力用它的上层建筑,用各种物质的和精神的力量来维护这种过时的腐朽的生产关系。在这种情况下,如果没有代表生产力发展要求的先进阶级和广大劳动人民的自觉的革命活动,没有剧烈的阶级斗争就不可能推翻旧的上层建筑,改变旧的生产关系,建立新的生产关系,从而也不可能解放生产力。不仅如此,就是社会量变过程中,被压迫的阶级的阶级斗争也常常迫使剥削阶级作某些改革或让步,促进社会前进和发展。①

卜凤至对于社会基本矛盾动力说作了较为充分的说明。他认为,从讨论中出现的"生产力动力说"、"阶级斗争动力说"、"社会基本矛盾动力说"等各种意见来看,分歧的主要原因在于混淆了"生产力矛盾统一体"、"生产方式矛盾统一体"、"社会矛盾统一体"这些不同范围、不同等级、不同层次的范畴。内部矛盾是事物发展的动力,这是大家一致肯定了的前提,但是由于每个人所由出发的研究对象不同,因而内部矛盾的内容也就不同。于是,自然地产生了各种不同的分歧意见。从生产力矛盾统一体出发就认为生产力是历史发展的根本动力;从生产方式统一体出发,就认为生产力与生产关系的矛盾是历史发展的根本动力;从阶级社会统一体出发就认为阶级斗争是历史发展的根本动力;从社会统一体出发就认为社会基本矛盾是历史发展的动力。这样,就造成了有人以小的统一体中的内部矛盾去取代大的统一体,即取代整个社会矛盾统一体的内部矛盾,导致混淆概念,转移命题。这是分歧的焦点和实质所在。

为什么要从社会矛盾统一体出发,去研究社会历史的发展动力呢?卜凤至认为:第一,只有承认社会矛盾统一体这个客观对象,才能真正地做到从实际出发,坚持历史唯物主义。这是马克思主义哲学也是整个马克思主义学说的根本出发点和基石。列宁指出:"要认识世界上

---

① 田崇勤:《社会基本矛盾是社会发展的根本动力》,《安徽师大学报》,1979年第4期。

一切过程的自己运动、自生的发展和蓬勃的生活,就要把这些过程当做对立面的统一来认识。"①这个论述,说明了人们要认识事物发展是其自身的矛盾运动,就必须把事物的发展作为一个完整的矛盾统一体来分析,只有这样才能科学地揭示出事物的发展动力。研究社会历史发展的动力也是这样。社会是一个复杂的庞大的矛盾统一体,从总的方面来看,不外乎两个矛盾侧面,一方面是生产力与生产关系之间的矛盾,另一方面是经济基础与上层建筑之间的矛盾,亦即生产方式和社会形态的对立统一体。从社会矛盾统一体出发就是全面地分析这两个矛盾方面,是怎样相互依存、相互转化,既对立又统一的矛盾运动过程。随着社会基本矛盾的不断发展变化,及时地发现主要矛盾方面同次要矛盾方面的转化情况,把握社会发展根本动力与非根本动力相互转化的辩证规律性。我们研究课题的任务,是揭示社会历史发展的动力,社会矛盾统一体自然是我们直接的具体的研究对象。只有如此,才能得出关于历史发展动力问题的辩证唯物主义的科学结论。第二,只有承认社会矛盾统一体,才能把社会发展的一系列矛盾理解为一个辩证统一过程,把握根本动力与非根本动力的相互转化的规律。他提出,一般的说,生产力与生产关系的矛盾是历史发展的根本动力,但是在社会革命变革时期,解决经济基础与上层建筑的矛盾又是社会发展的根本动力。这就是说根本动力与非根本动力,在一定的历史条件下,是相互转化的。在阶级社会中,阶级斗争对于实现社会革命质变,是巨大的直接动力。②

严钟奎、丘成羲、高秀波等人提出了物质利益是历史发展的根本动力或原动力,揭示了构成基本矛盾动力的更深层次的动力或动力要素。严钟奎认为,与其把生产力看成是历史发展的根本动力,倒不如说人类生存和发展的物质需要是历史发展的根本动力,因为后者比前者更彻

---

① 《列宁全集》第 38 卷,人民出版社,1972 年,第 408 页。
② 卜凤至:《从社会矛盾统一体看历史发展的动力》,《辽宁大学学报》,1980 年第 4 期。

底,更能抓到事物的根本。在这个根本动力的基础上,生产力的发展、阶级斗争、思想解放,都在历史发展的各个阶段上起了直接推动历史发展的作用。① 丘成羲、高秀波认为,古今中外历史唯心主义者为掩饰其阶级私利,总是装出一副圣洁的面孔,讳言功利,唯曰"永恒正义"、"正其谊"、"明其道"而已矣。历史唯物主义者却截然相反,公开指明物质利益的重大作用,给我们提供了解决社会发展动力问题的钥匙。他们指出,由于人们生存的物质利益需要,才有了进行物质生产活动的必要,由此才产生与生产力水平相适应的生产关系和经济关系,以至整个社会形态。可见,人们的物质利益需要,是社会历史发展的最初基因。那么,人类进到私有制社会,物质利益对社会发展是否也起作用呢? 回答也是肯定的。私有制社会出现了阶级,物质利益也就有了阶级的区别,剥削阶级和被剥削阶级的利益变成对立的了。但为了生存,人们又必须在现成生产方式的条件下进行社会生产。这种物质利益上的对立和统一,无不在生产斗争、经济关系和阶级斗争中表现出来。应当说,丘成羲、高秀波承认物质利益是历史发展的动力,对于传统的阶级道德伦理产生了一定冲击。

从来没有不基于物质利益根本冲突的阶级斗争和革命,从奴隶主阶级、地主阶级、资产阶级来看,当他们还是代表着新的先进阶级的生产方式的时候,他们为着自身的阶级利益而进行的反对已经陈旧的经济关系的斗争,也对社会的发展起了一定的促进作用。尽管他们的物质利益都是建立在十分野蛮、残酷的剥削基础上的,但在当时历史条件下,剥削阶级的物质利益也有一定的历史合理性。

在他们看来,物质利益、生产力和阶级斗争之间,存在着内在的有机联系,应当把它们作为社会历史发展的动力体系来看待,如果忽略了物质利益在历史发展中的原动力的作用,那么生产力的发展也就成为

---

① 严钟奎:《人类的物质经济利益是历史发展的根本动力》,《光明日报》,1980年1月15日。

无源之水,无本之木,阶级斗争这个历史唯物主义命题也就失去其最终的客观依据。这就是强调物质利益是历史发展的原动力的意义所在。①

2. 合力动力论。如果说矛盾动力论是揭示了社会历史当中不同要素的相互作用即质量动力机制的话,合力动力论则是揭示了社会历史当中所有意志的相互作用即数量动力机制。较早引述恩格斯的"合力论",用以说明历史发展动力论的学者是伍宗华和冉光荣。

1890年恩格斯致约·布洛赫的信中说:"我们自己创造着我们的历史,但是第一,我们是在十分确定的前提和条件下进行创造的。其中经济的前提和条件归根到底是决定性的。但是政治等等的前提和条件,甚至那些存在于人们头脑中的传统,也起着一定的作用,虽然不是决定性的作用";"但是第二,历史是这样创造的:最终的结果总是从许多单个的意志的相互冲突中产生出来的,而其中每一个意志,又是由于许多特殊的生活条件,才成为它所成为的那样。这样就有无数互相交错的力量,有无数个力的平行四边形,而由此就产生出一个总的结果,即历史事变,这个结果又可以看作一个作为整体的、不自觉地和不自主地起着作用的力量的产物。因为任何一个人的愿望都会受到任何另一个人的妨碍,而最后出现的结果就是谁都没有希望过的事物。所以以往的历史总是像一种自然过程一样地进行,而且实质上也是服从于同一运动规律的。但是,各个人的意志——其中的每一个都希望得到他的体质和外部的、终归是经济的情况(或是他个人的,或是一般社会性的)使他向往的东西——虽然都达不到自己的愿望,而是融合为一个总的平均数,一个总的合力,然而从这一事实中决不应作出结论说,这些意志等于零。相反地,每个意志都对合力有所贡献,因而是包括在这个合力里面的。"②恩格斯讲的"第一"、"第二"及其相互关系,应该说

---

① 丘成羲、高秀波:《论物质利益在社会发展中的作用——也谈历史发展动力问题》,《求是学刊》,1980年第1期。
② 《马克思恩格斯选集》第4卷,人民出版社,1972年,第477~479页。

是非常清楚的。然而,在历史发展动力讨论中,围绕如何理解恩格斯这段话,却又引发了另一场争论。

伍宗华、冉光荣认为,恩格斯的话至少向我们揭示了三点:第一,包括前进运动在内的一切历史事变,是由每一个人,因而也是由人们所构成的每一个阶级的力量互相交错、融合而成的总的合力所决定的;第二,构成合力的个人及其阶级的意志归根到底是由一定的"经济情况"和"生活条件"即一定的生产力和生产关系所规定和制约的;第三,作为历史动力的那些在现实生活中发挥着影响的一切因素,始终是按照某种内在联系结合起来的整体,不应该也不可能将它们分割开来。他们由此得出结论,关于历史发展的"合力",是经典作家对历史动力问题最全面最深刻的说明。"如果忘记了它,仅仅摘引经典作家的片言只字,企图证明只有阶级斗争,只有被剥削阶级的革命才是历史发展的唯一动力,或者说生产力的因素可以独立地直接推动历史的发展,那就背离了马克思主义的指导原则。"①由此可以看出,合力动力论的提出,无论是对单一的伦理价值取向还是经济价值取向,都形成了冲击;而首先是对传统的伦理价值取向的冲击。

果然,阶级斗争唯一动力论的坚持者刘大年出来批驳"合力论"了。他之所以站出来说话,是因为他观察到了这样一种现象:"合力"推动历史前进,这是动力问题争鸣、讨论中别开生面的一种主张。因为恩格斯在一封阐述唯物史观的长信里,讲到了这方面的问题,"合力说"一时便不胫而走。

刘大年的观点有以下几点值得讨论。一是关于"合力"与"动力"的概念区别。刘大年认为"动力"是讲事物的性质,其中或曰人的本性,或曰绝对精神,或曰地理决定,或曰人口决定,或曰阶级矛盾、阶级斗争,都指的是不同性质的事物。何谓"合力"?在物理学它只有一个意思:两个矢量相加之和。而每一个矢量只表现为一定的方向和数值。

---

① 伍宗华、冉光荣:《历史发展动力问题的再探讨》,《四川大学学报》,1979年第2期。

也就是说,"合力"是把物理学变为数学来处理的,是用图解来表达的。"动力"与"合力",一个讲的是定性问题,一个讲的是定量问题。事物的性质与数量不能分开,但混淆不得。二是"合力说"与"动力说"的矛盾。合力由两个方向不同的矢量所构成,两个数值相等的矢量,方向相差越大于90度,合力就随之递减;反之,方向相差越小于90度,合力就随之递增。两个数值相等的矢量,方向靠近180度,合力微乎其微。反之,两个矢量方向一致,紧相靠拢,合力数值最大,成为一加一等于二。合力当作动力应用到历史前进问题上,事情是什么样子呢？那意味着两个对抗的社会阶级,它们的利害差距越大,斗争越激烈,历史前进的动力越小,最后微乎其微。反之,它们的利害差距越小,越没有斗争,历史前进的动力就越大,成倍增加。照此看来,历史家们一直重视的奴隶起义、农民战争、资产阶级革命、民族独立解放运动等,都意义很小,以至微不足道。相反,阶级"合作",阶级"融合"才是合理的。社会阶级矛盾在这里实际上被取消了。在私有制时代,这种矛盾表现为阶级对抗、阶级斗争。矛盾愈小愈显其相得益彰,矛盾愈大愈显其事与愿违的"合力",又凭什么去推动历史发展前进呢？三是动力系统与合力系统的差异。刘大年认为,历史唯物主义是一个整体系统,在这个整体系统中,包括三个大的子系统,即经济基础、阶级斗争、政治法律等上层建筑和意识形态领域。它们交互发生作用,统一在历史过程的整体运动中。但"历史过程中的决定性因素归根到底是现实生活的生产和再生产","其中经济的前提和条件归根到底是决定性的"。社会历史前进的动力,是历史的整体运动问题。它不能和整体系统分开,不能离开其中的决定性因素。他认为这就是恩格斯在"第一"中阐述的内容。"但是第二"以下,是讲人们的意志、愿望在创造历史中怎样发挥作用的。意志、愿望或属于上层建筑,或属于意识形态,总之,只能归于唯物史观的一个子系统之中,并不反映这个学说的整体系统;在几个子系统里,意志、愿望又不属于现实生活的生产再生产、经济基础的子系统,而只能归于精神、思想的非决定性子系统之中。前者是物质的,后者是精神的。"合力说"的误解,一是用子系统的内容代替整体系统;二是用非决定性的内容代替决定性的;三是用精神的代替物质的。抓住子系统而丢掉整体,就因为忘记了人所共知的基本原理。四是合力说与阶级斗争动力说的"竞选资格"问题。刘大年认为,唯物史观的阶级斗争动力说并不存在落后、要被淘汰的问题。倘若确实落后,要被新学说代替了,新学说应该更加完善更加穷极几微,剖析毫芒。如果有的话,"合力说"显然不具备竞选的资格。①

关于第一点,"动力"与"合力"概念可以有区分,一个讲定性,一个讲定量。但我们认为不管使用什么概念,对于事物、对于历史过程整体而又具体地把握是必要的。从"动力"到"合力",可以看成是对事物、对历史过程整体而又具体的把握。当然,在这里,定量包含了定性。刘大年认为"合力"不讲事物的性质这一观点,受到了吴廷嘉②和陈孔立、施伟青的批评。③ 吴廷嘉指出,合力论作为唯物史观基本研究方法,它要研究的是动力问题的总体结构、相互联系和层次变化,讲的是几种历史动力的交互作用及其作用的形式、特点和不平衡发展。在人类历史进程中,从来不存在没有数量的质量,也不存在没有质量的数量,分析合力,必定是由具体的实实在在的社会关系和社会因素入手,通过社会集团或个人的活动表现出合力,它们当然都是具有特定的质的运动。关于第二点,刘大年所认为的"合力说"与"动力说"的矛盾之处都属于他的误用或暴露了他的观念错误,这包括他对阶级矛盾、阶级斗争动力论认识的误区。阶级矛盾是历史发展的动力,阶级斗争是阶级矛盾的发展或表现形式,阶级矛盾动力之大小,全关乎阶级矛盾之状态或阶级矛盾之解决(结局),当然不是阶级利害差距越大、斗争越激烈,历史前进的动力就越大,而是阶级"合作"、阶级"融合"对于历史前进的作用更大。当然这也不是取消矛盾,也不是不承认矛盾存在的客观性。如果能够在愿望当中取消矛盾,革命、阶级斗争都不需要了。革命、阶级

---

① 刘大年:《说"合力"》,《历史研究》,1987年第4期。
② 吴廷嘉:《"合力"辨》,《历史研究》,1988年第3期。
③ 陈孔立、施伟青:《〈说"合力"〉质疑》,《历史研究》,1988年第3期。

斗争为客观需要,为迫不得已之事。阶级矛盾作为历史发展的动力,同时包含了历史发展的阻力。而历史合力论为具体掌握历史动力之大小,提供了科学方法。关于第三点,吴廷嘉和陈孔立、施伟青都不同意刘大年对于恩格斯"第一"、"第二"以及"第一"、"第二"关系的解释。吴廷嘉认为,恩格斯在有关"合力"的论述中所讲的人们的意志冲突是社会各领域种种因素的交互作用的表现形式,而不是意识形态本身的具体内容。陈孔立、施伟青认为,"第一"讲的是"环境",即"人们创造历史"这个大系统的外部要素。用历史学语言来说,就是客观的前提和条件,或历史背景。"第二"讲的是"人们创造历史"这个大系统,恩格斯在这里虽然没有仔细分析这个系统包含有哪些子系统或要素,但是可以肯定,它不是只讲"意志"。因为这里的"意志"、"愿望"反映了各阶级、各个人的特殊生活条件,特别是经济利益所提出的要求。"第二"本身作为一个大系统,既包括由各个阶级和个人的"意志"所体现的力所组成的子系统,又包括由环境、历史内在规律所体现的力所组成的子系统。关于第四点,吴廷嘉直截了当地指出,阶级斗争动力论和合力论体现不同的时代要求。她说,刘大年关于历史动力问题的基本观点虽然是正确的,但他没有具体地阐明阶级斗争在动力理论中的地位和历史变化,而是过于强调了它在动力理论中的中心位置。应该承认,这种倾向曾经有其历史合理性。因为在民主革命时期,阶级斗争的确是我国社会前进的根本动力,是各种动力汇集的焦点,也是社会因素交互作用的主要活动领域和表现形式。史学界的这种理论倾向,是这种社会现实的反映。应当指出,目前史学研究中也确实存在着一种贬抑乃至否定马克思主义阶级斗争理论的倾向,这其实是从一个极端走向另一个极端,难以令人信服。不过,这毕竟不是史学研究的主流,更不是合力说主张者的目的和过错。她认为,历史教训和现实生活都对历史动力问题的研究提出了一系列新问题:如社会主义社会历史动力与资本主义社会的历史动力各有什么特点?科学技术在历史动力中的地位和作用如何?等等。对这些问题,马克思主义经典作家的著作中并没有现成的答案,没有形成严整的理论体系。这些问题,对研究动力理论提出了更高的要求,运用历史合力的方法作为研究动力理论的基本方法,也就势在必行。因此在历史动力问题的讨论中,合力说得到史学界的高度重视,绝不是偶然的现象,它反映了动力问题研究的发展趋势,需要我们进一步深入地进行探讨。

第二节 历史创造者问题的讨论：
非历史主义阶级观点最后堡垒的瓦解

历史创造者问题,是一个主体取向的历史因果命题。与历史发展动力问题比较起来,它是涉及人们所担当的社会角色、直接牵动人们神经的一个更为直观的命题,因而也是伦理价值观和伦理史观的最后一个堡垒。历史创造者问题的讨论,主要是围绕"人民群众是历史的创造者"这一命题展开的。在中共十一届三中全会以前,这一命题一直被理论界、史学界公认为历史唯物主义的基本原理或唯物史观的表达命题。

一、"人民群众是历史的创造者"命题的演变及其论争始末

应该说,"人民群众是历史的创造者"命题最初来源于毛泽东的某些论述。在《湖南农民运动考察报告》一文中,毛泽东说:"中国历来只是地主有文化,农民没有文化。可是地主的文化是由农民造成的,因为造成地主文化的东西,不是别的,正是从农民身上掠取的血汗。"这是毛泽东最初表达的农民创造物质财富观以及物质财富决定文化创造观①。在《中国革命和中国共产党》一文中,毛泽东对农民阶级创造封建社会历史论作了较为完整的表达。"在这样的社会中,只有农民和手工业工人是创造财富和创造文化的基本的阶级。""在中国封建社会里,只有这种农民的阶级斗争、农民的起义和农民的战争,才是历史发

---

① 《毛泽东选集》第1卷,人民出版社,1991年,第39页。

第三章 "文革"后历史主义阶级观点与非历史主义阶级观点的正面冲突

展的真正动力。"①1944年1月9日,毛泽东在致杨绍萱、齐燕铭的信中写道:"历史是人民创造的。"②这可以看成是对农民阶级创造论的抽象概括。在这一时期,他还从排他的意义上强调:"人民,只有人民,才是创造世界历史的动力。"③至此,可以说历史创造者命题基本形成。建国之后,我国哲学工作者对一命题作了系统的阐释和发挥。与"人民群众是历史的创造者"意思接近的另外一种表达方式是:"人民群众是历史发展的决定力量。"

应该说,"人民群众是历史的创造者"命题从基本形成到系统论证,"人民"、"人民群众"的内涵都是指的劳动群众,在阶级社会的社会关系中处于被剥削地位,被压迫地位。后来,"人民群众是历史的创造者"的含义发生了一系列的演变。

中国新民主主义革命是无产阶级领导的广大劳动群众对剥削阶级、剥削制度的一次彻底否定。但是在理论宣传、历史研究和历史教学的主导思潮中,却发生了某种错位,现实的肯定和否定,涉及历史,生成了历史中的肯定和否定。这就是对历史上劳动人民的作用极尽夸张,对历史上剥削阶级的作用完全抹煞。因此,"人民群众是历史的创造者"命题被实际理解为"只有人民群众才是历史的创造者"。"文革"时期,承认不承认"人民群众是历史的创造者",演变成为"奴隶创造历史"与"英雄创造历史"之争,"奴隶创造历史论"被当作唯物史观的命题。在这种对立命题表达形式中,"左"的理论演变成多种模式。一种是把"英雄"说成是剥削阶级,把"奴隶"说成是劳动群众,这是"人民群众是历史的创造者"的原型表达方式。一种把"英雄"说成是专事脑力劳动者,把"奴隶"说成是从事体力劳动者。一种把"英雄"看做是少数杰出人物,"奴隶"则指除此而外的人类。一种将某一阶级的领袖称作"英雄","奴隶"则泛指这一阶级的普通成员。这样,在种种对立模式

---

① 《毛泽东选集》第2卷,人民出版社,1966年,第588页。
② 《毛泽东书信选集》,人民出版社,1983年,第222页。
③ 《毛泽东选集》第3卷,第932页。

中,剥削阶级、脑力劳动者的历史作用,统统处于被抹煞之列。可以说,"人民群众是历史的创造者"、"奴隶创造历史论"等观点,是建国以来长期支配史学领域的一些基本命题,这些命题本质上是意识形态命题,而非学术命题。在历史创造者问题展开讨论之前,被冠之以历史唯物主义称号而令人们深信不疑的,大体就是这样一些可谓登峰造极的观点。

历史创造者问题的讨论,是新时期以来思想解放运动的产物。1978年5月开始,被中共十一届三中全会肯定的关于真理标准问题的讨论,是新时期思想解放运动的发端。"只有实践是检验真理的唯一标准",这一响亮口号,冲破了"两个凡是"的禁区。1979年,两位哲学工作者杨英锐、杨甘霖,在《国内哲学动态》第4期发表文章《关于一个历史观的探讨》,最先表达了反对"奴隶创造历史论"的历史创造者命题,即"阶级社会的历史是由所有阶级创造的,人类历史是现实人类创造的",由此揭开了历史创造者问题的讨论。李振霞、刘性凤等在《国内哲学动态》1980年第1期发表文章《恩格斯给"所有阶级创造历史"的观点提供了依据吗?》、《由谁创造历史和历史的创造过程是两个不同的概念》,阐释了"奴隶创造历史论"所表达的特别内涵,对二杨的观点提出了批评。响应二杨观点的是姚青山,他同时针对李振霞所表达的"劳动人民决定论"提出了相反意见。余霖、安延明在1980年4月25日《文汇报》上发表了与二杨相同的观点,提出"历史是整个人类创造的",在《文汇报》上引起了历史创造者问题的讨论。1980年前后在《国内哲学动态》和《文汇报》展开的这次讨论是历史创造者问题讨论的第一个阶段。这一阶段的讨论并未引起社会广泛关注。第二阶段,蒋大椿在《近代史研究》1983年第2期发表《唯物史观与历史研究》一文,对"人民群众是历史的创造者"、"人民群众是历史的主人"两个提法公开提出质疑,把历史创造者问题引进历史学领域,作为一个史学理论问题提了出来。1984年,历史学家黎澍以一篇《历史的创造者及其他》,发表于《历史研究》第4期,他批评了"人民群众是历史的创造者"命题论证中的逻辑错误,提出"历史是人人的历史,所有的人都参与了历史的创造"。黎澍本人的声望及观点的尖锐和犀利,加上文章又发表在《历史研究》这一高级别的学术刊物上,便在历史学界,乃至整个理论界激起了一场轩然大波,把历史创造者问题讨论推向高潮。黎澍成为"人民群众创造历史"论者的众矢之的,而黎澍的名字从此便不能再和历史创造者问题的讨论分开。1985年、1986年,关于历史创造者问题上的各种观点异彩纷呈。反对黎澍观点的代表性文章有:许俊达《谁是历史的创造者?》①,春阳《也谈马列主义关于历史的创造者的提法》②,郭瑞祥《关于"人民群众是历史的创造者"》③。黎澍的观点也被一些"人民群众创造历史"论者部分地肯定,人们对历史创造者问题的含义做了层次划分。"人民群众是历史的创造者"命题的"历史发展动力"含义和"历史发展决定性力量"含义也被关注并得到讨论。1986年12月17日《光明日报》发表黎鸣的文章《历史是创造者创造的》,文章从"信息增值"的意义解释"创造",提出了"新英雄史观",使历史创造者问题的讨论另起一波。1987年至1988年初,历史创造者问题讨论进入第三个阶段,一场以生产力标准讨论为主要内容的思想解放运动为这一阶段注入了活力。人们继续从多种角度探讨历史创造者问题,比较大的进展,则以《关于"历史创造者"问题的讨论》④一文为代表。作者指出了一个长期被人们忽视的"人民群众创造历史论"论证中的根本缺陷,这就是无视剥削阶级在创造生产历史中的作用、地位问题,从而为唯物主义地解决历史创造者问题查找出了根本性的症结所在。在这一期间,黎澍又连续著文,为自己作无罪辩护。1989年以后,历史创造者问题讨论进入第四个阶段。以韦实、肖前的文章《"人民群众是历史的创造者"的原理不容否定》⑤,《"人民群众是历史的创造者"的

---

① 许俊达:《谁是历史的创造者?》,《社会科学评论》,1985年第10期。
② 春阳:《也谈马列主义关于历史的创造者的提法》,《北京大学学报》,1985年第6期。
③ 郭瑞祥:《关于"人民群众是历史的创造者"》,《历史研究》,1986年第3期
④ 王学典:《关于"历史创造者"问题的讨论》,《文史哲》1988年第1期。
⑤ 韦实:《"人民群众是历史的创造者"的原理不容否定》,《求是》1990年第15期。

原理不能动摇》①为代表,主要是针对黎澍观点进行批评。肖前力图以"人民群众"的物质实践活动说明"人民群众"在历史发展中的决定性作用。但总的说来,中国思想界经历一番大的回潮,历史创造者问题成为是非之地,成为敏感问题,历史创造者问题讨论逐渐沉寂下来。

回顾历史创造者问题各个阶段的讨论,实际上可以归结为主要是由两个论题的论争,这就是"现实的人、整个人类、人们自己是历史的创造者"与"人民群众是历史的创造者"两种论题的论争,其实质内容,则是如何解决唯物史观这一表达历史过程理论的主体认定问题。下文主要介绍这两大论题的论争。

二、"人民群众是历史的创造者"命题不能成立

1. 历史创造者问题是表达历史观的命题,马克思主义表达唯物史观的命题是"现实的人"、"整个人类"、"人们自己"创造自己的历史。揭开历史创造者问题讨论的第一篇文章《关于一个历史观问题的探讨》,是对"奴隶创造历史"的批评。文章首先以传统"注经"的方式,对"历史创造者"问题进行正名。杨英锐、杨甘霖认为,关于阶级社会谁是人类历史的创造者的问题,恩格斯曾作了非常精彩的论述,这就是:"历史是这样创造的:最终的结果总是从许多单个意志的相互冲突中产生的。"②"创造"、"历史"的含义都可以从恩格斯话中体会得出的。"历史"描述的是"人们的生活过程",是人们"追求目的的行动"。创造者命题,意在表达"历史现象的成因",在这里不涉褒贬含义。二杨进而主张把"历史是谁创造的"和"历史是谁推动前进的"两个命题区别开来。对于"历史创造者"命题的这种理解,是许多学者批评"奴隶创造历史论"、"人民群众创造历史论"的出发点。为了破除"奴隶创造历史论"这种"新宗教"的起源,二杨首先以恩格斯的阐述为依据,说明

---

① 肖前:《"人民群众是历史的创造者"的原理不能动摇》,《阵地》1991 年第 3 期。

② 《马克思恩格斯选集》第 4 卷,人民出版社,1972 年,第 478 页。

包括各个阶级的社会关系整体产生的客观必然性:"社会分裂为剥削阶级和被剥削阶级、统治阶级和被压迫阶级,是以前生产不大发展的必然结果。当社会总劳动所提供的产品除了满足社会全体成员最起码的生活需要以外只有少量剩余,因而劳动还占去社会大多数成员的全部或几乎全部时间的时候,这个社会就必然划分为阶级。在这个完全委身于劳动的大多数人之旁,形成了一个脱离直接生产劳动的阶级,它从事于社会的共同事务:劳动管理、政务、司法、科学、艺术等等。因此,分工的规律就是阶级划分的基础。"①而从社会分工的角度考虑问题,历史创造者问题即使表达历史前进这一外延更为狭窄的成因,"奴隶创造历史论"也是不全面的。余霖、安延明对"奴隶创造历史论"的批评,对剥削阶级、脑力劳动者、杰出人物的历史作用的肯定,也是先从这个角度展开的。更多的学者是从历史的内容、历史的结果探讨历史的成因,并对"奴隶创造历史论"、"人民群众创造历史论"提出批评。二杨认为,历史是多种力量作用的结果,而从"奴隶创造历史论"必然引出一个悖论:"血淋淋的剥削史是奴隶们自己创造的。"这对"奴隶创造历史"论者来说是一难堪的问题。"阶级社会的历史是由所有阶级创造的,人类历史是现实人类创造的。"余霖、安延明认为,剥削阶级,乃至反动阶级,在历史中也起着相反相成的作用。"历史是整个人类创造的。"蒋大椿首先提出人们关于历史内容的观念应当改变。长期以来,有一种观点,认为文明史只是阶级斗争的发展,或者稍微扩大点,把历史看作只是人们社会关系的发展。他旗帜鲜明地提出,将阶级斗争史视为文明史的全部内容是片面的。历史内容包括三个基本方面:人同自然界关系的实际发展过程;人们相互关系的实际发展过程;社会意识形态的实际发展过程。由果探因,他指出:"这个客观过程,决不是某种精神观念的外现,而是由带着不同目的,按照不同方向活动的、活生生的人们的实践活动所创造出来的全部结果。"②

---

① 《马克思恩格斯选集》第3卷,人民出版社,1972年,第439页。
② 蒋大椿:《历史的内容及其前进的动力》,《近代史研究》,1981年第4期。

二杨、余、安进一步考察了"奴隶创造历史论"的哲学路线、失误之处以及与马克思历史观的对立。他们认为,"奴隶创造历史论"是与"英雄创造历史论"相对立而提出的一种历史观。被"奴隶创造历史"论者、"人民群众创造历史"论者长期误解的一个问题是,英雄史观的错误并不是强调了个人在历史上的作用,而是把这种作用虚幻化,决然抽象出一种现实世界中没有的所谓"精神与群众"、"英雄与奴隶"的对立。这种对立,只不过是唯心主义主张的"精神第一性,物质第二性"在社会领域的体现。"英雄"等于精神,"群众"、"奴隶"等于物质。"奴隶论"与"英雄论"表面上相反,实际上殊途同归,在"奴隶论"的外衣下保留了"英雄论"主观想象出来的社会结构模式,批评者掉进了被批评者设下的陷阱。二杨指出,马克思描述的人类现实的对立,是"真正的群众自己在内部和相互之间形成最为群众的对立"[①]。在阶级社会中,这可以理解为阶级的对立。马克思历史观的前提是人,而马克思对人的内涵只有一个限制,即"不是处在某种幻想的与世隔绝、离群索居状态的人,而是处在一定条件下进行的现实的、可以通过经验观察到的发展过程的人"[②]。余、安指出,查遍马克思主义的经典著作,未见"奴隶创造历史论"的论述,而从马克思主义发展史上看,"人们自己创造自己的历史"的结论,正是马克思和恩格斯批判"英雄创造历史论"才得出的。对"人民群众是历史的创造者"的提法最早提出公开质疑的蒋大椿也指出:"马克思坚决反对和批驳英雄史观,但从来没有讲过只有人民群众才创造了历史。"

从1984年起,历史学家黎澍开始全面清理"人民群众创造历史论"存在的错误。这里先介绍,黎澍从"创造"本义角度对"人民群众创造历史论"提出的批评和他的历史创造者观点。在《历史的创造及其他》及其他几篇申辩文章中[③],着重阐述了以下几个问题。(1)关于

[①] 《马克思恩格斯全集》第2卷,人民出版社,1957年,第197页。
[②] 《马克思恩格斯选集》第1卷,人民出版社,1972年,第31页。
[③] 这些文章收入《历史的创造及其他》一书,湖南人民出版社,1988年。

"人民群众是历史的创造者"命题的起源。黎澍经过一番考证,认为出自于苏联哲学家对《苏联共产党(布)历史简明教程》一书中某些观点的引申和附会,是普·尤金在1939年首创的学说。(2)指出"人民群众是历史的创造者"作为表达对历史的唯物主义的解释的观点,包含如下几个错误:第一,提出这个命题的逻辑推理是错误的,即"把物质条件创造者和历史创造者完全等同出来";用精神财富的创造源泉代替一切精神财富的创造本身。第二,"人民群众是历史的创造者"是与"英雄是历史的创造者"相对立而产生的命题,二说各执一词,都有片面性。因为任何个人都不能脱离社会而存在,社会上各行各业的群众中都有杰出的个人,把人民群众和英雄即个人对立起来,是不正确的。第三,"人民群众是历史的创造者"以及类似的命题还有一个隐含着的错误,就是把无所不包的历史看作是由一个独一无二的力量创造的。"如果说,全部历史,千秋功罪都是人民群众创造的,都决定于人民,那么,这就等于说,历史上不存在任何形式的社会分工,也不存在阶级的区分,统治者不存在功罪问题,这完全不符合事实。"这样,黎澍从这一命题存在的形式逻辑错误、形而上学方法和无视社会关系主体以社会分工形式出现的物质生产力基础三个方面全面剖析了这一命题存在的缺陷,发人深思。需要说明的是,黎澍批评"人民群众是历史的创造者"的论点也存在某些不彻底的地方。对此,笔者在1988年指出:把生产的历史仅仅说成是劳动群众单独创造的,撇开剥削阶级谈论文明时代生产历史的创造,是黎澍论点的根本缺陷所在。剥削阶级对生产历史的创造作用可以从两个方面进行说明:首先,私有制社会里的生产是在剥削者的利益推动下发展起来的。其次,剥削阶级的一些阶层和集团以组织者、管理者的身份直接进入了物质资料的具体生产过程,直接参与了生产历史的创造。明确肯定剥削阶级在创造生产历史中的作用,这表明在以生产力标准为主要内容、主要标志的第二次思想解放运动的影响下,中国史学界正开始同伦理史观——以抽象的善恶观念作为评判历史标准的现象告别。承认不承认剥削者也参与了生产历史的创造,诚如笔者所说,对解决历史创造者问题具有非同一般的意义。以往"人民群众是历史的创造者"论者,对"人民群众是历史的创造者,是历史发展的决定力量"的阐述,都是从这样一个前提出发的:唯物史观认为物质资料的生产是决定社会发展的主要力量,而人民群众(劳动群众)是从事这种生产的主体,那么,人民群众(劳动群众)当然就是历史的创造者,是历史发展的决定力量。承认剥削阶级在生产历史中的创造作用,则从根本上动摇了这一观点。1994年,笔者又进一步上升到历史观的高度批评了这种观点:"它跳过了物质财富的生产得以实际进行的那个至关重要的必要条件——生产关系,在私有制社会里这个关系表现为阶级关系,从而从根本上离开了历史唯物主义。"①(3)黎澍对马克思、恩格斯阐述人们如何自己创造自己的历史的唯物主义观点——"人们自己创造自己的历史"作出解释:"人们",泛指所有的人。"创造"一词,本义为制造,并没有后来人们赋予它以在历史发展中起决定作用或推动历史前进的含义。(4)在我国现代化发展到足以彻底消灭阶级差别,人们处于完全平等地位的条件下,我们将可以把"人民创造历史"看做是"人们创造历史"的同义语。

历史创造者问题经过一个时期的讨论表明,对历史创造者问题存在着不同角度的认识。蒋大椿在一篇关于历史创造者问题的综述性文章中,表达了"人们自己创造历史"论的观察角度以及与其他观察角度的区分。蒋大椿指出,从无产阶级的角度看,"历史创造者"的"历史",是指人民的历史,革命的历史,首先是指我们还在从事的创造新生活新历史的伟大事业。在这样一个人民的、革命的历史过程中,如何看待和处理人民群众、阶级、政党和领袖关系的问题,是从事政治研究的同志需要阐述清楚的问题。从历史科学的角度看,"历史创造者"的"历史",则指作为历史学研究对象的整个人类史,即人类的客观发展过程。人类历史包括丰富复杂的历史内容,并非只是由人民群众创造出来的。因此,从整体上看,"只有人民群众是历史的创造者"这种提法

---

① 王学典:《历史主义思潮的历史命运》,天津人民出版社,1994年,第368页。

第三章　"文革"后历史主义阶级观点与非历史主义阶级观点的正面冲突

没有体现唯物史观全面考察问题的辩证法实质,而是一种片面性的历史认识。蒋大椿在这里解决了一个人们在历史创造者问题上纠缠不清的问题。最后蒋大椿把从不同角度对历史创造者问题得出的认识概括为三个层次。第一,人类历史是在一定条件下和一定社会关系中活动的人们自己创造的。第二,在承认人们自己创造历史的前提下,指出在历史创造者中,劳动群众是创造历史的主体力量,剥削阶级及其代表人物则从不同角度参与了历史创造活动。第三,指出在人民的革命的历史进程中,历史是人民群众自己创造的,同时又充分肯定英雄人物和领袖人物的重大作用①。历史创造者问题讨论中几个有代表性的分歧观点,基本可以归结到蒋大椿所概括的三个层次中去。

2."人民群众"不是赢得历史发展必然结局的主体,不是历史发展的决定力量;"人民群众"的作用不仅仅表现为动力;用"人民群众是历史的创造者"表达上述含义是不合适的。

在"人民群众是历史的创造者"命题受到非难的时候,"人民群众创造历史"论者作出了两种辩解:(1)"人民群众是历史的创造者"是指"人民群众"是赢得历史发展必然结局的主体,是历史发展的决定力量。"人民群众是历史的创造者"的另一个提法"人民群众是历史的主人",也是这个含义。(2)"人民群众是历史的创造者"是指"人民群众"是推动历史前进的力量。对此,部分"现实的人,人们自己创造历史"论者提出了疑义。

姚青山针对第一种辩解提出,阶级社会分别是由奴隶主、地主、资本家阶级占据了社会主体地位的社会。"事物的性质,主要地是由取得支配地位的矛盾的主要方面所规定的。"②所以,阶级社会也才分别叫做奴隶(主)社会、封建主义社会、资本主义社会。虽然"奴隶"是打破阻碍生产力发展的桎梏而推动历史前进的基本力量,但是担当统帅和指挥任务的是剥削阶级。因此赢得历史发展必然结局的主体不是劳

---

① 蒋大椿:《关于历史创造者的理论考察》,《世界历史》,1985年第11期。
② 《毛泽东选集》第1卷,人民出版社,1966年,第297页。

动人民,而是剥削阶级。对于"人民群众是历史的主人",蒋大椿、黎澍提出,这种提法在经典著作里是没有根据的。劳动群众在历史上所处的地位从来都是奴隶,不是主人。黎澍还指出,只有在大规模反抗残暴统治的斗争高涨的时候,劳动群众才成为政治舞台上的主角,只是这种斗争在古代不是也不可能是经常发生的;而且由于这种反抗仅仅是自发的,最后总是以失败告终,并不改变旧的生产关系。他们一致认为,用"历史的主人"来概括"人民群众"的地位,距离事实太远。姚青山、蒋大椿、黎澍都认为,只有在社会主义社会,劳动人民才成为赢得历史发展必然结局的主体,才是历史的主人。

针对"推动历史前进才叫创造"的说法,黎澍指出,直到资产阶级革命,以往的一切革命都是少数人的革命,不是人民革命;在这些革命中主要起直接动力作用的,实际上是代表先进生产力的阶级或处于上升时期的剥削阶级,而此外的人民群众的态度则是消极的;硬说上述一切革命都是人民群众在推动历史前进,显然与事实不符;传统的惰力作用也往往是由人民群众的习惯表现出来的。黎澍还指出,认为"历史创造者"是一种荣誉,把"创造世界历史的动力"看作是善,是人民的勤劳、勇敢和智慧,这未免把历史发展的动力问题看得过分简单了。根据马克思恩格斯的观点,历史发展的动力首先不是善,而是恶,卑劣的贪欲正是从阶级对立产生以来历史发展的动力或这种动力的表现形式。

对历史上劳动群众是历史发展的决定性力量、根本动力同持怀疑态度的还有陈敏强、刘士义[1]。以上是部分"现实的人"、"整个人类"、"人们自己"创造历史论者对"人民群众"即劳动群众的历史作用和历史地位作出的重新评价。事实证明,只有从现实的生产和再生产出发,站在唯物史观的高度,才能正视人类内部全部复杂的社会关系存在的必然性、正当性,才不致陷入某种道义情感,才有可能避免对创造历史的社会关系主体进行人为的割裂或颠倒。

---

[1] 陈敏强、刘士义:《关于人民群众是历史的创造者与历史的主人的思考》,《陕西师范大学学报》,1986年第4期。

三、"人民群众是历史的创造者"命题维护者的辩解

1."人民群众是历史的创造者"是与英雄史观对立的唯物史观的重要原理和体现,它表达历史发展的动力、历史发展的决定力量。"人民群众是历史的创造者"命题接受挑战,"人民群众创造历史"论者的第一个反应,就是特别阐明"历史创造者"的含义。最早出来应战的李振霞认为:"那种阻碍生产力发展,妄图使社会发展逆转的力量,即历史上的腐朽阶级,不仅不是历史前进的推动力,而且是前进的障碍,他们怎么能成为历史的创造者?所以,把各种不同的力,都称为创造历史的力量,是不合适的。"刘性凤说,"创造"一词是指首创前所未有的事物,不能说随便制造一个东西就是什么"创造"。许俊达说,创造者,是指历史的推动者,那些妨碍或延缓历史客观发展进程的阶级、集团和个人不能赋予他们"历史的创造者"、"历史的主人"的美名。对于"历史创造者"命题的价值所在,赵轶峰作了较详细的阐述。他认为历史创造者问题的价值,在于它首先从历史活动着的人们的不同地位、作用角度对历史发展运动的原因给以回答,进而从不同的人们在历史发展中的地位出发来评价他们不同的社会历史价值。"创造"这一用语,必须是涉褒贬的。"历史"在这里固然是关于存在的范畴,但也应是关于运动的范畴。"历史的创造者"就应是对历史的发展作出贡献者。在历史上纯粹起阻碍发展作用的事件,不能说是历史的内容,但不是历史发展的内容。"历史发展的促进者问题只探讨历史发展运动之来自人的方面——而且仅仅关于来自哪些人这一方面——的原因。"①

另有部分学者把"历史的创造者"理解为"历史发展的决定力量"。祝马鑫说:"'人民群众是历史的创造'只肯定了人民群众在创造历史的过程中,决定历史的大趋势、大方向,它不能决定历史的细节。"②郭

---

① 赵轶峰:《历史发展动因论》,《中国史研究》,1989 年第 3 期。
② 祝马鑫:《略谈"人民群众是历史的创造者"的含义》,《光明日报》,1986 年 9 月 10 日。

瑞祥、肖前也持此论。

明确表示"历史的创造者"既表达"历史发展的动力",又表达"历史发展的决定力量"的是韦实。还有部分学者含混地使用着以上两个含义。"人民群众创造历史"论者对于"历史创造者"的上述独特的理解,也是他们反驳"人们自己创造历史论"的出发点。

在论战中,"人民群众是历史的创造者"论者对于"人民群众"这一概念、这一主体承担以上功能,感到明显不足。和亚民、黄庆璋、黄卓炎首先将"部分知识分子"归入"劳动群众"①。王科铸②、吴江③等又把"人民群众"解释成为一个"历史概念",把"新兴剥削阶级"归入"人民群众"。种种情况表明,这里既需要对"人民群众"重新阐释,又需要对"人民群众是历史的创造者"命题进行重新论证。因为正如有学者指出的,以往对"人民群众是历史的创造者"的论证,只是论证了劳动群众的作用④。

有部分学者,如春阳,根据列宁阐述的内涵确定"人民群众"的概念。列宁说:马克思在使用"人民"一语时,并没有用它来抹煞各个阶级之间的差别,而是用它来把那些能够把革命进行到底的确定的成分联为一体。这里的内涵就是"历史发展的动力"。既然"人民群众"本身需要靠"历史发展的动力"的内涵来确定,那么,当我们把"人民群众是历史的创造者"理解为"人民群众是历史发展的动力"时,岂不是说"历史发展的动力是历史发展的动力",等于什么也没有说。可见,对"人民群众"作如是理解,将使历史创造者命题失去意义。

郭瑞祥认为,历史创造者命题只应从历史发展的决定性意义上来理解,把"创造历史"的意义仅仅限制在"推动历史前进"的意义,是没

---

① 和亚民、黄庆璋、黄卓炎:《关于历史创造者几个理论问题的探讨》,《武汉大学学报》,1981 年第 3 期。

②④ 王科铸:《怎样正确理解和阐释人民群众创造历史的原理》,《社会科学战线》,1983 年第 3 期。

③ 吴江《关于〈历史的创造者及其他〉的信——致黎澍的信》,《历史研究》,1985 年第 5 期。

有道理的。"创造历史"的意义,既包括起积极作用的,也包括起消极作用的。这一对"历史创造"含义的独特阐释导致他与其他"人民群众创造历史论"的重大区别。接着,他指出了以往"人民群众是历史的创造者"命题的论证缺陷并重新进行了论证。他认为,第一,仅仅强调人民群众是物质财富的创造者是不够的,还必须说明人民群众创造的物质财富不但是创造历史的前提,而且从根本上制约着历史活动本身。第二,讲人民群众在变革社会制度中的伟大作用,只强调人民群众是"主力军"、"主体",没有讲到问题的根本。重要的不在于"人民群众"是不是"主体",而在于这个"主体"是按照谁的意志行动的。针对黎澍的指责——用英雄或人民群众的动机和观念说明历史的创造,"都没有脱离唯心主义的窠臼",他特别阐明了人民群众的"意志一般"。他说,人民群众的意志作为一个整体,它不是所有人的意志的机械总和,而是剔除了那些个别的、偶然的情况,剔除了那些主观的、随心所欲的成分,他是人民群众意志的"一般"。这个"一般"不是别的,而是社会现实的生产生活本能的反映。它不但为现实的社会生产生活所决定,而且与社会历史发展的规律具有某种同一性。因此,"人民群众是历史的创造者"、"人民群众的意志决定历史的命运",在某种意义上,就是从"主体"这一角度出发,以意志的形式,来讲客观规律对于人类历史的决定性作用的。因此,它不但与唯心主义毫无关系,而且本身就是深刻而又生动的历史唯物主义观点。

  郭瑞祥对历史创造者命题内涵的揭示,无疑是深刻的,但他从"英雄"和"人民群众"的对立中所阐述的"人民群众"与他在论证"人民群众是历史的创造者"命题时使用的"人民群众"是不相称的。郭瑞祥曾经指出,对"英雄"和"人民群众"大作阶级分析是没有道理的,"'英雄'并不含褒贬的意味,它只是和'群众'相对而言的东西,泛指历史上各个阶级、各个领域中杰出的个人"。如此,"群众"即意味着是与杰出的个人相对而言的普通成员。把社会普通成员与杰出个人的关系纳入一种唯物史观与唯心史观的对立框架当中,显然是不合适的。社会普通成员与杰出个人的关系至多可以看成是一种辩证关系。换句话说,唯物史观决不是回答社会普通成员对杰出个人的决定性关系问题。这里补充一点,把"人民群众是历史的创造者"既视为"历史发展的动力"命题又视为"历史发展决定性力量"命题的部分学者,如春阳、许俊达等,同样存在这方面的问题。对"英雄"的以上解释,是与郭瑞祥自己对英雄史观的内涵揭示相矛盾的。英雄史观的"英雄"内涵是主观随意性,显然不能把这样的"英雄"等同于社会历史中真实存在的杰出的个人,更不能等同于无产阶级的杰出人物。那么,决定历史发展的,人民群众"意志一般"由以抽取出来的对象,就不应仅指社会普通成员,也应包括杰出的个人。仅仅从普通成员中抽取出来的"一般",还不够"一般"。如果是这样,就不可以对人民群众进行任何功能分类,就不应对人民群众的内部成分作任何价值分析,"人民群众"只是一个人群概念。苏双碧就持此种观点。他说:"人民群众是个综合体,是人群的含义而不是阶级的含义。"①

这样一个"人民群众"的概念又有包容一切社会成员的危险。"人民群众是历史的创造者",不管是其"历史发展的动力"含义还是"历史发展决定性力量"的含义,毕竟还是一个从"历史发展"的功能角度界定的人群命题。为此,肖前对"人民群众"的内涵重新进行了界定。

肖前宣称:"我们所遵循的是马克思主义的唯物史观,不是唯心主义的伦理史观。"他一方面强调"人民群众"是一个历史范畴,另一方面也给出了一个"人民群众"的界定方法。恩格斯《在马克思墓前的讲话》中说:"正像达尔文发现有机界的发展规律一样,马克思发现了人类历史的发展规律,即历来为繁茂芜杂的意识形态所掩盖着的一个简单事实:人们首先必须吃、喝、住、穿,然后才能从事政治、科学、艺术、宗教等等;所以,直接的物质的生活资料的生产,因而一个民族或一个时代的一定的经济发展阶段,便构成为基础。"②肖前据此认为,"人民群

---

① 苏双碧:《略论阶级分析和历史的创造者》,《中国史研究》,1986年第4期。

② 《马克思恩格斯选集》第3卷,人民出版社,1972年,第574页。

众"的内容,必须由这个基础来确定。他特别提到,"要知道,在一定的生产力发展的水平上,没有某些剥削阶级的直接参与,没有他们进行组织和管理工作,物质生活资料的生产就难以正常进行。"由此看来,"人民群众"的界定标准,就是直接参与生产实践活动。

那么,"人民群众是历史的创造者"表达的是一种什么社会关系呢? 肖前说,人类历史首先应当是直接从事生产实践的人民群众的历史,这里并不否定在创造历史的活动中,除生产实践活动外,还有政治、科学、文化等等活动,也不否认除人民群众之外还有帝王将相参与历史创造的活动;只是说,不了解生产实践活动,就不可能科学地了解其他种种活动,不说明人民群众的活动,就不可能说明帝王将相的活动。没有以上两个基本点,就不可能发现历史发展的规律,而对极其复杂、变幻多端的历史现象作出科学而系统的说明。肖前另外一处更为概括的正面说明则是:历史科学要探索的是"社会关系体系发展的客观规律"(列宁语),而人民群众是社会关系体系中的主体,人民群众和统治者之间的关系又是社会诸关系中最重要的关系,是决定社会发展的主要矛盾。肖前认为,这就是"人民群众是历史的创造者"这个命题的理论意义和方法论意义。这样一个结论,我们可以看成是对唯物史观的一个具体运用。这样一个命题,完全可以看成是一个政治学命题或管理学命题。这样一个命题似乎也是一个永恒的命题,因为差不多所有的社会都可以分成群众和统治者或管理者。远在马克思发明唯物史观千年乃至几千年之前,中国的统治者就已经总结出"民惟邦本,本固邦宁"、"水能载舟,亦能覆舟"的道理。但是,与统治者处于结构性关系中的"人民群众"并不能构成唯物史观的主体,因为不能设想在"人民群众"主体之外,还有游离于历史之外的某种主体。唯物史观的主体就是独一无二的人类,它在历史的进程中,呈现为分离或分工的复杂形式,但绝不仅仅是永恒的、简单的"人民群众"、"统治者"二元结构可以说明的。"人民群众是历史的创造者"原理决非仅仅彰示统治者如何认识对象、如何统治(管理)的道理,而是要展示历史的辩证发展,展示劳动群众从特殊的群体发展为普遍的类群体的解放过程,在这个解放过程中,他们受制于特定的物质条件。而不是仅仅传达给他们一种理念:他们早已被动地、然而是决定性地影响历史进程了——这样做无济于事。"人民群众是历史的创造者"作为一个价值命题,是指向未来的。这才是马克思主义辩证唯物史观的真谛所在。在无产阶级及其政党从事革命和建设的历史上,针对不同的历史时期确定"人民群众"的不同内涵,建立统一战线,"人民群众"是一种真实的实体存在,"人民群众是历史的创造者"命题有着确切的世界观和方法论意义。而"人民群众"在无产阶级革命以前的历史上,并不具有当今时代的自觉联合的实体意义,至多是一种人群的直观印象,因此,把"人民群众是历史的创造者"当成一个事实命题或历史学命题,极容易混淆这种历史主体性的差异。因此,对于历史研究来说,应当针对当时人们的认识水平和真实的相互作用,阐明每个历史主体或主体单位之间的相互联系,而不是笼统地纳入当今语境下的历史创造者命题框架当中。

2."历史是人人的历史,所有的人都参与了历史的创造",只是表述了一种历史表象,因而是一种肤浅的观点。黎澍回答历史创造者问题所强调的观点:"历史是人人的历史,所有的人都参与了历史的创造",在几乎所有的"人民群众创造历史"论者,如春阳、郭瑞祥、韦实看来,这只是表述了一种历史表象,不过说出了一件并无深刻意义的、显而易见的事实。其实这不仅是黎澍在阐释历史创造者命题时存在的一个缺陷,而是所有"人民群众是历史的创造者"命题否定论者共同存在的一个问题。总的来看,传统命题的否定论者侧重于从事实层面"破",而忽视了从价值层面"立",即系统地阐发马克思主义在历史创造者问题上的全面回答。

以上我们回顾了历史创造者问题上的两大论题的争论。两大论题的论争,功不可没。如果说,"现实的人、整个人类、人们自己创造历史"论者主要是批评了以往历史创造者命题对剥削阶级历史作用的否定,阐述了创造历史的社会关系主体的整体性,为破除伦理史观、恢复唯物史观的固有内容作出了贡献,那么,"人民群众创造历史"论者则是把握了与"历史创造"相联系的"历史发展"的价值意义,接受"人们创造历史论"的批评,将某些历史时期的剥削阶级纳入了"人民群众"的内涵。当然,命题论证的根本缺陷仍然存在。

四、"历史创造者"命题的辩证性质及其世界观方法论意义

伴随改革开放、思想解放运动而掀起的关于历史创造者问题的讨论,历时十年,一波三折:最先是 1979 年,杨英锐、杨甘霖对"奴隶创造历史论"提出质疑,中经 1984 年和 1988 年黎澍与王学典的互动、激论,对"人民群众是历史的创造者"这一传统命题提出质疑,把"历史创造者"问题提升到是唯物史观还是伦理史观的高度,使讨论达到高潮,最后是 1989 年韦实、肖前在一种意识形态背景下对讨论、质疑提出批判性的否定,随后这一讨论沉寂下来。最后,虽然通行哲学教科书对命题否定论者的意见有所回应,但基本上没有改变原来的观点。一场轰轰烈烈的讨论,没有达成任何学术共识,没有激起任何有价值的反响。

今天重新反思这场争论,我们看到,传统观点的维护者、命题支持论者强调"历史创造者"命题的价值底蕴,指出否定论者的错误是"把历史活动的参与者统统视为历史的创造者,抹煞了革命的、先进的阶级创造历史、推动历史发展的积极作用和反动的腐朽的阶级阻碍历史发展的消极作用的原则界限"[1],坚持了"历史创造者"命题的特殊功能,但对于否定论者所指出的包含在传统命题当中的伦理史观色彩并没有给予彻底纠正,历史创造者问题讨论的意义被大大贬低。细究其中的原因,从否定论者一面说,我们认为主要是否定论者侧重于从历史事实层面"破",而没有注意从历史价值层面"立",没有恢复到马克思主义经典作家在历史价值层面上对这个问题的正确回答。

传统观点强调"人民群众是历史的创造者"表达的是一个历史观问题,或者说直接就是唯物史观的同义语,是贯穿整个人类历史过程的普遍命题,可是,就整个人类历史来说,我们认为,由历史发展的辩证性

---

[1] 赵家祥、李清昆、李士坤:《历史唯物主义教程》,北京大学出版社,1999年,第408页。

质所决定,根本就不存在一个纯粹的、永恒的价值主体或实体,因而对这一命题的论证就必定存在诸多缺陷。

传统观点在定义"人民群众"的时候,指出"人民群众是指一切推动社会进步和发展的社会力量",似乎"人民群众"是一个与"历史创造者"周延的、对等的价值主体(实体)。可是如此一来,"人民群众"就变成一个抽象的价值主体(实体),"人民群众是历史的创造者"命题就变成一个同义反复的命题。为了纠正这一弊端,传统观点采取的一个论述策略就是把"人民群众""具体化",强调"人民群众"是一个"历史概念","人民群众"在不同的历史时期有其不同的具体内涵,而表现其"历史性"的说法之一便是认为"人民群众"包含了"上升时期的剥削阶级"。但是,我们认为,"上升时期的剥削阶级"仍然是一个有待确定的概念,这种解释仍然不能满足命题本身的要求,并且事实上传统命题的论证从来也没有从"上升时期的剥削阶级"这一层面展开。最后,我们看传统观点还是落脚到了"劳动群众",而且他们使用的"劳动"概念事实上是在狭义的"直接劳动"层面上使用的。他们着意区分和强调的是:"不论在任何国家和任何时期,劳动群众始终是人民群众的主体。"结果就如某些学者所指出的:命题是"人民群众是历史的创造者",实际论证的却是"只有劳动群众才是历史的创造者"。

"劳动群众"作为命题主词满足了命题形式本身的要求,却不能与历史事实相符,事实上劳动群众并不能单独承担创造整个人类历史的功能,劳动群众也不是纯粹地推动历史前进的力量,在无产阶级革命以前的劳动群众更不曾单独引领历史前进的方向。理解这一问题,关键是把握历史主体既是一种实体性的存在,同时是一种关系性的存在。而表达历史主体实质的,恰恰是关系性存在。只有在各种相互关系中,各个历史实体才能得到恰当的说明。如果是这样看,我们就可以对历史主体解析如下:首先,历史主体是一种劳动分工性关系主体。我们通常所褒扬的"劳动群众"并不是一个纯粹的实体,在它的身旁还有"一个脱离直接生产劳动的阶级",它从事社会的共同事务,它担负"劳动管理"的重要职能。"分工的规律就是阶级划分的基础。"①分工即合作,显然,没有一个劳动管理阶级的存在,劳动群众的生产劳动就不能正常进行。其次,历史主体是一种分配对抗性关系主体。社会关系中的分工格局决定了分配格局,然而劳动群众在分配领域中的不利格局并不是劳动群众自愿接受的,管理阶级也总是尽可能地加重对群众的剥削,因而在历史上,围绕物质利益的分配总是充满了阶级间的对抗和斗争。阶级间的对抗和斗争具有两面性:一方面通过对抗和斗争,协调利益关系使其保持在一个双方可以共同接受的限度内,共同促进生产的发展;另一方面过度的对抗和斗争总是演变为暴力冲突和对生产秩序的巨大破坏,最终阻碍或影响生产力的发展。也就是说,不仅仅是历史发展的动力,包括历史发展的阻力在内都是在这种对抗性关系当中发生的。第三,历史主体是一种能力激励性关系主体。统治阶级进行统治,不是完全依靠暴力、谎言和欺骗。被统治阶级作为直接劳动阶级、作为被剥削阶级接受一种分工格局和一种分配格局,从根本上说起源于一种能力格局。接受由生产能力最终决定的一种分工格局和分配格局,接受经济上的不平均分配和政治上的不平等待遇,从根本上说,是由于直接劳动阶级、被剥削阶级、被统治阶级在这种不平均、不平等格局中勉强争得了一定利益,在不满足中获得了一定程度的满足。由此也可以说,社会历史主体是一个具有"合谋"性的主体。当然这种合谋是经过了各种斗争、反复博弈达成的。在这种合谋中,统治阶级总是代表了人类社会的工具性价值,被统治阶级总是代表了人类社会的目的性价值,社会历史是在两种价值的整合过程中展开的。有学者认为,劳动群众在历史中的地位虽然是被动性的,其作用却决定着历史发展的方向,显然是从目的性价值一面立论;如果从工具性价值一面立论,则可以是劳动管理阶级发挥着基础性的决定作用。不然的话,就不会产生劳动群众在历史上发挥决定性作用,在经济上、政治上却处于受剥削、受压迫地位的悖论,也无从解释这一悖论。

---

① 《马克思恩格斯全集》第 19 卷,人民出版社,1963 年,第 243 页。

历史主体的客体化过程及其表现形式,是历史规律及其表现形式。在社会主义社会形态出现以前,历史发展的规律是通过各种阶级间的斗争来实现或表现的。这意味着,社会历史发展规律既是内在的,又是外在的。既内在于他们的活动,又不是哪一个人、哪一个阶级、哪一个集团能够单独支配的。没有哪一个阶级、阶层或社会集团能够单独地、纯粹地表现历史发展的规律,历史发展的规律亦不具有为任何历史主体能够自觉地发挥、运用、表现的形式。"在所有这样的社会里,都是那种以偶然性为其补充和表现形式的必然性占统治地位。"①因此,所谓"历史乃是人民群众自己的历史,历史发展的客观规律也就是人民群众创造历史的活动的规律"②,这种说法不仅与历史实际不符,根本就是对历史的颠倒。这里顺便指出,取消历史规律与历史规律表现形式的差异,取消历史规律表现形式与人民群众历史活动的差异,将人民群众的历史活动(并且往往是以群众名义的主观意志)直接当成历史规律或历史规律的表现形式,可能是造成各种违背历史规律、在社会现实中盲目追求高级所有制、在历史问题上过高地评价劳动群众的历史作用等极左错误的认识论根源之一。事实上,"历史活动是群众的事业"这样一个被广泛征引的命题,它所表达的内涵是历史事实,而不是历史价值。③

实际上,"人民群众是历史的创造者"只是一个特殊命题,只是马克思主义经典作家依据历史唯物主义对资本主义社会的矛盾进行深刻分析后得出的一个具体结论。它深刻地揭示了历史发展的辩证法。作为无产阶级解放运动现实实践的反映,它所表达的只能是无产阶级及其政党的世界观。

马克思主义发现了人类社会的运动体系,揭示了社会历史主体由

---

① 《马克思恩格斯全集》第39卷,人民出版社,1972年,第199页。
② 赵家祥、李清昆、李士坤:《历史唯物主义教程》,北京大学出版社,1999年,第409页。
③ 关于这一问题的阐述,另参考牛方玉《"人民群众是历史的创造者"命题再阐释》,载《理论学刊》2008年第1期。

分裂到统一的转换过程。这一过程的主、客观因素及其相互作用的机制在于:历史进入到资本主义阶段,达到了私有制社会发展的"顶点",具备了消灭私有制的经济条件,同时在资本主义社会,诞生了一个彻底地实现社会革命的主体力量——无产阶级。"它本身表现了人的完全丧失,并因而只有通过人的完全恢复才能恢复自己。"[①]"它的目的和它的历史任务已由它自己的生活状况以及现代资产阶级社会的整个结构最明显地无可辩驳地预示出来了。"[②]"在当前同资产阶级对立的一切阶级中,只有无产阶级是真正革命的阶级。其余的一切阶级都随着大工业的发展而日趋没落灭亡,无产阶级却是大工业本身的产物。"[③]马克思的观点表明,无产阶级不仅由于其低贱的社会地位构成一个革命的因素,更为重要的是它在现代生产体系的转换中居于主导地位,它自身争取解放的条件与社会发展的方向具有内在的一致性。这才是无产阶级担当历史创造者的真正品质。对于这样一个历史主体的表达,马克思指出,如果用一个确切的概念来代替"人民"这个过于含混的说法,那就是无产阶级。[④] 同时,马克思认为,无产阶级在革命过程中,还要联合农民、小资产阶级等劳动群众。马克思对农民、小资产阶级的社会地位同样做出了科学的分析,认为其他阶级之所以具有革命性,是因为他们即将转入无产阶级的队伍。由此可见,"人民群众"的实质内涵是无产阶级,其外延则包括了无产阶级及其联合的其他劳动群众,无产阶级是"人民群众"的"先锋队"。马克思说:"彻底的社会革命是同经济发展的一定历史条件联系着的,这些条件是社会革命的前提。因此,只有在工业无产阶级随着资本主义生产的发展,在人民群众中至少占有重要地位的地方,社会革命才有可能。"[⑤]由此可以看出,以无产阶级为代表的"人民群众"作为一个历史主体的诞生,是基于生产力的规

---

① 《马克思恩格斯全集》第 1 卷,人民出版社,1956 年,第 465 页。
② 《马克思恩格斯全集》第 2 卷,人民出版社,1958 年,第 45 页。
③ 《马克思恩格斯全集》第 4 卷,人民出版社,1958 年,第 476 页。
④ 《马克思恩格斯全集》第 4 卷,人民出版社,1958 年,第 210 页。
⑤ 《马克思恩格斯全集》第 18 卷,人民出版社,1964 年,第 695 页。

定,而不是人数规定,也不是某种伦理规定。传统观点的论证似乎也是基于历史唯物主义的客观规定,但其论证的逻辑大有问题。请看这一论证:"如果认为社会存在决定社会意识,就必然认为人类的历史首先是生产发展的历史,是作为物质生产的承担者劳动群众的历史,人民群众是历史的创造者,是推动历史发展的决定力量。"①在这里,社会存在等于生产发展,生产发展就等于劳动群众,劳动群众就等于社会存在,通过如此一系列的概念转换实际是偷换,从唯物主义的客观前提出发,就得出了唯心主义的片面结论。我们说,马克思的历史观是建立在客观的物质生产力基础之上,而不是主观的直接劳动价值设定之上,劳动群众作为历史主体其主观能力之大小、劳动群众能否独立地发挥创造历史的决定性作用,归根到底取决于劳动群众这一历史主体实现客体化的能力和水平。劳动群众主体力量的发育和成长有一个历史过程,劳动群众代表人类、具有"类"的性质、发挥决定性的历史作用、自己决定自己的命运属于历史发展的最高阶段和最后结果,意味着历史的完成。如果说劳动群众以及劳动群众的劳动从历史的起点便具有决定整个历史面貌的作用,这便是非历史的观点。按照马克思的观点,大工业才是以无产阶级为代表的"人民群众"开始登上历史舞台、开始决定自己的命运、以主人公姿态出现、作为现实的历史主体诞生的客体性标志。

历史直到这时,人们——人民群众才在最广泛的程度上一致起来了,历史开启了自觉创造的阶段。恩格斯说:"人们自己的社会行动的规律,这些直到现在都如同异己的、统治着人们的自然规律一样而与人们相对立的规律,那时就将被人们熟练地运用起来,因而将服从他们的统治。人们自己的社会结合一直是作为自然界和历史强加于他们的东西而同他们相对立的,现在则变成他们自己的自由行动了。一直统治着历史的客观的异己的力量,现在处于人们自己的控制之下了。只是从

---

① 赵家祥、李清昆、李士坤:《历史唯物主义教程》,北京大学出版社,1999年,第16~17页。

这时起,人们才完全自觉地自己创造自己的历史;只是从这时起,由人们使之起作用的社会原因才在主要的方面和日益增长的程度上达到他们所预期的结果。这是人类从必然王国进入自由王国的飞跃。"①对于历史主体发生的这一深刻变化,列宁在解释马克思"历史活动是群众的事业,随着历史活动的深入,必将是群众队伍的扩大"一段话时说:"这些话表达了哲学历史理论的最深刻最重要的原理之一。对这种哲学历史理论,我们的民粹派分子是无论如何也不愿意了解和不能了解的。随着人们的历史创造活动的扩大和深入,作为自觉的历史活动家的人民群众在数量上也必定增多起来。"②由此可见,"人民群众"质的变化同时呈现为量的规定,或者质的变化必然引出量的变化。因此,我们说"人民群众是历史的创造者"表达的是历史主体和历史过程发生的一个全新的变化,是标志历史进入的一个自觉创造的过程和阶段,是历史发展的辩证法的充分体现。人民群众的活动与历史发展的规律具有内在的一致性。这才是这一命题的深刻之处。

如果说,大工业是无产阶级这一历史主体诞生的客体性标志,那么,马克思主义创立的本身就是这一历史主体诞生的主体性标志。列宁是这样概括马克思主义的鲜明特征的:"马克思主义和其他一切社会主义理论的不同之处在于,它出色地把以下两方面结合起来:既以完全科学的冷静态度去分析客观形势和演进的客观进程,又非常坚决地承认群众(当然,还有善于摸索到并建立起同某些阶级的联系的个人、团体、组织、政党)的革命毅力、革命创造性、革命首创精神的意义。"③可以说,"人民群众是历史的创造者"命题提出本身,就表明主、客体矛盾运动达到一定阶段,就已经体现了主、客体辩证统一的性质。而在以往的历史上,劳动群众,包括马克思主义诞生以前的无产阶级,他们还不能把握到自己解放的条件,不能摸索到历史发展的规律,不能形成自

---

① 《马克思恩格斯全集》第19卷,人民出版社,1963年,第245页。
② 《列宁全集》第2卷,人民出版社,1984年,第414页。
③ 《列宁全集》第16卷,人民出版社,1988年,第20页。

觉创造历史的意识。如果把无产阶级劳动群众的历史作用等同于历史上一般劳动群众的历史作用,或者在直接劳动价值层面上宣示"人民群众"具有决定性的历史作用,这样的观点不仅与历史实际不符,而且恰恰贬低了"人民群众是历史的创造者"命题的深刻含义。同时,离开马克思主义的指导谈论历史上以至现实中劳动群众的创造活动和决定性作用,都大大贬低了马克思主义所提供的主体性思想意识的历史作用,贬低了马克思主义在开辟人类自觉创造历史进程中的伟大意义。理所当然地,这种对"人民群众是历史的创造者"命题含义的阐释本身就否定了这个命题的存在价值。可以说,离开社会存在与社会意识的辩证关系,离开主、客体相互作用的辩证法谈论历史上以至现实中劳动群众的历史决定性作用,是传统命题论证中最根本性的错误。真正坚持唯物主义认识论认识"历史创造者"命题,"人民群众是历史的创造者"所反映的只能是现代无产阶级解放斗争的实践,它所表达的只能是现代无产阶级的思想意识,只能是无产阶级及其政党的世界观。马克思主义的理论包括历史创造者命题在内,集中了科学性和阶级性的特质,它不属于除无产阶级以外的任何阶级。

第三节 中国近代史基本线索问题的讨论: 民族利益与阶级利益孰轻孰重

随着历史发展动力问题和历史创造者问题的深入讨论,随着生产力客体价值取向的确立和"人民群众"主体价值的揭蔽,中国通史中与政治革命、与阶级斗争史观最为密切的一段"历史禁区"——它本来是当代人的一段现实政治历史——终于可以进入"历史"了。

改革开放以来,思想运动的热潮一浪接着一浪。最早是冲破"两个凡是"的禁锢,为真理标准开路;揭露批判"唯生产力论"的荒谬,确立生产力检验尺度;放宽历史视野,正视社会主义初级阶段和商品经济充分发展的不可逾越性;破除计划经济的崇拜,拿来市场经济的手段;最后,是解除"姓社姓资"那道最为顽固的金箍儿。于是,历史学界,

"农民战争"的话题遂告一段落,那个曾经使人噤若寒蝉的谈"资"色变的话题,抑或是"资本"、"资产阶级",则堂而皇之,登堂入室,让人们自由地讨论了。正是在这个时候,"洋务运动"的重新评价,成为史学界最具有突破性意义的话题之一。随着拨乱反正、思想解放运动的深入开展,人们终于发现:从1919年到1979年,60年,一个甲子轮回,经历一场激进的现代共产主义革命,现实又回到了近代历史的起点——现代化问题。于是,人们不约而同地想到了,中国现代化运动的起点——洋务运动。对于洋务运动的重新认识,成为引发对中国近代史基本线索重新探讨的关键因素。需要指出的是,中国近代史基本线索问题是一个1950年代就提出的话题。当时流行的观点是"三次革命高潮说"。在一直强调阶级斗争的政治话语背景下,洋务运动作为一场经济变革运动,其正面作用一直鲜有提及。因此,"三次革命高潮说"直到改革开放以后,才受到挑战。因此,我们把中国近代史基本线索的争论,放在"文革"以后介绍。

超越特殊的阶级价值,确立民族价值和现代化价值,这是中国近代史基本线索讨论最具革命性意义的进展。现代化运动的重启,意味着社会机制和社会结构的重大变迁。从中华人民共和国成立之前的民族战争到建国之后的阶级斗争,农民阶级始终占据了中国社会的主体地位,社会发展的动力和价值取向也体现为农民价值或社会主义乃至共产主义的形式化目标。以经济建设为中心的现代化运动重启之后,农村"联产承包责任制"改革还原农民的个体性主体地位,市场机制重新发育,一个新的社会精英主体(资产者阶级或阶层)成长起来,加入历史命运的主体、主宰行列。重新阶级化或组织化的社会崇尚物质利益、科学技术和理性秩序。经济发展需要稳定的社会环境和循序渐进的社会变革模式。所有这一切,都为重估近代历史上的各种社会阶级价值、阶级斗争形式或政治效果提供了某种反思的酵素,为现代化历史的起源和过程的重新定位,提供了新的佐证。斗转星移,时代变迁,从1859年洪仁玕发表《资政新篇》到1979年中华人民共和国重启现代化方案,整整两个甲子周期,历史才滤去偶然性的波折,重新彰显必然性的大道。由此看,只有适逢历史际会,亲眼见证某种历史周期性的事变,才能有幸完成对某些重大历史奥秘、历史宏大叙事的解读。这就是新时期以来从革命史叙事方式到现代化叙事方式的完成和转变。

一、"三次革命高潮说"——阶级斗争线索论主流形式的形成

中国近代史通常是指 1840 年鸦片战争到 1919 年五四运动 80 年间的中国历史。作为一个特殊的历史阶段,应该说这是毛泽东最早划定的一个界线,属于"旧式的资产阶级民主主义的革命"。从 1919 年五四运动到 1949 年中华人民共和国成立,则属于"新式的资产阶级民主主义的革命"①。然而,把两个历史阶段当作一个相续的、完整的历史时期,也是毛泽东分别在 1939 年和 1949 年就表述过的。② 把前 80 年划入近代史或把后 30 年划为现代史,完全是出于历史教学的习惯。在中国近代史基本线索的讨论中,人们一方面在习惯的前 80 年范围内探讨,另一方面基于历史的连续性,又不断地触及后 30 年的历史。因此,我们对"中国近代史"这一概念作一模糊的处理。

严格说来,在毛泽东的时代背景下,中国近代史并不具有"史"的意义,因为它直接就是中国革命的理论化的现实依据。因此,由毛泽东完成的"近代史"叙事,就不能不带有毛泽东个人的价值信念和表达风格。而由毛泽东完成的"近代史"叙事,建国之后成了近代史史学界的"经典式叙事",长期支配了关于中国近代史基本线索的基本观念。

从历史学的视角审视毛泽东政治理论化的近代史叙事,主要存在两大问题。一是它直接把封建主义与帝国主义一起置于近代史开端和全程的敌对结构性地位,从而彻底否认了地主阶级的任何价值正当性。

---

① 参见《中国革命和中国共产党》和经过毛泽东审阅修改的《为动员一切力量把我国建设成为伟大的社会主义国家而斗争》"过渡时期总路线"学习宣传提纲有关论述。分见《毛泽东选集》第 2 卷,人民出版社,1991 年,第 647 页;《建国以来重要文献选编》第 4 册,中央文献出版社,1993 年,第 694 页。

② 前者见《中国革命和中国共产党》一文,后者见《丢掉幻想,准备斗争》一文。

第三章 "文革"后历史主义阶级观点与非历史主义阶级观点的正面冲突

帝国主义和中华民族的矛盾,封建主义和人民大众的矛盾,这些就是近代中国社会的主要矛盾。①

帝国主义和中国封建主义相结合,把中国变为半殖民地和殖民地的过程,也就是中国人民反抗帝国主义及其走狗的过程。②

地主阶级是帝国主义统治中国的主要的社会基础,是用封建制度剥削和压迫农民的阶级,是在政治上、经济上、文化上阻碍中国社会前进而没有丝毫进步作用的阶级。③

二是它单纯把暴力抗争和政治革命事件纳入民族斗争或阶级斗争的历史进程,特别排斥了一场标志地主阶级分化或向资产阶级转化的经济改革运动,即洋务运动。

从鸦片战争、太平天国运动、中法战争、中日战争、戊戌政变④、义和团运动、辛亥革命、五四运动、五卅运动、北伐战争、土地革命战争,直至现在的抗日战争,都表现了中国人民不甘屈服于帝国主义及其走狗的顽强的反抗精神。⑤

……改变这个殖民地、半殖民地、半封建的社会形态,使之变成一个独立的民主主义的社会……这个第一步的准备阶段,还是自从一八四〇年鸦片战争以来,即中国社会开始由封建社会改变为半殖民地半封建社会以来,就开始了的。中经太平天国运动、中法战争、中日战争、戊戌变法(政变)、辛亥革命、五四运动、北伐战争、土地革命战争、直到今天的抗日战争,这样许多个别的阶段,费去了整整一百年工夫,从某一点上说来,都是实行这第一步,都是

---

① 《毛泽东选集》第 2 卷,人民出版社,1991 年,第 631 页。
②⑤ 《毛泽东选集》第 2 卷,人民出版社,1991 年,第 632 页。
③ 《毛泽东选集》第 2 卷,人民出版社,1991 年,第 638 页。
④ 此处"戊戌政变"以及下段引文同样的提法,在《毛泽东选集》第二版中均校改为"戊戌变法",我们现在的引文仍按《毛泽东选集》第一版第一次印刷版本改回。我们认为,就史实来说,用"戊戌政变"一语指称"戊戌变法"可能有欠恰当,但从"变法"引导的政治后果而言,用"戊戌政变"指称"戊戌变法"亦无不可。总之,我们认为,"政变"一词突出强化了"变法"的政治对抗含义。相关材料参见张慎趋:《回忆参加〈毛泽东选集〉校对工作》,《出版史料》,2003 年第 4 期。

中国人民在不同的时间中和不同的程度上实行这第一步,实行反对帝国主义和封建势力,为了建立一个独立的民主主义的社会而斗争,为了完成第一个革命而斗争。①

1954年,胡绳在《历史研究》第1期发表文章《中国近代历史的分期问题》,即以毛泽东的"两个过程"论为依据,以"阶级斗争为标志"(反帝国主义斗争也被当作一种阶级斗争),提出了影响深远的中国近代史基本线索观点——"三次革命高潮说"。第一个革命高涨时期是太平天国时期的农民革命;第二个革命高涨时期是戊戌维新和义和团运动;第三个革命高涨时期是辛亥革命。②

胡绳的文章发表后,引发了一场关于中国近代史基本线索问题的讨论。从发表的文章来看,论者大体同意胡绳的观点。戴逸指出:阶级斗争是最能够体现生产方式的发展变化,最能够揭露历史前进运动的规律,最能够显示人民群众社会地位和生活状况的变化,最能够反映基础和上层建筑的相互作用。③ 论者较为集中的批评,是指出胡绳仅仅着眼于"阶级斗争表现"或"革命形势"的"高潮与低潮"。出于将阶级斗争现象孤立化和简单化的担心,论者从各个角度提示、阐述了与阶级斗争相关的各种因素和现象。例如,关于阶级斗争与民族斗争的关系。戴逸一面支持胡绳把阶级斗争当作一个广义的概念,包括了反帝的民族斗争,但是他批评胡绳对这个概念没有作更具体细致的分析,没有指出广义的阶级斗争中还包含着斗争锋芒对内与对外的区别。赵德馨直接对作为分期标准的阶级斗争概念包括民族斗争的表述方式提出不同意见。他认为虽然在理论上,民族斗争是一种阶级斗争,民族问题的提法不能离开阶级斗争,但不能因此否定二者的区别和相对独立性的一

---

① 《毛泽东选集》第2卷,人民出版社,1991年,第666~667页。
② 我们认为这是胡绳对"三次革命高潮说"准确的表达,而不是史学界一度流行的"太平天国、义和团运动和辛亥革命说"。参见胡绳:《中国近代历史的分期问题》,《历史研究》,1954年第1期;《中国近代史绪论》,1955年2月11日在中国人民政治协商会议组织的一次中国近代史讲座的报告,《胡绳全书》第2卷,人民出版社,1998年。
③ 戴逸:《中国近代史的分期问题》,《历史研究》,1956年第6期。

面,疏忽反对国内阶级敌人和国外敌人的斗争中的民族界限,就会导致疏忽民主革命和民族革命的区别,降低中国人民革命斗争的国际意义,同时这种表述也会造成概念上的混乱。因此,他主张以民族斗争和阶级斗争的重要表现作为分期的标准。①

关于阶级斗争与经济发展的关系。金冲及批评胡绳忽略了把阶级斗争与经济发展结合起来考察,对分期标准的看法是片面的,不完全的。他指出,经济(生产方式)的变化,决定着政治生活和社会意识的变化,中国近代社会是一个由封建社会一步一步地变成半殖民地半封建社会的,因此研究近代社会结构和生产方式的发展变化,是解决分期的第一个着眼点。但在阶级社会中,阶级斗争是社会经济变化的反映,又是社会发展的真正动力。中国近代史是一部充满反帝反封建斗争的历史,随着社会经济的发展变化,中国社会内部阶级力量的配备,斗争的性质与内容,也不断地引起了新的变化。因此,研究近代阶级斗争的发展及其在性质上的变化,是解决分期的另一个着眼点。根据以上理由,他主张分期的标准,应该是将社会经济的表征和阶级斗争的表征结合起来考察,以找出近代历史发展过程各个阶段的具体特点。② 戴逸、章开沅批评金冲及主张将社会经济的表征和阶级斗争的表征结合起来考察的提法,实际上是把两者并列起来而有了两个分期标准——经济的标准和阶级斗争的标准。章开沅说,金冲及的"阶级斗争只有和社会经济、生产方式的发展变化结合起来考察时才能用来作为划分历史时期的标准"的提法是一种多余的忧虑,因为参加讨论的人都是把阶级斗争作为社会经济变化的主要指标来考虑的,并没有谁孤立地谈论阶级斗争。金冲及的提法实质是把阶级斗争和社会经济割裂开来了,造成他在分期标准上的混乱。"戴逸同志怀疑他企图提出两个分期标

---

① 赵德馨:《中国近代史分期问题的讨论》,《历史研究》,1957年第3期。
② 金冲及:《对中国近代历史分期问题的意见》,《历史研究》,1955年第2期。

准,平心而论,这并没有误会他的原意。"①金冲及反驳说,一定的社会经济条件下引起一定的阶级斗争,阶级斗争又反转来影响社会经济的发展,二者是统一的,并不是如戴逸所说的把"二者并列",更不是分期的"两个标准"。②

关于阶级斗争与主要矛盾的关系。孙守任认为,侵略与压迫和反侵略反压迫的革命运动是辩证统一的两面,而反侵略反压迫是以帝国主义和封建主义的侵略与压迫为存在的前提。中国近代社会主要矛盾的主要方面是外国侵略势力及其走狗国内反动统治者,它们使中国逐渐变成一个半殖民地并竭力保存其封建的基础。它们决定了近代社会性质进程的变化状况,其中起决定作用的是外国侵略势力。外国侵略势力本身性质的变化及其对中国侵略性质的变化,引起了中国社会性质的深刻的变化,因此在处理中国近代史分期时,不应该排斥侵略性质的变化对中国近代历史分期的重要意义。所以他主张用近代社会主要矛盾的性质的某些变化作为分期的主要标准。当然,他指出,矛盾性质的某些变化,应当从矛盾着的两个方面来考察。最后他主张依据主要矛盾的两个方面的性质上某些变化,参考主要矛盾形式的转换和革命运动的形势变化划分历史时期。③ 黄一良批评孙守任考虑分期标准时首先着眼于帝国主义侵略者身上,把决定中国近代史发展的进程归之于外国侵略势力,因此企图以帝国主义侵略者本身所发生的变化作为划分中国近代历史时期的依据,就犯了主观性与片面性的错误,实际上与资产阶级世界主义的观点相符合。④ 戴逸认为孙守任用社会主要矛盾转换的说法在斗争锋芒趋向问题上对胡绳论文作了重要的补充。但

---

① 章开沅:《关于中国近代史分期问题》,《华中师范学院学报》,1957年第1期。

② 参见中国人民大学科学讨论会关于"关于中国近代分期问题的讨论"报道,《历史研究》,1956年第7期。

③ 孙守任:《中国近代历史的分期问题的商榷》,《历史研究》,1954年第6期。

④ 黄一良:《评孙守任中国近代史的分期的商榷》,《光明日报》,1955年8月18日。

是他批评孙守任直接用外国侵略势力性质的变化来解释中国社会性质的变化,是片面地理解毛泽东《矛盾论》中关于矛盾主要方面的论点,而抛弃了同一论文中关于外因内因相互关系的论点。范文澜1956年在中国人民政治协商会议举办的"中国近代史讲座"上,作了"中国近代史的分期问题"报告。他指出,自从1840年鸦片战争开始,一直到1949年中华人民共和国成立,"帝国主义及其走狗的经济政治压迫和中国人民的民族民主革命,成为贯穿这一历史时期的根本矛盾,也就成为贯穿各个事件的一条线索"。在中国近代史的具体发展过程中,"当着帝国主义举行侵略战争的时候,中国内部各阶级包括一部分封建统治阶级能够暂时团结起来举行民族战争去反对帝国主义。当帝国主义不是用战争压迫而是用政治、经济、文化等比较温和的形式进行压迫的时候,统治阶级就会投降帝国主义,共同压迫人民大众。这时候,人民大众往往采取国内战争的形式,去反对帝国主义和封建阶级的同盟。在上述两种不同的情况下,两种主要矛盾中的一种,互相替代地起着领导的决定作用,成为某一特定期间里的主要矛盾。"范文澜特别指出,中国近代史的阶段"必须根据各个阶级曾经起过的历史作用,即曾经担当过主要矛盾的一面的事实来划分。如果说,那是革命史的阶段,不一定适用于全面的近代史,全面的近代史应该按照资本主义的发生发展来划分阶段。这种说法是不对的。历史的骨干是阶级斗争,现代革命史就是现代史的骨干,近代革命史就是近代史的骨干,近代史现代史阶段的划分基本上与革命史是一致的(单纯的中国资本主义发展史可以按本身的发展过程划分阶段)。当然,脱离经济的说明,就根本不能了解阶级斗争,所以要说明资产阶级民主主义革命,无疑要首先说明资本主义的发生和发展,但阶级斗争除了经济因素,还有许多其他的因素,结合起来才呈现出极其复杂的现象,即全面的历史现象。依据这些现象进行具体的分析(包括对当时经济情况的分析),找出变化着的主要矛盾在哪里,历史发展过程的各个阶段也就清楚可指了。"①

---

① 范文澜:《中国近代史的分期问题》,《社会科学战线》,1978年第1期。

50年代关于中国近代史基本线索的讨论,可以说基本达成了以阶级斗争的表现作为划分历史分期标准的共识,只是在阶级斗争内容和形式的把握上,有的强调了民族关系或民族矛盾的制约和影响因素,有的强调了生产方式或经济发展的影响和制约因素,社会主要矛盾转换说,则旨在把握以上两种因素。戴逸指出,把阶级斗争作为分期标准的原则运用到近代中国社会上,就应该考察阶级斗争表现的各个方面,既要考察其高涨低落,又要考察其主要矛盾在各个发展阶段中的转换,也要考察革命动力方面的变化,而不能有所偏废。① 章开沅②、刘耀等也表示了赞同戴逸对胡绳分期标准意见的补充。夏东元综合以上观点,认为"阶级斗争、生产方式和社会主要矛盾,三者是内在统一的,不能执其一端来作为划分历史时期的标准"。在具体把握上,他提出应该"以生产方式为考察的起点,以社会主要矛盾为线索,以阶级斗争表现出来的革命的或政治的运动为阶段的标志。而作为划分历史时期的标志的革命或政治的运动,以它是否能够改变构成当前社会主要矛盾的某些重要条件为准,以这些改变的条件是否能促使社会主要矛盾转换为不同类性质的主要矛盾为准"。夏东元自己发问道:"这是否有把生产方式、社会主要矛盾、阶级斗争三者并列的嫌疑呢?没有,因为生产方式、社会主要矛盾,都是被阶级斗争制约的。"③从以上可以看出来,在50年代中国近代史基本线索的讨论中,虽然存在各种理论致思取向,但是由于所处环境仍然还是革命环境——"新民主主义革命"之后是"社会主义革命",学者们还是不大可能突破"阶级斗争"唯一线索论。即使是中国近代的确是一个贯穿"革命"主题、"阶级斗争"线索的时代,它也不意味着是一个绝对的、唯一的主题和线索。何况这种"阶级斗争"的内容和形式总是强调了某种特定的内容和形式。因此,即

---

① 戴逸:《中国近代史的分期问题》,《历史研究》,1956年第6期。
② 章开沅:《关于中国近代史分期问题》,《华中师范学院学报》,1957年第1期。
③ 夏东元:《中国近代史的分期标准问题——生产方式、阶级斗争、社会主要矛盾三者之间的关系》,《历史教学问题》,1957年第6期。

第三章 "文革"后历史主义阶级观点与非历史主义阶级观点的正面冲突

使是范文澜也在"中国近代史讲座"上的报告中曾提出如下发人深省的观点：

> 前乎辛亥革命,有封建统治阶级领导的和农民阶级自身发动的民族战争;也有农民阶级自身发动的国内战争,这两个阶级曾经担当过主要矛盾的一面(当然只能是次要面)的主角,因之在划分近代史的各个阶段上,必须给它们应得的地位。①

但这样一个观点,显然被淹没在农民阶级斗争动力论(中国古代史农民阶级斗争唯一动力论的延续)的海洋中去了。地主阶级、封建统治阶级一踏进近代的舞台就是反动的。他们一踏进近代的舞台即不但丧失了经济主体性,并且同时丧失了民族主体性。刘大年明确地说:"代表地主阶级和买办势力的清朝政府从鸦片战争起,就投降了帝国主义,并且愈来愈成为后者统治中国人民的工具。"对清政府与外国侵略势力的矛盾或清政府在反侵略战争中的作用怎么看？刘大年说:"清政府无论在战争中显示了何种作用,丝毫也不改变这个事实。问题的关键只在这里。离开了这个依据,就离开了阶级分析,就要变为漫无依据。资产阶级观点就是这样。"从第一次鸦片战争起,直至八国联军侵略战争时期,清政府内部都有抵抗派与投降派或主战派与主和派,对这个问题怎么看？"从根本上讲,两派的区别,无非是封建性多一些的或者同外国矛盾多一些的与买办性多一些的或者同外国利益结合多一些的之间的区别。抵抗派或主战派并不曾站在人民立场上去反对外国侵略。"②

不仅仅是封建统治阶级,凡是某个阶级、某个阶层以及某个事件带上了某种"封建性",都存在被否定的趋向。例如,一种倾向于否定戊戌变法的观点不是强调戊戌变法做到了什么,而强调它没有做到什么：

> 改良派同清政府的矛盾,主要表现在"立宪"这个问题上。

---

① 范文澜:《中国近代史的分期问题》,《社会科学战线》,1978 年第 1 期。
② 刘大年:《中国近代史上的人民群众》,《历史研究》,1964 年第 1 期。这里作一个说明,刘大年在《中国近代史研究中的几个问题》一文中,所持观点还与胡绳"三次革命高潮说"一致,文载《历史研究》,1959 年第 10 期。

"专制国之君权,无限制者也;立宪国之君权,有限制者也。立宪之与专制,所争只此一点"。十多年来,改良派同清政府之间的争执,仅此一点而已。他们在政治上标榜的是,"上崇皇室","下扩民权","中摧不负责任之政府",即不摧毁地主政权和君主制度,而只是要求改革政体,争取参与国家政权的权利。对于构成封建统治的基础——封建土地所有制,不仅不要求改变,而且是竭力维护,把地主占有土地看做是天经地义,不允许有丝毫的触动。改良派的本质就是如此。①

于是,"三次革命高潮说"有了这样的表述:太平天国—义和团运动—辛亥革命。

> 人民群众首先在太平天国、义和团运动、辛亥革命等几次革命高潮中表现出是历史活动的主体,是决定历史前进方向的力量。②

在这种观点看来,社会进步的接力棒不是从封建统治阶级手中交到资产阶级手中,而是从农民阶级手中直接交到了资产阶级手中,并且是民族资产阶级手中(官僚资产阶级也是反动的);农民除单独发动革命之外,即使是在资产阶级革命和其他革命中,也是农民担当了革命的主体。农民阶级的作用经由"农民革命主体地位说"得到了前所未有的强调。

因此,我们看到,即使是胡绳提出的"三次革命高潮说"阶级斗争线索,也存在被简化的趋势。我们只要看郭沫若、翦伯赞主编的两部著名史著的标题就可以大概领略一二。郭沫若主编、人民出版社 1962 年出版的《中国史稿》第四册共分三章。第一章的标题是"中国遭受外国资本主义奴役的开始,封建经济的破坏,中华民族反侵略战争和农民战争",时间段为 1840 年至 1864 年;第二章的标题是"半殖民地半封建制度的形成。中国人民为反对列强的统治和瓜分中国而斗争",时间段

---

① 龚书铎、方攸翰:《二十世纪初年中国的资产阶级改良派》,《北京师范大学学报》,1964 年第 1 期。
② 刘大年:《中国近代史上的人民群众》,《历史研究》1964 年第 1 期。

第三章 "文革"后历史主义阶级观点与非历史主义阶级观点的正面冲突

为1864年至1901年;第三章的标题是"资产阶级领导的革命及其失败,中国资本主义的发展",时间段为1901年至1919年。翦伯赞主编、人民出版社1964年出版的《中国史纲要》第四册共分三章。第一章的标题是"外国资本主义开始侵入中国、人民反侵略战争和农民革命",时间段为1840年至1864年;第二章的标题是"半殖民地半封建统治秩序的形成和中国人民反抗斗争、农民反帝运动",时间段为1864年至1901年;第三章的标题是"资产阶级领导的革命运动及其失败、旧民主主义革命的结束",时间段为1901年至1919年。从两部书的标题设置和时间划分看,很清楚,是按"三次革命高潮"的理论来撰写的,并且"三次革命高潮"中的第二次革命高潮,抽去了"戊戌变法"。"三次革命高潮"中的两潮变成了"农民革命高潮"——"太平天国"和"义和团运动"。

"戊戌变法"和"义和团运动"的去留、"三次革命高潮说"的简化模式定格在了1967年。

《清宫秘史》是一部以戊戌变法、义和团运动为题材的电影,1950年在北京、上海等地放映。值得注意的是,毛泽东早在1954年就写信指责"被称为爱国主义影片而实际是卖国主义影片的《清宫秘史》,在全国放映之后,至今没有被批判"。同时提到"《武训传》虽然批判了,却至今没有引出教训"①。历史转到"文化大革命"时期,1967年经毛泽东修改、戚本禹发表的《爱国主义还是卖国主义?——评反动影片〈清宫秘史〉》一文,旧话重提,则对戊戌变法和义和团运动作了一个系统的阐述。至此,可以为戊戌变法和义和团运动在中国近代史基本线索中的地位变化作一个比较充分的说明了。

> 影片歌颂的戊戌变法运动是中国资产阶级的改良主义运动。这个运动是一部分封建统治阶级人物和从封建统治阶级中开始分化出来的一些资产阶级改良主义者,在革命风暴和亡国大祸的威胁下,从地主、资产阶级的利益出发,企图通过自上而下的维新变

---

① 《毛泽东选集》第5卷,人民出版社,1977年,第134~135页。

法的改良主义办法,使中国走上资本主义的道路。

十九世纪的末叶,中国的社会改革已经出现了两条道路:一条是资产阶级改良主义道路,即企图用自上而下的变法维新的办法通向资本主义。在中国当时的历史条件下,这只能是一条虚伪的、行不通的反动的道路。因为中国没有西欧和日本那样维新改良的历史条件。当时,在帝国主义的侵略下,中国正在逐步沦为半封建、半殖民地国家,而中国资产阶级改良主义的领导人康有为、梁启超,却恰好把维新变法的希望寄托在帝国主义身上,他们幻想投靠帝国主义,依赖帝国主义的力量,实现他们维新变法的主张。这样做的结果,只能是引狼入室,加速中国沦为半殖民地、半封建国家的过程,而根本谈不到发展中国的资本主义。另一条道路是广大群众起来,用武装斗争的办法进行革命。太平天国革命和义和团运动走的都是这条道路。由于没有无产阶级的领导,这样的革命不能取得最后的胜利,但是,却沉重地打击了帝国主义和封建主义,推动了中国历史的发展。①

论者或以为毛泽东曾经肯定过"戊戌变法",但我们认为,当年得到毛泽东肯定的是"戊戌政变"而非"戊戌变法"。随着建国之后"戊戌变法史"研究的深入,对戊戌变法的定性已经发生了质的变化,②并且毛泽东在建国之前的肯定和建国之后的否定是处于不同的政治环境。在"新民主主义革命时期",毛泽东对旧、新民主主义革命的资本主义前途或资本主义一定程度的发展是肯定的,而在"社会主义革命时期",则断然否定了资本主义道路。③ 因此,在持续贯彻的政治化的历

---

① 戚本禹:《爱国主义还是卖国主义?——评反动影片〈清宫秘史〉》,《红旗》,1967年第5期。

② 前引龚书铎、方攸翰的研究文章《二十世纪初年中国的资产阶级改良派》是其中一例。

③ 在中国社会主义改造过程中,毛泽东的观点是要使"资本主义绝种,小生产也绝种"。在社会主义改造基本完成之后,曾经提出:"可以消灭了资本主义,又搞资本主义。"后一种观点只是停留在设想层面。参见《毛泽东文集》第7卷,人民出版社,1999年,第171页。

史叙事逻辑(即立足于绝对价值立场或现实政治立场的、粗暴的、非历史主义地对待历史人物、历史事件的叙事方式)之下,戊戌变法之被否定、之被逐出中国近代史的基本线索之外,就可以理解了。与戊戌变法相比,同样的失败结局,义和团运动提示的精神价值却不同。义和团运动是"震撼祖国大地的义和团运动,是近代中国历史上的一次伟大的反帝、反封建的革命群众运动。这是一次表现了中国人民历史首创精神的伟大运动"。这种精神"是五十年后中国人民伟大胜利的奠基石之一"。论者或以为否定戊戌变法、过度拔高义和团运动是从戚本禹开始,其实,戚氏此文除了特定的政治目的之外,并没有发明新的观点,他只不过把"文革"前众多研究者的观点推向极端而已。前面我们也已经指出,把戊戌变法逐出中国近代史基本线索,是在"文革"前的史著里面写定的。戚本禹对于《清宫秘史》的历史叙事评论,实际代表了一代革命学者革命史学的史学文化。在这种史学文化中,历史、历史叙事方式不具有与现实、与政治相对独立的空间。因此,戚本禹找出了把戊戌变法逐出历史进步线索的"政治"依据——打倒"党内最大的走资本主义道路的当权派"刘少奇。

> 围绕反动影片《清宫秘史》而展开的是一场严重的斗争,绝不仅仅是一部电影的问题,而是资产阶级同无产阶级两个阶级的斗争,是马克思列宁主义、毛泽东思想同资产阶级改良主义、修正主义思想的斗争,是资本主义复辟同无产阶级反复辟的斗争。归根结底,是资本主义同社会主义谁战胜谁的斗争。
>
> 中国人民在伟大领袖毛主席的领导下,前赴后继,浴血苦战,终于取得了反帝、反封建斗争的胜利。全国解放了,但是解放了的中国究竟往哪里去?胜利的果实究竟归于谁?千千万万革命烈士用他们的生命和热血所浇灌、生长起来的桃子究竟由哪个阶级来摘?这样重大的问题,不仅在当时,就是在现在都是中国社会各个阶级斗争的焦点。
>
> 资产阶级要从人民的手中争夺胜利的果实,他们要摘桃子。他们要刚刚获得解放的中国走资本主义的道路。党内最大的走资

本主义道路的当权派是代表资产阶级来摘桃子的人物。

党内最大的走资本主义道路的当权派,在解放以后仍旧日夜梦想着资本主义的复辟,死抱着资产阶级的世界观不放,无限向往资产阶级改良主义,极力想使中国革命半途而废,大力发展资本主义。

就在反动影片《清官秘史》在全国放映的前后,他到处游说,大做黑报告,滥发黑指示,极力颂扬资本主义制度的所谓"进步"和"光荣",鼓吹"剥削无罪","造反无理"的谬论。

"三次革命高潮说"从五六十年代支配了近代史教材和史著,其影响一直持续到八九十年代。这期间的中国近代史研究,陷入严重公式化的境地,被人概括为:"一条主线,两个过程,三次高潮,八大事件。"①

二、现代化范式与革命史范式的论辩

对长期流行的阶级斗争论中国近代史基本线索进行反思,实际是伴随中共十一届三中全会以来的思想解放运动以及整个史学界的历史发展动力讨论展开的。1979年,已有学者重新评价戊戌变法、洋务运动,并提出中国近代史的主流问题。而从黎澍对这一问题的总结、阐发来看,事实上他已经提出了一个迥异于阶级斗争论线索的新的线索。

在鸦片战争以后,太平天国起义已是旧式农民战争的尾声。

---

① 直至70、80、90年代,仍在贯彻"三次革命高潮说"基本线索的中国近代史著作和教材有:中国社会科学院近代史研究所,《中国近代史稿》,人民出版社,1978年;胡绳,《从鸦片战争到五四运动》,人民出版社,1981年;苑书义,《中国近代史新编》,人民出版社,1981年;章开沅,《中国近代史》,湖北人民出版社,1983年;陈振江,《简明中国近代史》,天津人民出版社,1983年;陈旭麓,《近代中国八十年》,上海人民出版社,1983年;杜经国,《中国近代史简编》,甘肃人民出版社,1983年;赵矢元,《简明中国近百年史》,吉林人民出版社,1984年;龚书铎,《中国近代史纲》,北京大学出版社,1985年;王承仁,《中国近代八十年》,武汉大学出版社,1985年;徐凤晨,《中国近代史》,中国政法大学出版社,1989年;魏宏运,《中国通史简明教程》,高等教育出版社,1992年;尹湘兵,《中国近代史》,群众出版社,1999年。参见梁景和:《中国近代史基本线索的论辩》,百花洲文艺出版社,2004年。

第三章 "文革"后历史主义阶级观点与非历史主义阶级观点的正面冲突

洋务运动作为太平天国起义的反动,是统治集团的部分人企图采用西方技术挽救垂死的封建制度所作的努力,但是它在客观上却是资本主义发展的开端。其后,资本主义有了一定发展,才开始出现反映这种发展要求的资产阶级维新运动。资产阶级维新运动的失败,导致资产阶级革命运动的兴起。在太平天国以后,洋务运动、维新运动、辛亥革命,前后相续,一个发展高于一个发展,最后归结为建立资产阶级共和国,是合乎逻辑的。当然,由于中国资产阶级的软弱,他们没有完成这个使命,这才有无产阶级领导的新民主主义革命代之而起。所以新民主主义革命是旧民主主义革命的继续,而不是旧式农民战争的继续;它的目的是在无产阶级领导下,完成旧民主主义革命所未能完成的建立民主政治、发展现代经济的任务,为实现社会主义的革命转变准备条件,而不是继续走旧式农民起义所走过的老路。这样来解释中国近代史的主流及其发展,才比较接近事实。①

近代史学界认为,1980年《历史研究》第1期发表李时岳《从洋务、维新到资产阶级革命》一文,正式揭开了中国近代史基本线索讨论的序幕。而从上引观点来看,整个80、90年代中国近代史基本线索观念的转变,对"三次革命高潮说"阶级斗争论基本线索的挑战,已经在黎澍为1980年出版的《中国历史学年鉴》撰写的《一九七九年的中国历史学》一文中完成了。

"三次革命高潮说"阶级斗争论基本线索,长期占据中国近代史学科主流地位,到80年代才正式遇到挑战,使得这次关于中国近代史基本线索的讨论带上了某种冲突的意味,因此,我们称这次中国近代史基本线索的讨论为论辩。讨论分成了界线分明的两军对垒,一派仍然坚持原来的阶级斗争论基本线索,或者说就是革命史线索,另一派提出了经济发展论基本线索,或者说就是现代化线索。讨论中,一部分阶级斗

---

① 黎澍:《一九七九年的中国历史学》,《中国历史学年鉴》,三联书店,1980年。

争线索论者转变了观点,或者在坚持阶级斗争论线索的同时,承认了现代化线索,成为双线索论者或多线索论者;个别现代化线索论者在否定革命史线索的同时,走到了某种极端,走向了对革命史的否定。这次论辩持续到90年代末,其中涉及的史学方法论问题,至今也可以说还没有讨论清楚或者说不能完结。这个时期以"基本线索"和"近代分期"命名公开发表的论文有百余篇,而涉及这一主题的文章竟达到了二百多篇。从不同层面和角度参与这一主题探索的史学工作者也有上百人。这使中国近代史基本线索的论辩成为二十年来近代史学界讨论的几个重大问题之一。在这一时期,关于中国近代史基本线索的各种观点得到了充分的表述。近代史学界认为,引发对中国近代史基本线索深入讨论的是1980年《历史研究》第1期发表的李时岳《从洋务、维新到资产阶级革命》一文,这篇文章不同意以"三次革命高潮"为中国近代史的基本线索,认为要按照"洋务运动—戊戌维新—辛亥革命"的线索来论述中国近代史的进程。1984年李时岳又在《历史研究》第2期发表了《中国近代史主要线索及其标志之我见》一文,进一步系统地阐述了他本人的观点,使论辩进一步展开。在这一时期胡绳、章开沅、刘大年、戚其章、苏双碧、苑书义、荣孟源、胡滨、张海鹏、徐泰来、陈旭麓、汪敬虞、张耀美、周清泉等人先后发表文章,系统地阐发了自己对中国近代史基本线索的意见和看法。这次论辩除了"三次革命高潮说"外,还形成了"四个阶梯说"、"民族运动说"、"两个过程说"、"双线说"和"三个阶梯说"、"反帝反封建斗争过程说"、"独立的资本主义近代化说"、"新三次革命高潮说"、"两段论说"等等。通过这次讨论,近代史学界对中国近代史的宏观体系和基本内容有了更为深入的认识和理解,并推动了近代中国历史的深入研究。[①]

应该说,现代化线索的确立,经过了一个逐步突破、逐步确立的过程。

---

① 参见梁景和:《中国近代史基本线索的论辩》,百花洲文艺出版社,2004年。

第三章 "文革"后历史主义阶级观点与非历史主义阶级观点的正面冲突

李时岳在文章内容中提出"四个阶梯说"的时候,文章标题却醒目地提示了"从洋务、维新到资产阶级革命"。"四个阶梯"是"农民革命、洋务运动、维新运动、资产阶级革命",显然,为突出与"三次革命高潮说"的区别,省去了"农民革命",同时,至为关键的,是略去了"义和团运动",增加了"洋务运动"。略去了"义和团运动",仍然保留了"农民革命",作者可谓一番苦心,但论者认为,这里仍然体现了一个"厚此薄彼"的态度,特别是对于维护阶级斗争线索论者来说;更是一个对"农民态度"的问题。李时岳明确表示,"我赞成基本上用阶级斗争的表现为线索",不过,他提出,"必须紧密地联系社会经济的变动进行考察,找出那些能够集中反映历史趋向的标志","阶级斗争在性质上的发展变化似乎应比革命形势的涨落更能表明历史的发展趋势"。在此,李时岳似乎回到了50年代金冲及的观点。不过,李时岳在此明确提出了中国近代半殖民地半封建社会存在两种发展趋向。

> 由于帝国主义的侵略和压迫,近代中国社会的发展实际存在着两个而不是一个趋向:一是从独立国变为半殖民地(半独立)并向殖民地演化的趋向,一是从封建社会变为半封建(半资本主义)并向资本主义演化的趋向(在五四运动前还没有出现社会主义的前景)。前者是个向下沉沦的趋向,后者是个向上发展的趋向。①

而在此之前,"一个定型的看法是:中国半殖民地半封建社会是一个向下沉沦的社会"②。李时岳认为,反映半殖民地化趋向的线索是帝国主义侵略,突出的标志则是帝国主义发动的侵华战争,如鸦片战争、第二次鸦片战争、中法战争、中日战争、八国联军侵华战争。反映半资本主义化趋向的线索是为资本主义开辟道路的各种斗争,突出的标志

---

① 李时岳:《中国近代史主要线索及其标志之我见》,《历史研究》,1984年第2期。

② 吴承明:《中国近代经济史若干问题的思考》,《中国经济史研究》1988年第2期。同时吴承明在此文中还提到这种"沉沦观"与他所感受到的事实的冲突:"解放后,国家统计局实事求是地把解放前农业和工业的最高产量定在1936年,颇使我们经济史学者汗颜。"

是太平天国农民战争、洋务运动、维新运动和资产阶级革命。在他看来,"四个阶梯说"与"三次高潮说"并非根本对立,只是部分地修正和补充。之所以要作部分的修正和补充,是因为"三次高潮说"没有把阶级斗争和社会经济紧密地联系起来,从而没能把唯物史观贯彻到底。而他真正强调的经济联系是"洋务运动—维新运动—辛亥革命",它们"代表着不同阶级、不同阶层的不同政治路线,后者否定前者,但又各自反映着中国资本主义发生发展这个同一历史进程的各个阶段"。如此看,李时岳就为中国近代史确立了一条客观的经济发展线索。

张耀美赞成李时岳的观点。在《也谈中国近代历史前进发展的线索》一文中,作者指出:"研究近代社会发展的内在规律,我以为还是以反映社会经济矛盾的国内阶级斗争为主要线索比较合适。"近代中国历史前进发展的方向是走资本主义道路,代表这一发展方向的阶级是资产阶级,在太平天国运动之后,显示着这一发展方向的社会运动有洋务运动、戊戌维新和辛亥革命。改革、革新、革命,这是资本主义与封建主义之间,从低级向高级的斗争发展过程。资本主义性质的改革、革新、革命,是近代阶级斗争的一种形式。① 与上述两人观点相近,孔令仁提出,在中国近代史上,主要有两种反帝反封建的斗争:一种是农民的革命运动,另一种是资产阶级的革新、改良和革命运动。前者主要体现为太平天国革命、义和团运动,后者主要体现为洋务运动、戊戌变法和辛亥革命。② 上述观点,虽然仍然局限于阶级斗争线索的框架,但是"洋务运动"的纳入,则陡然显示了对于近代社会发展观念的更新,一时间形成了对阶级斗争论线索的强烈冲击。

与李时岳"四个阶梯说"意思相近的是刘耀的"四个时期说"。可以说与李时岳在同一时期发表的刘耀的《中国近代史研究中的几个问题》一文,同样充满了对"三次革命高潮说"以及"左"的史学思潮的自

---

① 张耀美:《也谈中国近代历史前进发展的线索》,《历史研究》,1984年第6期。
② 孔令仁:《中国近代史上存在着两种反帝反封建的斗争》,《文史哲》,1983年第3期。

觉反思。作者明确表示：

> 用三次革命高潮把中国近代史划成三个阶段是否正确呢？我认为是不正确的。其所以是不正确的，就在于这种分期法，突出了农民运动，贬低了资产阶级政治运动。试看三次革命高潮中，农民运动占了两次，资产阶级政治运动只有一次称得上是革命运动，而另一次称不上为革命运动（因为采用改良手段实现变革）。这样代表中国近代历史的前进的方向究竟是谁？中国近代史上的主要事件又是什么？中国的民主主义革命时期应该走什么道路，是资本主义还是封建主义（封建主义实际上就是半殖民地、殖民地的道路）？这些问题都是不清楚的。

作者认为，在1919年五四运动以前，中国唯一的出路就是走资本主义道路。能够引导中国走这条道路的阶级是中国资产阶级，虽然这条道路并没有走成功。在此，作者鲜明地表达了对待中国近代历史发展道路选择的历史主义态度，包括对洋务运动的评价，他提出，"也要采取历史主义的态度"[①]。基于这样一种观点，他认为推动中国走资本主义道路的阶级，最初是带有资本主义倾向的地主阶级改革派——洋务派，接着是资产阶级改良派，最后是资产阶级革命派。太平天国是中国资本主义还没有产生之前发生的一次农民革命运动。[②]

随着对经济变革、资本主义发展线索的强调，"双线说"出现了。胡滨认为，"近代中国是一个半殖民地半封建社会，当时中国人民面临着争取民族独立（反对帝国主义）和谋求社会进步（发展资本主义）两项根本任务。这两项根本任务贯穿着整个中国近代史，一切斗争，包括政治的、经济的、思想文化的斗争在内，都是围绕着这两项根本任务进

---

① 针对有人以洋务派"割地"卖国来否定洋务派"自强新政"的做法，刘耀提出，"自强新政"是一回事，割地卖国是另外一回事，如果生硬地把它们联系起来，那就等于说，不搞"自强"新政，才能不割地卖国。应该说，这一辩解是有说服力的。参见刘耀：《中国近代史研究中的几个问题》，《社会科学战线》，1980年第2期。

② 刘耀：《中国近代史研究中的几个问题》，《社会科学战线》，1980年第2期。

行的。它们构成中国近代史的基本线索"①。戚其章也曾经指出,确定中国近代史的基本依据有两条:第一条是反对帝国主义侵略。他说,之所以只提反对帝国主义,乃是为了抓住问题的关键,并不意味着可以忽略反对封建主义,二者是互相关联的。第二条是发展资本主义。他指出如果没有这一条,就会看不清近代中国社会发展的总趋势,对包括洋务运动在内的许多重大历史事件也将无法切实地了解。反对帝国主义和发展资本主义密切相关,相辅相成,因此两条依据要结合起来看。②

章开沅坚持"民族运动线索说",但他认为近代中国的民族运动是一种"兼具民族独立和社会革新双重要求的混合型运动"。因此,可以从民族运动的角度概括八十年中国近代史。以 1900 年为界标,近代民族运动分为前后两个阶段,其间出现了太平天国、甲午战争后的戊戌维新和义和团运动、辛亥革命三次民族运动的高涨。这是"近代中国历史客观存在的发展的整体态势","它体现了中国近代史的基本线索和发展规律"。这种观点把太平天国看作"一次以农民为主体而且由农民自己发动的大规模的民族运动";把洋务运动中的积极因素也看作民族运动的组成部分;把维新运动视为"初步具有近代格局的民族运动出现于历史舞台",认为救亡图存与政治革新结合,说明"中国民族运动在甲午战后正走向一个新的阶段";至于辛亥革命,则是把甲午战后上层维新运动与下层群众的自发反抗的两股民族运动潮流汇合起来,把民族运动推进到资产阶级革命的新阶段。③

以上观点都是局限于对阶级斗争论基本线索的修修补补,都停留于近代历史本体论层面的纠缠,都没有从历史认识论层面进行自觉的审视,即是说,仍然没有完成历史认识视角的客观性的转换。1987 年中共十三大前后关于生产力标准问题的讨论、中共十三大报告关于社

---

① 胡滨:《打破框框,开阔视野》,《文史哲》,1983 年第 3 期。
② 戚其章:《确定基本线索的依据应是反对帝国主义和发展资本主义》,《文史哲》,1983 年第 3 期。
③ 章开沅:《民族运动与中国近代史的基本线索》,《历史研究》,1980 年第 3 期。

会主义初级阶段论的确立以及人类社会"商品经济阶段""不可逾越论"的判断,进一步引发了人们对社会发展进程,特别是近代无产阶级革命以来的社会发展进程的必然性和客观性的思考。在这样一种背景下,"资本主义近代化一条主线说"脱离"以阶级斗争为纲"的藩篱,正式独立出来,进入和主导了中国近代史的基本线索;资本主义近代化不仅是旧民主主义革命的主线,而且贯穿了新民主主义革命;这是一个引发争议的突破性的结论。徐泰来正式提出了近代化主题。徐泰来认为,近代化是表示向近代文明变化,向近代文明过渡的概念。近代化标志着人类进入一个新的高度的变化,它的核心、性质就是资本主义化。而1840年鸦片战争揭开的中国近代史发展的总趋向就是资本主义的近代化。外国资本主义侵略和世界资本主义近代化潮流的冲击,激起了中华民族的觉醒和中国社会内部因素的资本主义近代化的要求。一直到1949年,中国近代史的主题就是资本主义近代化以及围绕着近代化所展开的一系列斗争。近代化要不要独立地搞,表现的是中华民族与外国资本主义侵略者的矛盾。反映外国资本主义侵略者迫使中国半殖民地化的明显的历史事件,是一次又一次的侵略战争和不平等条约,如鸦片战争、中法战争、中日战争等。反映中国独立地进行资本主义近代化强烈要求的历史事件是一系列反侵略战争及太平天国、洋务运动、戊戌变法、清末新政、辛亥革命、五四运动等。徐泰来进一步强调,独立的资本主义近代化是中国近代史的基本线索。这一提法既包括了反帝反封又包括发展资本主义。只有把独立的资本主义近代化作为中国近代史的基本线索,才能把中国近代史各方面的历史现象根据其本身的逻辑而串联起来。根据这样一条基本线索,徐泰来把中国近代史分为四个时期,每个时期二三十年左右。第一个时期,从鸦片战争至洋务运动前夕。第二个时期,从洋务运动至康有为公车上书前夕。第三个时期,从康有为公车上书至五四运动。第四个时期,从五四运动至新中国成立。① 夏东元也认为,110年的中国近代史的一条主线或曰基本线索

---

① 徐泰来:《关于中国近代史体系问题》,《湘潭大学学报》,1988年第1期。

应该是资本主义的酝酿、发生和发展。酝酿时期是指1840年鸦片战争至60年代洋务运动兴起之前这一段时间。发生时期是指60年代洋务运动的兴起。发展时期是指洋务运动一直到新中国建立。110年的中国近代史以戊戌变法为界分为前后两个阶段。前一阶段,中法战争中国能达到军事上不败并略胜一筹,表明洋务运动已初见成效。甲午战败后,民族危机空前严重之际,发展资本主义以至富强就成为中国人明确追求的目标。尽管外国侵略日益加剧,专制政治日趋腐败,但是中国资本主义以其天然的反抗性格,顽强地向前发展。而后一阶段,则是中国资本主义进一步发展的时期。夏东元在这里强调,110年的中国近代史中,除蒋、宋、孔、陈四大家族是"国家垄断资本主义"外,其余所有的资本主义经济企业,都没有什么官僚买办资本和民族资本之别,统统是"近代中国资本主义","近代中国资本主义"是中国近代史的"一条主线"。① 丁日初表达了相近的观点。不过,在概念上,他认为以资本主义的"现代化"作为中国近代史的基本线索比以资本主义近代化作为基本线索更为科学。丁日初指出,"现代化"这一概念同历史学上的"近代"或"现代"概念不是一回事,不能按时代区别使用。资本主义现代化出现在世界近代史的后期,从近代史上的现代化到现代史上的现代化,是一个统一的长期过程,不论发生在近代或现代,都是现代化。②

"资本主义近代化"或"现代化"的提法,虽然因"资本主义"一词具有浓厚的意识形态蕴含,但是仍然提示了一个描述中国近代史基本线索的客观视角,强调了一种相对客观的价值标准。这样一种视角的客观性也得到了经济史专家吴承明的肯定。他在《中国近代经济史若干问题的思考》一文中介绍:近年来史学界有个中国近代史基本线索的讨论,对于多年来以太平天国、义和团运动、辛亥革命为基本线索的"三次革命高潮"的体系提出不同意见。其中较著称的是以太平天国

---

① 夏东元:《110年中国近代史应以戊戌变法为分段线——兼论中国近代史体系问题》,《历史研究》,1989年第4期。
② 丁日初:《中国近代史基本线索简论》,《湘潭大学学报》,1988年第1期。

运动、洋务运动、戊戌维新、辛亥革命为基本线索的"四个阶梯"体系；这显然是一种重视资产阶级运动的看法。而在最近一次中国近代史体系讨论会上,则迳提出应以资本主义近代化作为中国近代史的基本线索。他认为,"这个讨论势必涉及对中国近代经济史的看法"①。

最终完成对中国近代史"阶级斗争论基本线索"或"革命史"线索的超越,实现"革命性"范式转换的是罗荣渠。当然,由罗荣渠引发的关于中国近代史基本线索"现代化"范式与"革命史"范式之争,直到今天还没有完结。②对于近代史学这种研究范式的转换,罗荣渠给我们明确地宣布了它的出场背景：

> 环视当今世界,现代化的浪潮掀起于东亚之滨,浪拍于亚非拉三洲之岸,其势锐不可当,而中国沿海沿江正洪波涌起,大潮滂滂！③

罗荣渠认为,20世纪80年代以来,中国现实的大变革主题发生了重大变化：从革命转向现代化,而且是在改革开放新形势下的现代化。在改革开放的新形势下,"现代化"已经变成一个"最响亮的词","时代的最强音",进入我国社会科学研究的领域之中。"由于我国社会主义现代化的现实需要,在短短10余年间,现代化研究成为哲学、经济学、社会学、历史学、政治学等多学科共同关注的大课题。"对于过去长期支配中国近现代史研究的"革命史"范式及其局限性,罗荣渠有着深切的体会和反思意识。他说：按照革命史的传统范式,中国近现代以来的

---

① 吴承明：《中国近代经济史若干问题的思考》,《中国经济史研究》,1988年第2期。

② 罗荣渠对现代化问题的研究开始于20世纪80年代中期,其阶段性研究成果见诸报刊的有：《论一元多线历史发展观》,《历史研究》,1989年第1期；《传统与现代化问题的理论思考》,《北京大学学报》,1989年第3期；《论现代化的世界进程》,《中国社会科学》,1990年第5期；《中国早期现代化的延误——一项比较现代化研究》,《近代史研究》,1991年第1期；《外国资本主义入侵与中国现代化的艰难起步》,《教学与研究》,1991年第2期；《"现代化"的历史定位与对现代世界发展的再认识》,《历史研究》,1998年第5期；等等。

③ 罗荣渠：《现代化新论——世界与中国的现代化进程·序言》,北京大学出版社,1993年。

历史发展被概括为"两个过程论",这就是我们熟悉的"以阶级斗争为纲"的单线突进的阶级斗争史纲。20世纪80年代以来,"两个过程论"在国内学术界被提出疑义并引起了一些争论。这是从革命史研究取向转为现代化研究的新取向时首先碰到的一个理论问题。但要解决这个问题,就必须提出新的分析框架来取代旧框架。"现代化"作为一个近现代史新概念就是这样提出来的。

90年代以来,中国自己的现代化理论在历史唯物主义的基础上开始形成。理论的主要基点是:把以阶级斗争作为社会变革的根本动力转变为以生产力的发展作为社会变革的根本动力;现代化作为世界历史进程的中心内容是从前现代的传统农业社会向现代工业社会的大转变(或大过渡)。从这个新视角看,鸦片战争以来中国发生的极为错综复杂的变革都是围绕着从传统向现代过渡这个中心主题进行的,这是不以人们意志为转移的历史大趋势。有了这个中心主题,纲举目张,就不难探索近百年中国巨变的脉络和把握中国近现代史的复杂线索。①

罗荣渠的"现代"概念作为一个具体的历史范畴,实际包含了两层含义:时间尺度和价值尺度。作为一个价值尺度,实际就是生产力价值尺度。所谓"现代化",就是指生产力发展的那种必然趋势。当然,现代生产力发展趋势必然同时是"导致社会生产方式的大变革,引起世界经济加速发展和社会适应性变化的大趋势"。"现代化"作为一个社会变革过程,"具体地说,就是以现代工业、科学和技术革命为推动力,实现传统的农业社会向现代工业社会的大转变,使工业主义渗透到经济、政治、文化、思想各个领域并引起社会组织与社会行为深刻变革的过程"②。"现代化"作为一种历史观,在中国史学的语境里,仅仅是从毛泽东的阶级斗争史观回到马克思的唯物主义史观。罗荣渠指出:

---

① 罗荣渠:《现代化新论——世界与中国的现代化进程》(增订版),商务印书馆,2004年,第489—490页。

② 罗荣渠:《现代化新论——世界与中国的现代化进程·序言》,北京大学出版社,1993年。

早在100多年以前马克思已经形成关于"现代"、"现代生产方式"等科学概念;他虽未使用过"现代化"一词,但对人类社会从前现代向现代社会转变是一个质的飞跃的认识却早就提出;马克思的社会发展理论的中心部分正是关于现代社会的发展问题。后来的马克思主义者把注意力集中在未来的革命问题上,阶级斗争与改变生产关系的理论被过分夸大,而有关现代生产力、特别是资本主义的现代发展问题就被排斥在视野之外,在整整一代人中,发展理论处在停滞与冷落状态。为了改变理论对实践的严重落后,本书按照马克思本来的构思,提出了一元多线历史发展观,突出以生产力标准代替生产关系标准作为衡量社会发展的客观主导标志,并按照大生产力形态演进的主线,着重阐述了现代工业生产力引发的第三次社会大变革的伟大历史意义(第一次大变革是工具制作革命,第二次是农业革命)。这样,就对现代化这个世界历史范畴作出了历史唯物主义的新解释。①

罗荣渠的"一元多线历史发展观"可以说有两个要点:一个是一元;一个是多线。一元是生产力一元。他说:"现实的生产力系统构成一切经济活动的物质基础,是社会变革的根本动因,并为变革提供了发展的宏观可容量。生产关系系统则是生产过程中形成的社会组织形式,它的总和构成社会的经济基础。人类历史发展归根到底是围绕以生产力发展为核心的经济发展的中轴转动,我们称之为社会进步与经济发展的中轴原理。这是坚持马克思主义的历史一元论。"由此看来,"衡量社会进步与经济发展的客观标志最终取决于社会生产力的发展水平"。然而,过去人们认为,现实的社会主义生产关系优于资本主义,就引申出社会发展水平已进入比资本主义更高的阶段。这一革命的公式为生产力发展水平低的国家的超越发展提供了理论根据。罗荣渠认为,这样一种理论逻辑解决了俄国革命在理论上面临的难题,而实

---

① 罗荣渠:《现代化新论——世界与中国的现代化进程·序言》,北京大学出版社,1993年。

际上,我们认为这种说法也主导了中国社会主义改造完成以后的意识形态。罗荣渠说:

> 先进的生产力是很难一跃而就的,而按阶级斗争动力说的观点,先进的生产关系却是可能通过革命手段迅速达到的。但这样一来,先进的生产力与落后的生产关系的矛盾就一变而为先进的生产关系与落后的生产力之间的矛盾。这就是说,不是努力使生产关系适应生产力的发展,而是反之,要使生产力的发展跟上生产关系。要在理论上解决这一矛盾,必然要把革命的国家的政权的作用提到空前的高度。这样,往往为唯意志论代替历史唯物论大开方便之门。①

多线是人类文明的多线发展趋势。罗荣渠认为,马克思的历史发展观是多线式的而不是单线式的,至少他晚年的观点是明显的一元多线历史发展观。罗荣渠说:"从全世界范围来看,并不是到处都是在封建主义成熟的基础上长出资本主义,再从资本主义成熟的基础上长出社会主义。这样单线发展图式不符合近期世界发展的进程。"②罗荣渠此番对历史发展观念的辩证能够带给我们什么?我们认为,直到改革开放、中国特色社会主义理论形成之前,关于中国革命、中国社会发展道路的理论,都没有从根本上摆脱单线历史发展观的支配;而阶级斗争理论、包括"两个过程论"的革命史范式又不过是这一简化的发展图式的具体展开。在罗荣渠看来,百年中国巨变走过的道路是极为复杂的。

> 在这一时期中,半边缘化的过程与内部衰败的过程常常重叠在一起,但半边缘化并不等同于内部衰败;同样,革命化的过程虽与现代化的过程亦步亦趋,但革命化也不等同于现代化。这些过程都处在相互依存的互动之中,或推动社会的变革,或阻碍社会的变革。大致说来,半边缘化是近百年社会演变的关键性因素,它加

---

① 罗荣渠:《现代化新论——世界与中国的现代化进程》(增订版),商务印书馆,2004年,第76~77页。
② 罗荣渠:《现代化新论——世界与中国的现代化进程》(增订版),商务印书馆,2004年,第112页。

速了内部衰败的速度,并使现代化被扭曲甚至断裂;但在一定条件下也推动依附性发展。而革命化则是抗议内部衰败和阻止半边缘化的关键性因素,它为现代化扫清障碍;但单纯的暴力革命并不能导致现代经济增长。各种不同方向的社会冲击最后要归结为以发展现代生产力为中心的现代化运动,只有这一共识才可能使传统中国向现代中国的大转变找到明确的世界坐标。①

需要强调的是,罗荣渠提出中国近代史研究的"现代化"范式,并非简单地否定或肯定革命,他申明,他提出的现代化范式是"一个包括革命在内而不是排斥革命的新的综合分析框架"。"现代化"范式是一个观察历史的视角,从这一视角出发,他所要达到的是"以现代生产力、经济发展、政治民主、社会进步、国际性整合等综合标志对近一个半世纪的中国大变革给予新的客观历史定位"②。我们认为,这就是"现代化"论基本线索的全部意义。

阶级斗争政治价值线索论(或革命史线索论)对于资本主义经济价值线索论(或现代化线索论)对其的批评所作出的回应,可分为80年代和90年代两个时期。

胡绳在1981年出版的《从鸦片战争到五四运动》一书序言中,首先应战维护他的"三次革命高潮说"。如何估计义和团的地位?他认为,在充分估计义和团运动的反帝斗争意义的时候,必须看到它具有的严重弱点;同时,也不能因为在当时的历史条件下,义和团运动不可能发展为一个健康的反帝斗争,就把它的历史地位抹煞掉。胡绳强调,义和团虽然是传统的农民斗争形式的继续,但义和团运动时期已经有了资产阶级倾向的政治力量。这样一种表达视角,意味着将农民斗争纳入资产阶级的运动行列,而资产阶级在当时不能不说是一个担负必然性使命的阶级。这样一种论证思路意味着强调义和团的历史地位并非

---

① 罗荣渠:《现代化新论——世界与中国的现代化进程》(增订版),商务印书馆,2004年,第350—351页。
② 罗荣渠:《现代化新论——世界与中国的现代化进程》(增订版),商务印书馆,2004年,第488页。

完全取决于义和团本身的主观意愿和主观素质;虽然这时资产阶级并没有与农民建立真正自觉的联系。对于洋务运动如何估价？胡绳明确表示:"本书不认为有理由按照'洋务运动—戊戌维新—辛亥革命'的线索来论述这个时期的历史的进步潮流。"①

对于阶级斗争价值论线索作出系统说明和论证的是刘大年,1985年发表的《论历史研究的对象》一文较为集中地涉及了他对李时岳"洋务—维新—革命"线索说的回应。刘大年在此文中表达的中国近代社会进展的逻辑是:

> 帝国主义侵略下,面临被瓜分、灭亡的半殖民地的中国,人民为了生存下去,一要推翻帝国主义及其代理人封建阶级的统治,二要发展资本主义,求得民族、国家的前进,二者缺一不可。这没有什么好争论的。但它们二者是怎样的关系？首先发展资本主义,再去打倒帝国主义和封建统治,还是后者变为前者,认识中国近代史,绝对不能离开正确解决这个问题。如果拯救国家危亡、争取民族独立是各种矛盾中的主要矛盾,是解决其他问题的关键,那我们就必须把反帝国主义反封建看作历史前进的动力,有了这个动力,才有其他。如果相反,在帝国主义的半殖民地秩序统治下,中国有无或有多少资本主义是各种矛盾中的主要矛盾,是解决民族独立问题的前提,那我们就必须把发展资本主义看作推进历史的灵魂,一切应当服从这个灵魂。反帝反封建斗争,即使不必取消,实际也无关痛痒。二者也许可以作些折中调和,但也必有主有次,不会半斤八两。历史的进程彻底有力地回答了这个问题。上个世纪六、七十年代起,中国开始出现资本主义,往后并有初步的发展。就在这个时间里,即洋务运动正在展开的时期,帝国主义侵略、民族危机,不但没有停止,没有减轻,中国反而落到被瓜分的实际过程之中了。农民阶级、资产阶级发起、领导的反抗运动、革命斗争,使帝国主义的侵略受到一些阻止。最后经过无产阶级、中国共产党领

---

① 胡绳:《从鸦片战争到五四运动·序言》,人民出版社,1981年。

导的长达30年的革命斗争,才终于把中国从帝国主义、封建主义统治下解放出来。历史进程的这个回答,还不算有说服力吗?非常明显,当时中国的问题,不在发展资本主义如何重要,而在如何才能发展自己的资本主义。①

刘大年详细阐述了如何确定洋务派的阶级属性和如何评价洋务运动这一问题,并且是以洋务派为例,自觉地在方法论层面展开分析了这一问题。刘大年说:"阶级划分,本质上是一个事实问题,又是世界观问题。"他认为,洋务派举办民用工业,对中国出现资本主义生产,起过某种作用。看不到这一点就不能全面说明洋务派和洋务运动。但这个事实决不足以改变洋务派大官僚和他们种种活动的反动阶级属性和历史位置。刘大年的说明有两点值得注意:一是认为洋务派举办的工业,具有浓厚的封建性、买办性。中国最早出现的资本主义工业,有我国资本家凭借侵略势力办的;有一般地主商人官吏投资办的。外国办的工业不必说。洋务派大官僚办的工业与封建政权结合在一起,不管叫早期官僚资本主义,或叫国家资本主义,总之不同于一般地主商人办的民族工业。它的封建性、买办性,都决非举出几条枝节材料就可以解释、取消掉的。二是认为评价洋务派及其活动,不能把洋务派从事的政治、经济活动分开。政治,归根到底,是对一定的政权采取什么态度、提出什么要求的问题,维护它,推翻它,或者改良它。洋务派办工业、引进西方科学技术,无不出于镇压人民反抗、保持封建统治的最终政治需要。他们一点也不肯损害这个政权和它所代表的阶级的利益,只着眼于拼命维护这个政权及其利益,所谓"中学为体,西学为用",明确表现出了他们所以采用西方科学技术那种"用",是为了保持和不触动封建政治统治这个"体"。在这个要害问题上,洋务派是坚持到底的。政治、经济分开了,他们就不成其为洋务派,而且也不成其为任何阶级势力了。所谓分开评价,只不过是表示"进步论"无法自圆其说。

---

① 刘大年:《历史研究的对象问题》,《刘大年史学论文选集》,人民出版社,1987年,第96页。

我们看到，刘大年是把解决生产关系问题当成近代经济发展或资本主义发展的绝对的前提，而洋务运动不能满足这样一个"纯净"的前提——它带有封建性和买办性，虽然，实际上，"洋务派大官僚"与"一般地主官吏"之区别，只是权力、势力之大小区别而已。然而，"洋务派大官僚"因为其"大"，就不能纳入中国近代进步的历史潮流了。

发展民族资本主义，为中国历史进步所必需。但不从解决民族独立，改造旧的生产关系、社会制度入手，而从发展资本主义本身入手，就决不能满足这个必需，只会流为幻影。把资本主义作为大动脉，看待处于帝国主义半殖民地统治下的中国近代史，未免不顾历史对问题所作的回答，重新提出了一个世纪以前人们提出过的资本主义救中国的老问题。给洋务运动安上新的生产力之类的名词，并未改变问题的实质。①

洋务派作为一个反动的阶级，又兴办有进步性的近代工业，如何看待这个现象，现在可以作出说明了。不难理解，在一定条件下，反动统治阶级与近代工业，决不是什么势不两立、不可调和的东西。凡是有利于维持、巩固自己统治的手段，没有哪个是统治者不可以采用的。洋务派不过适逢其会。把这种看来矛盾的事物，集中于一身了。这个所谓的"会"，就是帝国主义力图变中国为殖民地，民族矛盾尖锐，国内阶级斗争空前激烈，封建统治阶级濒临覆亡险境，必须适应新的形势，采取新的手段，使自己生存下去。洋务派、洋务运动，就是在这个特定时代、特定社会条件的产物。洋务派反动的阶级属性，和它在办工业发生过某种进步作用，对于这种矛盾，不是需要去怎么调和，而需要承认辩证法。那正是表现出了事物的本质、概念与现象近似地统一，不能绝对统一。但它们的关系不是一个否定一个的关系，不是非彼即此。它们部分地亦

---

① 刘大年：《历史研究的对象问题》，《刘大年史学论文选集》，人民出版社，1987年，第97页。

彼亦此。人们想对它有正确的认识,就要善于透过现象去看本质。①

显然,在刘大年看来,生产力是现象,生产关系才是本质。不是生产力决定生产关系进而决定阶级关系和政治关系,而是相反。

张海鹏坚持"两个过程说"。他认为毛泽东"两个过程论""实际上勾画出了近代中国历史过程的客观内容",是"对中国近代史基本进程的原则论述","是对中国近代史基本线索的正确概括"。这种观点,特别涉及了政治、经济两种内容或线索的关系,强调"中国只有通过民主革命,推翻帝国主义、封建主义的统治,才能发展资本主义"。如果"主张向西方学习,发展资本主义是近代中国根本道路",那就是本末倒置。张海鹏认为,洋务企业多少带有某种资本主义性质,洋务运动发展的结果,在客观上也多少起到了促进中国资本主义发生的作用,有一定的意义。以往有的研究者把洋务运动的反动作用说得绝对了,也是欠妥当的。但是,是不是近代中国历史上一切带有资本主义性质的运动都是进步的呢?这需要作出具体分析,不能一概而论。近代中国存在着几种不同性质的资本主义运动。只有民族资本主义才是对中国历史的发展和中国人民的解放有利的,才是进步的。官僚资本主义和殖民主义,则是造成中国贫穷落后的根本因素,是反动的。中国不是多了民族资本主义,而是多了封建主义、官僚资本主义和帝国主义。比较起官僚资本主义和帝国主义在华开办的企业,民族资本主义企业是十分微弱的。因此,不加分析地以资本主义运动作为主要线索来考察中国近代历史发展的进程,笼统地说洋务运动反映了近代中国人民政治觉悟的迅速发展,代表了时代前进的方向,是难以令人首肯的。

张海鹏认为,中国近代需要工业化即需要实现资本主义化,这是没有疑义的。但如何走上工业化道路,研究者之间产生了分歧。讨论这个问题不能只从概念上来争论,而要看事实。历史事实是,近代中国始

---

① 刘大年:《历史研究的对象问题》,《刘大年史学论文选集》,人民出版社,1987年,第97~98页。

终没有实现资本主义工业化。尽管中国发展了一些工业,包括民族资本主义工业、官僚资本主义工业,直到1949年以前,中国始终没有改变半殖民地半封建社会的地位。但是,中国人民却进行了百余年的反帝反封建斗争,经历了旧民主主义革命和新民主主义革命阶段,最终取得了新民主主义革命的胜利。如果说,"要争取民族独立和谋求社会进步,就必须向先进的西方资本主义国家学习,改变中国贫穷落后的状况,实现中国的近代化",这只是一种善良的愿望。如果说,向西方学习,发展资本主义,是近代中国争取独立和谋求进步的根本道路,这就未免把中国向西方学习、发展资本主义的作用提到了一个不应有的高度。历史已经证明,不是资本主义救了中国,而是马克思列宁主义救了中国,是社会主义、共产主义的理论和实践救了中国。中国共产党在马列主义指导下,高举反帝反封建的斗争旗帜,推倒了帝国主义和封建主义的统治才使资本主义在中国获得了发展,才使中国具备了成为工业国的条件和可能。这当然不是说先进的中国人千辛万苦向西方寻找真理都搞错了,不是的。那些终生真诚地从事于实业建设、科学活动、教育事业的先贤们,都曾经为振兴祖国尽到了一份责任。但是,在半殖民地半封建的中国,只靠向西方学习,发展资本主义是不能使中国走上工业化道路的,只靠工业、科学、教育事业是救不了中国的。①

总之,张海鹏在中国近代政治与经济的关系上,强调政治革命是前提;在近代中国历史发展道路的成功选择上,强调是社会主义、共产主义而非资本主义;在近代中国一切具有资本主义性质的运动当中,只有民族资本主义是进步的,然而其发展又是非常微弱的。如此过程,中国近代历史便只能归结为革命史、政治史,归结为主观的价值诉求,归结为绝对化的敌对社会结构,并且显然是以当时无产阶级革命为价值立场或视角的敌对社会结构。这种社会历史观的最大特点,就是取消了历史,特别是取消了近代中国的客观历史过程或经济发展进程,膨胀了

---

① 张海鹏:《中国近代史的"两个过程"及有关问题》,《历史研究》,1984年第4期。

非历史主义的阶级标准或价值标准。从刘大年到张海鹏,传达的都是这样一种观念。

进入90年代,阶级斗争线索论者的观点都有所变化乃至分化。1990年胡绳在"关于近代中国与世界"国际学术讨论会上发言,指出在近代中国面前摆着两个问题:一是如何摆脱帝国主义的统治和压迫,成为一个独立的国家;二是如何使中国近代化。这两个问题显然是密切相关的。① 1997年刘大年在《方法论问题》一文中说,中国近代史有两个基本问题:一是民族不独立,要求在外国侵略压迫下解放出来;二是社会生产落后,要求工业化、近代化。两个问题内容不一样,又息息相关,不能分离。没有民族独立,不能实现近代化;没有近代化,政治、经济、文化永远落后,不能实现真正的民族独立。② "两个基本问题"的概括,民族独立,是对阶级价值观的超越;近代化,是对资本主义、社会主义等发展价值观的超越。"两个基本问题"的概括表现了一种客观取向的视角。然而,两人对两个问题相互关系的不同看法以及研究视角的差异,导致了两人对近代史基本线索观点的微妙差异。

1995年胡绳为《从鸦片战争到五四运动》一书写了再版序言,其中明确回答以现代化为主题来叙述和说明中国近代的历史"是可行的"。

> 从1840年鸦片战争以后,几代中国人为实现现代化作过些什么努力,经历过怎样的过程,遇到过什么艰难,有过什么分歧、什么争论,这些是中国近代史的重要题目。以此为主题来叙述中国近代历史显然是很有意义的。③

刘大年仍然着意强调,民族独立与近代化毕竟是两个不同的问题,它们各有各的特定内容。民族独立是要改变国家民族被压迫的地位,推倒半殖民地半封建统治秩序。从根本上说是要解决生产关系的问

---

① 胡绳:《关于近代中国与世界的几个问题》,《胡绳全书》第3卷(上),人民出版社,1995年,第77页。
② 刘大年:《方法论问题》,《近代史研究》,1997年第1期。
③ 胡绳:《从鸦片战争到五四运动·再版序言》,《胡绳全书》第6卷(上),人民出版社,1995年,第8页。

题。近代化则是要改变中国经济、文化落后的地位,要发展以近代工业生产力为主干的社会生产力。从根本上说是要解决生产力的问题。两个问题的内容不同,解决的方法也就不一样。人们无法同时并举来实现两个任务,或者毕其功于一役。唯一解决办法,就是走革命的路,推翻半殖民地半封建统治秩序,取得民族独立,为中国实现近代化打开新的天地。在刘大年看来,民族独立与近代化只能是分步进行,在时间维度上呈现为两个过程。夺取全国胜利,是"万里长征走完了第一步",第二步、第三步才是解决近代化问题。历史就是沿着这条路行进的,而且终于走通了。这说明它是一条唯一正确的道路。因此,中国近代史的脊梁或者说是贯穿于其中的主旋律只能是"革命运动,人民起义"。①

张海鹏似乎在两种观点之间作了折中。他认为,在近代中国这样的阶级社会中,现代化的进程是十分复杂的,并不是一个单线的发展。因此,他提出现代化的视角与革命史的视角相结合。两种视角是什么关系,如何结合,张海鹏有如下解释:

> 如果在"革命史范式"主导下,兼采"现代化范式"的视角,注意从现代化理论的角度,更多关注社会经济的发展,更多关注社会变迁及其对于革命进程的反作用,就可以完善"革命史范式"的某些不足。反过来,如果不注意"革命史范式"的主导,纯粹以"现代化范式"分析,撰写中国近代史,就可能改铸、改写中国近代史,而使得中国近代史的基本面貌变得面目全非,令人不可捉摸了。②

看得出来,在两种视角或两种范式的关系或结合上,张海鹏的主张是以革命史范式或视角为"主导"。他特别在乎的一个问题,是人们在关注"现代化范式"讨论的时候,是否意味着"革命史范式"过时了呢?他说,我认为没有过时。如果拿"革命史范式"来套整个世界史,或可以说有削足适履之病,如果拿来作为研究近代中国历史的学术范式,正

---

① 刘大年:《当前近代史研究中的几个理论问题》,《人民日报》,1997年1月11日。
② 张海鹏:《20世纪中国近代史学科体系问题的探索》,《近代史研究》,2005年第1期。

好足履相适,所用甚当。这是由近代中国半殖民地半封建社会的特殊国情决定的,是由近代中国的历史实际进程所表现的,是由那些复杂的阶级斗争形式所规定的。

用革命的视角观察那个时代,用"革命史范式"撰写近代中国的历史,最符合近代中国的时代特征。所有这一切,并不因今天社会的发展主题是社会经济而变化。时代变化了,今天社会发展的主要任务变化了,如果以今天变化了的社会发展的眼光观察昨天的中国,以为昨天的中国也完全适应于现代化的研究方法,则是一种误会。①

最后,张海鹏的结论是:中国近代史学科体系只能在"革命史范式"主导下,兼采"现代化范式"的视角,更多关注社会经济的发展与变迁及其对革命进程的作用,使"革命史范式"臻于完善。

三、作为阶级斗争形式的革命与改良之争

在中国近代语境下,革命与改良是解决社会矛盾包括民族矛盾和阶级矛盾的两种形式。革命意味着使用暴力手段实现激进的政治变革和社会变革,改良意味着采用和平方式实现渐进的政治变革和社会变革。马克思曾经热情地讴歌暴力革命:"暴力是每一个孕育着新社会的旧社会的助产婆。"②但即使是在马克思鼓动无产阶级革命的时代,他也没有把暴力革命绝对化。他说:"我们知道,必须考虑到各国的制度、风俗和传统;我们也不否认,有些国家,像美国、英国,——如果我对你们的制度有更好的了解,也许还可以加上荷兰,——工人可能用和平手段达到自己的目的。"③毛泽东在领导中国革命的过程中,依据中国的国情作出了革命形式(道路)的选择。他说:"中国的特点是:不是一个独立的民主的国家,而是一个半殖民地的半封建的国家;在内部没有

---

① 张海鹏:《20世纪中国近代史学科体系问题的探索》,《近代史研究》,2005年第1期。
② 《马克思恩格斯全集》第23卷,人民出版社,1972年,第819页。
③ 《马克思恩格斯全集》第18卷,人民出版社,1972年,第179页。

民主制度,而受封建制度压迫;在外部没有民族独立,而受帝国主义压迫。因此,无议会可以利用,无组织工人举行罢工的合法权利。在这里,共产党的任务,基本地不是经过长期合法斗争以进入起义和战争,也不是先占城市后取乡村,而是走相反的道路。"①武装斗争和妥协退让(可以看成是改良形式),两种形式,毛泽东在革命过程中,都曾经理性地、灵活地加以运用。但是,在毛泽东的精神世界里,革命与改良,并不仅仅具有手段的意义;它们同时显示了不同的精神价值。

建国之后毛泽东对电影《武训传》的评论,典型地体现了他对两种社会变革形式的不同态度,给予史学界以较大的影响。

1950年底和1951年初,北京、上海等几个大城市上映了一部电影《武训传》,一时引来好评如潮。电影表现的是一个真实的故事。主人公武训,原是清朝末年山东堂邑县的一个乞丐,他为了能让更多穷人家的子弟读书识字,靠乞讨筹款办起了义学。有评论说,"武训兴学之革命意义,是和太平天国那样的革命意义有某种相同处——都为了劳动人民的解放,不过一重在革命武装,一重在普及文化教育而已"。毛泽东在调看了这部电影之后,于1951年5月20日以《人民日报》社论的形式,表达了截然相反的意见,发动了建国以后第一次大规模的思想斗争。

《武训传》所提出的问题带有根本的性质。像武训那样的人,处在清朝末年中国人民反对外国侵略者和国内的反动封建统治者的伟大斗争的时代,根本不去触动封建经济基础及其上层建筑的一根毫毛,反而狂热地宣传封建文化,并为了取得自己所没有的宣传封建文化的地位,就对反动的封建统治者竭尽奴颜婢膝的能事,这种丑恶的行为,难道是我们所应当歌颂的吗?向着人民群众歌颂这种丑恶的行为,甚至打出"为人民服务"的革命旗号来歌颂,甚至用革命的农民斗争的失败作为反衬来歌颂,这难道是我们所能够容忍的吗?承认或者容忍这种歌颂,就是承认或者容忍污蔑

---

① 《毛泽东选集》第2卷,人民出版社,1991年,第542页。

第三章 "文革"后历史主义阶级观点与非历史主义阶级观点的正面冲突

农民革命斗争,污蔑中国历史,污蔑中国民族的反动宣传为正当的宣传。

电影《武训传》的出现,特别是对于武训和电影《武训传》的歌颂竟至如此之多,说明了我国文化界的思想混乱达到了何等的程度!

在许多作者看来,历史的发展不是以新事物代替旧事物,而是以种种努力去保持旧事物使它免于死亡;不是以阶级斗争去推翻应当推翻的反动的封建统治者,而是像武训那样否定被压迫人民的阶级斗争,向反动的封建统治者投降。我们的作者不去研究过去历史中压迫中国人民的敌人是些什么人,向这些敌人投降并为他们服务的人是否有值得称赞的地方。我们的作者们也不去研究自从一八四〇年鸦片战争以来的一百多年中,中国发生了一些什么向着旧的社会经济形态及其上层建筑(政治、文化等等)作斗争的新的社会经济形态,新的阶级力量,新的人物和新的思想,而去决定什么东西是应当称赞或歌颂的,什么东西是不应当称赞或歌颂的,什么东西是应当反对的。

特别值得注意的,是一些号称学得了马克思主义的共产党员。他们学得了社会发展史——历史唯物论,但是一遇到具体的历史事件,具体的历史人物(如像武训),具体的反历史的思想(如像电影《武训传》及其他关于武训的著作),就丧失了批判的能力,有些则竟至向这种反动思想投降。资产阶级的反动思想侵入了战斗的共产党,这难道不是事实吗?一些共产党员自称已经学得的马克思主义,究竟跑到什么地方去了呢?①

从以上可以看出,第一,毛泽东表达了一贯的历史发展观——以阶级斗争推翻反动的封建统治者;第二,一贯地热情讴歌了农民的革命斗争;第三,即使认为当时的农民斗争仍然没有出路,他也不能容忍那种对反动的封建统治者"竭尽奴颜婢膝"的"丑恶行为",实际这种行为就

---

① 《毛泽东选集》第5卷,人民出版社,1977年,第46~47页。

是寻求渐进改良的一种行为;第四,作为一种精神价值,他更看重那种奋起反抗的行动。而称颂武训的人则仅仅看中了"文化"、"读书识字"可能成为一种改善个人命运的工具,乃至还有实现"文化翻身"或"教育翻身"的奢望,这在毛泽东看来,这条道路行不通,宣传这种思想就是反动的。如此,就把这种旨在社会改良的行为置于简单的非此即彼的对立地位。随后,关于电影《武训传》的讨论和批评便指向"资产阶级改良主义思想"。胡绳的一篇文章就此作了说明:

> 对武训的宣扬与歌颂,多少年来,几乎络绎不绝。其中有一部分是直接从反动统治势力出发的(反动统治势力当然要表扬这样的忠驯的奴才),还有很大一部分却是多多少少和这种资产阶级性的反动的改良主义思想相联系着的。

文章回顾"资产阶级的反动性的改良主义"在中国的历史,指出以孙中山为首的资产阶级、小资产阶级革命运动兴起以后,康有为、梁启超等改良派知识分子就以君主立宪派的身份起来反对革命了。梁启超在反对同盟会时宣称:"欲为政治革命者,宜以要求而勿以暴动。"值得注意的是,就是这个梁启超也曾写了文章歌颂武训。在国民党反动派统治时期,资产阶级改良主义思想表现为"工业救国论"、"教育救国论"等等形式。这种妄想,在无产阶级领导的人民革命运动不断高涨期间,实际上起着援助反动势力,败坏民主斗争的反动作用。中国人民大革命的胜利使这种反动的改良主义思想彻底破产了,但对国外的帝国主义,对国内已被打倒的反动阶级的斗争并没有中止,资产阶级的反动思想尚能影响群众。"必须用人民民主革命的思想来批评和打击资产阶级改良主义的思想,而决不容许把这两种思想混同起来。"①

中共十一届三中全会以来的社会政治变革,再好不过地证明了"改革"(改良的代名词)的价值。邓小平说:"改革是社会主义制度的

---

① 胡绳:《为什么歌颂武训是资产阶级反动思想的表现?》,《学习》,第4卷第4期(1951年6月)。

自我完善",①"革命是解放生产力,改革也是解放生产力",②"改革是中国的第二次革命"③。改革进程的开启,在实质价值层面实际是"文化大革命"形式下的共产主义道德革命的终结。一个以道德革命为内容的激进主义时代结束了,代之以冷静与热情交织的复杂的改革探索进程。新旧交替、观念冲突、路径选择,当局每一项政策举措,每一项重大行动,都要经历一番激烈的争论。整个80年代10年时间人们又急速地重现了近代前80年由经济而政治而文化的革新历程和心路历程,改革成为这个时代的最强音。当在现实政治中,改革获得与革命同等价值、同等地位的认同时,在历史领域,历史上的改革也终于争得了一席之地。

70年代末80年代初,伴随戊戌变法的重新评价热潮,史学界开始集中讨论革命与改良问题。《历史研究》1980年第6期,发表陈旭麓《中国近代史上的革命与改良》一文。此文从阶级斗争、政治革命的视角,分析了近代社会政治力量的新陈代谢,揭示改良与革命的内在联系,在为人们梳理出了一条辩证的政治变革发展线索的同时,也为如何看待和评价改良提供了一个尺度。文章认为,事物的新陈代谢,决不只是一个简单否定和替代的公式,而是一个扬弃和汲取的复杂过程。近代中国的改革是从上层开始的,是在外国资本主义侵略和农民起义的双重压迫下迈开第一步的;依次推移,由上层肇始,逐级发自中下层,它的发展形成一个塔形。着眼于制造的洋务派,不过是地主阶级分化中的一批大官;倡导变法的改良派,则是略为扩大了的向资产阶级转化的士大夫及其知识分子队伍;号召自由民权的革命派,则是又扩大了的资产阶级和小资产阶级知识分子队伍,他们同下层社会有了一定的联系;自此以后,才是无产阶级先锋队领导的工农大众革命,然而仍不能没有知识分子的桥梁作用。可以看出,尽管作者仍然是在形式化的阶级话

---

① 《邓小平文选》第3卷,人民出版社,1993年,第142页。
② 《邓小平文选》第3卷,人民出版社,1993年,第370页。
③ 《邓小平文选》第3卷,人民出版社,1993年,第113页。

语中描述近代政治力量的变迁,但是其采取的历史主义态度是显而易见的。他说:

> 标志着中国近代历史进程的是放眼世界,对封建顽固势力的冲击。洋务派与改良派都不同程度地有学习西方、实行改革和发展资本主义的一着(过去只说洋务运动阻碍了民族资本的发展,是不全面的),当时的中国正需要走这一着。这一着不可能发自闭塞的被剥夺了文化和权利的下层群众。历来的农民起义虽然是推动社会政治改革的动力,却是通过封建王朝的卓越政治家来实现的,它们的本身并不是社会政治革新体现者。①

1984年,陈旭麓进一步阐述革命与改良的关系,指出在辛亥革命以前的"地主阶级改革派、洋务派、改良派是近代中国社会依次推进的历史链条,它们是既否定又发展的历史辩证关系"。他以"不同一性和同一性"两对哲学范畴说明这种辩证关系。

> 在历史社会的新陈代谢中,不同一性和同一性是普遍地存在的。近代中国社会的新陈代谢突出地表现为两个方面,一是新的取代旧的,如戊戌维新运动,如民国取代清朝;一是新与新的递嬗,前一种新的褪色了,后一种新的跟上来,辛亥之与戊戌是这样,"五四"之与辛亥是这样,戊戌之与洋务也有这种迹象。后一个方面的新陈代谢是推动前一个方面的新陈代谢的。后一个方面的新陈代谢与前一个方面的新陈代谢有很大不同,它们有某种亲缘关系。为了辨明界线,不相混淆,有必要强调其不同一性,而在论证其历史作用时,又要看到其中的亲缘关系所具备的同一性。阳光下没有绝对全新的东西,一切事物都在原有的基础或条件上进行更新。②

这就是革命的辩证法。不过仅仅是阶级(阶层)与阶级(阶层)主体间的辩证法。革命辩证法还不能取代历史辩证法。历史辩证法是

---

① 陈旭麓:《中国近代史上的革命与改良》,《历史研究》,1980年第6期。
② 陈旭麓:《论革命派与立宪派的同一性》,《江海学刊》,1984年第6期。

主、客体辩证法。在革命辩证法的视野中,对于改良的评价是以革命为旨归;而在历史辩证法的视野中,革命性还要接受必然性的检验。在革命辩证法的视野中,革命可以轻易否定改良;而在历史辩证法的宏观视野中,改良贴近必然性的一面才透露出来。

"暴力革命的作用不是永恒的而是暂时的。"①与"暴力革命"常常付出的惨重代价相比,黎澍认为,"非暴力革命"才是"真正的革命,不可抗拒的革命"。

>欧洲中世纪的文艺复兴,近代的产业革命以及第二次世界大战以后的技术革命,都是只有在和平环境中才能发展起来,如果动辄喊砸烂这个摊子,那就只有破坏,没有进步了。②

"革命是手段,不是目的";"近代中国的主要问题是近代化或工业化或现代化,不能说是革命";③近代中国革命"反帝反封建的目的是什么,目的就是实现现代化"。④ 80 年代末,黎澍在经济必然性视野为阶级斗争、暴力革命作出的此番价值限定,一下子为改革、改良的正确评定敞开了一个广阔的空间,向人们透视出了历史辩证法的本来面目。

90 年代,胡绳走出革命史范式,以现代化视角重新审视历史上的革命与改良以及相互之间的论争,发现在革命史视野中被否定了的改良,又会在现代化大历史视野中得到肯定。

>"五四"后,在梁启超、张东荪与马克思主义者之间发生过一场关于社会主义的论战。过去我们都简单地说梁、张被驳倒了。现在看,他们讲的不是完全没有道理。梁、张的基本意思是:中国现在还没有条件搞社会主义革命。……中国目前最迫切的问题是

---

① 黎澍:《重新估价阶级斗争在历史发展中的作用——答〈未定稿〉记者问》,《未定稿》,1989 年第 3 期。

② 黎澍:《忘年交感言》(1988 年),载徐宗勉、黄春生编《黎澍集外集》,社会科学文献出版社,2003 年,第 338 页。

③ 黎澍:《我的主要学术观点》(1984 年),载徐宗勉、黄春生编《黎澍集外集》,社会科学文献出版社,2003 年,第 65~66 页。

④ 1988 年 11 月 10 日在首届全国现代化理论研讨会上的讲话,载徐宗勉、黄春生编《黎澍集外集》,社会科学文献出版社,2003 年,第 339 页。

使多数人民变成新式企业的劳动者,就是首先要奖励生产事业,发展资本主义,先解决人民的生计问题,再注意分配平均问题,不能只注意分配而忘掉生产,要"借资本阶级以养成劳动阶级为实行社会主义之预备"。①

1989年的"六·四天安门事件"之后,引发了人们对于激进主义的深入思考。进入90年代,保守主义与激进主义之争,一时成为热门话题。当人们重新近似冷酷地面对社会现实时,才发现革命后的国家社会并没有逃脱马克思所说的自然必然性的制约。面对重新阶级化的社会现实,显然不能再重复阶级斗争、暴力革命的老路。和谐理念、制度规范、对话协商,成为解决阶级、阶层利益矛盾、利益冲突唯一可供选择的系统要件。人们再次向历史寻求智慧。以现代化的视角重新审视近代革命史化的现代化进程,意味着为政治革命或政治变革提供一种客观化的分析路径和评价标准,这对于推进近代历史研究,推进史学为现实服务,具有重要意义。然而,在90年代逐步蔓延的保守主义思潮中,在现实革命价值遭受解构的背景之下,在对革命价值的反思过程中,又出现了另外一种形式的非历史主义的阶级斗争史观——相对于绝对化的革命史观一变而为绝对化的非革命史观(阶级协调史观)——"告别革命"——具体说,是告别近代资产阶级革命乃至无产阶级革命。② 目前,此说引起的非议还在发酵。由此看来,超越革命和改良的形式对立,仍然是史学界有待开掘的话题。另外,在传统的中国革命史、中国农民战争史之外,终于又有人写出了中国改革史。③

---

① 胡绳:《关于撰写〈从五四运动到人民共和国成立〉一书的谈话》,《胡绳全书》第7卷,人民出版社,2003年,第46页。
② 李泽厚、刘再复:《告别革命:回望二十世纪中国》,香港天地图书有限公司,1995年。
③ 漆侠主编:《中国改革史》,河北教育出版社,1997年出版。

结语　从造反者到中华民族的代表者

对建国以来的阶级斗争史观进行反思,不能不使我们追溯到阶级斗争史观的形成年代,不能不使我们正视一个基本的事实——包括阶级斗争史观在内的整个马克思主义史学,诞生于战争年代,诞生于战时背景。战时背景对于中国马克思主义史学的影响程度怎么强调都不过分,以至于我们如果不从战时背景去理解它,我们就看不清它的面貌。简单说来,战时背景下的马克思主义史学基本上是阶级斗争史学,而且,这种阶级斗争史学绝不是马克思恩格斯阶级观点在中国史学领域的单纯的学术理念的移植和更新,而是马克思主义阶级观点经过中国政治化之后在中国史学的运用。也可以说,中国化阶级观点在史学领域的应用,本身就是革命政治的一部分,从阶级斗争史学服务于革命政治的目标和功能来看,阶级斗争史学也就是革命史学。

革命史学的核心价值是阶级斗争动力观。它特别关注历史上的重大转折时期,特别关注社会矛盾、阶级矛盾的激烈冲突,关注历史上阶级斗争的表现,特别关注被剥削、被压迫阶级反抗斗争的表现。它关注政治史、战争史,注意总结政治斗争、武装斗争的经验教训,而特别关注、总结了农民阶级斗争、农民起义和农民战争的经验教训,直接服务于现实政治斗争或革命斗争。阶级斗争动力观的表达形式,是马克思主义的社会形态理论。把阶级斗争史观等同于马克思主义的唯物史观,使得阶级斗争理论这种主观意志表达机制获得了社会形态理论这种客观规律表达形式的科学外观。这是革命史学的神话结构。现实革命目标和斗争手段的正当性、合理性、神圣性,全部来自于这个神话结构。

　　阶级斗争意志论的表达与历史发展规律论的表达始终是一对矛盾。于是,在马克思主义史学阵营中,就出现了两种倾向或两种派别。一种倾向于阶级斗争意志论的表达,在历史叙事和历史评价方面,往往将现实政治化的社会结构等同、类同或比拟于历史中的社会结构,从而混淆历史与现实的差别,表现为非历史主义。特别是对于历史上的剥削阶级、统治阶级一律采取贬低的态度,对于历史上的被剥削阶级、被压迫阶级一律采取歌颂的态度。具体说来,主要是贬低地主阶级和封建统治阶级,歌颂农民阶级和农民的阶级斗争。这种非历史主义阶级观实质就是一种伦理主义阶级观或伦理史观。另外一种倾向于历史发展规律论的表达,在历史叙述和历史评价方面,就倾向于历史主义。他们在肯定历史上农民阶级和农民的阶级斗争的同时,指出农民阶级属性和农民战争的局限性,同时他们强调在总体上否定剥削阶级和统治阶级的前提下,应当肯定剥削阶级在一定历史阶段存在的历史正当性,肯定统治阶级主动或被动的改良政策。看得出来,这种观点仍然没有真正地回归历史唯物主义。他们所能做到或认识到的,只是在形式上追求吻合唯物史观的辩证表达逻辑或社会形态理论图景,根本的史学旨趣仍然是某种伦理价值(绝对化的社会主义、共产主义伦理价值和道德价值)。在毛泽东个人的史学观点上,他在民族主体价值层面,表现了历史主义的态度,而在阶级价值层面上,则主要体现为一种农民阶级主体价值观。毛泽东的伦理价值史观支配了整整一代马克思主义史学家的思想。

　　1949年之后,民族国家主体性得以完全确立,以马克思主义为旗帜的中国共产党人,从在野的造反者一变而为整个中华民族整体利益的代表者,这为突破先前狭隘的伦理阶级观,给予剥削阶级、统治阶级以一定的历史地位,完成民族主体的历史连续性的宏大叙事,回归历史主义的马克思主义阶级观,提供了一定契机。与此同时,"新民主主义社会论"和"社会主义过渡时期论"、过渡时期"单一经济基础论"和

"综合经济基础论"、社会主义所有制问题上的反"左"反"右",所有这些关于社会发展道路的问题直至"文革"以前,一度仍有反复探索、反复论争的空间,剥削阶级的历史正当性、合理性还能在现实政策中得到一定程度的历史延续性的证明。所有这些,都为历史主义思潮的一度、再度兴起提供了契机。然而,1949年之后直至"文革"结束,也是革命逻辑持续贯彻的时期,或者说,1949年之后的政权保证,才使得革命获得了最终贯彻到底的环境和条件。此前的民族民主革命仅止于手段,此后的社会主义革命乃至于共产主义才是目的。它是先前所有那些历史的、现实的阶级观点的最后实现。因此,建国之后的马克思主义史学延续了全部的战时史学观念,并将之推向极端。"为革命而研究历史",就是这一时期史学价值取向的最简明的表达。阶级观点的最后实现也是对阶级观点,特别是对那种日趋绝对化的阶级观点的最后检验。"无产阶级文化大革命"的政治实践,最终把那种伦理化、荒谬化、绝对化的阶级斗争政治观和历史观的全部缺陷暴露无遗。

"为建设而研究历史",这是马克思主义史学经过中共十一届三中全会以来的拨乱反正、转变史学观念、转换史学价值取向而作出的一个具有针对性的总括性的表达。[①] 举凡关于历史发展动力问题的讨论、关于历史创造者问题的讨论、关于中国近代史基本线索问题的讨论,都反映了这种史学价值取向的改变。"革命与建设",是一个早在辛亥革命前后就已经展开的话题。但是中国有条件实现或在观念上完成这样一个转变,却经过了60多年的历程。建国之前的30年,是中国仍然缺乏条件实现这样一个转变,中国要实现民族独立。建国之后的30年,是中国有条件实现这样一个转变,但受激进主义观念的制约难以完成这样一个转变。从戊戌变法开始日趋激进的社会改良、革命思潮,不过是民族危机日趋深化背景下的一种内部结构性的调整和反应。1898年的戊戌变法、1911年的辛亥革命乃至1924年开始的国民革命都证明,哪一个阶级、哪一个政党、哪一个社会集团,如果不能有效地、最大

---

① 参见蒋大椿:《为建设而研究历史》,《史学月刊》,1997年第3期。

规模地进行社会动员,就不能担负起民族独立的历史任务,就不可避免被历史所淘汰。只有中国共产党,从1928年起,走上井冈山、开辟农村包围城市的道路,掀起了一场超过历史上任何一次农民起义、农民战争水平的以农民为主体的无产阶级革命,从而也在遭遇日本大规模侵略战争这一空前民族危机的关头,团结带领联合全国各阶级、各阶层、各种爱国力量和各国和平力量,艰难卓绝,艰苦奋战,才赢得了一百多年以来的唯一一次反抗侵略战争的胜利。此时,似乎面临着由革命转为建设的前景。而实际上,失去外部压力的国、共两党矛盾、力量已经难以达成妥协。1949年中国共产党的胜利,代表了实现民族完全独立力量的胜利。直到此时,激进主义——以阶级斗争方式追求激进的价值目标——都有它的合理性,完全符合政治革命——民族革命——的必然规律。但是,革命逻辑以它的惯性持续向下贯彻,似乎也具有某种必然性。执政党包括毛泽东本人,过度依赖战争年代的经验,分不清战争规律、革命政治规律与经济发展规律的区别,没有自觉地把握从革命辩证法向历史辩证法的转变,从伦理史观到唯物史观的转变。尽管他多次提出尊重"价值法则",但他终其一生,却不肯对"价值法则"、"利益原则"低头。这是他的伟大,也是他的悲剧。罗荣渠说:"如果把短暂的革命时期出现的突变情况当作是历史发展长过程中的通则,加以普遍化,而且把生产关系问题简化为阶级关系,就会把基本规律完全颠倒过来,这样,在实践中难免不滑到唯意志论的泥坑中去。"[①]

　　建设史学意味着以经济发展作为史学的核心价值。中国历史的各个时期,可以分为常态与非常两种情况。常态时期,是生产力与生产关系基本适合,阶级矛盾相对缓和,社会发展处于量变阶段的时期。应该说,大部分历史时期属于常态时期。历史学应当注意总结这种常态时期的经济发展的经验教训。非常时期属于社会危机时期。不过社会危机分为遭遇性危机和孕育性危机。遭遇性危机属于偶然性危机,即引

---

① 罗荣渠:《现代化新论——世界与中国的现代化进程》(增订版),商务印书馆,2004年,第108页。

发危机的原因往往是个人因素、自然因素、政治因素等等。遭遇性危机也往往引起社会矛盾的紧张,生产条件的破坏,社会发展遭受挫折。孕育性危机属于必然性危机,引发危机的原因是经济因素,是新的生产能力的形成,是代表新的生产方式的新生组织要求政治权力或政治变革。只有在危机时期,阶级斗争、被剥削、被压迫阶级的反抗斗争才体现为历史发展的动力;而在遭遇性危机的处理或斗争过程中,或者统治阶级、剥削阶级作出适当的政策调整,或者被剥削、被压迫阶级被强行控制在一定秩序之内。这种危机时期的阶级斗争仅表现为一种体制修复机制。只有孕育性危机时期的阶级斗争,才是真正具有社会革命意义的发展动力。因此,从常态时期的经济发展情况看,体现于阶级政治关系方面,是统治阶级把被统治阶级控制在一定程度、一定秩序内的对抗,构成为历史发展的真正动力。毕竟通过一场政治革命、暴力革命解构一种秩序容易,而建构一种秩序,则需要长期考验社会主体的理性定力。工作重心的转移,要求史学从侧重于解构的研究转向侧重于建构的研究。史学仍然要关注阶级问题,关注阶级矛盾、阶级斗争,关注社会危机,但应当是侧重于社会学的视角,总结历史上改革、改良等缓和阶级矛盾、及时化解社会冲突、降低社会成本的举措和经验,把和谐理念作为社会变革、社会发展的标准价值取向。就是说,建设史学不意味着否定阶级斗争的存在,不意味着否定社会问题研究的阶级分析方法,只是为阶级社会的危机处理提供一个建设性的分析视角和评价尺度。当然,这就意味着为依然存在阶级、阶层矛盾的当代中国社会提供政治管理的经验教训。

从马克思主义阶级斗争史学的失误教训来看,必须区分作为无产阶级政治的阶级观点与作为史学的阶级观点。作为政治的阶级观点,是立足于现实,着眼于未来,即虽然也注意把握各阶级、阶层的经济地位,但更多的是侧重于以各阶级、阶层在未来政治目标实现中所起的作用来确定其地位、属性以及相互关系,它在很大程度上是一个主观意志标准。作为史学的阶级观点,是立足于现实,着眼于过去,即虽然也注意把握各阶级、阶层的现实政治地位,但更多的是侧重于以各阶级、阶层在过去历史发展中所发挥的作用对其地位、属性以及相互关系给予历史性的说明,它在很大程度上是一个客观历史标准。从史学领域看,要正确区分作为政治的阶级观点与作为史学的阶级观点,关键是要区分历史与现实,不能把现实中的政治观点、政治标准简单移植到历史领域,把现实中的政治观点、政治标准绝对化。

严格区分作为政治的阶级观点与作为史学的阶级观点并将两种观点"融合"在一起,经典作家给我们做出了光辉的范例。众所周知,马克思恩格斯在《共产党宣言》中,从政治角度,他们公开号召推翻资产阶级的统治,然而这又丝毫没有妨碍他们从历史角度,给予资产阶级在历史上发挥的作用以充分的肯定。"资产阶级在它的不到一百年的阶级统治中所创造的生产力,比过去一切世代创造的全部生产力还要多,还要大。"①马克思对于一定历史时期的阶级和阶级斗争状况的分析和评价,总是注意从各个阶级、阶层的不同层面、不同发展阶段及错综交织的相互关系上,进行总体的把握,而不是仅仅着眼于阶级的政治性层面和政治性阶段。毛泽东的阶级观点侧重于政治视角的表达。在阶级划分上,他特别注重分配,并且特别注重依据分配状况进行阶层的划分,以区分出不同的政治态度及意志品质。建国之后,他更从组织功能和思想意识属性方面,批判官僚主义者阶级和资产阶级。在现实政治中确立敌对的阶级对立结构以后,毛泽东的历史论述不过是在历史中重现这种敌对的政治结构。当然我们在这里要指出,毛泽东绝对化的阶级斗争政治史叙事风格是一回事,在现实政治中极具灵活性的阶级

---

① 《马克思恩格斯选集》第1卷,人民出版社,第256页。

斗争艺术又是另外一回事。① 在历史叙述中,毛泽东对封建主义、资本主义都采取了非历史主义的态度,这样一种政治化的阶级观点被直接混同于历史学的阶级观点,成为一代马克思主义史学家的时代印记。我们在这里特别要指出的是,这不是毛泽东一个人单向影响史学界的,这是一代人的历史学思维。

将政治化的阶级斗争观点等同、混同于历史学的阶级观点,将历史学界的阶级观点分歧当成政治化的阶级观点分歧,当成现实中的政治图谋,阶级代言人,阶级斗争动向和苗头,酿成了历史学界的种种政治悲剧。总的来说,"文革"前十七年,在各种阶级观点的分歧和争论中,历史主义的阶级观点,举凡封建统治阶级"让步政策论"、农民阶级"封建性"和"皇权主义论"、"历史主义"等观点主张者处于弱势地位,直至"文革"中付出了惨重的政治代价乃至生命代价。而非历史主义的阶级观点,如封建统治阶级"罪恶论"和"反攻倒算论"、"农民政权论"、"农民阶级斗争唯一动力论"、"阶级观点与唯物史观同一论"等观点主张者、学派占了上风,个别人利用非历史主义阶级观点的话语强势参与了对历史主义阶级观点论者的政治批判和人身攻击。两派观点,两种学者,他们分别生活在历史的两个不同面向。历史主义观点学者生活在过去的历史,他们也着意现实政治,但是他们的论证方式是间接的,因而具有学术性。非历史主义观点生活在现实的历史,他们眼里只有政治,他们认为史学直接就是政治,根本取消了史学的相对独立性。

---

① 1943年,国共两党重庆谈判,毛泽东给中共谈判代表的电报中说,我们的主张是可以搞七分资本主义,三分封建主义,社会主义是下一步的事。1956年中共八大过后不久,毛泽东又提到,"可以消灭了资本主义,再搞资本主义"。以上观点都体现为一种灵活的阶级结构安排或调整。对于阶级的社会属性而非自然属性也有明确区分,在消灭阶级的政策上体现出来。"土地改革的目的是消灭封建剥削制度,即消灭封建地主之为阶级,而不是消灭地主个人。因此,对地主必须分给和农民同样的土地财产,并使他们学会劳动生产,参加国民经济生活的行列。除了可以和应当惩办那些为广大人民群众所痛恨的查有实据的罪大恶极的反革命分子和恶霸分子以外,必须实行对一切人的宽大政策,禁止任何的乱打乱杀。"参见胡绳:《关于发展马克思主义的几个问题》,《胡绳全书》第7卷,人民出版社,2003年,第15、14页;《毛泽东选集》第4卷,1991年,人民出版社,第1314页。

"文革"后,特别是中共十一届三中全会以后,"农民战争唯一动力论"、"人民群众是历史的创造者"命题遭受了直接的质疑,关于中国近代史基本线索的"阶级斗争表现论"被越来越多的学者抛弃,"现代化范式"出现取代"革命史范式"的趋势,历史主义阶级观点风云突起,非历史主义阶级观点呈强弩之末。建国60周年,如果以1979年划界,可以分为前、后30年。前30年,农民战争这一表达农民主观意志的历史事件占据了史学研究的中心。后30年,洋务运动这一体现客观经济规律的历史事件的重新评价成为最具突破性意义的学术事件。曾经是过去的历史,突然发生了与现实政治的联结,变成了现实的历史,曾经是现实的历史,退到了过去历史的位置。过去的历史与现实的历史中间隔着多大一块距离,以至造成历史学的两种研究旨趣的分离和对立?要解释清楚这些问题,离不开史学文化特别是史学政治文化的变迁。

历史距离现实或近或远,不同的视距,产生不同的观测效果。近距观测,历史往往在我们能动的视野范围之内;远距观测,历史往往越出一代人、甚至几代人的支配之下。历史学和历史学家曾经因为与现实、政治太过于亲密而受到伤害,然而因此采取相反方向的选择,拒斥现实、政治于千里之外,历史学和历史学家必遭至门庭冷落。既然近距观测、远距观测都是现实、政治所需要的,都是对史学的不同功能要求,那么,这种史学畛域的划分就完全是史学内部的分工问题。分工意味着合作。具体到马克思主义阶级观点的应用,我们认为,无论是过去的历史,还是现实的历史,都可以纳入马克思恩格斯阶级观点的宏观历史视野的观照之下。

近年来,马克思恩格斯在特定时期的阶级观点,包括唯物史观饱受争议和非难。我们认为,这其中包含着对马克思恩格斯理论观点的极大误解。尽管阶级斗争和社会形态理论在世界范围内的应用遭受了严重挫折,但是我们也应当看到,马克思主义取得了巨大的成功,并且我们认为,马克思恩格斯不应当为后人对他们观点的错误理解和运用负责。诚然,马克思恩格斯曾经屡屡发生对于阶级斗争和革命形势的误判,但是他们不断总结经验,及时修正他们的观点,说明他们的理论精神没有局限。马克思恩格斯曾经设想,共产主义革命将在各文明、先进国家同时发生,但恩格斯在晚年明确表示"历史表明我们曾经错了"①,"当时欧洲大陆的经济发展的状况还远没有成熟到可以铲除资本主义生产方式的程度"②。马克思诚然是辩证法大师,他完全有能力搭建一个思辨的社会进化图式,但马克思又明确表示不提供适合一切民族的一般发展道路、一般历史哲学、"万能钥匙"。③ 因此,马克思没有被后来马克思主义者自己编织的那种以阶级斗争意志论为内容、以历史规律决定论为形式的社会机械进化论神话所迷惑。马克思说过:我只知道,我自己不是马克思主义者。因此,我们看到,马克思对人类历史进程的考察和思索整个是历史的。人类社会既是一个阶级斗争性伦理机制,也是一个个体能力决定性经济机制,而阶级关系的结构类型及其变迁最终决定于经济关系的结构类型及其变迁,伦理价值与经济规律的整合过程充满了各种盲目性,付出了各种沉重代价,整个说来,以往的人类历史是一个自然历史过程。家长制、奴隶制、农奴制、雇佣劳动制等,都是人类经过的一些对抗性社会形态。马克思晚年留下的人类学笔记表明,马克思对人类在各种不同环境下形成的各种社会关系结构类型抱有浓厚的研究兴趣。历史视野是一个全息视野,马克思主义历史学为无产阶级社会的建构提供的是人类以往全部的建构经验以及教训。当马克思回答俄国女革命家查苏利奇关于俄国在农村公社的基础上,如何"可能不通过资本主义制度的卡夫丁峡谷"提问时,提供的答案之一便是:"吸取资本主义制度所取得的一切肯定成果"④。显然,马克思站在人类价值即无产阶级价值的制高点上,对过去人类社会,包括资本主义这种阶级对抗性社会创造的一切优秀成果,坚持吸收过来,当然,这样做不会放弃无产阶级的主体价值,而是融汇资产阶级的历史价值。这就是马克思的无产阶级观点,这就是马克思恩格斯阶级观点的

---

① 《马克思恩格斯选集》第4卷,人民出版社,1995年,第510页。
② 《马克思恩格斯选集》第4卷,人民出版社,1995年,第512页。
③ 《马克思恩格斯全集》第19卷,人民出版社,1963年,第131页。
④ 《马克思恩格斯全集》第19卷,人民出版社,1963年,第451页。

价值取向。马克思对于人类过去的历史观是历史的,对于人类未来的历史观是实践的。因此,马克思的无产阶级的价值观是自觉建构的价值观,是普遍的、没有任何局限的价值观,它不会局限于一种特定的、僵化的阶级价值观框架内。

真正有见识的、深沉的历史学家,不满足于为当政者提供简单的传声筒式的服务,而是发当政者之未见,启当政者之未思;将自己埋藏于历史的最深处,却启发于现实政治之最前沿。当然,这也只是历史学家的研究旨趣之一。"知今宜鉴古,无古不成今。""无古不成今",我们理解有两层意思:一层意思讲历史的连续性,一层意思讲历史的重复性。后一层我们认为尤其值得珍视。历史会重演、重复。特别是一代人,一代伟人经过深思熟虑犯过的伟大错误,更需要珍视。阶级观点问题就是这样一个错误。一位伟人说过:历史唯一的教训就是我们常常忘记这一教训。从这层意思上来说,当代史学史所出现的这一"阶级斗争"扩大化、荒谬化倾向,需要人们经常回顾、经常重温!在我们的社会正重新经历急剧的阶级分化的当下,尤其需要如此!

后 记

本书是我和牛方玉兄合作完成的。

2008年春节过后,李振宏先生打电话给笔者,力邀加盟他主持的"新中国学案"的编写。当时手中已有好几项工作在同时进行,确实无法分身,但以我与振宏亦师亦友的交谊,说"不"字也实在难以启齿!于是,我提出需要找一个人协助此项工作,他慨然应允。振宏同时还授予我一项特权:从"历史理论"中自主挑选一个"学案"。出于兴趣和省事的考虑,我选定了"阶级观点"问题。从兴趣方面说,"阶级观点"问题直到今天依然敏感,阶级分化依然是当下正在展开的现实,——笔者历来对那些比较敏感的问题感兴趣;从省事方面说,我想尽早结束这项工作,——在"阶级观点"方面,笔者恰好有若干现成的东西可以利用。于是,有了本书的撰写。

本书能够如期完成,全归功于方玉兄。他在繁忙的教学之暇,用不到一年的时间,完成了本书百分之九十以上的工作:"引论"由我执笔撰写,正文三章,除第一章第一节第二个问题由我执笔外,其余全由方玉执笔完成,而且完成的质量很高,——他在许多方面思考之深,常使我产生"廉颇老矣,尚能饭否"的感觉。

方玉与我是师兄弟,曾"三进山大"。本科是八〇级,毕业后分配到一个地级市工作,1992年又回到山东大学读史学理论专业的研究生,获硕士学位后重返这个地级市政府办公室工作,其间曾参加干部"一推双考",在初选过关的25人中笔试成绩第一,后来其他24人都如愿以偿，唯有他这个"第一名"名落孙山。于是，他愤然告别污浊的官场，第三次负笈山大，博士毕业后留在山东大学威海分校政法学院教书，去年刚刚晋升为副教授，而他的那些当年留校任教的同学早已完成了所有的晋升。做人做学问具有"老牛"般的品质是方玉的特点：不声不响、不善辞令、不善交际，钻研问题时不寻出根究出底来绝不罢休！他写文章不多，发表尤少，但弹无虚发。相信读者会从他执笔撰写的部分对这一点有所感受。在这里我要对方玉兄表示感谢，要不是他参加这项工作，无论是在进度方面还是在学术品质方面，我都要辜负振宏老师的信任了！

说上面这些，并不意味着笔者对这部书稿十分满意，相反，由于时间仓促，书稿一直处在赶写状态，使得本书留有若干遗憾。譬如，刘少奇著名的"天津讲话"，可以说代表了中国共产党人对唯物史观、对马克思阶级理论的最为准确最为深刻的认识和把握，其中所谓"剥削有功论"、"剥削越多功劳越大论"等，真实反映了一代共产主义战士在追求"等贵贱均贫富"的现实目标和在努力理解马克思严格的科学思想之间所处的那种矛盾状态！这个"讲话"，极有助于理解新中国之初史学思想的动向，可惜因时间太紧无法写入本书。再譬如，在我们省思以"反剥削反压迫"为旨趣的传统"阶级观点"时，我们早就意识到了有相当多的"农民工"在现实中正遭受血腥的"剥削"和现代"包身工"式的"压迫"，"从头到脚每个毛孔都滴着血和肮脏的东西"的"资本"正吮吸着"农民工"这个当年马克思主义意义上的"无产者"群体身上的最后一滴血。早在我和方玉兄讨论我们的"立场"时，我们就意识到了我们今天的"反思"与"80年代"的"反思"应有很大的不同，这个不同就是，"私有制"、"剥削"、"资本"和"无产者"等因素已大踏步重返我们的生活之中！可惜，书稿完成后我们才发现，这个已经意识到的东西并未在整个写作中得到贯彻，我们仍然拘囿在理论层面上的"拨乱反正"之中，虽然，这也许是主题的逻辑使然，但这毕竟迁就了"理论"而轻忽了"现实"！到了这时，我们也同样没有时间再作大的调整了。诸如此类的遗憾和其他问题如发表的生涩等等还有不少，恕不一一赘述！总之，本书只是关于这个重大专题的一份初稿，即使书出版之后，我们仍将会修改、补充和调整，直至令我们自己满意为止。

王学典

2009 年 9 月 15 日于山东大学

图书在版编目（CIP）数据

唯物史观与伦理史观的冲突——阶级观点问题研究／王学典，牛方玉著．—开封：河南大学出版社，2009.12
（新中国学案丛书／李振宏主编）
ISBN 978-7-81091-990-6

Ⅰ.唯… Ⅱ.①王…②牛… Ⅲ.马克思主义—阶级—研究 Ⅳ.B03

中国版本图书馆 CIP 数据核字（2009）第 147329 号

责任编辑　杨风华
责任校对　慕　一
封面设计　樊　响

出版发行	河南大学出版社
	地址：河南省开封市明伦街85号　邮编：475001
	电话：0378-2825001（营销部）　网址：www.hupress.com
排　版	河南新华印刷集团有限公司
印　刷	河南新华印刷集团有限公司
版　次	2010年3月第1版　印　次　2010年3月第1次印刷
开　本	720mm×1000mm　1/16　印　张　23.75
字　数	342千字　定　价　48.00元

（本书如有印装质量问题，请与河南大学出版社营销部联系调换）